배드 블러드

BAD BLOOD

BAD BLOOD

배드 블러드 : 테라노스의 비밀과 거짓말

존 캐리루 지음 박아린 옮김

와이즈베리
WISEBERRY

몰리, 서배스천, 잭, 프란체스카에게

차례

BAD BLOOD

이 책은 전직 테라노스 직원 60명을 포함하여 150명이 넘는 사람과 진행한 인터뷰를 기반으로 썼다. 이야기 속에 나오는 이들은 대부분 실명으로 등장하지만, 일부는 회사의 보복이나 법무부가 진행 중인 범죄 수사에 휘말릴 것이 두려워 사생활 보호를 위한 신원 보장을 요구했다. 가장 완전하고 상세한 정보를 얻기 위해 나는 익명을 사용하는 데 동의했다. 하지만 이름을 제외하면 그들에 대한 묘사와 경험에 대한 진술 모두가 전적으로 사실이며 진실하다는 점을 밝혀 둔다.

이메일이나 문서에서 따온 인용문은 글자 그대로 옮겼으며 문서 자체를 기반으로 한다. 등장인물의 대화에 따옴표를 붙인 부분은 등장인물의 기억을 기반으로 재구성한 부분이다. 일부 내용은 증인의 진술과 같은 법적 소송 기록에 의거했다. 그런 경우, 해당 기록을 책 뒷부분의 참고 문헌에 상세히 기재했다.

책을 쓰는 과정에서 나는 테라노스 사건의 핵심 인물들 모두에게 연락을 취했고, 그들에게 제기된 혐의에 반박할 기회를 주었다. 엘리자베스 홈즈는 자신의 권리를 행사하여 인터뷰 요청을 전면 거부하고 저술에 협조하지 않았다.

2006년 11월 17일.

팀 켐프Tim Kemp가 부서원들에게 좋은 소식을 전했다.

전 IBM 경영진 출신인 팀 켐프는 현재 최첨단 혈액 진단 기술을 보유한 스타트업 기업인 테라노스Theranos의 생물 정보 부서를 담당하고 있었다. 테라노스는 한 제약 회사를 상대로 첫 번째 대규모 라이브 기술 시연을 막 완료한 참이었다. 스물두 살의 테라노스 창업자 엘리자베스 홈즈Elizabeth Holmes는 스위스로 날아가, 유럽의 거대 제약 회사인 노바티스Novartis의 경영진 앞에서 기술 시연을 보였다.

켐프는 부서원 열다섯 명에게 다음과 같은 내용의 이메일을 보냈다. "엘리자베스 홈즈 대표님께 오늘 아침 전화를 받았습니다.[1] 기술 시연이 '아주 완벽하게 진행됐다'며 고마움을 전했습니다. 특히 여러분에게 감사를 표하셨고요. 그리고 노바티스가 우리 기술에 크게 감명 받아 바로 제안서를 제출해 달라고 요청했고, 프로젝트를 위한 재정 후원에도 관심을 표했다고 합니다. 우리는 드디어 목표를 달성했어요!"

이는 테라노스의 전환점이 된 순간이었다. 엘리자베스가 스탠퍼드 대학교 기숙사에서 꿈꾼 야심찬 아이디어로부터 출발한 3년차 스타트업이, 마침내 거대 다국적기업에서 사용할 제품을 실제로 개발해낸 것이다.

기술 시연이 성공했다는 소식은 고위 임원의 사무실이 있는 2층까지 전해졌다.

그 임원 중 한 사람은 테라노스의 최고재무책임자(CFO)인 헨리 모즐리Henry Mosley였다. 모즐리는 8개월 전인 2006년 3월 테라노스에 입사했다. 날카로운 녹색 눈동자와 느긋한 성격, 흐트러진 옷차림이 특징인 모즐리는 실리콘밸리 기술 분야의 베테랑이었다. 워싱턴 D.C. 지역에서 자라 유타대학교에서 MBA를 취득한 후, 1970년대 후반 캘리포니아에 정착했다. 모즐리가 처음 근무한 곳은 실리콘밸리의 개척자 중 하나인 반도체 제조업체 인텔이었다. 그 후 기술 기업(tech company) 네 곳의 재무 부서를 운영하며 그중 두 기업의 주식을 상장시킨 경험이 있었다. 즉 테라노스는 모즐리가 맡은 첫 회사가 아니었다.

모즐리가 테라노스에 끌린 것은 엘리자베스 홈즈 주변에 모인 재능과 경험을 아울러 갖춘 여러 인재 때문이었다. 엘리자베스는 아직 젊지만 유명 인사들 사이에 둘러싸여 있었다. 테라노스 이사회의 의장은 도널드 L. 루커스Donald L. Lucas로, 굴지의 IT 기업 오라클의 창업자이자 억만장자인 래리 엘리슨Larry Ellison을 육성하고 1980년대 중반에 오라클의 주식 상장을 도운 벤처 자본가였다. 도널드와 엘리슨은 테라노스에 개인 자산을 투자하기도 했다.

이사회 중 명성이 드높은 또 한 명의 구성원은 스탠퍼드 공과대학 부학장인 채닝 로버트슨Channing Robertson이었다. 로버트슨은 스탠퍼드대학교의 유명 교수였다. 담배의 중독성에 대한 그의 전문가 증언*에 따라, 1990년대 후반에 담배 업계가 미네소타주와 65억 달러에 달하는 합의안을 체결하기도 했다.[2] 로버트슨과 몇 번 대화해 본 결과 모즐리는 로버트슨이 엘리자베스를 매우 아낀다는 사실을 알 수 있었다.

또한 테라노스에는 강력한 경영 관리팀이 있었다. 팀 켐프는 IBM에서 지난 30년간 근무했다. 테라노스의 최고사업책임자(CCO)인 다이앤 파크스Diane Parks는 제약 및 생명공학 회사에서 25년간 경험을 쌓았다. 제품 담당 수석 부사장인 존 하워드John Howard 또한 파나소닉의 반도체 제조 자회사를 감독한 경력이 있었다. 소규모 스타트업에서 이 정도 역량의 경영진을 보유한 건 결코 흔하다고 할 수 없는 일이었다.

하지만 모즐리가 테라노스에 매혹된 것은 단지 이사회나 경영진 때문만은 아니었다. 테라노스가 겨냥하는 시장은 거대했다. 제약 회사들은 매년 신약을 검사하기 위해 수천억 달러를 임상 실험에 투자하고 있었다. 만약 테라노스가 그들에게 없어서는 안 될 기술을 제공하고, 제약 회사들의 지출 중 일부분을 확보할 수만 있다면 떼돈을 벌 수도 있겠다고 모즐리는 생각했다.

엘리자베스는 투자자들에게 보여 줄 수 있는 재무 계획서를 작성해 달라고 모즐리에게 요청했다. 하지만 모즐리가 제출한 첫 계획안이 엘리자베스의 마음에 썩 들지 않자 모즐리는 계획안의 목표를 상향 수정해야 했다. 그는 수정된 계획안에 마음이 조금 불편했지만 회사

---

* 판사와 배심원이 사실을 판단하는 데 도움을 주기 위해 전문 지식과 경험에 기초한 설명이나 의견을 제공하는 것.

가 완벽하게 일을 처리한다면 불가능한 계획도 아니라고 생각했다. 게다가 벤처 투자자들은 스타트업 회사가 제시하는 재무 계획안에 어느 정도 과장이 섞여 있을 거라고 이미 예상하고 있었다. 그저 사업 전략의 일부분일 뿐이었다. 벤처 투자자들은 심지어 이를 '하키 스틱 계획안'*이라는 용어로 부르기도 했다. 초기 몇 년 동안에는 수익이 정체되어 있지만 그 후 마치 마법처럼 수익이 가파르게 오를 거라는 의미였다.

하지만 모즐리는 테라노스 기술의 작동 원리를 완벽하게 이해하지 못했다. 잠재적 투자자들이 방문할 때면 모즐리는 그들을 테라노스의 공동 설립자인 셔낙 로이Shaunak Roy에게 데려갔다. 셔낙 로이는 화학공학 박사 학위를 수료하고, 엘리자베스와 함께 스탠퍼드대학교 로버트슨 교수의 연구실에서 함께 일한 적이 있었다.

셔낙은 자신의 손가락을 찔러 피 몇 방울을 채취한 후 혈액을 신용카드 크기의 흰색 플라스틱 카트리지로 옮겼다. 그러고는 카트리지를 토스터기 크기의 직사각형 상자에 삽입했다. 이 상자는 판독기라고 불렸다. 판독기는 카트리지에서 데이터 신호를 추출해 서버에 무선으로 전송하고, 서버가 그 데이터를 분석한 뒤 다시 결과를 판독기로 되돌려 보냈다. 이것이 테라노스 기술의 작동 원리였다.

셔낙은 투자자들에게 기술 시연을 보일 때마다 컴퓨터 스크린을 가리키며 판독기 내부에서 혈액이 카트리지를 통해 흐르는 모습을 보여

---

* 하키 스틱 모양과 비슷한 곡선으로, 초반에는 서서히 상승하지만 곧 속도가 붙는 현상을 가리킨다.

주었다. 모즐리는 실제로 물리학이나 화학작용 자체를 이해하지는 못했다. 하지만 원리를 이해하는 것은 그의 역할이 아니었다. 모즐리는 금융인이었고, 시스템이 제대로 성과를 내기만 한다면 만족할 수 있었다. 그리고 시스템은 언제나 결과를 성공적으로 보여 주는 듯했다.

엘리자베스는 며칠 후 스위스에서 돌아왔다. 엘리자베스가 싱글벙글한 표정으로 사내를 거니는 것으로 보아 출장에 성과가 있었던 게 분명하다고 모즐리는 생각했다. 물론 그 모습이 평소와 많이 다르지는 않았다. 엘리자베스의 태도는 늘 쾌활했고, 기업가 특유의 무한한 낙천주의 성향도 갖고 있었다. 엘리자베스는 직원들에게 보내는 이메일에서 테라노스의 조직 강령을 설명하며 "비범하다(extraordinary)"는 표현을 자주 썼고, 그 단어를 유독 강조하길 좋아했다. 약간 과장이 섞여 있었지만, 모즐리는 엘리자베스에게서 성실함을 보았고 실리콘 밸리에서 스타트업 기업가가 성공하려면 이 정도의 전도력은 불가피하다고 생각했다. 냉소적인 성격으로는 세상을 바꿀 수 없기 때문이었다.

하지만 엘리자베스와 함께 출장을 떠났던 동료들이 엘리자베스만큼 들떠 있지 않다는 사실이 조금 마음에 걸렸다. 심지어 몇 명은 풀이 죽어 보이기까지 했다.

누구네 강아지가 차에 치이기라도 한 걸까? 모즐리는 반쯤 농담 삼아 궁금해 했다.

모즐리는 회사 직원 60명 정도가 옹기종기 모여 칸막이 책상에서 일하는 아래층으로 내려가 셔낙을 찾았다. 셔낙이라면 분명 자신이 모르는 그 문제에 대해 잘 알고 있을 거라고 믿어서였다.

처음에 셔낙은 아무것도 모른다고 잡아뗐다. 하지만 모즐리는 셔낙이 무언가를 숨기고 있다고 확신하여 계속 추궁했다. 그러자 셔낙은 점차 마음을 열고, 엘리자베스가 '테라노스 1.0'이라고 부르는 혈액 검사 시스템이 늘 성공적으로 작동하지는 않는다는 사실을 털어놓았다. 실제로 작동 여부는 불확실한 도박이었다. 정상적으로 작동해 결과가 나올 때도 있지만, 그렇지 않을 때도 많다는 것이었다.

모즐리에게는 처음 듣는 소식이었다. 모즐리는 시스템이 안정적이라고 믿었던 것이다. 그도 그럴 것이 투자자들이 방문했을 때는 항상 작동하는 것처럼 보였기 때문이다.

셔낙은 기계가 항상 작동하는 것처럼 보였던 데에는 다 이유가 있다고 설명했다. 컴퓨터 화면으로 보여 준 이미지 중 카트리지를 통해 혈액이 흘러 작은 용기에 정착하는 모습은 실제 화면이 맞았다. 하지만 결과를 얻을 수 있을지의 여부를 장담할 수 없었기 때문에 성공했을 때의 화면을 따로 저장해 두었다고 했다. 투자자들 앞에서 보여 주었던 화면은 성공했을 때 저장했던 화면을 재생해 보여 준 것이었다.

모즐리는 너무 놀라 할 말을 잃었다. 여태 카트리지 내부의 혈액에서 결과가 실시간으로 추출되었다고 믿었던 것이다. 그가 데려온 투자자들도 분명 그렇게 믿었다. 셔낙이 방금 설명한 내용은 모즐리에게 마치 사기 행각처럼 들렸다. 투자자를 공략할 때 낙관적이고 열정적인 모습을 보여 주는 건 좋지만 넘지 말아야 할 선은 존재하게 마련이다. 그리고 모즐리는 이번 일이 그 선을 넘었다고 생각했다.

그래서 노바티스에선 정확히 무슨 일이 있었던 걸까?

그에게 곧바로 대답해 주는 사람은 아무도 없었지만, 분명 비슷한 속임수를 썼으리라고 추측할 수 있었다. 그리고 모즐리의 의심이 옳았다. 엘리자베스가 스위스에 가져갔던 판독기 두 개 중 하나가 도착했을 당시 제대로 작동하지 않았다. 엘리자베스와 함께 간 직원들은 늦은 밤까지 기기를 손봐야 했다. 다음날 아침 기기의 결함을 숨기기 위해 캘리포니아 본사 팀 켐프의 부서원들은 위조된 결과를 엘리자베스에게 보냈다.

모즐리는 일주일에 한 번 엘리자베스와 회의를 했는데, 그 주 회의가 바로 당일 오후에 잡혀 있었다. 모즐리는 엘리자베스의 사무실에 들어서자마자 다시 한번 그녀의 카리스마에 감탄했다. 엘리자베스는 자신보다 훨씬 연배가 많은 사람의 분위기를 풍겼다. 또 커다랗고 푸른 눈을 깜박이지 않고 상대방을 뚫어져라 쳐다보는 습관이 있었는데, 그 덕에 그녀와 대화할 때면 세상의 중심에 서 있는 것 같은 느낌을 받고는 했다. 거의 최면과 같았다. 엘리자베스의 독특하고 깊은 바리톤의 목소리도 그런 최면 효과를 더했다.

모즐리는 자신이 우려하는 문제를 제기하기 전에 자연스럽게 회의가 진행되도록 기다렸다. 테라노스는 최근 세 번째 투자금을 마련했는데, 아무리 꼼꼼히 따져도 대성공이라고 할 수밖에 없었다.[3] 회사는 처음 두 번의 자금 조달에서 모은 1500만 달러에 이어 이번에 3200만 달러를 추가로 투자받았던 것이다. 가장 두드러지는 성과는 테라노스의 가치가 1억 6500만 달러로 새로이 평가받은 것이었다. 3년차 스타트업 기업 가운데 그만한 가치가 있다고 말할 수 있는 곳은 무척

드물었다.

테라노스의 가치가 이렇게 측정된 데에는 제약 회사들과 계약을 체결했다고 투자자들에게 발표한 것이 크게 작용했다. 테라노스는 투자자들에게 건넨 파워포인트 발표 자료에 현재 제약 회사 다섯 곳과 총 여섯 건의 계약을 맺었으며, 향후 18개월 동안 1억 2천만 달러에서 3억 달러의 수익을 창출할 예정이라고 밝혔다.[4] 그리고 협상 중인 또 다른 거래처 열다섯 곳을 나열한 뒤, 그들과 계약을 체결하게 된다면 수익은 15억 달러에 이를 것이라고 발표했다.

제약 회사들은 테라노스의 혈액 검사 장치를 사용하여 신약에 대한 환자들의 신체 반응을 관찰할 계획이었다. 카트리지와 판독기는 임상 실험 중 환자의 집에 배치하기로 했다. 환자는 매일 여러 번 자신의 손가락 끝을 찔러 혈액을 채취해 검사하고, 판독기가 그 혈액 검사 결과를 임상 실험 업체에 보내게 된다. 검사 결과 만약 환자가 약물에 대한 부작용을 나타낸다면, 제약 회사는 임상 실험이 끝날 때까지 기다리지 않고 즉시 복용량을 조절할 수 있게 되는 것이다. 테라노스는 자사 기술로 제약 회사의 연구 비용을 최대 30%까지 줄일 수 있을 거라고 파워포인트 발표 자료에서 밝혔다.

그날 아침 알게 된 사실들로 인해 모즐리는 이 모든 주장에 불안을 느꼈다. 사실 테라노스에서 근무한 8개월이라는 기간 동안 모즐리는 제약 회사와 맺은 계약서를 단 한 번도 눈으로 직접 확인하지 못했다. 그가 계약서를 보여 달라고 요청할 때마다 "법적 검토 중"이라는 답변만 돌아왔다. 테라노스의 야심찬 재무 계획표에 동의한 것은 시스템이 안정적으로 작동한다고 믿었기 때문이었다.

하지만 엘리자베스는 이러한 우려를 함께 공유하지 않았고, 심지어 그 어떤 징조도 보이지 않았다. 그녀는 항상 편안하고 행복한 지도자의 모습을 하고 있었다. 특히 테라노스에 대한 새로운 평가는 엄청난 자부심의 근원이 되었다. 엘리자베스는 늘어가는 투자자 명단에 맞춰 새로운 이사진이 이사회에 합류할지도 모른다고 말했다.

모즐리는 스위스 출장에 대한 이야기와 무언가 잘못되고 있다는 사내 소문에 대한 이야기를 비로소 꺼냈다. 모즐리가 그 말을 꺼내자 엘리자베스는 문제가 있었다고 인정했지만 쉽게 고칠 수 있는 문제라며 대수롭지 않게 넘겼다.

하지만 헨리 모즐리는 의심을 거둘 수 없었다. 그는 셔낙이 투자자들 앞에서 보인 시연 동영상 이야기를 꺼냈다. 그러고는 라이브로 진행되는 실제 자료가 아니라면 그들을 속이는 일을 중단해야 한다고 주장했다. "이건 투자자들을 속이는 일입니다. 그렇게 해선 안 됩니다."

그러자 엘리자베스의 표정이 갑자기 바뀌었다. 방금 전까지의 쾌활한 태도는 사라지고 적개심까지 내비쳤다. 마치 눌러서는 안 될 스위치를 누른 것 같았다. 엘리자베스는 최고재무책임자를 싸늘한 눈초리로 응시했다.

"헨리, 당신은 팀 플레이어가 아니군요." 엘리자베스가 얼음장 같은 목소리로 말했다. "지금 당장 떠나 줘야겠어요."

모즐리는 자신의 귀를 의심했다. 엘리자베스는 단지 사무실에서 나가라고 요구하는 게 아니었다. 지금 당장 회사를 떠나라는 이야기였다. 모즐리는 그렇게 해고되었다.

| 제1장 |

목적 있는 삶

엘리자베스 앤 홈즈는 성공적인 사업가가 되고 싶다는 자신의 야망을 어린 시절부터 자각하고 있었다.

이미 일곱 살에 타임머신을 디자인했고, 상세한 공학 기술 도면으로 수첩을 가득 채웠다.[1]

아홉 살에서 열 살쯤 됐을 때 가족들이 모인 자리에서 친척 한 명이 엘리자베스에게 "크면 뭐가 되고 싶니?"라며 어린아이라면 한 번은 들을 법한 질문을 했다.

이때 엘리자베스는 당황하지 않고 바로, "나는 억만장자가 되고 싶어요"라고 대답했다.

"대통령이 되고 싶지는 않니?"라고 친척이 물었더니 엘리자베스는 다음과 같이 대답했다고 한다.

"아뇨. 나한테 10억 달러가 있을 테니 대통령이 나와 결혼하고 싶어 하겠죠."

이건 어린아이의 장난스러운 대답이 아니었다. 그 자리에 함께 있던 한 친척의 말에 따르면, 엘리자베스는 이때 매우 진지하고 확고했다고 한다.

부모는 엘리자베스가 품은 야망을 더욱 북돋는 역할을 했다. 아버지 크리스천 홈즈Christian Holmes와 어머니 노엘 홈즈Noel Holmes는 자랑할 만한 가족 역사를 배경으로 딸에게 높은 기대를 품고 있었다.

크리스천은 '플라이쉬먼 이스트 컴퍼니'라는 크게 번창한 기업을 설립한 헝가리 출신 이민자 찰스 루이스 플라이쉬먼의 자손이었다.[2] 찰스 루이스의 놀라운 성공으로 플라이쉬먼가(家)는 20세기 초 무렵 미국에서 가장 부유한 가문 중 하나로 성장했다.

찰스 루이스의 딸 베티 플라이쉬먼은 아버지의 주치의였던 덴마크 출신의 크리스천 홈즈와 결혼했다. 크리스천 홈즈는 엘리자베스의 고조부다. 크리스천은 부유한 처가의 정치적·사업적 인맥에 힘입어 신시내티 종합병원과 신시내티 의과대학을 설립했다.[3] 그래서 훗날 스탠퍼드대학교 캠퍼스 근처 샌드힐가(街)에 모인 벤처 투자자들에게 엘리자베스는 기업가의 유전자뿐만 아니라 의학계의 유전자도 물려받았다고 자신의 배경을 설명할 수 있었다.[4]

엘리자베스의 어머니 노엘 홈즈에게도 자랑스러운 가족 배경이 있었다. 노엘의 아버지는 웨스트포인트 미(美)육군사관학교 졸업생으로, 1970년대 초반 국방부 고위 관료로서 징병제를 모병제로 바꾸는 계획을 세우고 실행한 사람이었다.[5] 다우스트 집안의 조상은 나폴레옹 휘하의 유력했던 장군 중 한 명인 다부 사령관으로 거슬러 올라간다.

그러나 친가 쪽의 업적이 더욱 눈부셨고, 엘리자베스의 상상력을 사로잡았다. 아버지 크리스천 홈즈는 전 세대의 대성공뿐만 아니라 후대의 실패에 대해서도 딸에게 가르쳤다. 엘리자베스의 할아버지와 증조부 모두 풍족하긴 해도 흠이 많은 삶을 살았고, 여러 번 결혼했으며 알코올 중독으로 고생했다. 엘리자베스의 아버지 크리스천은 그들이 가문의 재산을 모조리 탕진했다며 비난했다.

엘리자베스는 수년 후 「더 뉴요커」와의 인터뷰를 통해 "저는 어려서부터 위대한 업적에 대한 이야기를 자주 들으며 자랐어요. 그리고 목적 없이 살아가는 사람들과, 목적 없는 삶이 사람의 성격과 삶의 질에 어떤 영향을 미치는지에 대해서도 계속 들어 왔죠"라고 말했다.[6]

엘리자베스는 어린 시절을 워싱턴 D.C.에서 보냈고, 아버지 크리스천은 국무부에서부터 국제 개발 기구에 이르기까지 여러 정부 기관에서 근무했다. 어머니 노엘은 의회 보좌관으로 근무하다가 엘리자베스와 남동생 크리스천을 키우기 위해 직장을 그만두었다.

여름이 되면 노엘과 아이들은 엘리자베스 이모와 론 디에츠 이모부 소유의 플로리다 보카러톤 콘도에 방문했다. 대서양 해안에 위치한 이곳은 전망이 무척 아름다웠다. 사촌 데이비드는 엘리자베스보다 3살 정도 어렸고, 남동생 크리스천보다는 1살 어렸다.

엘리자베스와 크리스천과 데이비드는 콘도 바닥에 깔아 놓은 폼 매트리스 위에서 함께 잠을 자고, 아침이면 해변으로 뛰어 나가 수영을 했다. 오후에는 모노폴리 보드게임을 하며 함께 시간을 보냈다. 모노폴리 게임에서 자신이 승리할 때면 엘리자베스는 데이비드와 크리스천이 파산할 때까지 집과 호텔을 모아 거의 끝장을 보았다. 아주 가끔씩 엘리자베스가 질 때면 그녀는 격분해서 콘도 현관문을 향해 달려 나갔다. 이처럼 엘리자베스는 어린 시절부터 강렬한 경쟁심을 내비쳤다.

고등학교에서 엘리자베스는 인기 있는 무리에 속하지 못했다. 그즈음 엘리자베스의 아버지가 테네코Tenneco라는 대기업으로 직장을 옮기게 되어 온 가족이 휴스턴으로 이사했다. 엘리자베스와 크리스천은 휴스턴에서 가장 유명한 사립학교인 세인트존스St. John's에 입학하게 됐다. 커다란 푸른 눈에 늘씬한 몸매를 가진 십대 소녀 엘리자베스는 학교에서 다른 친구들과 어울리기 위해 머리카락을 염색했고, 식이장애를 앓기도 했다.

그러다 고등학교 2학년 때부터 엘리자베스는 학업에 열중하기 시작했고, 종종 늦은 밤까지 깨어 공부하며 전 과목 A를 받게 되었다. 잠을 적게 자며 열심히 일하는 생활 방식이 평생에 걸친 엘리자베스의 패턴이 되었다. 좋은 성적을 받게 되자 엘리자베스는 사회적으로 자신의 입지를 넓힐 수 있었고 존경받는 휴스턴 정형외과 의사의 자녀와 교제하게 되었다. 두 사람은 밀레니엄 새해를 축하하기 위해 함께 뉴욕 타임스퀘어로 여행을 가기도 했다.

대학 진학 시기가 가까워지자 엘리자베스는 스탠퍼드대학교에 관심을 갖기 시작했다. 기업가가 되기를 꿈꾸고, 과학과 컴퓨터에 관심이 있는 우등생에게 스탠퍼드는 당연한 선택이었다. 철도 재벌 릴런드 스탠퍼드가 19세기 말에 설립한 작은 농업 대학은 실리콘밸리와 불가분의 관계가 되었다. 한창 인터넷 붐이 불고 있었고, 야후yahoo와 같은 거대한 스타 기업들 몇 곳이 바로 스탠퍼드대학교 캠퍼스에서 창립되었던 것이다. 엘리자베스가 졸업반일 때 스탠퍼드에서 박사 과정을 밟고 있던 두 학생이 구글google이라는 작은 스타트업 기업을 설립해 주목을 받기도 했다.

엘리자베스는 이미 스탠퍼드대학교를 잘 알고 있었다. 홈즈 가족이 1980년대 말에서 1990년대 초까지 여러 해 동안 스탠퍼드대학교 캠퍼스에서 조금 떨어진 캘리포니아주 우드사이드에 거주했던 것이다. 그곳에 사는 동안 엘리자베스는 제시 드레이퍼라는 옆집 소녀와 친구가 되었다. 제시의 아버지는 3세대 벤처 자본가이자 실리콘밸리에서 가장 유망한 창업 투자자인 자본가 팀 드레이퍼Tim Draper였다.

엘리자베스와 스탠퍼드대학 사이엔 또 다른 인연도 있었다. 아버지 크리스천은 일 때문에 중국으로 여러 번 출장을 다녔는데, 그 때문에 자녀들에게 중국어를 배우게 했다. 그래서 토요일 아침마다 엘리자베스의 휴스턴 집에 중국어 과외 선생님이 방문했다. 고등학교 2학년 무렵 엘리자베스는 스탠퍼드대학의 중국어 여름 계절 학기 수업을 듣게 되었다.[7] 원래는 대학생들만 들을 수 있는 수업이었지만, 엘리자베스는 유창한 중국어 실력으로 교수진을 감탄시켜 예외적으로 수업을 수강할 수 있었다. 처음 5주 동안은 팰로앨토의 스탠퍼드대학 캠퍼스에서 수업이 진행되었으며, 그 후 4주 동안은 중국 북경에서 수업이 진행되었다.

2002년 봄, 엘리자베스는 대통령 장학생 자격으로 스탠퍼드대학교에 입학했다. 최우수 고등학생만을 뽑는 이 장학 제도에 발탁되면 각자의 관심 분야를 탐구하는 데 사용할 수 있도록 3천 달러의 장학금을 받게 된다.

아버지 크리스천은 엘리자베스에게 목적 있는 삶을 살아야 한다는 개념을 심어 주었다.[8] 크리스천은 1980년 공무원으로 재직 당시 10만 명이 넘는 쿠바와 아이티 난민들이 미국으로 망명했던 마리엘 긴급 해상 수송 사건과 같은 인도주의적 활동을 감독했다. 또 그는 전쟁으로 피폐해진 국가에서 재난 구조 활동을 하는 사진을 집안 곳곳에 걸어 두었다. 엘리자베스는 진정 세상에 이름을 남기고 싶다면, 단지 부유해지는 것뿐만이 아니라 공공의 이익에 기여해야 한다는 교훈을 배웠다.[9] 생명공학은 이 두 가지를 모두 성취할 수 있는 가능성을 제시했다. 그래서 엘리자베스는 이 산업에 자연스럽게 입문할 수 있는 화학공학을 공부하기로 결심했다.

스탠퍼드 화학공학대학의 대표적인 인물은 채닝 로버트슨 교수였다. 로버트슨은 카리스마 넘치는 미남에다 유머러스했는데, 1970년부터 대학에서 학생들을 가르쳐 온 보기 드문 공감 능력을 지닌 교수였다. 공과대학 교수진 중 가장 유쾌한 그는 꽤 멋진 금발에 흰 머리가 드문드문 섞여 있었으며, 가죽 재킷을 입고 수업을 진행할 때면 실제 나이인 59세보다 십 년은 젊어 보였다.

엘리자베스는 로버트슨의 화학공학 입문 수업과 제어 약물 전달 장치에 관한 세미나를 수강했다. 또한 로버트슨의 연구실에서 조수로 일하게 해 달라고 부탁했다. 로버트슨은 이를 수락하여 세탁 세제에 넣을 최적의 효소를 연구 중인 박사 과정 학생을 돕도록 엘리자베스를 보냈다.

엘리자베스는 오랜 시간 실험실에서 보내는 것 외에 사회생활 또한 활발하게 했다. 캠퍼스 파티에 참석하고 JT 뱃슨이라는 2학년생과 교제하기도 했다. 뱃슨은 조지아주의 작은 마을 출신이었는데, 엘리자베스의 세련미와 세속적인 면에 끌렸다. 하지만 때로는 엘리자베스가 지나치게 신중하다고 생각하기도 했다. 훗날 뱃슨은 엘리자베스에 대해 "자신의 이야기를 잘 공유하지 않았다. 속내를 잘 드러내는 사람이 아니었다"라고 회상했다.

대학교 1학년 겨울 방학을 맞은 엘리자베스는 휴스턴으로 돌아와 부모님, 그리고 인디애나폴리스에서 방문한 디에츠 이모 부부와 함께 휴일을 보냈다. 대학교에 입학한 지 몇 달도 채 되지 않았지만, 엘리자베스는 이미 자퇴할 생각에 신이 나 있었다. 크리스마스 저녁 식사 도중, 엘리자베스의 아버지는 종이비행기 날개에 "박사 학위(P.H.D)"라고 적어 엘리자베스에게 날려 보냈다.

하지만 엘리자베스의 대답은 통명스러웠다. 그 자리에 있었던 가족 구성원의 증언에 따르면 엘리자베스는 "아뇨, 아빠. 전 박사 학위에 관심 없어요. 전 돈을 벌고 싶다고요"라고 대답했다고 한다.

그해 봄 언젠가 엘리자베스는 뱃슨의 기숙사 문 앞에 돌연 나타나 자신은 회사를 설립해야 하고, 모든 시간을 회사에 투자해야 하기 때문에 더 이상 그와 만날 수 없다며 이별을 통보했다. 과거에 단 한 번도 실연당한 적 없었던 뱃슨은 충격을 받았지만, 엘리자베스의 독특한 이별 통보 탓에 실연의 아픔에서 금세 극복할 수 있었다.

엘리자베스는 실제로는 싱가포르의 게놈 연구소에서 여름 인턴십을 마치고 돌아온 후 가을 학기가 될 때까지 스탠퍼드대학교에서 자퇴하지 않았다. 2003년 초 아시아는 전에 알려진 바 없던 중증급성호흡기증후군(SARS)이라는 질병의 확산으로 황폐해졌고, 엘리자베스는 주사기 및 비강 면봉 채취와 같은 오래된 기술로 환자들의 샘플을 채취하며 여름을 보냈다. 이같은 경험으로 엘리자베스는 틀림없이 이보다 더 나은 방법이 있을 것이라고 굳게 믿게 되었다.[10]

휴스턴으로 돌아온 후 엘리자베스는, 5일간 컴퓨터 앞에 앉아 밤에 한두 시간씩 쪽잠을 자고 어머니가 쟁반에 담아 가져온 음식으로 끼니를 때우며 작업에 몰두했다.[11] 엘리자베스는 여름 인턴십과 로버트슨 교수의 수업에서 배웠던 신기술을 바탕으로 질병을 진단하고 동시에 치료할 수 있는 팔 패치 관련 특허 신청서를 작성했다.

어머니 노엘은 2학년 개학 날짜에 맞춰 엘리자베스를 텍사스에서부터 캘리포니아까지 차로 데려다 주었는데, 엘리자베스는 차 안에서 밀린 잠을 보충했다. 그리고는 캠퍼스에 돌아가자마자 로버트슨과 박사 과정 이수 중인 셔낙 로이에게 특허 내용을 보여 주었다.

훗날 법정 증언에서 로버트슨은 그 당시 엘리자베스의 창의력에 감탄했다고 진술했다.[12] "엘리자베스는 내가 단 한 번도 생각해 본 적 없는 방식으로 과학과 공학, 그리고 기술을 결합했다." 그에 더해 자신의 생각을 관철시키려는 엘리자베스의 의욕과 결단에도 감명을 받았다고 말했다. "그때까지 수천 명의 학생들과 이야기를 나눴지만, 엘리자베스 같은 학생은 만난 적이 없다." 그래서 "엘리자베스에게 나가서 꿈을 좇으라고 권유했다"고 진술했다.

셔낙은 좀 더 회의적이었다. 인도 출신 이민 가정에서 자란 셔낙은 실리콘밸리의 눈부신 광경에서 멀리 떨어진 시카고에서 자랐으며, 무척이나 실용적이고 현실적인 사람이었다. 셔낙에게 엘리자베스의 구상은 현실과 다소 거리가 멀어 보였다. 하지만 로버트슨 교수의 열정과 스타트업 창업이라는 아이디어에 이끌렸다.

엘리자베스가 회사 설립 서류를 작성하는 동안 셔낙은 박사 학위를 취득하기 위한 마지막 학기를 마쳤다. 2004년 5월, 셔낙은 엘리자베스의 스타트업 최초의 직원으로 입사했으며, 소수 지분을 부여받았다. 로버트슨은 회사 이사회에 고문으로 합류했다.

초창기에 엘리자베스와 셔낙은 더 큰 공간을 마련할 때까지 몇 달 동안 벌링게임의 작은 사무실에서 근무했다. 하지만 새로 이전한 사무실도 그다지 화려하지는 않았다. 주소지는 멘로 파크*였지만, 실제로는 총격 사건이 빈번하게 일어나는 이스트 팰로앨토 가장자리의 흉흉한 산업 지대에 위치했다. 어떤 날은 엘리자베스가 머리카락에 유리 파편이 가득 덮인 채로 출근하기도 했다. 누군가 엘리자베스의 차를 총으로 쏴서 운전자 측 창문을 깨뜨린 것이다. 그때 총알은 엘리자베스를 간발의 차로 비껴갔다고 한다.

엘리자베스는 회사의 이름을 실시간 치료라는 뜻의 리얼타임큐어스Real-Time Cures로 신고했는데, 불행히도 오타를 내어 회사 초창기 직원 급여 명세서에는 회사명이 실시간 저주라는 의미의 "리얼타임커스Real-Time Curses"로 찍혀 나갔다고 한다. 훗날 엘리자베스는 '치료Therapy'와 '진단Diagnosis'이라는 단어를 조합하여 테라노스라는 이름으로 회

---

* 캘리포니아주의 도시로, 구글과 페이스북을 비롯한 첨단기업이 모여 산업단지를 형성하고 있다.

사명을 변경했다.

필요한 자금을 모으기 위해 엘리자베스는 가족 인맥을 활용했다.[13] 엘리자베스는 어린 시절 친구이자 과거 이웃이었던 제시 드레이퍼의 아버지 팀 드레이퍼에게 1백만 달러를 투자해 달라고 설득했다. 드레이퍼라는 이름엔 적잖은 무게가 실려 있었고, 엘리자베스의 신뢰도를 높여 주었다.[14] 팀의 조부모가 1950년대 후반 실리콘밸리의 첫 번째 벤처 캐피털 회사를 설립했으며, 팀의 자회사인 DFJ 역시 웹 기반 전자 메일 서비스인 핫메일Hotmail에 초기 투자하여 이문을 남긴 것으로 유명했기 때문이다.

또 하나의 가족 인맥은 은퇴한 기업 회생 전문가 빅터 팔미에리Victor Palmieri로, 아버지 크리스천의 오랜 친구였다. 두 사람은 1970년대 후반 카터 정부 당시 크리스천이 국무부에서 근무하고 팔미에리가 난민 문제 담당 대사로 재직하던 때에 인연을 맺었다.

엘리자베스는 나노 기술과 마이크로 기술의 원리를 진단 분야에 적용하는 기막힌 비전과 특유의 쾌활한 에너지로 드레이퍼와 팔미에리에게 깊은 인상을 남겼다. 또한, 투자자들을 모집하는 데 사용한 26쪽 분량의 자료에서 엘리자베스는 미세 바늘로 피부를 통해 고통 없이 혈액을 채취할 수 있는 접착형 패치에 대해 설명했다.[15] 자료에서는 이를 테라패치TheraPatch라고 부르며, 패치 안에 혈액을 분석하고 약물을 얼마나 처방할 것인지에 대한 '과정 제어 결정'을 내리는 마이크로 칩 감지 시스템이 포함되어 있다고 설명했다. 또 그 분석 결과를 무선으로 환자의 주치의에게 전달하는 기술도 내재되어 있다고 말했다. 이 자료에는 패치의 모양과 다양한 구성 요소의 컬러 다이어그램이

제시돼 있었다.

하지만 모두가 그 패치에 설득된 것은 아니었다. 2004년 7월 어느 날 아침 엘리자베스는 의료 기술 투자를 전문으로 하는 벤처 캐피털 회사 '메드벤처 어소시에이츠MedVenture Associates'의 임원진과 만났다.[16] 엘리자베스는 메드벤처의 회의실에서 임원진 다섯 명을 마주하고 앉아 자신의 기술에 인류를 변화시킬 잠재력이 있다며 신속하고 대담하게 설명했다. 하지만 메드벤처 임원진 중 한 명이 마이크로 칩 시스템에 대해 더 자세한 설명을 요구하며, 어백시스Abaxis라는 회사에서 이미 개발하고 상용화한 제품과의 차이점을 묻자 엘리자베스는 눈에 띄게 혼란스러워하며 회의 내내 긴장감을 내비쳤다. 임원의 기술 관련 질문에 대답할 수 없었던 엘리자베스는 약 한 시간 후 자리에서 일어나 서둘러 그곳을 떠났다.

19세 대학 중퇴자의 제안을 거절한 곳은 메드벤처뿐만이 아니었다.[17] 하지만 그럼에도 엘리자베스는 2004년 말까지 투자자들의 주머니에서 총 6백만 달러를 긁어모으는 데 성공했다. 드레이퍼와 팔미에리 외에도 엘리자베스는 고령의 벤처 자본가 존 브라이언과 휴스턴 MD 앤더슨 암센터에서 이사로 근무했던 부동산 및 사모펀드 투자가 스티븐 L. 파인버그에게서 투자를 확보했다.[18] 또한 대만에서 수십억 달러 규모의 하이테크 장치 유통업을 운영하는 부모를 둔 스탠퍼드대학교 동창생 마이클 챙에게도 투자를 하도록 설득했다. 엘리자베스의 이모인 엘리자베스 디에츠를 포함하여 홈즈 가족의 몇몇 구성원들 역시 투자자 대열에 합류했다.

수중에 돈이 흘러 들어왔지만, 엘리자베스가 원하는 '모든 기능을 갖춘 작은 패치'가 실제로는 공상 과학에 더 가깝다는 사실이 셔닉에게는 명백해졌다. 화성 유인 비행이 이론적으로는 가능했던 것처럼 엘리자베스의 패치 역시 이론적으로 가능해 보일 수 있지만, 문제는 세부 사항에 있었다. 패치를 실현 가능하게 만들기 위해 진단 기능만 남겼지만, 그것마저도 구현하기가 쉽지 않았다.

결국 그들은 패치 개발 계획을 완전히 폐기하고, 당뇨병 환자의 혈당치를 감시하는 데 사용하는 소형 장치와 비슷한 기기를 개발하기로 했다. 엘리자베스는 테라노스의 장치를 혈당치 감시 장치처럼 초소형 휴대용 장치로 만들자고 제안했지만, 혈당뿐만 아니라 혈액에서 더 많은 물질을 측정하길 바랐기 때문에 그보다 훨씬 복잡하고 부피가 커질 수밖에 없었다.

그들이 찾은 타협점은 미세 유체 공학과 생화학 분야를 혼합한 카트리지 및 판독기 시스템이었다. 환자는 자신의 손가락을 찔러 소량의 혈액 샘플을 채취한 뒤 두꺼운 신용카드처럼 생긴 카트리지에 삽입한다. 카트리지는 판독기라고 불리는 더 큰 기계에 삽입된다. 그 다음 판독기 내부의 펌프가 카트리지의 혈액 샘플을 작은 통로를 통해 항체라는 단백질이 코팅된 작은 용기에 밀어 넣는다. 그러면 혈액 샘플이 용기로 향하는 과정에서 필터가 혈액의 고체 요소인 적혈구와 백혈구를 혈장과 분리한 뒤 혈장만을 통과시키게 된다. 혈장이 항체와 접촉하게 되면 화학반응이 일어나고, 그 결과가 판독기에 읽히고 번역되어 신호를 생성하는 것이다.

엘리자베스는 환자의 집에 카트리지와 판독기를 배치하여 환자가 정기적으로 혈액을 검사받을 수 있도록 계획했다. 판독기의 통신용

안테나는 진단 결과를 중앙 서버를 통해 환자 주치의의 컴퓨터로 보낸다. 그렇게 하면 환자가 채혈 센터에 방문하여 혈액 검사를 받거나 다음 병원 방문을 기다릴 필요 없이, 의사가 환자의 처방전을 신속하게 조정할 수 있게 될 터였다.

2005년, 셔낙은 입사한 지 18개월 만에 회사가 꽤 진전을 이루었다고 믿기 시작했다. 이는 회사가 테라노스 1.0이라고 불리는 시제품을 제작했으며, 직원수가 20명 정도로 늘어났기 때문이었다. 또, 신속하게 수익을 창출할 수 있는 사업 전략도 세웠는데, 이는 제약 회사가 임상 실험 중 약물유해반응을 신속히 파악할 수 있도록 그들에게 혈액 검사 기술 라이선스를 발급하는 계획이었다.

그에 더해 이 작은 기업은 드디어 화제를 불러오기 시작했다.[19] 크리스마스 당일 엘리자베스는 직원들에게 "행복한 연말연시 보내세요"라는 제목의 이메일을 보냈다. 엘리자베스는 이메일에 기술 잡지인 「레드헤링(Red Herring)」과 진행한 인터뷰의 링크를 공유하며, "밸리에서 제일 핫한 스타트업을 위해!"라고 적었다.[20]

| 제2장 |

접착제 로봇 '에디슨'

2006년 초 에드먼드 쿠Edmond Ku는 엘리자베스와 면접을 보았고, 곧바로 그녀의 비전에 매료되었다.

엘리자베스는 테라노스의 혈액 진단 기술 덕분에 환자 개개인에게 약품이 섬세하게 맞춤화되는 세상에 대해 설명했다. 그러고는 자신의 요점을 강조하기 위해 심장마비와 뇌졸중의 위험을 증가시키는 것으로 의심받는 셀레브렉스Celebrex라는 이름의 진통제를 언급했다. 셀레브렉스의 제조사인 화이자Pfizer가 시장에서 약품을 회수해야 한다는 이야기가 떠돌고 있었다. 하지만 테라노스의 장치를 사용하면 셀레브렉스의 부작용을 제거할 수 있어서 수백만 명의 관절염 환자들이 계속해서 약품을 복용하고 통증을 완화할 수 있다고 엘리자베스는 설명했다. 또한, 매년 약 10만 명의 미국인이 약물 부작용으로 사망한다는 정보를 인용하며, 약물 부작용으로 인한 사망을 테라노스가 막을 수 있다고 주장했다. 이는 말 그대로 생명을 구하는 일이었다.

에드먼드는 눈을 깜박이지 않고 그를 뚫어져라 쳐다보는 맞은편의 젊은 여인에게 빨려 들어가는 듯했다. 또 엘리자베스가 설명한 기업 사명이 존경스럽다고 생각했다.

에드먼드는 실리콘밸리에서 '만능 수리맨'이라는 평판을 얻은 과묵한 성격의 엔지니어였다. 복잡한 기술 문제로 어려움을 겪는 기술 스타트업 기업들이 에드먼드를 고용했고, 에드먼드는 그들에게 해결책을 찾아 주곤 했다. 그는 홍콩에서 태어나 십대 초반에 가족들과 함께 캐나다로 이민을 갔으며, 많은 중국 출신 이민자들처럼 항상 현재 시제로 말하는 말버릇이 있었다.

얼마 전 테라노스 이사진 중 한 명이 에드먼드에게 테라노스의 기술 부서를 맡아 달라고 제안했다. 만일 받아들인다면 테라노스 1.0 시제품을 상품화할 수 있는 제품으로 개발하는 것이 그의 임무가 된다. 에드먼드는 엘리자베스에게 깊은 영감을 받아 조직에 합류하기로 결정했다.

하지만 자신이 여태 맡았던 프로젝트 중 테라노스 제품 개발이 가장 어려운 기술적 난제임을 깨닫기까지는 그리 오랜 시간이 필요하지 않았다. 에드먼드는 의료 기기가 아니라 전자 기기 분야의 베테랑이었고, 인수 받은 시제품은 제대로 작동하지 않았다. 사실 이 시제품은 엘리자베스가 원하는 제품의 모형이나 다름없었다. 에드먼드는 모형으로 실제 작동하는 장비를 만들어 내야만 했다.

가장 큰 어려움은 혈액을 아주 소량만 사용해야 한다는 엘리자베스의 고집에서 비롯됐다. 그녀는 어머니 노엘로부터 바늘 공포증을 물려받았다. 노엘 홈즈는 주사기를 보기만 해도 기절하는 사람이었다.

엘리자베스는 환자의 손가락 끝을 살짝 찔러 채취한 단 한 방울의 혈액만으로 모든 검사를 시행할 수 있는 기술을 보유하기를 바랐다. 그 아이디어에 너무 집착한 나머지 엘리자베스는 직원이 공개 취업 설명회에서 빨간색 허쉬 키세스 초콜릿에 테라노스의 로고를 박아 전시했다는 사실에 무섭게 화를 내기도 했다. 허쉬 키세스 초콜릿은 소량의 혈액을 상징했는데, 엘리자베스는 자신이 생각한 혈액의 양을 전달하기에 키세스 초콜릿의 크기가 너무 크다며 화를 냈다.

소형화에 대한 엘리자베스의 집착은 카트리지에까지 미쳤다. 그녀는 카트리지가 손바닥에 딱 맞는 휴대용 사이즈로 만들어지기를 원해서 에드먼드의 작업을 더욱 복잡하게 만들었다. 에드먼드와 그의 부서는 제품을 재설계하느라 몇 달을 소비했지만 도저히 하나의 혈액 샘플에서 동일한 실험 결과를 안정적으로 재현할 수 없었다.

사용할 수 있는 혈액의 양이 너무 적어 용량을 늘리기 위해 식염수로 희석해야 했기 때문이었다. 그로 인해 일상적으로 행해지는 단순 화학 실험이었을 작업이 무척 까다로워졌다.

게다가 카트리지를 통과해야 하는 액체가 혈액과 식염수뿐이 아니라는 점도 작업을 복잡하게 만들었다. 혈액이 용기에 도달했을 때 화학반응을 일으키려면 시약도 필요했다. 그래서 시약을 별도의 공간에 보관했다.

모든 유체가 정확히 계산된 순서대로 카트리지를 통과해야 해서 카트리지 안의 밸브는 정확한 간격으로 열고 닫히도록 설계되어 있었다. 에드먼드와 동료 기술자들은 다양한 유체가 카트리지를 통해 주입되는 속도와 밸브의 설계를 파악하고 시간을 계산해 고치려 애썼다.

또한, 모든 유체가 누출되어 서로 오염시키는 일을 막는 것도 문제였다. 그래서 오염을 최소화하기 위해 카트리지 속 여러 작은 통로의 모양, 길이 및 방향을 변경해 보았다. 그리고 식용 색소를 사용하여 무수히 많은 시험을 실시하고 각기 다른 색깔의 유체들이 어디로 흐르는지, 그리고 오염이 어느 위치에서 발생하는지 확인했다.

작은 공간 안에 많은 것이 압축돼 있는 복잡하고 상호 연결된 시스템이었다. 에드먼드의 동료 기술자 중 한 사람은 이를 엉켜버린 고무줄에 비유하면서, 한쪽을 당기면 필연적으로 여러 다른 쪽이 함께 당겨진다고 설명했다.

게다가 각 카트리지의 가격이 200달러 이상 되었으며, 딱 한 번씩만 사용할 수 있었다. 그들은 일주일에 수백 개의 카트리지를 테스트했다. 엘리자베스는 발송 작업을 시작할 수 있는 날을 고대하며 2백만 달러의 자동 포장 작업 라인을 구입했지만, 아직 그날이 오려면 멀어 보였다. 그리하여 첫 투자 금액 6백만 달러를 모조리 탕진해버린 테라노스는 두 번째 펀딩에서 9백만 달러를 추가로 모금해 재원을 보충할 수 있었다.[1]

화학 작업은 생화학자들로 구성된 별도의 부서가 처리했다. 화학 부서와 에드먼드의 기술 부서 간의 협력 관계에는 사실 큰 문제가 있었다. 두 부서 모두 엘리자베스에게 직접 보고해야 했으며, 부서 간의 의사소통은 권장되지 않았다. 엘리자베스는 사내 정보를 분류시켜 시스템 개발에 대한 전체적인 흐름을 자신만 알 수 있도록 만들었다.

결과적으로 에드먼드는 자신이 직면한 문제가 본인이 담당하는 미세 유체 공학으로 인해 발생한 것인지, 자신과 상관없는 화학작용 때문인 건지 확실히 알 길이 없었다. 그러나 엘리자베스가 더 많은 양의 혈액을 사용할 수 있게 허락한다면 성공 가능성이 훨씬 높아지리라고 확신했다. 하지만 엘리자베스는 들으려 하지 않았다.

하루는 에드먼드가 언제나처럼 작업 공간에서 저녁 늦게까지 일하고 있는데, 엘리자베스가 그를 찾아왔다. 엘리자베스는 개발 진행 속도가 너무 느리다고 불평하며 개발을 가속화하기 위해 기술부가 일주일 내내, 하루 24시간 가동되기를 바란다고 말했다. 에드먼드는 말도 안 되는 끔찍한 아이디어라고 생각했다. 부서원들은 이미 장시간의 초과 근무를 버텨 내고 있었기 때문이다.

에드먼드는 회사 직원의 이직률이 높다는 사실을 눈치챘는데, 이는 평사원에만 국한된 이야기가 아니었다. 고위 간부들 역시 오래 버티지 못했다. 최고재무책임자인 헨리 모즐리도 어느 날 갑자기 사라졌다. 게다가 모즐리가 돈을 횡령한 사실이 들통났다고 회사에 소문까지 났다. 다른 퇴사자들처럼 그의 사직에 대해서도 누군가 발표하거나 설명해 주지 않았기 때문에 아무도 그 소문이 진실인지 알 수 없었다. 하지만 그로 인해 사내 분위기는 매우 불안정해졌다. 옆 자리의 동료가 어느 날 갑자기 이유도 모르게 사라질 수도 있는 상황이었다.

에드먼드는 엘리자베스의 생각에 반대했다. 교대제를 도입한다 하더라도, 기술자들이 불철주야 근무한다면 분명 과부하가 걸릴 거라고 설명했다.

"상관없어요. 직원은 바꾸면 됩니다." 엘리자베스가 대답했다. "중요한 건 회사뿐이에요."

에드먼드는 엘리자베스가 그런 냉혹한 말을 진심으로 하고 있다고 생각하지 않았다. 그저 목표 달성에 초점을 맞추다 보니 자신이 내린 결정이 사실상 어떤 의미인지 깨닫지 못한다고 생각했다. 에드먼드는 엘리자베스의 책상에서 테라노스에 대해 쓴 최근 언론의 기사 스크랩을 발견했다.[2] 회사 이사진 중 스탠퍼드 교수인 채닝 로버트슨의 말을 인용한 내용의 기사였다.

기사에서 로버트슨은 "제2의 빌 게이츠나 스티브 잡스를 보고 있다는 사실을 깨닫게 된다"라고 그녀에 대해 표현했다.

에드먼드는 이것이 너무 높은 목표라고 생각했다. 하지만 그 목표를 달성할 수 있는 사람이 있다면 그건 바로 이 젊은 여성일 것이라고도 생각했다. 에드먼드는 엘리자베스처럼 의욕 넘치고 집요한 사람을 만난 적이 없었다. 엘리자베스는 밤에 4시간씩 잠을 자고, 하루 종일 초콜릿으로 코팅된 커피 원두를 씹어먹으며 카페인을 주입했다. 에드먼드는 수면 시간을 늘리고 건강한 생활을 하도록 권장했지만 엘리자베스는 듣는 시늉도 하지 않았다.

에드먼드는 엘리자베스가 고집 세고 완강하지만, 단 한 사람의 말은 귀담아 듣는다는 사실을 알고 있었다. 그는 서니Sunny라는 이름의 미스터리한 남성이었다. 엘리자베스가 에드먼드에게 서니의 이름을 몇 번 언급한 적이 있어서 에드먼드는 그에 대해 몇 가지 기본적인 사실을 알아낼 수 있었다. 서니는 인도인이고, 엘리자베스보다 연상이었으며, 그 둘은 연인 관계였다. 서니는 1990년대 후반에 공동 설립한 인터넷 회사를 매각하여 떼돈을 벌었다고 했다.

서니는 테라노스에 모습을 드러내지는 않았지만, 엘리자베스의 삶에 큰 영향력을 끼치고 있었다. 2006년 말 팰로앨토의 한 레스토랑에서 열린 회사 크리스마스 파티에서 엘리자베스는 과음을 해 스스로 귀가할 수 없는 상황이 되었다. 그때 엘리자베스가 서니에게 연락해 데리러 와 달라고 부탁했다. 그래서 에드먼드는 그들이 몇 블록 떨어져 있는 콘도에서 동거하고 있다는 사실을 알게 되었다.

엘리자베스에게 조언을 해 주는 연상의 남성은 서니뿐만이 아니었다. 그녀는 팰로앨토 북쪽 애서턴 지역에 있는 도널드 루커스의 초호화 저택에서 그와 매주 일요일 브런치를 함께했다. 도널드를 통해 만났던 래리 엘리슨도 엘리자베스에게 영향력을 행사했다. 도널드와 엘리슨은 실리콘밸리에서 "시리즈 B"라고 불리는 테라노스의 두 번째 펀딩 라운드에 직접 투자하기도 했다.[3] 엘리슨은 자신의 투자물을 확인하기 위해 빨간색 포르쉐를 끌고 때때로 테라노스에 들렀다. 엘리자베스는 "래리가 그렇게 말했다"라며 종종 래리 엘리슨을 언급하기도 했다.

엘리슨은 자본 250억 달러를 보유하고 있는 세계에서 가장 부유한 사람 중 하나일지 모르지만, 엘리자베스에게 그다지 이상적인 멘토는 아니었다. 오라클 초창기에 엘리슨은 데이터베이스 소프트웨어의 기능을 과장해 발표했으며 버그가 아직 해결되지 않은 버전을 출시한 적이 있었다.[4] 이같은 일은 의료 기기 분야에서 절대로 해서는 안 되는 행동이다.

엘리자베스의 테라노스 운영 방식 중 어느 정도가 자신의 생각이고, 어느 정도가 엘리슨이나 도널드와 서니에게서 영향을 받은 것인지 알

길은 없었다. 하지만 에드먼드가 자신이 맡은 기술 부서를 24시간 운영하는 계획을 거부했을 때 엘리자베스가 매우 불쾌해 했다는 것만은 확실했다. 그 순간부터 그늘의 관계는 급속도로 냉각되었다.

그 후 오래 지나지 않아 에드먼드는 엘리자베스가 새로운 기술자 인력을 고용하고 있다는 사실을 알게 되었는데, 이 직원들은 에드먼드의 부서로 발령받지 않았다. 새 기술자들은 새로 설립된 별도의 부서에 소속됐다. 에드먼드의 부서와 라이벌인 셈이었다. 새로운 부서와 에드먼드의 기술 부서가 사내 적자생존과 같은 경쟁을 해야 한다는 사실이 분명해졌다.

에드먼드는 또 다른 문제로 정신이 없어서 이에 관해 깊이 생각할 겨를이 없었다. 엘리자베스가 테네시주에서 테라노스의 장치로 시범 연구를 실행하도록 화이자를 설득했던 것이다. 이 계약에 따라, 테라노스 1.0 장치가 환자들의 집에 배치되고, 환자들은 매일 그 장치로 자신의 혈액을 검사할 예정이었다. 그리고 그 결과는 캘리포니아의 테라노스 본사에 무선으로 전송되어, 분석 후 화이자로 전달되기로 했다. 시범 연구가 시작되기 전에 그들은 어떻게든 모든 문제를 해결해야만 했다. 엘리자베스는 이미 테네시주에서 일부 환자와 의사들에게 시스템 사용법을 교육하려고 출장 일정을 잡아 둔 상태였다.

2007년 8월 초, 에드먼드는 엘리자베스와 함께 내슈빌로 출장을 갔다. 서니가 포르쉐를 타고 본사에 그들을 데리러 와 공항에 데려다 주었다. 에드먼드가 직접 서니를 만난 것은 그때가 처음이었다. 그리고 그때 서니와 엘리자베스의 나이 차이가 뚜렷이 드러났다. 서니는 엘리자베스보다 20세 정도 많은 40대 초반 정도로 보였다. 두 사람의 관계는 쌀쌀맞고 다소 공적인 느낌이 들었다. 그들이 공항에서 헤어질 때, 서니는 "안녕"이나 "출장 잘 다녀와"라고 말하는 대신 "돈 많이 벌어 와!"라고 소리쳤다.

에드먼드와 엘리자베스가 테네시주에 도착했을 때, 카트리지와 판독기들이 제대로 작동하지 않았다. 그래서 에드먼드는 호텔 방의 침대 위에서 밤새 제품을 분해하고 재조립해야 했다. 아침이 되어서야 간신히 작동할 수 있게 고쳐 놓았고, 그 지역 종양 클리닉에서 환자 두 명과 의사와 간호사 대여섯 명 정도에게서 혈액 샘플을 채취할 수 있었다.

환자들은 병세가 매우 심각해 보였다. 에드먼드는 그들이 암 투병 중이라는 사실을 그제야 알게 되었다. 환자들은 종양의 성장을 늦추기 위해 약을 복용하고 있었고, 그 약으로 인해 몇 달을 더 살 수 있게 될지도 모르는 상황이었다.

캘리포니아로 돌아오는 길에 엘리자베스는 회사 직원들에게 출장이 성공적이었다며 쾌활한 분위기의 이메일을 보냈다.[5]

엘리자베스는 "정말 대단했어요. 환자들이 시스템을 곧바로 이해하더라고요. 환자들과 만난 순간 그들의 두려움과 희망과 고통을 느낄 수 있었어요"라고 썼다.

또한, 엘리자베스는 테라노스의 직원들도 함께 "승리의 기쁨을 누려야 한다"고 덧붙였다.

하지만 에드먼드는 조금도 낙관할 수 없었다. 테라노스 1.0 제품이 환자용으로 사용되는 것은 시기상조라고 생각했다. 더구나 말기 암 환자를 대상으로 하는 연구라니 말도 안 되는 일이라고 생각했다.

에드먼드는 금요일 저녁마다 스트레스를 풀기 위해 셔낙과 함께 팰로앨토의 올드프로라는 시끌벅적한 스포츠 바에 맥주를 마시러 갔다. 화학부서 팀장인 게리 프렌젤Gary Frenzel도 종종 합류했다.

게리는 텍사스 출신의 성격 좋은 사내였다. 그는 자신이 로데오 라이더로 활동했을 때의 이야기를 떠들기 좋아했다. 로데오 라이더로 활동했을 때 뼈를 너무 많이 다쳐 승마를 포기하고 화학자로서 경력을 쌓게 되었다고 했다. 게리는 수다 떠는 것을 좋아하고 장난도 좋아해, 언제나 셔낙이 하이톤으로 큰 웃음을 터뜨리게 만들었다. 셔낙이 낄낄대는 소리는 에드먼드가 들었던 것 중에 가장 우스꽝스러운 웃음소리였다. 세 명은 함께 시간을 보내며 서로 가까워져서 좋은 친구가 되었다.

그러던 어느 날부터인가 게리가 올드프로 바에 나오지 않았다. 처음에 에드먼드와 셔낙은 영문을 알 수 없었지만, 머지않아 게리가 갑자기 나오지 않게 된 이유를 알게 되었다.

2007년 8월 말, 테라노스 직원들은 회의를 위해 위층으로 모이라는 이메일을 받았다. 회사는 그새 성장하여 총 직원이 70명 이상으로 늘어 있었다. 직원들은 모두 자신이 하던 일을 멈추고 2층에 있는 엘리자베스의 사무실 앞으로 모였다.

분위기는 심각했다. 엘리자베스는 눈살을 찌푸리고 있었다. 굉장히 화가 나 보였다. 엘리자베스 옆에는 깔끔한 옷차림에 말이 무척이나 빠른 마이클 에스키벨Michael Esquivel 변호사가 서 있었다. 마이클 에스키벨 변호사는 몇 달 전 테라노스 고문 변호인으로 고용됐으며, 실리콘밸리의 최고 법률 사무소 윌슨 손시니 굿리치 로사티Wilson Sonsini

Goodrich & Rosati 소속 변호사였다.

회의는 대부분 에스키벨 변호사가 주도적으로 진행했다. 그는 테라노스가 지적 재산권을 훔친 혐의로 전(前) 직원 세 명을 상대로 고소를 진행하고 있다고 밝혔다. 그 직원들의 이름은 마이클 오코넬Michael O'Connell, 크리스 토드Chris Todd, 그리고 존 하워드John Howard였다. 하워드는 모든 연구 및 개발 과정을 감독했으며, 에드먼드가 취직할 때 면접관으로 나온 사람이었다. 토드는 에드먼드의 전임자였고, 테라노스 1.0 시제품의 디자인을 주도했었다. 그리고 오코넬은 지난여름 퇴사하기 전까지 테라노스 1.0 카트리지를 개발하던 직원이었다.

에스키벨은 누구도 그들과 연락을 취해선 안 되며, 모든 발송 이메일과 문서를 보존해야 한다고 설명했다. 또 윌슨 손시니Wilson Sonsini의 도움을 받아 증거를 수집하기 위해 철저히 조사할 계획이라고 말했다. 다음으로 이어진 에스키벨 변호사의 발언은 그 자리에 모인 모든 이들에게 충격을 안겨 주었다.

"이번 사건에 관해서 FBI에도 연락해 도움을 요청했습니다."

에드먼드와 셔낙은 게리 프렌젤이 이번 사건으로 인해 충격을 받은 게 틀림없다고 생각했다. 게리는 에드먼드의 전임자인 크리스 토드와 친구였기 때문이다. 게리는 토드를 따라 테라노스에 입사하기 전 지난 두 회사에서 5년간 토드와 함께 근무한 경험이 있었다. 토드가 2006년 7월에 테라노스를 떠난 후에도 그는 게리와 자주 연락을 했고, 전화 통화 및 이메일도 자주 주고받았다. 엘리자베스와 에스키벨 변호사가 그들에 관해 알아내어 게리에게 엄중한 경고를 내린 게 틀림없었다. 게리는 겁에 질린 것처럼 보였다.

셔낙도 토드와 친했기 때문에 무슨 일이 일어난 건지 조용히 알아 낼 수 있었다.

스탠퍼드대학의 나노 기술 박사 학위를 소지한 마이클 오코넬은 테라노스 시스템에 제동을 걸던 미세 유체 문제를 해결했다며 토드에게 따로 회사를 설립하자고 설득했다. 그들은 이를 에비드노스틱Avidnostics 이라고 불렀다. 오코넬은 하워드와도 의논했는데, 하워드는 도움과 조언을 줄 수 있지만 벤처에는 합류하지 않겠다고 답했다. 에비드노스틱은 테라노스 장치와 매우 흡사했는데, 테라노스와 달리 인간보다는 동물 혈액 검사를 수행하는 장치로 규제 승인을 받기가 더 용이할 것이라는 의견에 따라 수의사를 대상으로 기계의 홍보 계획을 세웠다.

오코넬과 토드는 여러 벤처 투자자들에게 연락했지만 성공하지 못했다. 인내심을 잃은 오코넬은 엘리자베스에게 자신의 기술 라이선스를 원한다면 연락 달라며 이메일을 보냈다.

이는 큰 실수였다.

엘리자베스는 늘 회사 기밀 정보가 누출되는 상황을 걱정해 왔는데, 때로는 과도하게 걱정하기도 했다. 직원들에게 기밀 유지 서약서에 서명하게 만들었을 뿐만 아니라, 테라노스 사무실에 방문하거나 거래를 했던 사람들도 모두 서약서에 서명하도록 요구했다. 회사 내에서도 그녀는 정보의 흐름을 엄격하게 통제했다.

오코넬의 이러한 행동은 엘리자베스가 걱정하던 최악의 상황을 현실화한 셈이었다. 며칠 이내로 엘리자베스는 소송 준비에 들어갔다. 테라노스는 2007년 8월 27일 캘리포니아 고등 법원에 14쪽 분량의 고소장을 제출했다.[6] 고소장은 법원에 전 직원 세 명에 대한 잠정적

금지 명령을 발령하고, "원고의 기업 기밀을 이용하거나 공개하지 않도록" 특별 지휘권자를 임명하고, 테라노스가 다섯 가지 유형의 금전적 손해를 입었음을 인정해 달라고 요청하는 내용이었다.

그 후 몇 주, 몇 달이 지나는 동안 회사 분위기는 얼어붙었고, 직원들에게는 엄청난 압박이 가해졌다. 직원들은 문서를 보존하라는 이메일을 정기적으로 받게 됐고, 테라노스는 제재 상태에 접어들었다. IT 부서의 팀장인 컴퓨터 기술자 맷 비셀Matt Bissel이 가동한 보안 시스템 때문에 전 직원은 감시당하는 느낌을 받았다. 비셀이 모르게 회사 컴퓨터에 USB 드라이브를 연결하는 것조차 허락되지 않았다. 실제로 한 직원은 USB 드라이브를 컴퓨터에 삽입하려다 해고를 당하기도 했다.

드라마틱한 상황 속에서 두 기술 부서 간의 경쟁이 심화되었다. 에드먼드의 부서와 경쟁하는 새로운 부서의 수장은 토니 누전트Tony Nugent였다. 토니는 무뚝뚝하고 진지한 성격의 아일랜드 사람이었는데, 지난 11년 동안 컴퓨터 액세서리 제조사인 로지텍Logitech에서 근무한 후 콜레스테크Cholestech라는 회사를 다닌 경험이 있었다. 콜레스테크는 테라노스가 제작하려는 제품의 간소화된 형태의 제품을 제조하는 회사였다. 이 회사 제품 중 손바닥 크기의 콜레스테크 LDX는 손가락에서 채취한 소량의 혈액 샘플로 3가지 콜레스테롤과 포도당 수치를 검사할 수 있는 기기였다.

토니는 본래 콜레스테크의 설립자 게리 휴잇Gary Hewett의 소개를 받아 테라노스에 컨설턴트로 입사했다. 하지만 휴잇이 테라노스의 연구 개발 담당 부사장으로 부임한 지 불과 5개월 만에 해고되어, 토니는 휴잇의 후임으로 자리를 이어받았다.

휴잇이 테라노스에 입사했을 때 확신했던 것 한 가지는 혈액의 양이 너무 적어 정확한 측정이 불가능하고, 그 때문에 테라노스의 미세유체 공학이 제대로 작동하지 않는다는 점이었다. 하지만 그에게는 대안을 찾아낼 시간이 별로 없었다. 그리고 그 작업은 이제 토니에게 맡겨졌다.

토니는 화학자가 실험실에서 혈액을 검사할 때 거쳐야 하는 모든 단계를 자동화하는 데에 테라노스의 가치가 있다고 생각했다. 그리고 제작 공정을 자동화하려면 로봇이 필요했다. 로봇 하나를 무(無)에서부터 완전히 새로 개발하는 데 시간을 낭비하고 싶지 않았기 때문에, 뉴저지의 휘스나Fisnar라는 업체에서 3천 달러짜리 접착제 분배 로봇을 주문했다. 그리고 이 접착제 로봇이 새로운 테라노스 시스템의 핵심이 되었다.

휘스나의 로봇은 아주 기초적인 기계였다. 받침대에 로봇 팔이 고정되어 있고, 그 팔이 오른쪽에서 왼쪽, 앞뒤, 그리고 위아래, 총 세 방향으로 동작할 수 있었다. 토니는 적은 양의 액체를 이동시키거나 측정할 때 사용되는 가느다란 반투명 피펫* 튜브를 로봇에 고정하고, 화학자가 실험실에서 할 법한 움직임을 따라 하도록 프로그램을 짰다.

최근에 고용된 데이브 넬슨Dave Nelson이라는 기술자의 도움으로 결국 토니는 접착제 로봇을 개조하여 데스크톱 컴퓨터보다 약간 더 넓

---

* Pipette, 실험실에서 일정한 부피의 액체를 정확히 빨아들여 옮기는 데 사용되는 작은 유리관.

고 높이는 낮은 알루미늄 상자 안에 들어갈 만한 작은 시제품을 만드는 데 성공했다. 토니와 데이브는 테라노스 1.0 시제품에서 전자 장비와 소프트웨어 등 일부 구성 요소를 빌려 새 시제품에 추가했고, 이는 새로운 판독기가 되었다.

새 카트리지는 작은 플라스틱 튜브와 두 개의 피펫 팁이 들어있는 트레이였다. 기존의 시제품이 그랬듯 새 카트리지 역시 일회용이었다. 튜브 중 하나에 혈액 샘플을 삽입하고 카트리지를 작은 문을 통해 판독기에 밀어 넣는 구조였다. 판독기의 로봇 팔은 화학자의 행동을 똑같이 따라하며 혈액을 검사했다.

우선, 기계는 두 개의 피펫 팁 중 하나를 잡고 혈액을 빨아들여 카트리지의 다른 튜브에 들어있는 희석제와 혼합한다. 그런 다음 다른 피펫 팁을 잡고 희석된 혈액을 흡입한다. 이 두 번째 피펫 팁은 이미 항체로 코팅되어 있어서, 원하는 분자에 달라붙어 미세한 샌드위치 형태를 만든다.

로봇이 하는 작업의 마지막 단계는 카트리지의 다른 튜브에서 시약을 빨아들이는 것이었다. 시약이 '미세한 샌드위치 형태'와 접촉하면 화학 반응이 일어나서 광(光)신호를 방출한다. 그리고 판독기 내부의 광전자 증배관이 그 광신호를 전류로 변환하는 것이다.

혈액에서 측정하고자 하는 물질의 분자 농도는 빛의 강도에 비례하는 전력으로 추론할 수 있었다.

이 혈액 검사 기술은 화학 발광 면역 분석법으로 알려져 있다. 실험실 용어 중 "분석 검사"라는 단어는 "혈액 검사"와 동의어로 쓰인다. 그러나 이 기술은 전혀 새롭다고 할 수 없다.[7] 이미 1980년대 초 카디

프대학교의 교수가 개척한 기술이기 때문이다. 하지만 토니는 토스터 기 크기의 테라노스 1.0보다는 조금 더 크지만 여전히 환자의 집에 배치하여 사용한다는 엘리자베스의 비전을 실현하기에 충분할 만큼 작은 자동화 기계를 개발했다. 게다가 약 50마이크로리터의 혈액만으로도 진단이 가능해졌다. 물론 이는 엘리자베스가 처음 주장한 혈액의 양보다 10마이크로리터 정도 많았지만 여전히 혈액 한 방울에 속하는 범주였다.

2007년 9월, 토니가 기계를 개발하기 시작한 지 4개월 만에 정상적으로 작동하는 시제품이 완성됐다. 이 시제품은 다른 부서에서 에드먼드 쿠가 개발하고 있는 문제투성이 기계보다 훨씬 더 안정적으로 작동했다.

토니는 엘리자베스에게 이 시제품을 뭐라고 부르고 싶은지 물었다.

엘리자베스는 "우리가 이 밖의 모든 방법을 시도했지만 실패했으니까, 에디슨이라고 부르죠"라고 대답했다.

일부 직원들이 "접착제 로봇"이라 부르며 조롱했던 기계가 갑자기 앞으로 나아갈 수 있는 새로운 길이 되었다. 그리고 이제는 미국에서 가장 위대한 발명가로 널리 알려진 에디슨의 위용을 본따 훨씬 더 그럴싸한 이름이 붙여졌다.

사실 테라노스가 미세 유체 시스템에 관련된 지적 재산을 보호하기 위해 전직 직원들을 상대로 소송을 제기한 것을 감안할 때, 미세 유체 시스템을 포기하고 에디슨을 지지하겠다는 결정은 아이러니라고 볼 수밖에 없었다. 에드먼드 쿠에게는 나쁜 소식이었다.

추수 감사절이 되기 몇 주 전 어느 날 아침, 에드먼드와 부서원들은 하나둘씩 회의실로 호출되었다. 에드먼드의 차례가 되었을 때 토니와 인사팀장 타라 렌시오니Tara Lencioni, 그리고 마이클 에스키벨 변호사가 그에게 해고를 통지했다. 그들은 회사가 더 이상 에드먼드의 업무와 상관없는 새로운 방향을 향해 나아갈 예정이라고 밝혔다. 또 퇴직금을 받으려면 새로운 기밀 유지 서약서와 비방 금지 서약서에 서명해야 한다고 설명했다. 렌시오니와 에스키벨은 에드먼드와 함께 작업 공간으로 가서 개인 소지품을 들고 건물 밖으로 나가도록 안내했다.

약 1시간 후, 토니가 창문 밖을 바라보다가 에드먼드가 여전히 건물 밖에서 겉옷을 팔에 걸친 채 길을 잃은 듯한 모습으로 서 있다는 사실을 알게 되었다. 그날 아침 에드먼드가 회사에 차를 몰고 오지 않아서 오도 가도 못하게 된 탓이었다. 이때는 우버*가 시행되기 선이었다. 그래서 토니는 에드먼드의 친구 셔낙을 찾아 에드먼드를 집에 데려다주도록 부탁했다.

셔낙은 약 2주 후 에드먼드를 따라 테라노스를 그만두었다. 에드먼드처럼 해고당한 건 아니었다. 에디슨의 핵심은 접착제 로봇을 개조한 기계였고, 엘리자베스가 애초에 셔낙을 설득했던 숭고한 비전과는 상당히 동떨어진 물건이었다. 그에 더해 지속적인 직원 해고와 소송 히스테리에 불안감도 느꼈다. 셔낙은 테라노스에 입사한 지 3년 반이나 됐으니 이제 떠날 때가 됐다고 생각했다. 셔낙은 엘리자베스에게 학교로 다시 돌아갈 생각이라고 털어놓았고, 그들은 이만 각자의 길을 가기로 동의했다. 엘리자베스는 셔낙을 위해 송별회를 열어 주었다.

---

* Uber, 스마트폰 앱으로 승객과 차량을 이어 주는 서비스.

테라노스의 제품은 더 이상 엘리자베스가 바라던 획기적인 미래 기술이 아니었지만, 엘리자베스는 전과 다름없이 회사에 헌신했다. 심지어 에디슨의 개발에 너무도 흥분하여 바로 회사 밖으로 가져 나가 다른 이들에게 꺼내어 보여 주기 시작했다. 토니는 엘리자베스에게 시제품을 보여 주기 전에 적어도 두어 개는 만들어 둘 걸 그랬다며 데이브에게 비꼬아 말했다.

실제로 토니는 엘리자베스가 서두르는 게 좀 불편했다. 물론 기본 안전성 검사를 거쳤으니 누군가가 감전 사고를 당하는 일은 없겠지만, 에디슨의 상태는 딱 그 정도였다. 심지어 아직 어떤 라벨을 붙일지조차 확실하지 않았다. 토니는 변호사들에게 문의했지만 별 도움이 되지 않았다. 그래서 FDA(식품의약국)의 규정을 스스로 검색한 뒤, "연구 전용" 라벨이 아마도 가장 적합하다는 결론을 내렸다.

토니는 에디슨이 절대 완제품이 아니며, 그 누구도 완제품이라고 믿어선 안 된다고 생각했다.

| 제3장 |

스티브 잡스의 그늘 아래

실리콘밸리의 심장부에서 사업을 시작한 젊은 기업가가 스티브 잡스의 그림자를 피해 가기는 어려웠다. 2007년까지 애플의 창립자 스티브 잡스는 아이맥, 아이팟, 아이튠즈 뮤직 스토어로 컴퓨터 제조사였던 회사를 살려 내어 기술계와 미국 사회 전체에서 전설을 써내려 갔다. 또한 그해 1월, 샌프란시스코에서 열린 맥월드Macworld 컨퍼런스에서 참가자들의 열렬한 환호 속에 새롭게 출시될 천재적인 제품 아이폰을 공개했다.[1]

엘리자베스와 시간을 보낸 사람이라면 누구나 엘리자베스가 잡스와 애플을 숭배한다는 사실을 알 수 있었다. 뿐만 아니라 엘리자베스는 테라노스의 혈액 진단 시스템을 "보건계의 아이팟"이라고 즐겨 불렀으며, 널리 보급돼 사용되는 애플사의 제품처럼 언젠가는 전국의 모든 가정에서 테라노스의 혈액 진단 시스템을 사용하게 될 거라고 장담하기도 했다.

2007년 여름, 엘리자베스는 단순히 애플을 찬양하는 것에서 한 걸음 더 나아가 애플의 직원 중 몇 명을 테라노스에 영입하는 단계에 이르렀다. 아이폰 개발에 참여했던 제품 디자이너 애나 아리올라Ana Arriola도 그중 한 명이었다.[2]

애나는 엘리자베스와 쿠파라는 카페에서 처음 만났다. 쿠파 카페는 팰로앨토에 있는 세련된 샌드위치 카페였으며, 엘리자베스가 자주 애용하는 곳이었다. 엘리자베스는 애나에게 자신이 자라 온 배경과 아시아 여행 이야기를 들려준 후, 테라노스의 혈액 진단 시스템을 사용해 모든 이들의 '질병 지도'를 만들 계획이라고 털어났다. 그렇게 된다면 수학적 모델을 이용해 혈액 데이터를 고속 처리해서 암과 같은 질병을 역설계하고 종양의 진화를 예측할 수 있게 될 거라고 설명했다.

의학에 문외한이었던 애나에게는 엘리자베스의 비전이 세상을 바꾸는 이야기처럼 들렸고, 따라서 아주 깊은 감명을 받았다. 하지만 테라노스에 합류하는 건 애플의 주식 15,000주를 포기해야 한다는 뜻이기 때문에 애나는 자신의 아내 코린Corrine에게도 의견을 묻기로 했다. 그래서 팰로앨토에서 코린과 함께 엘리자베스와 다시 한번 만나기로 약속했다. 하지만 엘리자베스가 코린에게도 역시 깊은 인상을 남기자 더 이상 망설이지 않기로 했다.

애나는 최고디자인설계사로 테라노스에 합류했다. 이는 에디슨의 전반적인 스타일과 외형을 책임진다는 의미였다. 엘리자베스는 아이폰의 터치스크린 소프트웨어와, 그 세련된 외형까지 비슷하게 만들기를 바랐다. 또한, 오리지널 아이맥처럼 대각선으로 두 가지 색상이 구분되었으면 좋겠다고 요청하면서도, 아이맥과 달리 투명해선 안 된다고 강조했다. 기계 내부의 로봇 팔과 나머지 내부 구조를 가리기 위해서였다.

애나는 실리콘밸리에서 애플사의 조너선 아이브만큼이나 유명한 스위스 출신 산업 디자이너 이브 베하Yves Béhar에게 외형 디자인을 의뢰했다. 베하는 흑백이 조화를 이뤄 우아하지만 제작하기 어려운 디자인을 만들어 냈다. 토니 누전트와 데이브 넬슨은 그 디자인대로 판금을 성형하기 위해 무수히 많은 시간을 소비했다.

케이스가 로봇 팔의 시끄러운 소음을 숨기지는 못하지만, 적어도 엘리자베스가 기술 시연 자리에 가져갔을 때 부끄럽지 않은 정도라고 생각하여 애나는 꽤 흡족했다.

또한 애나는 엘리자베스도 외모를 더 세련되게 꾸며야 한다고 생각했다. 엘리자베스의 패션은 확실히 유행에 뒤쳐졌다. 엘리자베스는 넓은 회색 정장 바지와 크리스마스 스웨터를 즐겨 입어서 마치 촌스러운 회계사처럼 보였다. 채닝 로버트슨이나 도널드 루커스 같은 엘리자베스의 측근들은 그녀를 스티브 잡스와 비교하기 시작했다. 그러니 패션 또한 잡스와 비슷하게 입어야 한다고 애나는 엘리자베스에게 조언했다. 엘리자베스는 그 조언을 진심으로 마음에 깊이 새겼다. 그때부터 엘리자베스는 거의 매일 검은색 터틀넥과 검은색 바지를 입고 출근하기 시작했다.

얼마 후 저스틴 맥스웰Justin Maxwell과 마이크 벌리Mike Bauerly가 애나를 따라 테라노스에 합류했다. 이들은 에디슨의 소프트웨어 디자인이나 카트리지 포장과 같이 사용자들의 직접적인 반응을 알아보기 쉬운 시스템의 여러 다른 부분들을 설계하는 작업을 맡았다. 애나와 저스틴은 애플에서 함께 근무했고, 그곳에서 함께 일했던 마이크의 여자 친구를 통해 마이크와 알게 되었다. 전(前) 애플 직원들이 엘리자베스와 테라노스의 단점을 알아차리기까지는 그리 오랜 시간이 걸리지 않았다. 애나는 매일 아침 일찍 출근하여 엘리자베스와 함께 오전 7시 30분에 디자인 회의를 했다. 그러던 어느 날 주차장에 차를 주차하던 중 엘리자베스가 자신의 검은색 인피니티 SUV 안에서 시끄러운 힙합 음악을 들으며 금발 머리카락을 미친 듯이 흔드는 모습을 목격했다.

어느 날, 저스틴이 엘리자베스에게 업무를 보고하기 위해 그녀의 사무실로 들어갔을 때 엘리자베스가 흥분해서 뭔가를 보여 주고 싶다며 그에게 가까이 다가오라고 손짓했다. 그러고는 책상 위에 있는 약 23센티미터 길이의 금속 문진을 가리켰다. 문진에는 "절대로 실패하지 않는다는 사실을 알게 된다면 당신은 무엇을 하겠습니까?"라는 문구가 새겨져 있었다. 엘리자베스는 문구가 자신을 향하도록 위치를 조정했다. 그 문구에 감명 받은 것이 분명했다.

이상주의적인 상사가 나쁜 것은 아니었지만, 테라노스 근무 환경에는 불쾌한 부분도 있었다. 그중 하나는 IT 부서 책임자인 맷 비셀, 그리고 그의 부하 직원 네이선 로르츠Nathan Lortz와 매일 같이 부딪혀야 하는 것이었다. 비셀과 로르츠는 사내 컴퓨터 네트워크의 정보를 사일로*처럼 분할하여 직원들과 부서 간의 의사소통을 방해했다. 동료와 메신저로 메시지를 주고받을 수조차 없었다. 채팅은 모조리 차단

---

* Silo, 원래는 지하실이나 저장고 같은 밀폐된 곳을 가리키는 말이나, 회사 안에 담을 쌓고 외부와 소통하지 않는 부서를 의미하기도 한다.

되었다. 이는 회사의 독점적 정보 및 기업 비밀 보호라는 명분으로 행해진 조치였지만, 최종 결과는 생산성의 쇠퇴로 이어졌다.

저스틴은 이러한 상황이 너무도 불만스러워 어느 날 늦은 밤까지 회사에 머물러 애나에게 장문의 이메일을 보냈다.

저스틴은 화가 나 씩씩대며 이메일에 "마치 사업 목표를 잊은 것 같아요. 이 회사는 '한 사무실에 직원들을 몰아넣어 불법적인 일을 하지 못하도록 막으려고 시작한 회사인가요?' 아니면 '최고의 직원들과 최대한 짧은 시간 안에 놀라운 일을 이루어 내려고 시작한 건가요?'라고 써 보냈다.[3]

또한, 저스틴과 마이크는 비셀과 로르츠가 직원들을 감시하고 엘리자베스에게 이를 보고하고 있다는 인상을 확실히 받았다. IT 부서는 직원들이 컴퓨터에서 어떤 프로그램을 실행하고 있는지 늘 알고 싶어 했고, 때로는 의심스러울 만큼 상냥한 얼굴로 다가와 불쾌한 험담을 이끌어내려는 듯한 뻔한 시도를 하기도 했다. 직원들을 염탐하는 것은 IT 부서원들에만 국한된 일이 아니었다. 엘리자베스의 행정 비서들은 직원들의 페이스북에 들어가 친구 신청을 하고, 그들이 게시한 글을 열람 후 엘리자베스에게 보고했다.

비서 중 한 명은 직원들이 정확히 몇 시간씩 근무하는지 엘리자베스가 알 수 있도록 직원들의 출퇴근 시간을 기록하여 보고했다. 심지어 직원들이 더 오래 근무하도록 유도하기 위해 엘리자베스는 매일 저녁 식사를 주문해서 제공했는데, 보통 저녁 8시나 8시 30분이 되어서야 회사에 배달됐다. 따라서 직원들은 일러도 밤 10시 정도에야 퇴근할 수 있었다.

테라노스의 이상한 사내 분위기는 이사진이 1분기에 한 번씩 이사 회의를 주최할 때마다 더욱 심해졌다. 직원들은 바쁜 것처럼 보여야 할 뿐만 아니라, 이사진이 지나갈 때 그들과 눈도 마주치지 않도록 지시받았다. 엘리자베스는 이사진을 유리창으로 된 회의실로 안내하고 블라인드를 내렸다. 마치 CIA 요원이 비밀 첩보원과 극비리에 임무 회의를 하는 것과 같았다.

어느 날 저녁, 애나는 저스틴과 공업 기술자 에런 무어Aaron Moore를 샌프란시스코로 데려다주었다. 에런은 MIT 미세 유체 공학 박사 과정을 중도 포기하고, 2006년 9월 무역 신문에서 발견한 구인 광고를 보고 테라노스에 입사하게 되었다. 애나와 저스틴이 테라노스에 입사했을 당시 에런은 거의 1년차였다. 에런은 스탠퍼드대학교 학부와 MIT 대학원에 다닐 정도로 머리가 비상했지만, 지나치게 자만하지 않는 사람이었다. 그는 오리건주 포틀랜드 출신이었고, 샤기컷 헤어스타일에 사흘 정도 기른 수염, 그리고 귀걸이를 착용하는 포틀랜드식 패셔니스타였다. 또한 재치가 있어서 테라노스의 전 애플 직원들과 유일한 친구가 되었다.

애나, 저스틴, 에런은 모두 샌프란시스코에 살았고 자차나 기차로 통근했다. 그날 저녁 애나의 프리우스 자동차를 타고 교통 체증 속에서 집으로 돌아가는 동안 에런은 새로 입사한 동료들에 대한 불만을 털어놓았다. 눈치채지 못했을 수도 있지만 테라노스의 직원들이 끊임없이 해고되고 있다고 말했다. 물론 애나와 저스틴 역시 의식하고 있었다. 최근에는 에드먼드 쿠도 해고되었고, 에드먼드 외에도 다른 직원 20여명이 일자리를 잃었다. 너무 갑작스럽게 일어난 일이라 에드먼드는 자신의 개인 작업 공구를 채 가져가지 못했고, 그중에는 저스틴이 쓰레기통에서 찾아내어 가져간 X-Acto의 정밀 절단 칼 세트도 있었다.

에런 또한 테네시주 암 환자들을 대상으로 한 연구에 걱정이 많다고 털어놓았다. 살아 있는 환자를 상대로 사용하기에 미세 유체 시스템이 아직 턱없이 미흡한 상태인데, 그럼에도 엘리자베스는 이 연구를 계속 추진했다. 물론 토니가 새로 개발한 기계로의 전환이 전보다는 발전인 것이 확실했지만, 에런은 이 기계 역시 여전히 혈액을 정확히 분석하지 못하고 있다고 생각했다. 기술 부서와 화학 부서는 서로 소통하고 있지 않았다. 각자 책임을 맡은 시스템의 한 부분에 대해서만 실험하고 있을 뿐, 그 누구도 전체적인 시스템을 테스트하지는 않았다.

애나는 이런 이야기를 들으며 불안감이 점점 커졌다. 테라노스의 혈액 진단 기술이 이미 완성된 상태고, 환자에게 사용하려는 단계라고 생각했었다. 그런데 지금 에런이 그녀에게 아직 테라노스의 기술 개발은 진행 단계라고 설명한 것이다. 애나는 테네시주 연구가 암으로 고통받는 환자들을 대상으로 한 연구라는 사실을 이미 알고 있었다. 불완전한 의료 기기를 실험하기 위해 환자들을 실험 대상으로 사용하고 있다는 사실이 애나를 괴롭혔다.

하지만 애나와 에런은 테라노스가 암 환자에게서 채취한 혈액 검사 결과가 환자들의 치료 목적으로 사용되지 않는다는 사실을 알지 못했다. 테네시주 연구는 화이자가 테라노스 기술의 효율성을 평가할 수 있도록 연구 목적으로만 사용될 예정이었다. 엘리자베스가 연구의 조건을 설명하지 않았기 때문에 직원들은 이러한 사실을 명확하게 알 수 없었다.

이튿날 아침, 애나는 애플에서 함께 일했으며 테라노스에 자신을 소개했던 에이비 테바니언Avie Tevanian에게 연락했다. 에이비는 테라노스의 이사진 중 한 명이었다. 그는 몇 달 전 애나에게 연락해 그녀가 엘리자베스와 만날 수 있도록 자리를 마련해 준 사람이었다. 애나는 로스 앨토스의 피츠 커피에서 에이비와 만나 에런 무어의 이야기를 언급했다. 그녀는 테라노스가 테네시주 연구에서 윤리적 선을 넘은 것 같다며 우려했다. 에이비는 애나의 말을 열심히 경청하고는, 자신도 회사에 대해 의구심을 품기 시작했다고 털어놓았다.

에이비는 스티브 잡스의 가장 오래되고 가까운 친구였다.[4] 에이비와 잡스는 1980년대 중반에 잡스가 애플사에서 나와 설립한 컴퓨터 소프트웨어 회사 넥스트NeXT에서 함께 일했다. 그리고 잡스는 1997년 애플로 돌아갔을 때 에이비를 애플의 소프트웨어 기술 부서의 수장으로 영입했다. 험난했던 10년이 지난 후, 에이비는 모든 걸 그만두기로 마음먹었다. 그는 어디에 써야 할지도 모를 만큼 돈을 많이 벌었고, 이제는 아내와 두 아이와 함께 더 많은 시간을 즐기고 싶었다. 하지만 은퇴하고 몇 개월 후 헤드헌터가 테라노스에서 새로운 이사진을 구한다며 찾아왔다.

애나와 마찬가지로 에이비는 쿠파 카페에서 엘리자베스와 처음 만났다. 에이비가 만난 엘리자베스는 밝은 성격의 젊은 여성으로, 자신이 하고자 하는 일에 열정적이었으며 이상적인 기업가의 자질을 갖추고 있었다. 에이비가 애플에서 배운 경영 방식을 조언해 주었을 때 엘리자베스의 눈이 반짝였다. 에이비와 잡스의 오랜 관계는 엘리자베스에게 매력적인 요소로 다가왔다. 엘리자베스와 만난 후 에이비는 테라노스 이사회에 합류하기로 동의했으며, 2006년 말에 150만 달러 상당의 회사 주식을 구매했다.

에이비가 참석했던 이사회의 첫 번째 회의는 비교적 평온했지만, 세 번째 회의부터는 패턴이 보이기 시작했다. 엘리자베스는 테라노스가 특정 제약 회사와 거래를 협상 중이라며, 그 거래를 기반으로 장밋빛 수익 예측안을 발표했지만 결국은 실현되지 않았다. 에이비가 합류한 직후 최고재무책임자인 헨리 모즐리가 해고된 점도 한몫 했다. 마지막 이사 회의에서 에이비가 제약 회사 거래 건과 관련하여 날카로운 질문을 여럿 던졌지만, 엘리자베스는 현재 법률 검토 중이라며 질문을 피했다. 또 계약서를 보여 달라고 요청했는데 엘리자베스는 당장 줄 수 있는 사본이 없다며 이마저도 피했다.

또 제품 출시가 반복적으로 지연됐고, 고쳐져야 할 부분이 계속 바뀌었다. 에이비는 혈액 진단에 대해 해박하지 못하다는 사실을 인정했다. 그의 전문 분야는 소프트웨어였다. 하지만 엘리자베스의 주장대로 테라노스의 시스템이 최종 개발 단계에 있다면 매 분기마다 완전히 다른 기술적 부분이 문제가 될 리 없다고 생각했다. 상품화 직전의 제품이라고는 도무지 생각하기 힘든 상태였다.

2007년 10월 말, 에이비는 이사회 보상 위원회 회의에 참석했다. 이사회의 의장인 도널드 루커스는 이사진에게 엘리자베스가 절세를 위해 재단 설립을 계획하고 있으니 특별 주식 양도를 승인해 달라고 요청했다. 에이비는 도널드 루커스가 얼마나 엘리자베스에게 홀딱 빠져 있는지 알아차렸다. 이 노인은 엘리자베스를 손녀처럼 대하고 있었다. 도널드는 챙이 넓은 모자를 즐겨 쓰는 풍채가 좋은 백발의 신사였다. 나이는 70대 후반이었고, 벤처 투자를 사교 모임처럼 생각하는 구세대 벤처 투자가 중 한 명이었다. 그는 오라클 창업자인 억만장자 사업가 래리 엘리슨의 멘토이기도 했다. 그는 엘리자베스가 분명 또 한 명의 래리 엘리슨이 될 것이라고 생각한 듯했다.

하지만 에이비는 엘리자베스가 바라는 기업 형태가 그다지 좋은 기업 운영 구조라고 생각하지 않았다. 엘리자베스가 재단을 통제하게 되면 특별 주식 양도를 통해 얻게 된 새 주식 보유분만큼 투표권을 더 얻게 될 테고, 이는 그녀의 의사 결정 권한을 늘리는 셈이었다. 에이비는 창립자에게 더 많은 권한을 부여하는 것이 다른 주주에게 이득이 된다고 생각하지 않았다. 그래서 반대했다.

2주 후, 에이비는 도널드에게서 잠시 만날 수 있냐는 연락을 받았다. 에이비는 샌드힐가에 있는 도널드의 사무실을 방문했다. 그가 도착하자 도널드는 엘리자베스가 매우 분노했다고 말했다. 그리고 에이비가 이사회 회의에서 불쾌하게 행동했으니 이사회에서 나가 줬으면 좋겠다고 통보했다. 도널드는 에이비에게 자진 사임 하겠냐고 물었다. 에이비는 놀라움을 감출 수 없었다. 그는 단지 이사로서의 직무를 수행하고 있었을 뿐이고, 질문하는 것이 바로 그의 직무 중 하나였다. 도널드는 이에 동의하며 에이비가 그 직무를 훌륭히 수행하고 있다고 말했다. 에이비는 결정하기 전에 며칠 생각할 시간을 달라고 말했다.

에이비는 팰로앨토의 집으로 돌아와 주식을 구매하기 전에 받았던 투자 자료를 포함하여 전년도에 이사회에서 전달받은 모든 서류를 검토했다. 자료들을 읽으면서 에이비는 불과 1년 만에 경영진 전원을 포함하여 회사의 모든 것이 바뀌었다는 사실을 깨달았다. 그는 도널드도 이 사실을 알 필요가 있다고 생각했다.

그 사이 애나 아리올라는 계속 불안해하고 있었다. 애나는 천성적으로 쉽게 흥분하는 경향이 있었다. 그녀는 말이 무척 빨랐고, 계속 정신없이 움직였다. 이런 경향은 대부분 긍정적인 에너지로 작용하여 그녀의 업무에 좋은 영향을 미쳤다. 하지만 때로는 스트레스, 불안, 극적인 상황 변화를 불러 일으켰다.

에이비와 함께 커피를 마신 후에도 애나는 그와 계속 연락하며 엘리자베스가 그에게 이사직을 내려놓으라고 권고했다는 사실을 듣고 의아해했다. 애나는 무엇이 그들 사이를 갈라놓았는지 알지 못했지만, 어쨌든 불길한 징조였다.

심지어 애나와 엘리자베스의 관계 또한 악화되고 있었다. 엘리자베스는 안 된다는 대답을 싫어했는데, 엘리자베스가 불가능한 요청을 할 때마다 애나는 안 된다고 잘라 말했다. 또 애나는 엘리자베스의 비밀주의 때문에도 흔들리고 있었다. 디자이너의 역할은 이 작은 기업에 공업 기술자나 화학자만큼 중요하지 않을 수도 있지만, 그래도 디자이너로서 자신의 일을 제대로 수행하기 위해선 제품 개발에 대한 정보가 공유되어야 했다. 하지만 엘리자베스는 애나에게 꼭 필요할 때 최소한의 정보만을 알려 주었다.

어느 이른 아침 회의 중 애나는 테라노스 시스템의 문제에 대해 에런 무어에게 들었던 이야기를 꺼내 엘리자베스에게 맞섰다. 아직 기술의 결함을 해결하고 있는 단계라면 테네시주 연구를 일시 중지하고 먼저 문제를 해결하는 데 집중하는 것이 바람직하지 않느냐는 의문을 제기한 것이다. 기계가 안정적으로 가동되면 그때 언제든 다시 시작할 수 있을 거라고 설득하려 했다.

엘리자베스는 그 제안을 단호하게 거절했다. 화이자를 포함하여 다른 여러 대형 제약 회사들이 테라노스의 혈액 검사 시스템을 필요로 하고 있고, 테라노스는 굴지의 회사가 될 거라고 대답했다. 만일 애나가 불만이 있다면, 이곳이 그녀와 정말 맞는 곳인지 고민해 보기를 바란다고도 말했다.

"생각해 보고 어떻게 하고 싶은지 내게 말해 줘요." 엘리자베스가 말했다.

애나는 책상으로 돌아가 몇 시간 동안 고민했다. 하지만 아무리 생각해도 테네시주 연구가 옳지 않다는 생각을 떨칠 수가 없었다. 엘리자베스가 에이비를 이사회에서 내쫓은 것도 불안 요소 중 하나였다. 애나는 에이비를 무척 신뢰했고 친구로 여겼다. 만일 에이비와 엘리자베스가 서로에게 안 좋은 감정이 있다면, 애나는 에이비의 편을 들기로 했다.

늦은 오후, 애나는 마음을 굳혔다. 그녀는 간단히 사직서를 작성하고 엘리자베스와 인사부에 제출하기 위해 두 장을 인쇄했다. 엘리자베스가 잠시 자리를 비운 상태여서 애나는 엘리자베스의 사무실 문 아래에 한 장을 밀어 넣어 놓고 나왔다. 그러고는 사직서를 어디에 두었는지 엘리자베스가 찾을 수 있도록 알리는 이메일을 보냈다.[5]

약 30분 후 엘리자베스는 애나에게 자신의 휴대전화로 연락을 달라는 이메일을 보냈다.[6] 애나는 그 요청을 무시했다. 테라노스와 애나의 관계는 이로써 완전히 끝이 났다.

도널드 루커스는 이메일을 사용하지 않았다. 그는 1990년대 초 오라클을 상대로 한 집단 소송을 포함하여 오랫동안 여러 차례 소송을 겪으며, 언젠가는 법정에서 자신에게 불리하게 작용할 수 있는 흔적을 전자상에 남기지 않겠다는 생각을 굳혔다. 에이비가 도널드에게 자신이 발견한 것을 보여 주려면 직접 찾아가 만나서 보여 주어야 했다. 그래서 에이비는 도널드의 두 비서에게 연락해 한 번 더 만나기로 약속했다.

약속 당일, 에이비는 그가 테라노스의 이사로서 받았던 모든 문서의 사본을 들고 도널드의 사무실을 방문했다. 이는 수백 페이지에 달했다. 에이비는 문서를 종합해 보면 앞뒤가 맞지 않는 모순이 있다고 도널드에게 설명했다. 그리고 이사회의 역할에 큰 문제가 있으며, 테라노스가 개선될 여지는 있지만 엘리자베스의 업무 처리 방식으로는 불가능할 거라고도 말했다. 또 조금 더 경험 많은 사람의 감독이 필요하다고 제안했다.

도널드는 "글쎄, 나는 자네가 사임해야 한다고 생각하네"라고 대답했다. 그러고는 재빨리 "그 서류 더미로 대체 뭘 할 작정인 건가?"라고 덧붙였다.

에이비는 깜짝 놀랐고 당황했다. 도널드는 에이비의 이야기를 전혀 들을 생각이 없었다. 이 노인은 전체 이사회 회의로 문제를 이관할 것인지의 여부만 염려하는 듯했다. 몇 분 동안 머릿속으로 고민하던 에이비는 물러서기로 결정했다. 애플사에서 퇴사했을 땐 다 그만한 이유가 있었기 때문이다. 더 이상 화나는 일을 겪을 필요는 없었다.

"알겠습니다. 사임하겠어요. 하지만 이 서류들은 여기 남겨 두고 가겠습니다." 에이비가 말했다.

에이비가 일어나 나가려고 하자 도널드는 그들이 토론해야 할 다른 사안이 있다고 말했다. 테라노스의 첫 직원이자 실질적 공동 창립자인 셔낙 로이가 회사를 떠나면서 자신의 발기인주* 대부분을 엘리자베스에게 판매했다. 그래서 엘리자베스는 이사회에게 이에 대한 자사주 매수 권리를 포기해 달라고 요청했다. 에이비는 그리 좋은 생각이 아니라고 여겼지만, 자신은 이미 사임했으니 이사회 회의 때 자신을 빼고 투표해서 결정하라고 대답했다.

"에이비, 또 하나가 있네." 도널드가 말했다. "자네의 주식 매수 권리(스톡옵션)**도 포기해 주게."

에이비는 슬슬 화가 나기 시작했다. 자신에게 너무 많은 것을 포기하라고 요구하는 듯했다. 그는 테라노스의 고문 변호사인 마이클 에스키벨로부터 관련 문서를 받을 수 있도록 도널드에게 부탁했다. 에이비는 에스키벨 변호사가 보내는 서류를 검토해 보겠다고 말했지만, 스톡옵션을 포기하겠다는 약속은 하지 않았다.

에이비는 문서를 받아 신중하게 검토했다. 회사가 셔낙의 주식 환매

---

* 회사 설립에 기여한 발기인에게 무상으로 지급하는 주식.
** Stock Option, 회사가 임직원의 근로의욕을 고취하고, 우수인력 확보를 위해 회사의 임직원 등에게 자사 주식을 미리 정해진 가격에 따라 일정 기간 내 매수할 수 있는 권리를 부여하는 것.

권리를 포기한 후에 자신을 포함한 다른 주주들이 셔낙의 주식 중 일부를 구입할 권리가 있다는 결론을 내렸다. 또한 엘리자베스가 자신에게 유리하게 거래를 협상했다는 사실을 깨달았다. 셔낙이 자기 소유의 주식 1억 1,300만 주를 56만 5천 달러에 판매한 것이다.[7] 이는 한 주당 50센트로, 1년 전 테라노스의 마지막 자금 조달 라운드에서 에이비를 포함한 다른 투자자들이 지불한 금액보다 82% 정도 할인된 액수였다. 에이비의 주식은 우선주이므로 셔낙의 보통주보다 회사의 자산 및 이익에 대해 높은 수익을 얻게 된다. 그와 달리 보통주에는 어느 정도 할인이 붙는 게 사실이었지만, 그 정도로 높은 할인은 전례가 없는 일이었다.

에이비는 자신의 권리를 행사하기로 결심했다. 그래서 에스키벨 변호사에게 셔낙의 주식 중 자신에게 권리가 있는 비례 배분을 받기를 원한다고 요청했다. 그 요청은 받아들여지지 않았다. 에이비는 에스키벨과 신경이 곤두선 이메일을 주고받았고, 이는 크리스마스 날까지 이어졌다.

크리스마스 이브의 밤 11시 17분, 에스키벨은 에이비에게 "악의적인" 행동을 한다며 비난하는 이메일을 보냈고, 테라노스는 이사로서 그의 신탁 의무 태만 및 공개적 회사 비난에 대해 고소 진행 여부를 진지하게 고려하는 중이라고 경고했다.[8]

에이비는 경악했다. 그는 그런 일을 한 적이 없으며, 실리콘밸리에서 근무하는 내내 고소 협박 같은 건 단 한 번도 받은 적 없었다. 실리콘밸리 전역에서 에이비는 좋은 사람으로 알려져 있었다. 사람들은 그를 테디 베어라고 불렀다. 적은 당연히 없었다. 도대체 왜 이런 일이 일어난 걸까? 에이비는 다른 이사들과 연락을 시도했지만 아무도 연락에 응답하지 않았다.

에이비는 어떻게 대응해야 할지 확신이 서지 않아 변호사인 친구와 상의했다. 애플사에서 받은 재산 덕분에 그는 테라노스보다 더 많은 재산을 보유했고, 소송에 거금이 소요된대도 거리낄 것이 없었다. 하지만 변호사 친구가 모든 이야기를 듣더니 에이비에게 상황을 객관적으로 판단하는데 도움이 되는 조언을 해 주었다. 그 친구는 "이 회사에 대해 알게 된 모든 것을 감안할 때, 진심으로 지금보다 더 많은 주식을 보유하고 싶어?"라고 물었다.

에이비가 고민해 보니, 이 질문에 대한 대답은 '아니오'였다. 게다가 크리스마스는 기쁨과 나눔의 날이 아니던가. 그는 문제를 매듭짓고 테라노스에 대해 잊어버리기로 마음먹었다. 그러기 전에 에이비는 회사가 서명하도록 강요한 주식 포기 각서 사본과 함께 도널드에게 마지막 편지를 써서 그의 비서 메일 주소로 보냈다.

에이비는 주식 포기 각서에 서명하게 만들기 위해 회사에서 사용한 잔혹한 전략에서, 회사가 운영되는 방식에 대해 그가 도널드에게 제기한 "여러 심각한 우려 사항"을 확인할 수 있었다고 적었다.[9] 에이비는 마이클 에스키벨 변호사가 상부의 지시에 따른 것에 불과하기 때문이니 그를 비난하지 않는다고 덧붙였다. 그러고는 다음과 같이 편지를 마쳤다.

나머지 이사들에게도 이 사건의 전모가 충분히 전달되기를 바랍니다.

엘리자베스의 말에 100% 동의하지 않는다면 회사나 엘리자베스에게서 보복을 당할 수 있다는 사실을 그들도 알 권리가 있으니까요.

진심을 담아,
에이비 테바니언

| 제4장 |

이스트 팰로앨토와 작별하다

2008년 초, 테라노스는 팰로앨토 힐뷰 애비뉴의 새 건물로 이전했다. 이는 뉴욕의 사우스 브롱크스에서 미드타운 맨해튼으로 이전한 것과 같은 의미였다.

실리콘밸리에서는 다른 어떤 것보다 겉모습이 가장 중요한데, 지난 3년간 테라노스가 운영된 곳은 빈곤 지역이었다. 미국에서 가장 풍요로운 도시 중 하나인 팰로앨토와 빈곤 지역인 이스트 팰로앨토는 베이쇼어 고속도로로 알려진 101번 도로를 기점으로 나뉘어 있었다. 이스트 팰로앨토는 한때 살인의 중심지라는 불명예를 누렸던 곳이기도 하다.

테라노스의 전 회사 건물은 4차선 고속도로의 이스트 팰로앨토 쪽에 있었고, 옆에는 기계 상점이, 건너편에는 지붕 설치 업자가 마주보고 있었다. 이곳은 부유한 벤처 자본가들이 오고 싶어하는 동네가 아니었다. 그 반면 새로 이전한 곳은 스탠퍼드 캠퍼스 바로 인근이었고,

휴렛팩커드 본사 근처였다. 이처럼 값비싼 부동산으로 이전했다는 것은 테라노스가 실리콘밸리의 메이저리그로 진입했음을 알리는 선포와도 같았다.

도널드 루커스는 회사 이전에 흡족했다. 도널드는 자신이 예전 사무실을 경멸했다며, 토니 누전트에게 "마침내 엘리자베스를 이스트 팰로앨토에서 빼내니 참 좋군"이라고 강조해 말했다.

하지만 실제로 회사 이전을 담당한 사람에게는 이 일이 조금도 기쁘지 않았다. 이전 작업은 IT 부서의 책임자인 맷 비셀이 맡았다. 맷은 엘리자베스가 가장 신뢰하는 직원 중 하나였다. 그는 2005년 테라노스에 17번째 직원으로 입사했으며, 업무를 대단히 진중하게 처리했다. IT 인프라 외에 회사의 보안도 그의 책임이었다. 마이클 오코넬을 상대로 한 소송에서 컴퓨터 속 증거를 찾는 과학 수사를 담당했던 것도 바로 맷 비셀이었다.

회사 이전 계획은 지난 수개월 동안 맷의 업무에서 큰 비중을 차지했다. 2008년 1월 31일 목요일, 마침내 모든 것이 준비된 것처럼 보였다. 다음날 아침 일찍 이삿짐센터가 방문해 짐을 옮길 예정이었다.

하지만 그날 오후 4시에 맷은 마이클 에스키벨 변호사와 게리 프렌젤과 함께 회의실로 불려갔다. 헨리 모즐리를 해임하는 계기가 된 첫 번째 노바티스 회의 이후 약 14개월 만에 노바티스에 두 번째 제품 발표를 하러 떠난 엘리자베스가 스위스에서 전화로 회의에 참여했다. 조금 전 건물 주인이 엘리자베스에게 그날 자정까지 건물을 비우지 않으면 다음 달 임대료를 청구한다고 통보했다는 이야기였다. 엘리자베스는 절대로 건물주에게 한 달 치 임대료를 더 낼 수 없다고 강력하게 주장했다.

엘리자베스는 맷에게 이삿짐센터에 지금 즉시 짐을 나르도록 연락하라고 지시했다. 이삿짐센터에서 갑작스러운 요청에 응할 확률은 매우 낮았지만 맷은 시도해 보기로 했다. 그러고는 회의실에서 나와 전화를 걸었다. 전화를 받은 이삿짐센터 직원은 코웃음을 치며, 이렇게 갑작스럽게 일정을 바꾸는 건 불가능하다고 통보했다.

그럼에도 엘리자베스는 물러서지 않았다. 그녀는 예전에 자신이 한번 이용한 적 있는 이삿짐센터에 연락해서 의뢰해 보라고 맷에게 명령했다. 첫 번째 이삿짐센터와 달리 이 회사는 노동조합에 속해 있지 않다며, 첫 번째 회사보다 더 유연할 거라고 확신했다. 하지만 맷이 연락해 상황을 설명하니 두 번째 이삿짐센터는 그렇게 하지 말라고 강력히 권고했다. 이삿짐센터의 노동조합은 모두 조직 폭력단이 장악하고 있으며, 테라노스의 제안이 폭력 사태로 이어질 위험이 있다고 설명했다.

두 번째 이삿짐센터의 정신이 번쩍 들게 하는 대답을 듣고도 엘리자베스는 포기하지 않았다. 맷과 게리는 다른 어려움들을 언급하며 설득하려 했다. 게리는 저장해 놓은 혈액 샘플 문제를 제기했다. 당일에 이삿짐센터를 불러 짐을 빼 간다 치더라도 다음날 아침까지는 새 사무실에 짐을 내려놓지 못할 텐데, 그럼 밤새 어떻게 혈액 샘플을 적정 온도에 보관할 수 있겠느냐고 지적했다. 엘리자베스는 냉장 트럭을 불러 밤새 주차장에 주차해 놓으면 된다고 답했다.

몇 시간 동안의 뜨거운 논쟁 끝에 맷은 11시 59분까지 건물을 완전히 비운다 하더라도 위험 물질을 모두 올바르게 폐기했는지 주 정부

공무원에게 검사를 받아야 한다고 주장하여 마침내 엘리자베스를 설득할 수 있었다. 이러니저러니 해도 테라노스는 결국 생명공학 회사니 말이다. 그러한 검사는 신청하여 일정을 잡기까지 몇 주가 소요될 것이고, 검사가 시행되기 전까지는 새로운 거주자가 전입할 수 없을 것이다.

결국, 원래 계획대로 회사 이전은 다음날에 이루어졌지만 이번 사건은 맷에게 마지막 결정타가 되었다. 엘리자베스를 존경하는 마음도 있었다. 엘리자베스는 그가 만난 이들 중 가장 똑똑한 인물 중 하나였으며, 고무적이고 격려하는 리더였다. 그는 엘리자베스가 에스키모에게도 아이스크림을 팔 수 있는 인물이라며 농담하곤 했다. 하지만 그녀의 예측 불가능한 모습과 사내의 끊임없는 혼란에 지쳐갔다.

게다가 맷의 업무 중 한 부분이 점점 더 그를 괴롭히고 있었다. 엘리자베스는 직원들에게 절대적인 충성을 요구했으며, 누군가가 충성을 바치지 않는다고 느끼면 즉각 그를 공격했다. 맷은 테라노스에서 2년 반 동안 근무하면서 30명에 달하는 직원들이 해고당하는 장면을 목격했다. 그중에는 미세 유체 공학 기반의 시스템이 버려지면서 에드먼드 쿠와 함께 해고된 스무 명 정도의 직원들도 포함됐다.

엘리자베스가 누군가를 해고할 때마다 맷이 그들의 퇴직 절차를 도와야 했다. 때로는 퇴사하는 직원의 회사 네트워크 액세스 권한을 취소하고 건물 밖으로 안내하는 것 이상의 일도 있었다. 어떤 때는 퇴사하는 직원에게 불리하게 작용할 수 있는 모든 서류를 수집하라고 지시받기까지 했다.

특히 엘리자베스를 도운 일 중에 맷이 두고두고 후회하는 일이 하나 있었다. 바로 전 최고재무책임자였던 헨리 모즐리 사건이다. 엘리자베스가 모즐리를 해고한 후 맷은 모즐리가 사용하던 업무용 노트북의 모든 파일을 보관하려고 중앙 서버로 전송하던 중 부적절한 성적 자료를 우연히 발견했다. 이에 대해 알게 되자, 엘리자베스는 그것이 모즐리의 해고 사유라고 주장하며 모즐리의 스톡옵션을 빼앗았다.

맷은 모즐리가 해임되기 전까지 그에게 업무를 보고했는데, 그가 테라노스의 자금을 모으는 업무를 훌륭히 처리했다고 생각했다. 분명 업무용 노트북으로 포르노를 보지 말았어야 하지만, 그를 이렇게 협박할 만큼 죽을죄를 지었다고는 생각하지 않았다. 게다가 이건 해고 이후에 발견된 사실이었다. 그 일 때문에 모즐리가 해고됐다고 말하는 것은 진실과는 완전히 거리가 멀었다.

회사에서 존 하워드가 받는 대우도 마음에 걸렸다. 맷은 마이클 오코넬 소송을 위해 모은 모든 증거를 검토했을 때, 존 하워드가 잘못을 저질렀다는 어떠한 증거도 찾지 못했다. 분명 하워드는 오코넬과 접촉했지만, 오코넬의 스카우트 제안을 거절했다. 게다가 그는 엘리자베스가 스탠퍼드대학교에서 자퇴했을 때부터 도움을 준 사람 중 하나였고, 회사 설립 초기에 연구에 사용하라고 사라토가에 있는 자신의 집 지하실을 내어주기까지 한 사람이었다. 그럼에도 엘리자베스는 상황을 특정 방식으로 연결하여 하워드 또한 고소하겠다고 주장했다. (훗날 오코넬이 특허를 회사에 양도하기로 합의하자 테라노스는 전 직원 세 명에 대한 고소를 취하했다.)

맷은 오랫동안 IT 컨설팅 회사를 설립하고 싶어 했다. 그리고 이제는 회사를 떠나 꿈을 이룰 때라고 판단했다. 맷이 엘리자베스에게 자신의 결정을 알리자 그녀는 도저히 믿지 못하겠다는 표정으로 그를 쳐다보았다. 보건 업계에서 혁명을 일으키고 세계를 변화시킬 회사에서의 커리어를 어떻게 포기할 수 있는지 도저히 그를 이해할 수 없어서였다. 엘리자베스는 승진과 연봉 인상을 제안하며 설득하려 했지만 결국 맷에게 거절당했다.

테라노스에서의 마지막 몇 주 동안 수많은 직원들에게 일어났던 일들이 맷에게도 일어나기 시작했다. 엘리자베스는 더 이상 맷에게 말을 걸거나 심지어 쳐다보지도 않았다. 게다가 IT 부서의 에드 루이즈 Ed Ruiz에게 맷과 관련된 파일이나 이메일을 뒤져서 정보를 캐내면 팀장직을 주겠다고 제안했다. 하지만 에드는 맷과 좋은 친구였기 때문에 이를 거절했다. 캐내려고 해봤자 아무것도 없긴 했지만 말이다. 맷은 먼지 한 톨 없이 깨끗했다. 덕분에 헨리 모즐리와 달리 맷은 스톡옵션을 유지하고 그 권리를 행사할 수 있었다. 맷은 2008년 2월 테라노스를 떠나 자회사를 설립했다. 에드 루이즈가 몇 달 후 그의 회사에 합류했다.

팰로앨토에 있는 테라노스의 새 건물은 좋았지만 에드먼드 쿠와 다른 직원들 해고 사건 이후 직원이 총 50명으로 줄어든 벤처 기업에게는 실제로 너무 큰 곳이었다. 1층은 긴 직사각형 모양의 공간이었다. 엘리자베스는 직사각형 공간 한쪽에 직원들을 몰아서 앉게 하고 다른 한쪽을 빈 공간으로 남겨 두라고 지시했다. 한두 번쯤 에린 무어가 여러 동료와 함께 그 공간에서 실내 축구를 하며 활용해 보려 했다.

애나 아리올라의 갑작스러운 퇴사 이후 에린은 저스틴 맥스웰, 그리고 마이크 벌리와 더 가까워졌다. 애나는 그 누구에게도 퇴사할 계획이라고 미리 알리지 않았다. 어느 날 갑자기 나가더니 다시는 돌아오지 않았다. 애플을 떠나 테라노스로 그를 데려온 건 바로 애나였기 때문에 저스틴은 굉장히 불안해졌지만 긍정적인 태도를 유지하려고 애썼다. 팰로앨토의 건물로 이전한다는 건 회사가 분명 제대로 잘해 나가고 있기 때문일 거라 생각하며 스스로를 위로했다.

이전 직후 에런과 마이크는 토니 누전트와 데이브 넬슨이 개발한 에디슨 시제품 중 두 개를 사용하여 비공식적으로 "인간 요인" 연구를 수행하기로 했다. 이는 공학 용어로 사람들이 해당 제품을 손에 넣게 되면 제품과 어떻게 상호 작용하는지 알아보는 연구였다. 에런은 사람들이 어떻게 손가락을 침으로 찔러서 채혈하는지, 그리고 카트리지에 채혈한 혈액 샘플을 삽입하는 등의 후속 단계를 어떻게 처리하는지 알고 싶어 했다. 그 역시 내부 검사를 실시하며 자신의 손가락 끝을 너무도 많이 찔러 더 이상 감각이 남아 있지 않을 정도였다.

토니의 허가로 에런과 마이크는 에런의 마쓰다 차 트렁크에 에디슨을 싣고 샌프란시스코까지 운전해 갔다. 그들의 계획은 도시에서 스타트업을 운영하는 친구들의 여러 회사를 방문하는 것이었다. 하지만 그 전에 최종 점검을 위해 먼저 샌프란시스코 미션 디스트릭트에 있는 에런의 집에 들렀다. 시제품 두 개를 에런의 거실에 있는 나무 탁자에 올려놓고 카트리지, 혈액을 채취하는 채혈침, 그리고 카트리지에 혈액을 옮기는 데 사용하는 "트렌스퍼 펜"이라는 작은 주사기 등 필요한 것을 모두 챙겼는지 다시 점검했다.

에런은 모든 절차를 기록에 남기기 위해 자신의 디지털 카메라로 사진을 찍었다. 이브 베하가 디자인한 외형이 아직 나오지 않았으므로 장치는 원시적인 모습 그대로였다. 임시로 만든 외형은 회색 알루미늄 판을 볼트로 고정해 둔 형태였다. 앞판은 고양이 출입구처럼 위쪽으로 열려서 카트리지를 넣을 수 있도록 되어 있었다. 고양이 문 같이 생긴 앞판의 상단에는 기초적인 소프트웨어 인터페이스가 비스듬히 설치되어 있었다. 장치 안쪽에서는 로봇 팔이 덜덜거리며 큰 소리를 냈다. 때로는 로봇 팔이 카트리지와 충돌하여 피펫 팁이 두 동강난 적도 있었다. 전반적인 인상은 중학생의 과학 숙제 같았다.

에런과 마이크가 친구들의 사무실에 도착했을 때, 그들은 낄낄거리며 커피를 내 왔다. 하지만 친절히도 모두 이 작은 실험에 동참해 주었다. 에런과 마이크가 방문한 회사 중 하나는 비보Bebo였다. 비보는 소셜 네트워킹 서비스 스타트업으로, 그로부터 몇 주 후 AOL에 8억 5천만 달러를 받고 인수되었다.

시간이 지날수록 단 한 번의 손가락 채혈로는 충분하지 않다는 사실이 분명해졌다. 혈액을 카트리지로 옮기는 것은 절대로 쉬운 절차가 아니었다. 환자는 알코올로 손가락을 닦아 낸 다음 채혈침으로 손가락을 찌르고, 흐르는 혈액을 트랜스퍼 펜으로 채취하고, 그 펜의 플런저를 카트리지 안으로 눌러 혈액을 배출해야 했다. 첫 번째 시도에서 단번에 성공한 사람은 거의 없었다. 에런과 마이크는 시험 대상자들에게 여러 번 다시 채혈해 보라고 요청해야 했다. 사방에 피가 묻어 주위가 금세 피로 지저분해졌다.

이러한 문제점은 에런이 이미 의심하고 있던 상황을 확신하게 했다. 회사는 전체 절차 중 이 과정을 과소평가했다. 55세 환자가 자신의 집에서 이 장치를 사용하기 시작해서 곧바로 숙달될 것이라는 생각은 단지 희망 사항에 불과했다. 그리고 이 부분을 완벽히 수행하지 못한다면 나머지 과정이 얼마나 잘 작동하는지는 중요하지 않았다. 좋은 결과를 얻지 못할 게 자명했다. 본사로 복귀하여 에런은 연구 결과를 토니와 엘리자베스에게 전달했지만, 그들이 이 과정을 우선순위로 여기지 않는 게 확실해졌다.

에런은 불만스러웠고 환멸을 느꼈다. 애초에 그는 엘리자베스의 비전에 동의했고, 테라노스에서의 업무에 흥미를 느꼈다. 하지만 2년 정도가 지나자 그는 완전히 녹초가 되었다. 다른 문제들도 있었지만 무엇보다 자신의 상사가 된 토니와 잘 어울리지 못했다. 토니의 휘하에서 빠져나오기 위해 에런은 기술부에서 영업부로 옮겨 달라고 부서 이동을 신청했다. 심지어 엘리자베스가 스위스 출장에 자신을 데려가기를 바라는 마음에서 지난 토요일에 정장을 구입하기도 했다. 결국 출장엔 따라가지 못했지만, 엘리자베스는 적어도 부서 이동 신청만큼은 심사숙고하는 것처럼 보였다.

샌프란시스코에 다녀오고 며칠 후, 에런은 집에서 맥주를 마시면서 샌프란시스코에서 찍은 사진을 다운로드하다가 장난스러운 아이디어를 떠올렸다. 그는 포토샵으로 소파 탁자에 에디슨 시제품 두 개가 나란히 놓인 사진을 조작하여 가짜 크레이그리스트*광고를 만들었다. 제일 위에는 "테라노스 에디슨 1.0 '판독기', 대부분 작동됨. 1만 달러

---

* Craigslist, 미국의 지역 생활 정보 사이트에서 시작되어 전 세계 80여 개 국에서 서비스되고 있는 온라인 벼룩시장.

(가격 협상 가능)"이라는 제목을 적었고, 그 아래에는 이렇게 썼다.

테라노스의 희귀한 진단용 "에디슨" 장치 세트. 관심 있는 사람은 누구나 구매 가능. "의학계의 아이팟"이라고 불리는 에디슨은 인간의 혈액 샘플 또는 동물의 혈액 샘플에서 다중 플레이트 단백질 분석을 수행할 수 있는 반 휴대용 면역 화학 플랫폼입니다.

제가 최근에 패혈성 쇼크에 빠지는 줄 알고 이 장치를 구입했는데, 단백질 C를 다시 검사해 보니 수치가 안전 범위인 4ug/mL로 나왔어요. 그래서 더 이상 생산 준비 단계에 있는 혈액 진단 장치가 필요 없게 됐습니다. 손해 보는 장사입니다. 싸게 가져가세요.

장치 두 개 세트에 1만 달러, 하나씩 구매하면 6천 달러 (가격 협상 가능). 비슷한 임상 전 진단 장치 (예시: 로슈Roche, 벡크만쿨터Beckman-Coulter, 어백시스, 바이오사이트Biosite 등)와 물물 교환 가능. 일회용 카트리지, 펠리컨 운송 박스, AC 어댑터, EU 전원 어댑터 및 혈액 수집 액세서리 등 포함됨.

에런은 이 가상 광고를 인쇄하여 다음날 회사에 가져갔다. 저스틴과 마이크는 에런의 책상에서 인쇄물을 발견하고 아주 재미있는 농담이라고 생각했다. 그래서 마이크는 더 많은 사람들이 볼 수 있도록 남자 화장실 벽에 인쇄물을 붙여 놓았다.

그리고 상황은 순식간에 아수라장으로 변했다. 누군가 가짜 광고 인쇄물을 벽에서 떼어 엘리자베스에게 건넸는데, 엘리자베스가 그걸 진짜라고 생각한 것이다. 그녀는 고위 간부와 변호사를 비상 회의에 소집했다. 엘리자베스는 이것을 중대한 산업 스파이 사건으로 간주했으며, 범인을 찾기 위해 즉각적인 조사를 시행하라고 지시했다.

에런은 상황이 수습 불가 상태가 되기 전에 자백하기로 마음먹었다. 그는 멋쩍은 표정으로 토니에게 나아가 고백했다. 애초에 단순한 장난으로 시작한 거라며, 사람들이 재미있어 할 줄 알았다고 설명했다. 토니는 이해하는 듯했다. 토니 자신도 로지텍에서 근무했을 때 몇 번 장난을 쳐 본 경험이 있기 때문이었다. 하지만 엘리자베스가 분노하고 있다며 에런에게 조심하라고 경고했다.

그날 오후 늦게 엘리자베스는 에런을 사무실로 호출하여 눈에 쌍심지를 켜고 노려보았다. 그녀는 에런에게 깊이 실망했다며, 그의 행동이 조금도 재밌지 않았고 다른 직원들도 전혀 웃지 않았다고 말했다. 또한, 제품을 만들기 위해 열심히 일한 다른 직원들에게 무례한 행동이었다고 단언했다. 그러면서 영업부에 합류하는 건 없던 일로 하겠다고 딱 잘라 말했다. 그가 회사를 대표할 만한 자격이 없기 때문에 고객을 직접 상대하게 놔둘 수 없다는 것이 이유였다. 에런은 책상으로 돌아와 엘리자베스의 미움을 샀다고 확신했다.

영업부로의 부서 이동도 어차피 무모한 계획이었을 것이다. 에런은 알지 못했지만 회사의 한편에서는 문제가 발생하고 있었다. 토드 서디Todd Surdey라는 새 직원이 영업부와 마케팅 부서를 이끌고 있었다. 이 직책은 과거에 엘리자베스가 직접 맡았던 자리였다.

토드는 유능한 영업부 팀장이었다. 테라노스에 합류하기 전에 그는 유망한 기업 여러 곳에서 근무했는데, 가장 최근에 일했던 곳은 독일의 대형 소프트웨어 기업 SAP였다. 그는 탄탄한 몸의 미남이었으며, 멋진 정장을 입고 매일 화려한 BMW를 타고 출퇴근했다. 점심시간 동안에는 차 트렁크에서 초경량 탄소 섬유 자전거를 꺼내 근처 언덕으로 타러 갔다. 에런도 사이클을 좋아해서 엘리자베스의 눈밖에 나기 전에는 토드와 친해지고자 몇 차례 함께 동행한 적도 있었다.

토드가 맡은 영업 부원 중 두 명은 모든 대형 제약 회사의 본사가 있는 미국 동부 쪽에서 근무했다. 그들 중 하나는 수전 디지아이모 Susan DiGiaimo였는데, 거의 2년 동안 뉴저지에 있는 자신의 집에서 재택근무를 하고 있는 직원이었다. 수전은 엘리자베스와 함께 수많은 제약 회사에 영업을 다녔고, 엘리자베스가 그들에게 별을 따다 주겠다는 허황된 약속을 할 때마다 늘 마음 한 구석이 불편했다. 제약 회사의 경영진들이 자신들의 기업에 맞게 테라노스 제품을 맞춤화해 줄 수 있는지 물을 때마다 엘리자베스는 늘 "당연하죠"라고 대답했다.

토드는 테라노스에 입사하자마자 엘리자베스가 제약 회사와 거래할 때 어느 정도의 수익을 예상하고 있는지 수전에게 많은 질문을 했다. 수전은 예상 수익이 자세하게 적혀 있는 스프레드시트를 보관하고 있었다. 예상 수익은 각 거래 당 수천만 달러로, 어마어마했다. 수전은 토드에게 자신이 알고 있는 한 이 수익 예측은 과하게 부풀려져 있다고 설명했다.

게다가 테라노스가 각 거래처에게 혈액 진단 기기가 효과가 있다는 사실을 증명하지 않으면 실제로 수익이 발생하지 않을 거라고도 말했다. 또 각 계약에는 초기 시범 기간, 소위 검증 단계라고 불리는 기간이 포함돼 있었다. 영국 제약 회사인 아스트라제네카AstraZeneca를 비롯한 몇몇 회사는 검증 단계에서 10만 달러 이상을 지불하지 않을 예정이며, 결과가 만족스럽지 않다면 계약을 파기하겠다고 말했다.

2007년 테네시주 연구가 바로 화이자 제약의 검증 단계였다. 연구의 목표는 종양 성장 시 과량으로 생성되는 세 가지 단백질의 혈중 농도를 측정하여 암 환자의 약물 반응 측정 가능성을 증명하는 것이었다.[1] 테라노스가 만일 환자의 단백질 농도와 약물 간의 상관관계를 증명하지 못한다면 화이자는 계약을 해지할 수 있으며, 엘리자베스가 추정한 수익 예측도 허구로 판명될 것이다.

수전은 검증 자료를 한 번도 보지 못했다고 토드에게 털어놓았다. 게다가 엘리자베스와 거래처에 기술 시연을 갔을 때 종종 장치가 제대로 작동하지 않았다고 말했다. 최근 노바티스에서 진행했던 시연이 좋은 예였다. 2006년 말, 캘리포니아에서 스위스로 팀 켐프가 조작된 결과를 보냈던 첫 번째 노바티스 시범을 마치고 난 후에도 엘리자베스는 계속해서 그들의 환심을 사려고 노력했고, 2008년 1월에는 마침내 노바티스 본사에 두 번째로 방문하게 되었다.

두 번째 회의 전날 밤, 수전과 엘리자베스는 취리히의 한 호텔에서 2시간 동안 손가락을 찔러 혈액을 검사해서 일관된 검사 결과를 얻으려고 애썼지만 결국 성공하지 못했다.[2] 이튿날 아침 바젤의 노바티스 본사에서 상황은 점점 악화됐다. 에디슨의 판독기 세 대가 모두 노바티스 임원진 앞에서 오류를 일으킨 것이다. 수전은 몹시 당황했지만 엘리자베스는 평정심을 유지하고 사소한 기술적 결함이라고 둘러댔다.

수전과 테라노스의 다른 직원들로부터 얻은 정보를 바탕으로 토드는 테라노스의 이사진이 회사의 재정과 기술 상태에 대해 잘못 이해하고 있다고 확신하게 되었다. 그는 좋은 관계를 유지하고 있는 마이클 에스키벨 변호사에게 자신의 우려를 털어놓기로 했다.

에스키벨 역시 본인 나름대로 의심하고 있었다. 점심시간을 이용해 새로운 사무실 동료와 함께 스탠퍼드 디시*로 왕복 달리기를 하는 동안 그는 테라노스와 제약 회사들의 계약 체결에 관해 느낌이 별로 좋지 않다고 언급했다. 에스키벨은 더 이상 자세하게 설명하지 않았지만, 그에게 고민거리가 있다는 사실을 알 수 있었다.

2008년 3월, 토드와 에스키벨은 테라노스의 이사 중 한 명인 톰 브로딘Tom Brodeen에게 접촉하여 엘리자베스가 이사회에 설명한 수익 예상치가 현실을 반영하지 않았다고 설명했다. 게다가 제품이 아직 개발 중인 미완성 상태임을 고려하면 지나치게 과장된 불가능한 예상치라고 말했다.

톰 브로딘은 60대 중반의 노련한 경영자로, 과거에 큰 컨설팅 회사뿐만 아니라 여러 기술 기업을 운영한 경험이 있었다. 2007년 가을에 그는 도널드 루커스의 제안으로 테라노스 임원진이 되었다. 그는 자신이 아직 이사회에 합류한 지 얼마 되지 않았기 때문에 이 사안을 이사회 의장인 도널드에게 직접 제기하라고 권고했다.

에이비 테바니언이 떠난 지 얼마 지나지 않아 비슷한 문제가 다시 대두되자 이번에는 도널드도 문제의 심각성을 깨달았다. 어떤 면에서

---

* Stanford Dish, 스탠퍼드의 작은 언덕에 있는 파라볼라 안테나의 명칭. 대기의 화학 조성을 연구하기 위해 만들어졌다.

도널드는 이 문제를 아예 무시할 수가 없었다. 토드는 테라노스의 투자자 중 하나인 벤처 투자가 B. J. 카생의 사위이기 때문이었다. 도널드와 카생은 오랜 친구였다. 그들은 2006년 초 테라노스 펀딩 라운드인 시리즈 B에서 함께 테라노스에 투자하기도 했다.

도널드는 샌드힐가에 있는 자신의 사무실에서 이사회 긴급 회의를 소집했다. 톰 브로딘, 채닝 로버트슨, 초기 단계 벤처 자본 회사인 ATA 벤처의 설립자 피터 토머스 등 다른 이사진들이 회의실 안에서 안건을 논의하는 동안 엘리자베스는 문 밖에서 기다리라는 지시를 받았다.

논의 결과 네 명의 이사진은 엘리자베스를 CEO 자리에서 끌어 내리기로 합의했다. 그녀는 CEO라는 막중한 책임을 맡기엔 아직 너무 어리고 경험이 부족한 것으로 판명됐기 때문이다. 적당한 경영인을 모색하기 전까지 톰 브로딘이 일시적으로 개입해서 회사를 경영하기로 결정했다. 그들은 엘리자베스를 회의실 안으로 불러 그들이 내린 결정에 대해 알렸다.

그러자 그때 놀라운 일이 벌어졌다.

그 후 2시간 동안 엘리자베스는 그들이 마음을 바꾸도록 설득하는 데 성공했다. 그녀는 자신의 경영 방식에 문제가 있다는 것을 인정하고 변화하겠다고 약속했다. 또한, 앞으로 회사를 더 투명하게, 서로 소통하는 방식으로 운영하겠다며 다시는 이런 일이 일어나지 않을 것이라고 다짐했다.

브로딘은 자신의 전문 분야가 아닌 스타트업을 운영하기 위해 현역으로 돌아오고 싶은 마음이 그다지 없었다. 때문에 중립적 입장을 취하며 엘리자베스가 나머지 세 명의 이사진을 설득하기 위해 자신감과 매력을 적절히 혼합해 이용하는 것을 지켜보았다. 꽤나 인상적인 장면이었다. 훨씬 경험 많고 기업 내부에 숙련된 CEO라 하더라도 엘리자베스가 해낸 것과 같이 상황을 바꾸려면 꽤 애를 먹었을 것이다. 브로딘은 옛 속담이 하나 떠올랐다. "왕을 치려면 반드시 죽여야 한다." 토드 서디와 마이클 에스키벨은 여왕을 공격했다. 하지만 그녀는 결국 살아남았다.

여왕은 반란을 진압하는 데 시간을 낭비하지 않았다. 엘리자베스는 제일 먼저 토드를 해고하고 몇 주 후 에스키벨 역시 해고했다.

이 숙청 사건은 에런 무어, 마이크 벌리, 저스틴 맥스웰에게 또 하나의 부정적인 영향을 가져다 주었다. 그들은 정확히 무슨 일이 일어났는지 알 수 없었지만 테라노스가 훌륭한 직원 두 명을 잃었다고 확신했다. 토드와 에스키벨은 단지 좋은 사람이 아니라, 똑똑하고 지조 있는 동료들이었다. 마이크 벌리의 표현을 빌리자면 그들은 훌륭한 천으로 재단한 옷과 같았다.

이들이 사직하자 테라노스에 대한 저스틴의 불만은 더 쌓여 갔다. 테라노스의 직원 이직률은 그가 전에 경험해 보지 못했을 정도로 높았으며, 사내의 부정직한 문화 때문에도 괴로웠다.

그런 면에서 최악의 인물은 소프트웨어 부서의 팀장 팀 켐프였다. 팀은 무엇이 실현 가능하고 그렇지 않은지 솔직히 말하지 않으며 엘리자베스와 절대 대립하지 않는 예스맨이었다. 예를 들어, 그는 저스틴의 주장을 번복하며 에디슨 소프트웨어의 사용자 인터페이스를 자바 스크립트보다 플래시로 더 빨리 작성할 수 있다고 엘리자베스에게 장담했다. 바로 다음날 아침, 저스틴은 팀 켐프의 책상에서 플래시 초보자용 교재를 발견했다.

엘리자베스는 팀의 이중성이 명백히 드러나 보여도 그를 견책하지 않았다. 그녀는 팀의 충성심을 높게 샀으며, 단 한 번도 '안 된다'는 말을 한 적이 없다는 건 곧 뭐든 할 수 있다는 자세를 갖고 있기 때문이라고 말했다. 다른 직원들 중 많은 이들이 팀을 뛰어난 점이라곤 없는 끔찍한 상사라고 생각한다는 사실은 그다지 중요하지 않았다.

엘리자베스와 관련된 일 중 저스틴이 마음에 담아 둔 사건이 하나 있었다. 어느 날 저녁, 엘리자베스와 이메일을 주고받다가 그는 소프트웨어의 한 부분을 작성하는 데 필요한 정보를 달라고 요청했다. 엘리자베스는 다음날 아침 출근하면 찾아서 전달하겠다고 대답했다. 분명 그녀가 이미 퇴근했다는 의미였다. 하지만 몇 분 후 저스틴은 토니 누전트의 사무실에서 그녀를 우연히 발견했다. 저스틴은 단단히 화가 나 자리를 박차고 나갔다.

잠시 후 엘리자베스는 저스틴의 사무실로 가서 그가 왜 화가 났는지 이해는 하지만 "다시는 내 앞에서 그렇게 화내면서 가 버리지 말라"고 경고했다.

저스틴은 엘리자베스가 아직 어리고 회사 경영에 대해 배울 것이 많다는 사실을 기억하려고 애썼다. 마지막으로 주고받은 이메일에서 그는 『또라이 제로 조직: 건전한 기업 문화의 핵심(No Asshole Rule: Building a Civilized Workplace and Surviving One That Isn't)』과 『비욘드 불싯: 직장에서 솔직하게 말하기(Beyond Bullsh*t: Straight-Talk at Work)』라는 경영 자기계발서 두 권을 추천해 주며, 아마존 링크도

함께 적어 보냈다.[3]

그리고 이틀 후에 사직서를 냈다. 그가 쓴 사직 이메일의 일부분은 다음과 같았다.[4]

부디 행운을 빌어요. 그리고 꼭 저 책들을 읽고, 드라마 〈오피스〉도 보고, 대표님과 의견이 다른 직원들도 믿어 주길 바랍니다. 거짓말은 정말 역겨운 습관인데, 테라노스에서는 일상 대화에서도 너무 자연스럽게 거짓말을 입에 담고 있어요. 우리가 비만보다 더 먼저 치료해야 하는 것이 바로 회사 내 병든 문화예요. 대표님께서 저를 믿어 주셨고, 제가 테라노스에서 성공하기를 바라셨으니 대표님께는 어떠한 악감정도 없습니다. 공식적으로 퇴직자 면접을 시행할 인사 부서가 없어서 이렇게 이메일로 대신하게 되어 마음이 불편할 따름입니다.

분노한 엘리자베스는 그를 사무실로 호출해 그의 비판에 동의하지 않는다고 말하며, 품위를 지켜 자진 퇴사하라고 요구했다. 저스틴은 동료들에게 자신이 진행하던 다양한 업무를 어떻게 진행할지에 대한 상세한 지침을 이메일에 적어 보내 인수인계를 하겠다고 말했다. 하지만 막상 이메일을 쓰려고 자리에 앉으니 그는 업무의 진행 상태에 대한 약간의 개인적인 생각을 곁들여 적지 않을 수가 없었다. 결국 그로 인해 엘리자베스에게서 마지막으로 한 번 더 질책을 받게 되었다.

에런 무어와 마이크 벌리는 테라노스에 몇 개월 더 남아 있었지만 마음은 이미 떠난 상태였다. 새로 이전한 건물의 좋은 점 중 하나는 건물 입구 위에 커다란 테라스가 있다는 것이었다. 마이크는 테라스에 휴대용 접이식 의자와 해먹을 설치했다. 에런과 마이크는 그곳에서 오후 햇살 속에 커피와 함께 오랫동안 수다를 떨며 휴식을 취하기도 했다.

에런은 누군가가 나서서 엘리자베스에게 제동을 걸어 아직 개발 진행 중인 제품을 상품화하려 하지 말라고 설득해야 한다고 생각했다. 하지만 그녀가 귀를 기울이게 하려면 팀이나 게리 또는 토니, 세 명의 고위 관리자 중 한 명이 나서야 한다고 생각했다. 하지만 그들 중 누구도 그녀에게 솔직히 말하지 않았다. 엘리자베스에게서 계속 압박을 받던 토니는 에런의 불평을 듣다 못해 마침내 그에게 퇴사하라고 요구했다. 토니는 에런에게 "나가서 큰 물고기 행세를 할 수 있는 작은 연못을 찾게"라고 말했다.

에런 또한 이제 떠날 때라고 생각했다. 놀랍게도 엘리자베스는 떠나려는 에런을 잡으려고 했다. 알고 보니 에런이 장난을 쳤음에도 불구하고 그녀는 에런을 높이 평가한 모양이었다. 하지만 에런은 이미 마음을 단단히 먹은 뒤였다. 그는 2008년 6월에 퇴사했다. 같은 해 12월에는 마이크 벌리가 뒤따라 나갔다. 애플에서 온 직원들은 이제 모두 테라노스를 떠났으며, 이로써 테라노스의 혼란기가 끝났다. 엘리자베스는 이사회의 쿠데타에서 살아남았으며, 다시 통제권을 확고히 거머쥐었다. 테라노스에 남은 직원들은 평온하고 조용한 시기가 오기를 고대했다. 하지만 그들의 희망은 곧 깨져 버렸다.

제5장

어린 시절의 이웃

엘리자베스가 테라노스 운영에 정신없이 애쓰는 동안 홈즈 가족의 오랜 지인은 그녀가 무엇을 하고 있는지 멀리서 관심을 갖고 지켜보고 있었다. 그의 이름은 리처드 퓨즈Richard Fuisz였다. 리처드는 거만한 성격에 화려한 배경을 가진 기업가 겸 의료 기기 발명가였다.

홈즈 가족과 퓨즈 가족은 20년 동안 알고 지낸 사이였다. 그들은 1980년대에 워싱턴 D.C.의 삼림지와 포토맥강 인근에 위치한 나무가 우거진 폭스홀 크레센트라는 대저택 동네에서 이웃으로 처음 만났다.

엘리자베스의 어머니 노엘과 리처드의 부인 로레인Lorraine은 절친한 관계가 되었다.[1] 두 사람 모두 그 당시 집에서 살림을 하던 주부였고 비슷한 나이의 아이들을 키우고 있었다. 로레인의 아들은 엘리자베스와 성 패트릭 성공회 사립 초등학교에서 같은 반이었다.

노엘과 로레인은 서로의 집을 자주 드나들었다.[2] 둘 다 중식을 무척 좋아해서 아이들이 등교하면 종종 함께 점심을 먹으러 외출하기도 했다. 엘리자베스와 남동생 크리스천은 퓨즈의 자녀들 생일 파티에 초대 받았고, 퓨즈의 수영장에서 함께 뛰어 놀았다. 어느 날 저녁, 리처드가 잠시 집을 비운 사이 퓨즈의 집에 전기가 끊어져서 홈즈 가족은 로레인과 두 자녀, 저스틴Justin과 제시카Jessica를 하룻밤 재워 주기도 했다.[3]

하지만 남편들의 사이는 그다지 가깝지 않았다. 크리스천 홈즈는 정부의 녹을 받는 공무원인 반면 리처드 퓨즈는 성공한 사업가였으며, 이를 과시하길 주저하지 않았다. 리처드는 정식 자격증을 발급받은 의사인데, 몇 년 전 의료 교육 영상물 제작 회사를 5천만 달러가 넘는 가격에 매각하여 지금은 포르쉐와 페라리를 몰고 다녔다. 또한 특허를 출원하여 특허권 사용료를 챙기는 의료 기기 발명가이기도 했다. 홈즈 가족과 퓨즈 가족이 함께 동물원에 놀러 갔을 때 엘리자베스의 남동생 크리스천이 저스틴 퓨즈에게 "우리 아빠가 너희 아빠는 나쁜 자식이래"라고 말했다. 저스틴이 어머니에게 그 말을 그대로 들려주자 로레인은 그들이 질투하는 거라고 설명해 주었다.

실제로 홈즈 가족에게 돈은 아픈 손가락이었다. 아버지 크리스천의 할아버지인 크리스천 홈즈 2세는 하와이의 한 섬에서 호화롭고 향락적인 삶을 살면서 플라이쉬먼가의 재산을 고갈시켰다.[4] 그의 아들 크리스천 3세는 석유 사업을 하다 실패해 그나마 남은 재산을 모조리 탕진했다.[5]

엘리자베스의 아버지 크리스천 홈즈가 품은 폭발 직전의 분노도 노엘과 로레인이 가까워지는 것을 막지 못했다. 두 사람은 홈즈 가족이 캘리포니아로, 그 후엔 텍사스로 멀리 이사한 후에도 정기적으로 연락을 주고받았다.[6] 그사이 홈즈 가족이 잠시 워싱턴 D.C.로 돌아왔을 때, 퓨즈 가족은 노엘의 마흔 번째 생일을 축하하기 위해 근사한 식당에 그들을 데려가기도 했다.[7] 크리스천이 아내를 위해 생일 파티를 열어 주지 않아서 로레인이 대신 준비한 이벤트였다.

훗날 로레인은 텍사스에 사는 노엘을 여러 차례 방문했으며, 함께 뉴욕에서 쇼핑과 관광을 했다. 또 한번은 아이들을 데려가 파크 애비뉴의 리전시 호텔에서 묵기도 했다.[8] 그 여행 중에 엘리자베스는 호텔을 배경으로 노엘과 로레인의 팔짱을 끼고 서서 사진을 찍기도 했다. 그때 엘리자베스는 하늘색 여름용 원피스를 입고 머리에는 분홍색 리본을 달고 있었다. 그 후로도 노엘과 로레인은 집에 아이들을 두고 여행을 떠나 퓨즈 가족 소유의 센트럴파크 트럼프 인터내셔널 호텔 앤드 타워 내 아파트에 묵었다.[9]

2001년, 크리스천 홈즈는 커리어상 많은 어려움을 겪었다. 테네코를 떠나 휴스턴에서 가장 유명한 엔론Enron이라는 회사에 입사했다. 하지만 그해 12월에 엔론의 사기 행각이 드러나 파산하게 되자 크리스천은 수천 명의 다른 직원과 함께 일자리를 잃었다. 곤경에 처한 그는 리처드를 방문하여 일자리 소개와 사업 자문을 부탁했다. 리처드는 첫 번째 결혼에서 낳은 아들과 함께 자신의 발명품으로 새로운 회사를 설립했다. 그 발명품은 먹으면 입속에서 약 성분이 녹아 전통적인 알약보다 약물을 혈류로 더 빨리 전달하는 얇은 약 조각이었다. 리처드와 그의 아들 조Joe는 버지니아주 그레이트 폴스에 있는 사무실에서 회사를 운영하고 있었다.

훗날 조 퓨즈는 그때 크리스천 홈즈가 초췌하고 침울한 표정으로 그들을 만나러 왔다고 회상했다. 크리스천은 컨설팅 사업에 손을 대는 일을 숙고하고 있다며, 노엘과 함께 워싱턴 D.C.로 꼭 돌아가고 싶다고 털어놓았다. 부유한 매클레인 외곽의 벨트웨이 지역에 새 집을 막 구입한 리처드는 길 건너편에 있는 자신과 로레인이 막 비운 집에서 임대료 없이 지내라고 제안했다. 아직 전에 살던 집을 부동산에 내놓지 않았던 것이다. 크리스천은 "고맙다"는 입모양을 만들었지만 그 제안을 받아들이지 않았다.[10]

4년 후, 크리스천과 노엘 홈즈는 크리스천이 세계 자연 기금에 취직되면서 결국 워싱턴 D.C.로 돌아왔다.[11] 그들은 처음에 그레이트 폴스에 사는 친구 집에 묵으며 새로운 보금자리를 물색했다.[12] 노엘은 새 집을 구하면서도 계속 로레인에게 연락하여 상황을 알려 주곤 했다.

어느 날 함께 점심 식사를 하다가 엘리자베스가 최근 무슨 일을 하는지에 대해 이야기하게 되었다.[13] 노엘은 자신의 딸이 손목에 부착해 혈액을 분석하는 장치를 발명했으며, 상업화하기 위해 회사를 설립했다고 로레인에게 자랑했다. 실제로 테라노스는 엘리자베스의 패치형 진단 기기 아이디어를 이미 폐기한 상태였지만, 그 사실은 노엘이 점심을 먹으며 자랑스레 털어놓은 이야기의 그다지 중요한 요점이 아니었다.

로레인은 집으로 돌아와 노엘에게 들은 이야기를 남편 리처드에게 소상히 설명했다.[14] 동료 의료 기기 발명가로서 분명 그가 관심 있어 할 것이라고 생각했기 때문이었다. 하지만 리처드의 반응은 그녀의 예상을 빗겨 갔다.

리처드 퓨즈는 자만심과 자존심이 강한 사람이었다. 오랜 친구이자 전 이웃의 딸이 자신의 전문 분야에서 회사를 설립하면서 자신의 도움을 요청하거나 심지어 상담조차 하지 않았다는 사실에 감정이 몹시 상했다. 그는 몇 년 후 "홈즈 가족이 뉴욕에 있을 때 우리에게 아파트를 빌리거나 저녁 식사에 초대받는 등 환대받았으면서 내게 조언을 구하지 않았다는 사실이 특히 기분 나빴습니다. 그들의 본질적인 메시지는 '당신이 준 와인은 마시겠지만, 당신이 우리에게 준 와인 값을 번 사업에 대해서는 당신에게 조언을 구하지 않을 것이다'였기 때문입니다"라고 말했다.[15]

리처드는 조그마한 일도 기분 나쁘게 받아들이고 원한을 품는 경향이 있었다. 그가 자신이 정해 놓은 선을 넘었다고 생각하는 사람들에게 얼마나 대갚음하는지에 대해서는 리처드가 병원 용품 공급 업체인 백스터 인터내셔널Baxter International의 CEO 버논 루크스Vernon Loucks와 벌였던 기나긴 싸움을 보면 잘 알 수 있다.

1970년대를 지나 1980년대 초반, 리처드는 의료 교육용 영상 회사인 메드컴Medcom의 가장 큰 시장이 된 중동 지역으로 사업차 출장을 자주 다녔다. 돌아오는 길에 리처드는 보통 파리나 런던에서 하룻밤을 묵었고, 그곳에서 영국항공과 에어프랑스가 공동 운영하는 초음속 여객기 콩코드를 타고 뉴욕으로 돌아왔다. 1982년, 마찬가지로 기착지에서 묵는 동안 그는 파리의 플라자 아테네 호텔에서 루크스와 만났다. 당시 백스터 인터내셔널은 중동에 진출하고 싶어 했다. 저녁 식사를 하며 루크스는 메드컴을 5,300만 달러에 인수하겠다고 제안했고 리처드는 받아들였다.

　리처드는 3년 동안 새로 설립된 백스터 자회사의 사장으로 근무하기로 합의했는데, 루크스가 인수 직후에 그를 해고했다. 리처드는 부당 해고로 백스터를 고소하며, 백스터가 이스라엘에서 사업을 할 수 있도록 아랍의 블랙리스트에서 삭제해 달라는 명목으로 사우디아라비아의 기업에 220만 달러를 뇌물로 바치라는 지시를 거부해서 루크스에게 해고당했다고 주장했다.[16]

　1986년, 양측은 합의에 도달했으며, 백스터가 리처드에게 80만 달러를 합의금으로 지불했다.[17] 하지만 이게 끝이 아니었다. 리처드가 일리노이주 디어필드 지역에 있는 백스터의 본사로 날아가 합의서에 서명했을 때 루크스는 리처드와 악수하기를 거부했다. 그로 인해 리처드는 다시금 분노하여 적의를 품게 되었다.

　1989년, 백스터가 아랍 보이콧 목록에서 삭제되어 리처드는 복수할 찬스를 얻게 되었다. 그 당시 리처드는 몇 년 전 「워싱턴포스트」를 읽다 우연히 CIA의 구인 광고를 발견하고 지원하여 CIA 요원으로서 이중생활을 하고 있던 중이었다.

　CIA 요원으로서 리처드의 업무는 중동 지역에 페이퍼 컴퍼니를 설립해, 지역 정보부의 감시를 피하여 대사관이 아닌 별도의 첩보망을 구축하고 CIA의 작전을 수행하는 것이었다. 그러한 회사 중 하나는 리처드가 특히 연줄이 든든히 닿아 있는 시리아 내 석유 회사에 석유 굴착 장치 기사를 공급하는 회사였다.

　리처드는 백스터가 교묘한 속임수를 써서 다시 아랍 국가들과 친분을 이어 가고 있다고 의심해 시리아의 연줄을 이용하여 이를 입증하려고 노력했다. 또한 보이콧, 즉 불매 운동을 주도하고 있는 다마스쿠스 아랍 연맹(UAE)의 사무실에 보관된 제안서를 손에 넣기 위해 새로 뽑은 여성 정보원을 파견했다.[18] 그 제안서에는 백스터가 이스라엘 공장에서 올린 최근 매출의 상세 내역을 연맹 측에 제공했으며, 앞으로 이스라엘에 새로운 투자를 하거나 새로운 기술을 판매하지 않겠다고 약속한 사실이 담겨 있었다. 이는 백스터가 1977년에 제정된 미국 보이콧 금지법을 위반했다는 뜻이었다. 보이콧 금지법은 미국 회사가 외국의 보이콧에 가담하거나 블랙리스트에 오른 인사에게 정보를 넘겨주어 보이콧에 협력하는 것을 막는 법이었다.

리처드는 논쟁의 여지가 다분한 메모의 사본을 백스터의 이사회에 한 부, 「월스트리트저널」에 한 부 보냈는데, 「월스트리트저널」이 이에 대한 내용을 1면에 실어 보도했다.[19] 리처드는 여기서 멈추지 않았다. 그는 이 사실을 입증하기 위해 백스터의 고문 변호사가 시리아 군대의 장교에게 보낸 편지를 유출했다.[20]

리처드의 폭로로 미국 법무부가 수사를 시작했다. 1993년 3월 백스터는 보이콧 금지법을 위반한 혐의가 인정됐고, 이는 중죄에 해당됐다. 그 결과 민형사상 벌금 660만 달러(한화 80억원 상당)를 지불해야 했다.[21] 뿐만 아니라 그 후로 4개월 동안 새로운 연방 정부와 계약을 맺을 수 없었으며, 2년 동안 시리아와 사우디아라비아에서 사업을 할 수 없게 되었다. 명예 실추로 인해 큰 병원 단체와 맺은 5천만 달러 상당의 계약도 잃게 되었다.[22]

대부분의 사람들에게는 이 정도 복수면 충분했을 것이다. 하지만 리처드는 만족하지 않았다. 리처드는 루크스가 스캔들 이후에도 백스터의 CEO로 살아남았다는 사실이 불쾌했다. 그래서 적의 마지막 명성까지도 땅에 떨어뜨리기로 결심했다.

루크스는 예일대학교 졸업생이었고, 예일대학교 이사회인 예일코퍼레이션의 이사로 재직 중이었다. 또한 이사회 모금 캠페인의 의장직도 맡고 있었다. 예년과 같이 루크스는 그해 5월 코네티컷주 뉴헤이븐에서 열리는 예일 졸업식에 이사로서 참석할 예정이었다.

리처드는 예일대학교를 한 해 전에 졸업한 아들 조를 통해 예일 이스라엘 지지자 협회의 회장인 벤 고든이라는 학생과 연락을 취했다. 졸업식 날 그들은 함께 "루크스는 예일에 해를 끼친다"라고 적힌 패널과 전단지를 나눠 주며 시위를 벌였다. 게다가 리처드는 터보프롭 엔진 비행기가 "루크스는 사퇴하라"라고 적힌 현수막을 달고 캠퍼스 상공을 비행하게 만들었다.[23]

3개월 후 루크스는 예일 이사회에서 사임했다.[24]

하지만 리처드가 루크스에게 복수한 사건과 그가 테라노스와 관련하여 취한 행동을 평행선에 놓고 비교하는 건 지나친 단순화일 것이다.

홈즈 가족의 행동이 배은망덕하다고 생각해 화가 나긴 했어도, 리처드는 본디 기회주의자였다. 그는 늘 다른 회사들이 훗날 언젠가는 필요로 할 발명품을 미리 특허로 출원해 이윤을 남겼다. 발명품 중 가장 이윤이 많이 남았던 것은 솜사탕 기계를 개조해서 약물이 빠르게 용해되는 캡슐을 만드는 기계였다. 이는 1990년대 초반에 리처드가 딸과 함께 펜실베이니아주에서 열린 축제에 갔을 때 문득 생각난 아이디어였다. 훗날 리처드는 이 기술을 보유하기 위해 설립한 공기업을

캐나다의 한 제약 회사에 1억 4500만 달러에 매각하여 개인적으로 3천만 달러의 이윤을 남겼다.[25]

로레인이 노엘에게 들은 이야기를 그에게 들려준 후 리처드는 매클레인에 있는 침실이 7개나 되는 자신의 거대한 저택 안 컴퓨터 앞에 앉아 "테라노스"를 검색했다. 저택은 무척 넓었으므로 그는 천장이 높고 거대한 돌난로가 있는 큰 방을 자신의 개인 사무실로 사용했다. 애완견 잭러셀테리어는 리처드가 일하는 동안 벽난로 앞에서 누워 있기를 좋아했다.

리처드는 엘리자베스가 세운 스타트업의 홈페이지에 들어가 보았다. 홈페이지에는 테라노스가 개발 중인 미세 유체 시스템에 대한 간략한 설명이 적혀 있었다. 뉴스 페이지에서 리처드는 엘리자베스가 몇 달 전인 2005년 5월 NPR(National Public Radio, 미국공영방송)의 〈바이오테크 네이션(BioTech Nation)〉과 진행한 라디오 인터뷰의 링크를 발견했다. 인터뷰에서 엘리자베스는 혈액 검사에 대해 더 자세하게 설명했고, 앞으로는 이를 통해 환자의 자택에서 약물에 대한 부작용을 감시할 수 있게 될 거라고 예견했다.[26]

리처드는 창문 너머 마당의 연못을 내다보며 NPR 인터뷰를 여러 차례 반복해서 들었고, 숙고 끝에 엘리자베스의 비전에 장점이 있을 것 같다고 판단했다. 하지만 숙련된 의사로서 그가 이용할 수 있는 잠재적인 약점도 발견했다. 만일 환자들이 테라노스의 장치를 사용하여 자신의 집에서 혈액을 검사하고, 복용하고 있는 약물이 어떻게 작용하고 있는지 모니터링하려면 혈액 진단 결과가 비정상적일 때 의사에게 알릴 수 있는 메커니즘이 탑재되어야 한다고 생각했다.

그는 엘리자베스가 놓친 이 요소에서 특허를 출원할 수 있는 기회를 보았고, 이 길을 선택하면 결국 테라노스나 다른 이들에게서 돈을 뜯어낼 수 있겠다고 생각했다. 35년간 의료 기기를 발명해 온 경험으로 리처드는 이러한 특허가 결국 전용실시권*으로 최대 4백만 달러를 받아낼 수 있을 것이라고 판단했다.[27]

2005년 9월 23일 금요일 저녁 7시 반경, 리처드는 오랫동안 함께 일해 온 안토넬리 테리 스타우트 크라우스 로펌 소속 변리사인 앨런 치아벨리Alan Schiavelli에게 "혈액 분석 – 표준 편차(개별화)"라는 제목의 이메일을 보냈다.

> 앨런, 조와 함께 아래 내용의 특허를 신청하고 싶습니다.[28] 혈당이나 전해질, 혈소판 활성, 적혈구 용적률 등과 같은 다양한 혈액 구성 요소를 검사하는 것은 이미 널리 알려진 기술입니다. 우리가 개선안으로 제안하고자 하는 것은 컴퓨터나 유사 기기를 통해 각 환자의 "정상 수치"를 설정해 둔 메모리 칩 혹은 저장 장치입니다. 혈액 검사 결과가 이러한 정상 수치에서 크게 벗어날 경우 환자나 전문의에게 재검사를 요청할 수 있습니다. 재검사 결과 현저한 차이가 지속되면, 장치는 이미 널리 알려진 기존 기술을 사용해 의사 혹은 병원이나 제약 회사에 알림을 보내게 됩니다.
>
> 이 특허 건을 맡아 줄 수 있다면 다음 주까지 알려 주세요. 감사합니다.
>
> 리처드 퓨즈

---

* 다른 사람의 특허 발명을 독점적·배타적으로 실시할 수 있는 권리.

치아벨리는 다른 문제로 바빠 몇 달 동안 이메일에 응답하지 못했다. 마침내 치아벨리의 답변을 받은 건 2006년 1월 11일, 리처드가 초안 내용 중 알림 장치 부분을 환자가 복용하는 약물 포장 박스에 바코드나 전파 식별 태그 라벨을 부착하는 것으로 수정하고 싶다고 다시 연락했을 때였다.[29] 환자의 혈액이 약물에 부작용을 보일 경우 혈액 진단 장비 내에 삽입된 칩이 바코드를 스캔하고 전문의에게 자동으로 알림을 보내도록 프로그래밍 하겠다는 내용이었다.

리처드와 치아벨리는 이메일을 몇 번 더 주고받으며 구상안을 개선해 나가다, 결국 2006년 4월 24일 미국 특허청에 14쪽 분량의 특허 출원서를 제출했다.[30] 이 특허 출원서는 획기적인 신기술을 발명했다고 주장하지 않았다. 오히려 기존의 무선 데이터 전송, 컴퓨터 칩 및 바코드를 전문의에게 경고 알림을 보내는 장치와 접목시켜 다른 회사에서 만든 가정용 혈액 진단 장치에 내장하겠다는 내용이었다. 심지어 어떤 특정 회사를 목표로 삼고 있는지도 애써 숨기지 않았다.[31] 특허 출원서는 네 번째 단락에 직접 테라노스를 언급하며, 테라노스 홈페이지의 글을 인용했다.

특허 출원서는 제출되고 18개월이 지날 때까지 공개되지 않으므로 엘리자베스나 크리스천, 노엘은 리처드가 한 일을 처음엔 알지 못했다. 로레인과 노엘은 그 후로도 정기적으로 만났다. 홈즈 가족은 미국 해군성 천문대 근처 위스콘신 애비뉴의 새로 구입한 아파트에 정착했다.[32] 로레인은 매클레인에서 여러 차례 운동복 차림으로 차를 몰고 방문해 노엘과 함께 동네를 산책했다.[33]

어느 날 노엘이 점심 식사를 하러 퓨즈 가족의 집에 방문했다. 리처드도 함께 넓은 석조 테라스에서 대화를 나누다가 주제가 엘리자베스로 옮겨 갔다. 엘리자베스는 최근 「Inc.」 잡지에 페이스북의 마크 저커버그를 비롯한 여러 젊은 기업가들과 함께 소개되었다.[34] 노엘로서는 딸이 최근 언론의 관심을 받고 있다는 게 큰 자부심이었다.

로레인이 매클레인 식료품점에서 사 온 음식을 깨작깨작 먹고 있는데, 리처드가 남을 매혹할 때 주로 내는 감성적인 목소리로 노엘에게 자신이 엘리자베스에게 도움이 될 수 있다고 제안했다. 테라노스와 같이 작은 회사는 대기업에 이용되기 쉽다고 말했다.[35] 리처드가 특허 출원 이야기를 꺼내지 않았지만 그의 말은 홈즈 가족이 경계 태세를 취하게 하기에 충분했다. 그 시점부터 두 부부 사이는 소원해졌다.

2006년 말 즈음 퓨즈 가족과 홈즈 가족은 두 번 정도 더 만나 저녁 식사를 함께했다. 한번은 크리스천과 노엘의 새 아파트 근처에 있는 스시코라는 일식집에서 저녁 식사를 했다.[36] 크리스천은 그날 저녁 그다지 많이 먹지 않았다.[37] 엘리자베스를 만나러 팰로앨토에 들르는 동안 최근에 받은 수술의 합병증이 생겨 스탠퍼드 병원에 잠시 들러야 했다. 크리스천은 다행히 엘리자베스의 남자 친구 서니가 병원의 VIP 환자실 비용을 다 지불해 주었다고 리처드에게 말했다.

대화의 주제는 그해 초 두 번째 펀딩을 완료한 테라노스로 옮겨 갔다. 크리스천은 실리콘밸리의 거대 투자자 몇 명이 자금 모금에 참여했다고 언급하며, 노엘과 함께 엘리자베스의 스탠퍼드대학교 학비를 위해 저축해 둔 3만 달러를 회사에 기부한 게 참 다행스러운 일이라고 덧붙였다.

그 후 저녁 식사 자리는 분명하지 않은 이유로 인해 매우 짜증스러운 분위기로 흘러갔다. 리처드와 크리스천은 한 번도 사이가 좋았던 적이 없었고, 리처드가 내뱉은 말이 크리스천의 화를 돋웠다. 로레인의 말에 따르면 그들이 음식 값을 계산하고 다시 위스콘신 애비뉴로 나왔을 때 크리스천은 로레인이 착용하고 있던 샤넬 목걸이를 비난하고, 리처드가 첫 번째 결혼에서 얻은 아들 존 퓨즈John Fuisz가 크리스천의 가장 친한 친구 밑에서 일하고 있다며 은근히 협박했다고 한다.[38] 실제로 존 퓨즈는 크리스천 홈즈의 가장 가까운 친구 척 워크Chuck Work가 수석 파트너로 소속되어 있는 맥더모트 윌 에머리McDermott Will & Emery 로펌의 변호사였다.

그 후 노엘과 로레인의 우정에는 금이 가기 시작했다. 사실 이 두 사람은 누가 봐도 이상한 조합이긴 했다. 로레인은 원래 퀸즈 지역의 노동 계급 출신이었는데, 거친 뉴욕 억양으로 그 배경을 쉬이 알 수 있었다. 그 반면 노엘은 전형적인 워싱턴 D.C.주의 세속적 기득권층 여성이었다. 노엘은 아버지가 미(美) 유럽 사령부 본부에 배정되어 어린 시절 잠시 파리에서 지내기도 했다.

그로부터 몇 달간 로레인과 노엘은 몇 차례 만나 커피를 마셨다. 크리스천은 리처드 퓨즈가 무슨 일을 벌이고 있다고 의심해서 항상 노엘과 동행하여 그 자리를 어색하고 긴장되게 만들었다. 그들은 조지타운의 딘앤델루카에서 만났을 때 로레인 오빠의 죽음과 그가 남겨 두고 간 고양이에 관해 이야기하다가 대화가 껄끄러워졌다.[39] 로레인이 고양이를 어떻게 해야 할지 고민하는 모습에 크리스천은 몹시 성을 냈다. 크리스천은 짜증 섞인 목소리로 로레인에게 고양이를 그냥 내다 버리라며, 고양이를 한 손에 움켜쥐고 가방에 넣는 시늉을 하면서 "고양이가 중요한 게 아니다"라고 말했다.

홈즈 가족이 워싱턴 D.C.로 돌아온 이래로 노엘은 버지니아주 타이슨스에 위치한, 로레인과 같은 미용실에 다니게 되었다. 더군다나 둘 다 클라우디아라는 이름의 헤어 디자이너에게 머리를 맡겼다. 어느 날 클라우디아는 로레인의 머리카락을 자르다가 로레인과 노엘 사이에 무슨 문제가 있냐고 물었다.[40] 듣자 하니 노엘이 뒤에서 안 좋은 이야기를 한 게 분명했다. 무안해진 로레인은 말하고 싶지 않다며 주제를 바꾸었다.

로레인과 노엘은 2007년 크리스마스에 로레인이 케이크를 들고 홈즈 가족의 아파트를 찾았을 때 한 번 더 만났다.[41] 휴일에 집을 방문한 엘리자베스는 부모님과 퓨즈 가족의 사이가 안 좋아진 사실을 알고 있는 게 틀림없었다. 엘리자베스는 그다지 말을 많이 하지 않았지만 로레인을 곁눈질로 슬쩍 보았다.

그 뒤로 약 일주일 후, 2008년 1월 3일에 퓨즈의 특허 출원은 미국 특허청 온라인 데이터베이스에서 검색이 가능하게 되었다. 하지만 테라노스는 화학부서 팀장 게리 프렌젤이 엘리자베스에게 이 사실을 알리기까지 약 5개월 동안 특허의 존재를 알지 못했다.[42] 그때는 이미 홈즈 가족과 퓨즈 가족이 더 이상 말도 섞지 않는 사이가 된 후였고, 리처드는 아내와 대화할 때면 이 특허를 "테라노스 킬러"라고 부르곤 했다.

그해 여름, 크리스천은 백악관에서 동쪽으로 두 블록 떨어진 맥더모트 윌 에머리 워싱턴 사무실에서 근무하는 옛 친구 척 워크를 만나러 갔다. 크리스천과 척은 오랜 친구였다. 그들은 1971년 척이 크리스천을 육군 예비군 회의에 데려다 주었을 때 처음 만났다. 척이 다섯 살이나 더 연상이었지만, 같은 캘리포니아주 출신인 데다 캘리포니아주 클레어몬트 지역의 명문 사립학교인 웨브 스쿨과 코네티컷주 미들타운에 있는 웨슬리언대학교에 다녔다는 공통점을 찾아 빠르게 가까워졌다.

수년에 걸쳐 척은 크리스천에게 종종 도움의 손길을 빌려 주었다. 엔론이 무너진 후, 척은 크리스천이 구직 활동을 할 수 있도록 로펌의 방문객 사무실을 빌려 주었다. 엘리자베스의 남동생 크리스천이 필름 영사기로 장난을 쳐서 휴스턴의 성 요한 고등학교에서 쫓겨났을 때도 웨브 스쿨의 위원회 소속이었던 척은 크리스천이 웨브 스쿨에 전학갈 수 있도록 도와주었다. 훗날 엘리자베스가 스탠퍼드대학교를 중퇴하고 첫 번째 특허를 출원하는 데 도움이 필요했을 때 척이 그런 종류의 일을 전문으로 하는 맥더모트 로펌의 동료 변호사를 소개시켜 주기도 했다.

2008년 여름에 크리스천 홈즈가 척을 방문한 목적도 별반 다르지 않았다. 크리스천은 흥분을 감추지 못했다. 그는 척에게 리처드 퓨즈라는 사람이 엘리자베스의 아이디어를 훔쳐서 특허를 냈다고 털어놓았다. 크리스천은 맥더모트 로펌에 리처드 퓨즈의 아들 존이 근무하고 있다고 지적했다. 척은 존 퓨즈와 막연히 아는 정도였다. 우연히 회사에서 한두 번 같은 사건을 맡았던 적이 있어서였다. 또한 처음에 자신이 직접 엘리자베스를 로펌에 소개했기 때문에, 맥더모트가 테라노스의 변리사로 수년간 함께 일한 사실도 알고 있었다. 그러나 그 외에 크리스천이 말한 내용은 예상치 못한 것들이었다. 척은 리처드 퓨즈가 누구인지, 또 어떤 특허를 말하는 건지 전혀 알 수 없었다. 하지만 오랜 친구의 부탁이니 어찌 됐든 엘리자베스를 한번 만나 보기로 약속했다.

몇 주 후인 2008년 9월 22일, 엘리자베스가 로펌에 방문해 척, 그리고 켄 케이지Ken Cage라는 다른 변호사와 함께 만났다.[43] 척은 로펌이 13번가의 로버트 A.M. 스턴 석회석 건물로 이전 후 맥더모트의 경영 파트너가 되면서 8층의 가장 크고 전망 좋은 고급 사무실을 쓰게 되었다. 엘리자베스는 혈액 진단 장비를 끌고 사무실로 들어와 커다란 퇴창 옆에 있는 안락의자에 앉았다. 그녀는 장치가 어떻게 작동하는지 보여주지 않았지만 척은 처음 보자마자 무척 인상적이라고 생각했다. 혈액 진단 장치는 분명 아이폰을 닮았으며, 디지털 터치스크린이 달린 커다랗고 윤이 나는 검고 흰 색깔의 네모난 상자였다.

엘리자베스는 단도직입적으로 말했다.[44] 그녀는 맥더모트 로펌이 테라노스를 대변해 리처드 퓨즈를 상대로 소송을 걸어 줄 수 있냐고 물었다. 켄은 만일 엘리자베스가 특허 우선권 소송을 염두에 두고 있다면 가능한지 알아봐 줄 수는 있다고 말했다. 특허 우선권 소송은 미국 특허청이 동일한 발명을 두고 경쟁하는 두 지원자 중 누가 먼저 발명했는지 판결하는 소송이었다. 특허 출원서의 제출 날짜와 상관없이 소송에서 이긴 쪽이 특허의 우선권을 얻게 된다. 켄은 이러한 유형의 소송 전문이었다.

하지만 척은 망설였다. 그는 엘리자베스에게 동료들과 의논해 보고 조금 더 생각해 보겠다고 말했다. 그러고는 리처드 퓨즈의 아들이 로펌에 근무하기 때문에 상황이 어색해질 수 있다고 설명했다. 엘리자베스는 존 퓨즈의 이름이 언급됐을 때도 움찔하지 않았다. 오히려 언급되기를 기다리고 있던 차였다. 그녀는 존 퓨즈가 맥더모트에 있는 테라노스 서류에서 기밀 정보를 입수하여 아버지인 리처드 퓨즈에게 유출했을 가능성이 있는지 물었다.

하지만 척에게는 굉장히 설득력 없는 이야기로 들렸다. 그런 일을 한 변호사는 로펌에서 해고당하고 변호사 자격증도 박탈된다. 더구나 존은 특허 소송 전문가였다. 그는 특허를 기안하고 출원하는 맥더모트 로펌의 별도 특허 심사팀 소속이 아니었다. 존이 테라노스 서류에 손을 댈 이유나 정당성이 없었다. 게다가 존은 로펌의 파트너 변호사*였다. 왜 직장 생활을 망칠 수도 있는 자살 행위를 하겠는가? 말이 되지 않았다. 뿐만 아니라 테라노스는 2년 전인 2006년에 실리콘밸리에 있는 법률 회사 윌슨 손시니로 특허 업무를 모두 옮겨 갔다. 래리 엘리슨이 엘리자베스에게 그 로펌을 기용하라고 고집했다며 크리스천이 척에게 전화를 걸어 사과까지 했던 것을 척은 기억하고 있었다. 어쩔 수 없이 맥더모트는 모든 서류를 그들에게 넘겨주었다. 맥더모트에서 변호사들이 접근할 수 있는 테라노스 서류는 아무것도 남아 있지 않았다.

엘리자베스가 떠난 후 척은 로펌의 특허 기소팀과 특허 소송팀의 팀장들과 상의했다. 특허 소송팀장은 존 퓨즈의 직속 상사였다. 그는 테라노스가 리처드 퓨즈를 상대로 특허 우선권 소송을 낼 만한 요건은 충분하지만, 존은 로펌에 많은 도움이 되는 파트너 변호사인 데다

---

* 해당 로펌에 지분을 갖고 실적에 따라 이익금을 분배받는 임원급 변호사를 말한다.

회사가 소속 파트너 변호사의 부모를 상대로 소송을 거는 것이 보기에 좋지 않다고 말했다. 척은 엘리자베스의 요청을 거절하기로 결심했다. 그는 몇 주 후 전화로 그의 결정을 알렸다.[45] 이것으로 척과 맥더모트는 이 문제와 더 이상 관련이 없을 줄로만 알았다.

| 제6장 |

서니

첼시 버켓Chelsea Burkett은 점점 지쳐 가고 있었다. 때는 2009년 늦여름이었고, 첼시는 팰로앨토 스타트업에서 장시간 근무하며, 확실히 자리를 잡은 회사였다면 다섯 명이 할 일을 혼자서 해내고 있었다. 그녀가 열심히 일하는 것을 싫어하는 건 아니었다. 대부분의 스물다섯 살짜리 스탠퍼드대학원 졸업생들이 그렇듯 노력하는 것은 그녀의 DNA에 새겨진 거나 다름 없었다. 첼시는 아주 작은 영감이라도 얻기를 갈망하고 있었지만 직장에서는 그 어떠한 영감도 받지 못했다. 그녀가 근무하는 두스탕Doostang이라는 기업은 금융 전문가를 위한 구직 사이트를 운영하는 곳이었다.

첼시는 스탠퍼드에서 엘리자베스와 가장 친한 친구였다. 신입생 때 그들은 캠퍼스 동쪽 끝에 있는 윌버 홀 기숙사에 함께 살았고, 곧바로 친해졌다. 두 사람이 처음 만났을 때 엘리자베스는 "텍사스인을 건드리지 마시오"라고 적힌 빨갛고 파랗고 하얀 티셔츠를 입고 크게 웃고 있었다. 첼시는 엘리자베스가 상냥하고 똑똑하고 재미있는 사람이라고 생각했다.

두 사람 모두 푸른 눈에 사교적이고 외향적인 성격이었다. 또 함께 파티에 참석해 술을 마셨으며, 더 나은 주거 환경을 위해 여학생 클럽에 가입하기도 했다. 그러나 첼시는 여전히 자신을 찾기 위해 노력하는 평범한 소녀였지만, 엘리자베스는 이미 자신이 어떤 사람이 되고 싶고 무엇을 이루고 싶은지 정확히 알고 있는 듯했다. 엘리자베스가 여름 방학 동안 작성한 특허 출원서를 들고 2학년 초에 캠퍼스로 돌아왔을 때 첼시는 감탄했다.

두 사람은 엘리자베스가 테라노스를 설립하기 위해 자퇴한 후에도 5년 동안 계속해서 서로 연락을 주고받았다. 서로 자주 보지는 못했지만 가끔씩 문자 메시지를 주고받기도 했다. 그러던 중 첼시가 회사에서 일하는 고충에 대해 털어놓자, 엘리자베스가 "우리 회사에 와서 일해 볼래?"라는 제안을 던졌다.

첼시는 엘리자베스와 만나기 위해 힐뷰 애비뉴의 테라노스 사무실로 갔다. 엘리자베스가 첼시에게 테라노스의 비전을 납득시키는 데는 그리 오랜 시간이 걸리지 않았다. 엘리자베스는 테라노스가 기술의 힘으로 많은 생명을 구할 미래에 대해 열렬히 설명했다. 첼시에게는 엘리자베스의 비전이 투자 상담사들이 일자리를 찾을 수 있도록 돕는 일보다 훨씬 흥미롭고 고상하다고 느껴졌다. 엘리자베스가 지닌 설득력은 대단했다. 엘리자베스는 말할 때 사람을 강렬하게 쳐다보면서, 듣는 사람으로 하여금 그녀를 믿고 따르게 만들었다.

그들은 신속히 첼시에게 알맞은 직책을 찾았다. 첼시는 테라노스가 제약 회사와의 사업을 성공시키기 위한 검증 연구를 기획하는 고객 솔루션 부서에서 근무하기로 했다. 첼시가 맡은 첫 번째 임무는 존슨 앤드존슨의 자회사인 센토코Centocor와의 연구를 기획하는 것이었다.

며칠 후 첼시가 테라노스로 출근했을 때 그녀는 엘리자베스가 고용한 친구가 본인 외에도 더 있다는 사실을 깨달았다. 바로 일주일 전, 서니라고 불리는 라메쉬 발와니Ramesh Balwani가 테라노스의 수석 임원으로 고용되었던 것이다. 첼시는 서니와 한두 번 만난 적이 있었지만 그를 잘 알지 못했다. 그저 두 사람이 교제하고 있고, 팰로앨토의 한 아파트에서 동거 중이라는 사실만 알고 있었다. 엘리자베스는 서니도 회사에 합류한다는 사실을 첼시에게 알리지 않았지만, 이제 첼시는 그와 함께 일해야 한다는 현실을 직면하게 됐다. 아니면 그의 부하로 근무해야 하는 걸까? 첼시는 서니나 엘리자베스 둘 중 누구에게 보고해야 하는지 확신이 서지 않았다. 경영 부위원장이라는 서니의 직함은 아주 높아 보일 뿐만 아니라 무척이나 모호했다. 그의 역할이 무엇이든 간에, 서니는 자신의 권한을 행사하는 데 조금도 지체하지 않았다. 그는 입사하자마자 회사의 모든 면에 관여하고 끼어들었다.

서니는 좋지 않은 의미로 자연의 힘과 같았다. 신장이 165센티미터인 그는 엄청나게 공격적인 태도와 노골적인 경영 스타일로 자신의 작은 체형을 보완했다. 그의 짙은 눈썹과 아몬드 모양의 눈, 양쪽 끝이 처진 입술과 각진 턱으로 인해 매우 위협적인 인상을 풍겼다. 서니는 거만했고 직원들에게 모욕적이었으며, 윽박지르고 질책했다.

서니는 엘리자베스와의 우정을 존중하여 첼시에게 더 친절하게 대하려고 노력했지만, 첼시는 즉시 그를 혐오하게 되었다. 첼시는 기본적인 품위나 매너가 전무한 데다 엘리자베스보다 나이가 거의 20년이나 많은 이 남자를 도대체 친구가 왜 좋아하는지 이해할 수가 없었다. 첼시의 모든 본능이 서니를 피하라고 말했지만, 엘리자베스는 서니를 절대적으로 신뢰하는 듯했다.

서니는 엘리자베스가 대학교에 입학하기 전 여름방학부터 그녀의 인생에 존재했다.[1] 두 사람은 엘리자베스가 스탠퍼드 중국어 프로그램에 참여한 지 3년째 되는 해에 북경에서 처음 만났다. 그해 여름, 엘리자베스는 그곳에서 친구를 사귀는 데 어려움을 겪고 있었고, 일부 학생들에게 따돌림을 당하고 있었다.[2] 서니는 대학생들 사이에서 혼자 어른이었기 때문에 개입하여 엘리자베스를 도와주었다. 적어도 엘리자베스의 어머니 노엘이 로레인 퓨즈에게 두 사람의 첫 만남에 대해 설명한 바로는 그랬다.

뭄바이에서 나고 자란 서니는 1986년에 학부생으로 처음 미국에 왔다.[3] 그 후 서니는 로터스Lotus와 마이크로소프트Microsoft에서 10년간 소프트웨어 엔지니어로 근무했다. 1999년에는 캘리포니아의 이스라엘 출신 사업가 리론 페트루시카Liron Petrushka를 따라 산타클라라에 있는 커머셜비드CommercialBid.com라는 스타트업에 입사했다. 페트루시카는 기업들이 규모의 경제를 보장하고 가격을 낮추기 위해 온라인 라이브 경매를 통해 공급 업체를 경쟁하게 하는 소프트웨어 프로그램을 개발하고 있었다.

서니가 커머셜비드에 합류했을 때는 닷컴 붐이 한창 절정에 달했던 시절이었고, 비즈니스와 비즈니스를 잇는 전자 상거래라는 틈새시장을 겨냥한 페트루시카의 회사는 핫한 존재로 부상했다. 애널리스트들은 기업 간 6조 달러 상당의 상거래가 조만간 인터넷을 통해 오고갈 것이라고 숨 가쁘게 예견했다.[4]

그 분야의 선두 주자인 커머스원Commerce One은 주식을 갓 상장한 상태였고, 주식 거래가 시작된 첫날 가격이 3배가 되는 것을 목격했다. 그리고 그해 커머스원은 1,000퍼센트 성장을 달성했다.[5] 서니가 커머스비드의 사장 겸 최고기술책임자로 임명되고 몇 달 후인 그해 11월, 커머스원이 현금 및 주식 2억 3200만 달러를 지불하고 커머스비드 스타트업을 인수했다.[6] 단 세 명의 고객이 소프트웨어를 시험하고 있을 뿐 거의 수익을 내지 못하던 회사에게는 숨 막힐 정도로 엄청난 금액이었다.[7] 기업의 2인자로서 서니는 개인적으로 4천만 달러를 챙길 수 있었다. 실로 완벽한 타이밍이었다. 5개월 후, 닷컴 거품이 터지며 주식시장이 붕괴되었다. 커머스원은 결국 파산 신청을 했다.[8]

하지만 서니는 자신을 행운아라고 생각하지 않았다. 그는 스스로를 재능 있는 사업가이며 커머스원으로 횡재를 거둔 건 그저 자신의 재능에 대한 검증에 불과하다고 생각했다. 몇 년 후 엘리자베스가 서니와 만났을 때, 그녀도 그 점을 의심하지 않았다. 그녀는 쉽게 외부의 영향을 받는 18세 소녀였고, 서니에게서 본인이 되고 싶은 성공적이고 부유한 기업가의 모습을 발견했다. 서니는 엘리자베스의 멘토가 되어 실리콘밸리에서의 사업에 관해 가르쳐 주었다.

정확히 언제부터 엘리자베스와 서니가 연인 관계로 발전했는지는 알 방도가 없으나, 그녀가 스탠퍼드대학에서 자퇴한 후 얼마 지나지 않은 시점인 것만은 분명하다. 두 사람이 2002년 여름에 중국에서 처음 만났을 때는 서니가 후지모토 케이코라는 일본인 아티스트와 결혼하여 샌프란시스코에 살고 있었다.[9] 하지만 2004년 10월, 팰로앨토 채닝 애비뉴에 구매한 아파트 등기에 서니는 "미혼 남성"으로 기재되어 있었다.[10] 다른 공공 기록에 따르면 엘리자베스가 2005년 7월에 그 아파트로 주소를 이전한 것으로 나온다.[11]

서니는 커머스비드에서 잠깐 동안 수익 활동을 한 후 10년 동안 돈 쓰는 것을 즐기고 뒤에서 엘리자베스에게 조언하는 것 외에 그다지 많은 일을 하지 않았다. 그는 2001년 1월까지 커머스원의 부사장으로 재임하다가 버클리 경영 대학원에 입학했다.[12] 그 후 스탠퍼드에서 컴퓨터 공학 수업을 듣기도 했다.

2009년 9월에 서니가 테라노스에 입사할 무렵, 서니의 법적 기록에는 빨간 줄이 적어도 한 줄 이상 그어져 있었다. 커머스비드에서의 수익에 대한 세금을 피하기 위해 서니는 BDO 세이드먼BDO Seidman이라는 회계 법인을 고용하여 탈세를 위한 위장 사업에 투자하는 수법을 조언 받았다. 이 꼼수로 4100만 달러라는 가상의 자본 손실이 발생했고, 이는 커머스비드에서 얻은 이익을 상쇄하고 그의 조세 채무를 지워 주었다.[13] 2004년에 국세청에서 그의 관행을 엄중 단속했을 때 서니는 국세청과의 합의하에 수백만 달러의 세금을 지불해야 했다. 그 후 서니는 자신이 세금 문제에 무지하여 BDO가 그를 의도적으로 속였다며 BDO를 상대로 고소했다.[14] 소송은 2008년에 공개되지 않은 조건으로 합의되었다.

세금 문제를 제쳐 두고, 서니는 자신의 부를 자랑스러워했고 자동차로 이를 과시하길 좋아했다. 그는 검정색 람보르기니 가야르도와 검정색 포르셰 911을 타고 다녔다. 두 대 모두 주문 제작한 자동차 번호판을 달고 있었다. 포르셰의 번호판에는 카를 마르크스Karl Marx의 자본주의에 관한 저서를 인용하여 "DAZKPTL"이라고 적혀 있었다. 람보르기니의 번호판에는 "VDIVICI"라고 적혀 있었는데, 줄리어스 시저Julius Caesar가 로마 원로원에게 보낸 편지에서 신속하고 결정적이었던 젤라 전투를 묘사하며 "왔노라, 보았노라, 이겼노라(Veni, vidi, vici)"라고 말한 것을 짧게 줄인 문구였다.

서니가 옷을 입는 방식도 부를 나타내기 위함이었지만 특별히 패션 감각이 있지는 않았다. 그는 소매가 불룩한 흰색의 디자이너 셔츠와 표백으로 워싱 처리된 청바지를 즐겨 입었고, 푸른색 구찌 로퍼를 즐겨 신었다. 그는 언제나 셔츠의 상단 단추 세 개를 풀고 다녔는데, 그로 인해 늘 가슴털이 보였고, 목에 건 얇은 금 목걸이가 드러났다. 톡 쏘는 듯한 향수의 향이 늘 그에게서 뿜어져 나왔다. 화려한 자동차와 결합하여 보면 그의 전반적인 인상은 회사에 출근하는 사람이 아니라 클럽으로 향하는 사람의 느낌을 풍겼다.

서니의 전문성은 소프트웨어였고, 그가 테라노스에 도움이 될 수 있는 분야도 바로 소프트웨어였다. 서니는 입사 초기에 회사 회의에 참석하여 자신이 예전에 코드를 백만 줄이나 작성했다고 자랑스레 떠들었다. 일부 직원들은 그것이 터무니없는 이야기라고 생각했다. 서니는 과거에 마이크로소프트에서 근무했는데, 그곳 소프트웨어 엔지니어들은 윈도우 운영 체제를 개발할 당시 1년간 코드 1,000줄 정도의 속도로 작업했다. 만일 서니가 윈도우 개발자보다 20배 더 빠른 속도로 코드를 작성한다고 가정하더라도, 그의 주장대로 코드를 백만 줄이나 작성하려면 50년이란 시간이 소요됐다.

서니는 직원들에게 허풍을 떨고 잘난 체 했지만, 때로는 교묘히 상황을 빠져나가기도 했다. 한 달에 한두 번 도널드 루커스가 엘리자베스와 만나기 위해 회사에 찾아올 때면 서니는 갑자기 사라지곤 했다. 한 직원이 사무실 프린터기에서 엘리자베스가 도널드 루커스에게 보낸 팩스를 발견했는데, 서니의 실력과 이력을 칭찬하는 내용의 팩스였기 때문에 엘리자베스가 서니의 고용 사실 자체를 숨기고 있는 것 같지는 않았다. 하지만 토니 누전트를 도와 첫 에디슨 원형을 제작하고 첼시 바로 앞 책상에 앉아 근무하는 공업 기술자 데이브 넬슨은 엘리자베스가 이사회에 서니의 역할을 축소하여 전달하고 있다고 의심하기 시작했다.

게다가 엘리자베스가 두 사람의 관계에 대해 이사회에 어떻게 설명했는지에 대한 수상쩍은 의문도 남아 있었다. 엘리자베스가 토니에게 곧 서니가 회사에 합류한다고 설명했을 때 토니는 단도직입적으로 그들이 여전히 교제하고 있는지 물었다. 그때 엘리자베스는 두 사람이 더 이상 교제하고 있지 않다고 대답했다. 앞으로는 절대적으로 사업적인 관계일 것이라고 말했다. 하지만 그 말은 사실이 아닌 것으로 밝혀졌다.

2009년 가을, 첼시는 센토코 프로젝트를 진행하며 벨기에의 앤트워프로 출장을 갔다. 그 당시 MIT의 생명공학 박사 학위를 소지했으며 머리가 무척 뛰어난 대니얼 영Daniel Young이 그녀와 함께 동행했다. 대니얼 영은 6개월 전 테라노스 혈액 검사 시스템에 예측 모델링이라는 새로운 차원을 추가하기 위해 고용되었다. 그 후로 제약 회사 경영진에게 제품을 설명할 때 엘리자베스는 테라노스 기술이 환자가 약을 복용한 후 어떤 신체 반응을 일으킬 것인지 미리 예측할 수 있다고 말했다. 환자의 검사 결과가 테라노스가 개발한 컴퓨터 프로그램에 입력되고, 점점 더 많은 검사 결과가 입력될수록 혈액 내 표지가 약물에 어떻게 반응할지 더 정확하게 예측 가능하게 될 것이라고 설명했다.

엘리자베스의 이야기는 최첨단 기술인 것처럼 들렸지만, 한 가지 숨은 문제점이 있었다. 애초에 혈액 검사 결과가 정확해야만 컴퓨터 프로그램의 예측이 가치 있어지는 것이다. 첼시는 벨기에에 다녀오고 얼마 지나지 않아 그 부분에 대해 의심을 품기 시작했다. 테라노스는 센토코를 도와 환자의 혈액 내 알레르기 특이 면역글로불린 E, 혹은 IgE라고 불리는 생물표지자를 측정하여 환자가 천식 치료 약물에 어떻게 반응하는지 평가해야 했다. 하지만 첼시는 테라노스의 장치에 버그가 너무 많이 발생한다고 생각했다. 기계 고장이 너무 많이 발생했다. 카트리지가 판독기에 제대로 삽입되지 않거나, 판독기 내부의 어떤 부분이 제대로 작동하지 않았다. 장치가 고장 나지 않더라도 정확한 결과를 얻는 데 굉장히 많은 어려움이 있었다.

서니는 언제나 무선 연결 문제를 탓했고, 가끔 그의 말이 맞을 때도 있었다. 검사 결과가 생성되는 프로세스는 대서양을 왕복하는 1과 0이 필요했다. 혈액 검사가 완료되면 판독기의 통신망 안테나가 빛 신호로 인해 생성된 전압 데이터를 팰로앨토에 있는 서버로 전송했다. 그러면 서버는 데이터를 분석하여 최종 결과를 벨기에의 휴대전화로 재전송했다. 이럴 때 통신의 연결이 약하면 데이터 전송에 실패하게 되는 것이다.

하지만 무선 연결 외에도 결과를 방해할 수 있는 원인은 여러 가지가 있었다. 거의 모든 혈액 검사는 검사를 망칠 수도 있는 혈중 물질 농도를 낮추기 위해 일정량의 희석을 필요로 했다. 에디슨이 수행하는 화학 발광 면역 분석 검사의 경우, 혈액을 희석하는 것은 광신호의 방출을 방해할 수 있는 광선 흡수 안료와 다른 구성 요소를 걸러 내는 데 꼭 필요한 절차였다. 하지만 엘리자베스가 주장한 혈액 샘플의 양이 매우 적었기 때문에 테라노스의 시스템이 요구하는 희석량은 보통 검사보다 훨씬 많아졌다. 판독기가 검사를 수행할 만큼 액체가 충분하려면 혈액 샘플의 용량이 상당히 증가해야 했다. 그렇게 하는 유일한 방법은 혈액을 더 많이 희석하는 것이었다. 하지만 그렇게 되면 오히려 광신호가 약해지고 측정이 더욱 어려워졌다. 간단히 말하자면, 약간의 희석은 실험에 이롭지만, 지나친 희석은 독이 된다는 것이다.

게다가 에디슨은 주변 온도에 매우 민감했다. 에디슨이 제대로 작동하려면 정확히 섭씨 34도에서 실행되어야 했다. 혈액 검사가 진행 중일 때 그 온도를 유지하기 위해 두 개의 11V 히터가 판독기에 내장되었다. 하지만 데이브 넬슨은 유럽의 특정 병원과 같이 추운 환경에서는 두 개의 소형 히터가 판독기를 충분히 따뜻하게 데우지 못한다는 사실을 깨달았다.

서니는 의학이나 과학 실험에 대한 배경 지식이 없었기 때문에 이러한 내막을 이해하지 못했다. 게다가 과학자들의 설명을 들으려는 인내심마저 없었다. 그러니 통신망의 연결을 비난하는 게 가장 쉬운 길이었다. 첼시 역시 서니만큼이나 과학에 대해 해박하지 못했지만,

그녀는 화학 부서의 부장인 게리 프렌젤과 친하게 지내며 화학 부서 원들과의 대화에서 제품의 문제가 단순히 통신망의 문제 때문만은 아니라는 사실을 알 수 있었다.

하지만 당시 첼시가 알지 못한 것은 제약 회사 중 하나가 이미 계약을 종료하고 떠났다는 것이었다. 그해 초, 화이자는 테라노스가 테네시주 검증 연구에서 보여 준 실적에 실망하여 테라노스와의 계약을 종료하기로 결정했다고 통보했다. 엘리자베스는 뉴욕에 본사를 둔 이 거대 제약 회사에 26쪽짜리 보고서를 보내며 15개월간의 연구에 대해 최선의 방향을 제시하려 했지만, 보고서에 지나치게 많은 모순이 드러난 탓에 그마저 실패하고 말았다.[15] 테라노스는 연구를 통해 환자의 단백질 농도가 떨어지는 것과 항암제의 투여 간의 명확한 연관성을 증명할 수 없었다. 게다가 보고서에는 첼시가 벨기에에서 겪은 것과 같은 기계 고장과 무선 전송 오류를 언급했다. 그러고는 무선 전송 오류를 "울창한 나뭇잎과 금속제 지붕, 그리고 원격 사용으로 인한 형편없는 신호 상태" 때문이라며 책임을 돌렸다.

테네시주 환자 중 두 명이 테라노스 팰로앨토 본사로 전화를 걸어 온도 문제로 판독기가 작동하지 않는다며 불평했다. 보고서에 따르면 테라노스는 온도 문제에 대한 솔루션으로 "환자에게 에어컨이나 기류에서 멀리 떨어지라고 요청했다"고 한다. 한 환자는 테라노스 장치를 자신의 레저 차량에 넣었다고 하고, 또 다른 환자는 "굉장히 뜨거운 방"에 배치했다고 했는데, 이러한 극한 기온이 "판독기가 적정 온도를 유지하는 데 영향을 미쳤다"고 적혀 있었다.

이 보고서는 첼시에게 공유되지 않았다. 첼시는 화이자 연구의 존재

자체를 알지 못했다.

첼시가 3주간의 앤트워프 출장에서 팰로앨토로 돌아왔을 때, 그녀
는 엘리자베스와 서니의 관심이 유럽에서 세계의 다른 지역인 멕시코
로 옮겨 갔음을 발견했다. 지난봄부터 멕시코에서 신종 인플루엔자
전염병이 일기 시작했고, 엘리자베스는 에디슨을 공개할 좋은 기회라
고 생각했다.

엘리자베스의 마음에 그 아이디어를 심은 것은 바로 테라노스의 최
고과학책임자인 세스 마이컬슨Seth Michelson이었다. 세스는 한때 NASA
의 모의 비행 연구실에서 근무한 적 있는 수학의 도사였다. 그의 전공
은 수학 모델을 사용하여 생물학적 현상을 분석하는 생물 수학이었
다. 그는 테라노스에서 예측 모델링을 설계하는 부서를 맡고 있었고,
대니얼 영의 상사이기도 했다. 세스는 1985년에 개봉된 마이클 J 폭
스의 영화 〈백 투 더 퓨처〉의 브라운 박사를 연상시키기도 했다. 브라
운 박사의 하얀 머리카락은 없었지만, 곱슬거리는 거대한 백발의 수
염을 뽐내어 브라운 박사와 비슷한 미치광이 과학자처럼 보였다. 그
는 50대 후반의 나이었지만 아직 "녀석"이라는 표현을 자주 썼고, 과
학적 개념을 설명할 때마다 얼굴에 생기가 돌았다.

세스는 엘리자베스에게 SEIR*이라는 수학 모형을 설명하며, 이를
사용해 신종 플루 바이러스가 다음에 어디로 확산될지 예측할 수 있
을 것이라고 말했다. 제대로 작동하려면 테라노스가 최근에 감염된

---

* Susceptible, Exposed, Infected, and Resolved의 약어로, 감염병 관련 수학 모형의 일종.

환자를 검사하고, 혈액 검사 결과를 모델에 입력해야 한다고 말했다. 그것은 에디슨 판독기와 카트리지를 멕시코로 보내는 것을 의미했다. 엘리자베스는 에디슨을 트럭에 싣고 질병 발생의 최전선인 멕시코 마을로 운반하는 것을 구상했다.

첼시는 스페인어에 능통했기 때문에 그녀가 서니와 함께 멕시코에 다녀오기로 했다. 실험용 의료 기기를 외국에서 사용하기 위해 허가를 받는 일은 일반적으로 쉬운 일이 아니었지만, 엘리자베스는 스탠퍼드대학교에서 만난 부유한 멕시코 학생의 연줄을 이용해 허가를 받아낼 수 있었다. 그 멕시코 학생은 첼시와 서니가 멕시코의 사회 보장 제도를 운영하는 기관의 고위 관료들과 만날 수 있는 자리를 마련해 주었다. 기관은 멕시코시티의 한 병원에 에디슨 판독기 24대를 보낼 수 있도록 승인했다. 멕시코 종합 병원은 도시에서 손꼽히는 우범지대인 콜로니아 독토레스 지역에 자리 잡고 있었다. 첼시와 서니는 혼자서 숙소에서 병원을 오가지 말라고 주의를 받았다. 매일 아침 운전기사가 그들을 병원의 정문 안에 데려다 주고, 또 오후에는 숙소까지 다시 데려다 주었다.

몇 주 동안 첼시는 병원 내 작은 방에 갇혀 시간을 보냈다. 에디슨 판독기는 벽을 따라 선반에 쌓여 있었다. 냉장고 안에는 혈액 샘플들이 줄지어 보관되어 있었다. 혈액은 병원에서 치료를 받은 감염된 환자의 것이었다. 첼시의 임무는 혈액 샘플을 데워 카트리지에 넣고, 카트리지를 판독기에 삽입하여 혈액 샘플이 바이러스에 양성 반응을 보이는지 확인하는 것이었다.

또 다시, 작업은 원활하게 진행되지 않았다. 종종 판독기가 오류 메시지를 표시하거나, 양성이어야 할 샘플이 팰로앨토에서 음성으로 나오기도 했다. 일부 판독기는 전혀 작동하지 않기도 했다. 서니는 계속해서 무선 전송을 탓하기만 했다.

첼시는 좌절하고 우울해졌다. 심지어 자신이 그곳에서 도대체 무얼하고 있는 것인지 혼란스럽기까지 했다. 게리 프렌젤과 테라노스의 다른 과학자들은 H1N1 신종 플루 바이러스를 진단하는 가장 좋은 방법은 비강 내부을 면봉으로 채취하는 방법이며, 혈액 검사 방식은 그 용도가 의문스럽다고 말하기도 했다. 첼시가 출장을 떠나기 전 이 문제를 엘리자베스에게 제기했으나 엘리자베스는 아예 무시했다. 엘리자베스는 "저들에게 귀 기울이지 마. 언제나 불평만 하는 사람들이야"라고 첼시에게 말했다.

첼시와 서니는 멕시코 보건부에서 사회 보장 기관의 고위 관료들과 여러 차례 만나 진행 상황을 업데이트했다. 서니는 스페인어를 말하거나 이해하지 못했기 때문에 모든 것은 첼시를 통해 대화가 이루어졌다. 하지만 회의가 진행되며 서니의 얼굴에는 짜증과 걱정이 비쳤다. 첼시는 서니가 자신이 멕시코 고위 관료들에게 테라노스 시스템이 제대로 작동하지 않는다고 말하는 게 아닌가 의심하고 있다고 짐작했다. 첼시는 서니가 당혹해하는 모습을 즐겼다.

팰로앨토에서는 엘리자베스가 멕시코 정부에 에디슨 판독기 400대를 판매하는 협상을 진행하고 있다는 소문이 퍼졌다. 그 거래로 인해 단비 같은 현금이 유입될 것이라는 소문이었다. 테라노스가 처음 두 번의 자금 조달 라운드에서 모금한 1500만 달러는 이미 소진된 지 오래였고, 2006년 말에 헨리 모즐리가 펀딩 라운드 '시리즈 C'에서 모금

한 3200만 달러 역시 모조리 소진했다. 회사는 서니가 개인적으로 보증을 선 융자금으로 간신히 운영되고 있었다.

한편, 서니는 또 다른 신종 플루 검사 전초 기지를 세우러 태국으로 출장을 떠났다. 신종 플루가 아시아로 퍼졌고, 수만 건의 전염 사례와 200명이 넘는 사망자가 발생한 태국은 아시아에서 가장 큰 피해를 입은 국가였다. 하지만 멕시코와 달리 태국에서의 테라노스 활동이 지방 정부의 승인을 받았는지는 분명하지 않았다. 직원들 사이에서 태국 내 서니의 연줄이 매우 수상하며, 감염된 환자의 혈액 샘플을 얻기 위해 뇌물을 주고 있다는 소문이 퍼졌다. 2010년 1월, 첼시의 동료인 고객 솔루션 부서의 스테판 하리스투Stefan Hristu가 태국 출장 이후 갑자기 퇴사했을 때 많은 직원들은 그 소문이 사실이라고 믿게 되었다.

그때 첼시는 이미 멕시코에서 본사로 돌아왔을 때였는데, 태국의 소문이 그녀를 겁먹게 했다. 첼시는 미국에 해외부패방지법이라는 뇌물방지법이 존재한다는 것을 잘 알고 있었다. 그 법을 위반하는 것은 실형을 받을 수도 있는 중죄였다.

돌이켜 생각해 보니 테라노스에는 첼시를 불편하게 만드는 요소가 매우 많았다. 그리고 그 어느 것보다 서니가 가장 불편했다. 서니는 직원들에게 협박을 일삼아 사내에 두려움의 문화를 형성했다. 직원들을 해고하는 것은 테라노스에서 늘 발생하는 일이었지만, 2009년 말에서 2010년 초에는 언제나 서니가 총대를 매고 직원들을 해고했다. 심지어 첼시는 '누군가를 사라지게 만들다'라는 새로운 표현을 배웠다. 누군가가 해고될 때마다 직원들이 '사라지다'라는 동사를 바꾸어 그렇게 표현하였다. 직원들은 "서니가 그를 사라지게 만들었어"라고 말했고, 이는 1970년대의 마피아 폭력 범죄를 연상케 했다.

특히 과학자들이 서니를 두려워했다. 유일하게 서니에게 맞선 사람은 세스 마이컬슨뿐이었다. 크리스마스 며칠 전, 세스는 부서원들을 위해 맞춤 폴로셔츠를 구입했다. 셔츠는 회사 로고에 맞춰 초록색이었으며, "테라노스 생물수학부"라고 새겨져 있었다. 세스는 팀워크를 다지는 좋은 방법이라고 생각하여 사비를 들여 셔츠를 제작했다.

하지만 서니는 폴로셔츠를 보자마자 화가 났다. 그는 세스가 셔츠를 구매하기 전에 그와 의논하지 않은 것이 마음에 들지 않았고, 세스의 행동 때문에 다른 부서장들의 입장이 난처해졌다고 주장했다. 세스는 예전에 스위스의 대형 제약 회사인 로슈사에서 근무했는데, 그곳에서 70명의 부하 직원들과 연간 2500만 달러의 예산을 맡아 운영한 경험이 있었다. 세스는 서니에게서 경영에 관해 잔소리를 듣고 싶은 생각이 없었다. 그는 뒤로 물러서지 않았고 두 사람은 고함을 지르며 싸우기 시작했다.

그 후로 서니가 세스에게 앙심을 품고 자주 그를 괴롭혀서 결국 세스는 다른 직업을 알아보게 되었다. 몇 개월 후 세스는 레드우드 시티에 있는 지노믹 헬스Genomic Health라는 곳에 취직하게 되었고, 이를 통보하기 위해 사직서를 손에 들고 엘리자베스의 사무실로 들어갔다. 그곳에 있던 서니는 사직서를 열어 읽어 보더니 세스의 얼굴에 던져 버렸다.

"받아들일 수 없어!" 서니가 소리쳤다.

세스가 무표정으로 받아쳤다. "아직 못 들으셨는지 모르겠는데,

1863년에 링컨 대통령이 노예를 해방시켰어요."

그러자 서니는 세스를 건물 밖으로 쫓아냈다. 세스가 자신의 책상에서 수학책과 과학 저널, 그리고 아내의 사진 액자를 도로 찾을 때까지는 몇 주라는 시간이 걸렸다. 그는 서니가 회사에 없는 평일의 어느 늦은 밤, 테라노스의 변호사 조디 서턴Jodi Sutton과 경비원을 동행하여 개인 짐을 챙겨 나가야 했다.

또한 서니는 어느 금요일 저녁, 토니 누전트와 주먹다짐을 하기도 했다. 서니는 토니의 부서 소속인 한 젊은 엔지니어에게 직접 명령하고 강한 압박을 주기 시작하여 그가 스트레스로 결국 그만두게 만들었다. 토니는 서니에게 맞섰고, 그들의 언쟁은 빠르게 악화되었다. 흥분하고 분노하여 서니는 자신의 시간을 회사에 봉헌함으로써 모두에게 호의를 베풀고 있다며, 사람들이 본인에게 더 감사해야 한다고 소리 질렀다.

"난 이미 7세대 동안은 가족을 돌볼 만큼 충분히 벌었어. 난 여기 있을 필요가 없는 사람이야!" 서니가 토니의 얼굴에 대고 고함쳤다.

토니도 아일랜드 억양으로 맞받아쳤다. "전 한 푼도 없지만 저도 여기 있을 필요는 없어요!"

상황을 무마하기 위해 엘리자베스가 중간에 개입해야 했다. 데이브 넬슨은 토니가 해고를 당하고 월요일 아침이면 새 상사가 출근할 것이라고 생각했다. 하지만 토니는 어떤 이유에서인지 서니와의 대립에서 살아남았다.

첼시는 엘리자베스에게 서니에 대해 불평하려 했으나 그녀를 설득할 수 없었다. 두 사람의 관계는 깨뜨리기에 너무 끈끈한 듯했다. 엘리자베스의 사무실과 서니의 사무실 사이에는 유리 회의실이 있었는데, 엘리자베스가 사무실에서 나올 때마다 서니가 바로 뛰쳐나와 그녀의 곁에서 함께 걸었다. 때로는 건물 뒤쪽에 있는 화장실까지 그녀를 따라갔기 때문에 직원들은 그들이 화장실에서 코카인을 하는 것이 아니냐며 반농담조로 궁금해했다.

2010년 2월, 첼시가 테라노스에 입사한 지 6개월이 됐을 때쯤 그녀는 테라노스에서의 일에 대한 열정을 모두 잃고 퇴사를 생각하고 있었다. 그녀는 서니를 지독히 싫어했다. 신종 플루가 찾아들자 멕시코와 태국 프로젝트에 대한 열기도 식어가는 듯했다. 회사는 주의력 결핍 장애가 있는 아이처럼 잘못된 계획들을 기웃거리고 있었다. 게다가 첼시는 남자 친구가 로스앤젤레스에 살았기 때문에 그와 만나기 위해 주말마다 LA와 샌프란시스코 베이 지역을 오가야 했다. 첼시는 그 거리를 오가는 것이 너무 힘들었다.

첼시가 어떻게 해야 할지 고민하고 있을 때, 그녀가 빨리 결정할 수 있게 도와준 사건이 있었다. 어느 날, 엘리자베스가 멕시코 프로젝트를 진행할 때 도움을 받았던 스탠퍼드 학생이 그의 아버지와 함께 테라노스를 방문했다. 그들이 방문했을 때 첼시는 자리에 없어서 그 상황을 목격하지는 못했지만, 후에 돌아와 보니 직원들이 그 일에 대해 수군거리고 있었다. 그의 아버지가 최근 몸에 이상이 생겼는데, 암일지도 모른다며 크게 걱정하고 있었다. 그의 건강 문제를 듣자마자 엘리자베스와 서니는 테라노스의 진단 장비로 그의 혈액 샘플을 검사하여 암의 생물 표지자를 찾겠다며 그를 설득했다. 그 자리에 없었던 토니 누전트도 나중에 게리 프렌젤에게 이 얘기를 전해 들었다.

게리가 토니에게 당혹스러운 목소리로 말했다. "이거 참 흥미롭군. 오늘 우리는 의사 놀이를 했다네."

쳴시는 질겁했다. 벨기에에서의 검증 연구나 멕시코와 태국에서의 실험도 문제가 있었지만 오직 연구 목적으로만 사용됐었고, 환자가 치료받는 방식에는 아무런 영향을 미치지 않았다. 하지만 누군가에게 테라노스 혈액 검사를 믿고 중요한 의료 결정을 내리라고 설득하는 것은 차원이 다른 문제였다. 쳴시는 무모하고 무책임하다고 생각했다.

게다가 쳴시는 얼마 후 서니와 엘리자베스가 의사들이 혈액 검사를 의뢰할 때 쓰는 요청서를 배포하기 시작하면서 소비자 테스트는 우리에게 엄청난 기회가 될 거라며 흥분하는 모습을 보고 더욱 경악했다.

쳴시는 더 이상 못 참겠다고 생각했다. 그들은 선을 너무 많이 넘었다.

쳴시는 엘리자베스에게 다가가 퇴사하고 싶다고 털어놓았지만 불만 사항은 속으로 삼키기로 결정했다. 그 대신 주말마다 남자 친구를 만나러 가려니 너무 멀어서 로스앤젤레스로 직장을 옮기고 싶다고 말했다. 물론 거짓말은 아니었다. 쳴시가 인수인계를 위해 몇 주 더 근무하겠다고 제안했지만, 엘리자베스와 서니는 그녀가 그러길 바라지 않았다. 두 사람은 떠나려면 그냥 바로 그만두는 게 좋겠다고 말했다. 또한 퇴사하면서 그녀의 부하 직원 세 명에게 아무 말도 하지 말아달라고 요청했다. 쳴시는 항의했다. 한밤중에 마치 도둑고양이처럼 몰래 그만두는 것은 옳지 않다고 말했다. 하지만 서니와 엘리자베스는 단호했다. 그들은 직원들에게 아무 말도 하지 말라고 지시했다.

쳴시는 건물에서 나와 팰로앨토의 햇살 아래에서 걷는데 이런 저런 생각으로 머리가 복잡했다. 하지만 그중 안도하는 마음이 컸다. 그래도 팀원들에게 작별 인사를 하며 왜 퇴사하는지 말해 줄 수 없어서 마음이 편치 않았다. 어차피 공식상의 이유, 그러니까 LA로 이주하게 되어서라고 퇴사 사유를 밝히려고 했지만 서니와 엘리자베스는 첼시를 믿지 않았다. 그 두 사람은 첼시의 퇴사와 관련된 얘기를 직원들에게 직접 전달하고 통제하고 싶었던 것이다.

첼시는 엘리자베스가 걱정이 됐다. 엘리자베스는 성공적인 스타트업 창업자가 되기 위해 끊임없이 노력하다가 주위에 버블을 만들어 현실에서 고립되고 있었다. 그리고 그 버블 안으로 들인 유일한 사람이 그녀에게 끔찍한 영향을 주고 있었다. 도대체 왜 엘리자베스는 이 사실을 제대로 직시할 수 없는 걸까?

| 제7장 |

닥터 J

2009년에서 2010년으로 넘어가며 미국은 심각한 경제 불황의 수렁에 빠졌다. 지난 2년 동안 대공황 이후로 맞는 최악의 경기 침체로 인해 거의 9백만 명이 일자리를 잃었다. 수백만 명도 넘는 사람들이 압류 통지서를 받았다. 하지만 실리콘밸리의 경계를 형성하는 샌프란시스코 남쪽으로 약 3,885평방킬로미터 떨어진 곳만은 활발한 생기가 넘쳐나고 있었다.

샌드힐가에 새로 생긴 최고급 로즈우드 호텔은 1박 객실 요금이 1천 달러에 달했지만 언제나 예약이 가득 찼다. 수입산 야자수가 우거지고 스탠퍼드 캠퍼스와의 뛰어난 접근성까지 갖춘 로즈우드 호텔은 호텔 내 식당과 수영장 바에서 사업을 논의하며 남의 눈에 띄길 바라는 벤처 자본가, 스타트업 창업가, 타지 출신 투자가들이 많이 찾는 곳이 되었다. 석조 주차장에는 벤틀리, 마세라티, 맥라렌이 줄을 지었다.

미국의 나머지 지역이 치명적인 금융 위기로 입은 상처에서 회복하고 있을 때 이곳에서는 몇 가지 요인 덕분에 새로운 기술 붐이 일어나고 있었다. 그 요인 중 하나는 페이스북의 대성공이었다. 2010년 6월, 페이스북의 개인 평가액이 230억 달러로 증가했다.[1] 6개월 후 그 가치는 500억 달러로 뛰어 올랐다.[2] 실리콘밸리의 모든 스타트업 창업자는 제2의 마크 저커버그가 되기를 바랐으며, 벤처 투자가들은 부자가 되는 다음 로켓선에 승선하고 싶어 했다. 2009년 말, 10억 달러가 넘는 가치의 트위터가 등장하면서 흥분이 가중되었다.[3]

한편, 통신 네트워크의 속도가 빨라지고 더 많은 양의 데이터를 처리할 수 있게 되면서 아이폰과 구글 안드로이드 운영 체제를 탑재한 스마트폰이 모바일 컴퓨팅의 변화를 선도하기 시작했다. 수백만 명의 아이폰 사용자들이 한 번 다운로드 할 때마다 1달러를 지불하는 앵그리 버드와 같은 인기 모바일 게임은 스마트폰 어플로도 충분히 비즈니스를 구축할 수 있다는 관념을 심어 주었다. 2010년 봄, 우버캡UberCab이라는 무명의 스타트업이 샌프란시스코에서 검정색 택시 서비스의 베타 버전을 출시했다.[4]

하지만 이 모든 것으로도 새로운 붐을 일으키기에는 충분하지 않았을 것이다. 최저 수준으로 바닥을 찍은 금리라는 핵심 요소가 없었다면 말이다. 경제를 구하기 위해 미국 연방준비제도이사회는 금리를 거의 제로로 낮추어 채권과 같은 전통적인 투자의 매력을 떨어뜨렸고, 투자자들은 더 많은 수익을 쫓게 되었다. 그러한 투자자들이 고개를 돌린 곳 중 한 곳이 바로 이곳, 실리콘밸리였다.

일반적으로 공개 거래 주식에만 투자하던 동부 지역 헤지 펀드들이 갑자기 유망한 새 기회를 찾기 위해 사설 스타트업의 세계인 서부로

순례를 떠나기 시작했다. 또한 불황에 시달린 기업에 활기를 불어넣기 위해 실리콘밸리의 혁신을 활용하고자 하는 오래된 기존 회사의 임원들도 합류했다. 그들 중에는 65세의 필라델피아 출신으로 통칭 "닥터 J"라고 불리는 남자도 있었다. 그는 상대방과 인사할 때 악수 대신 하이파이브를 하는 것으로 유명했다.

닥터 J의 진짜 이름은 제이 로산Jay Rosan이었고, 실제로 의사였으나 커리어의 대부분을 대기업에서 쌓아 온 사람이었다. 그는 미국의 대형 약국 체인 회사인 월그린Walgreens의 혁신팀 소속이었으며, 109년 된 기업의 성장을 재개할 수 있는 새로운 아이디어와 기술을 찾는 임무를 맡았다. 또한 필라델피아의 외곽에 있는 콘쇼호켄의 한 사무실에서 근무했는데, 그곳은 2007년에 닥터 J가 운영하던 클리닉 매장 테이크 케어 헬스 시스템Take Care Health System을 월그린이 인수하면서 월그린 소유가 된 곳이기도 했다.[5]

2010년 1월, 테라노스는 손가락을 찔러 채취한 혈액 몇 방울과 기존의 실험실 비용의 절반도 안 되는 가격으로 혈액 검사를 시행할 수 있는 소형 장치를 개발했다고 이메일을 보내어 월그린에 접근했다.[6] 두 달 후, 엘리자베스와 서니는 일리노이주 외곽의 디어필드에 위치한 월그린 본사로 날아가 월그린의 경영진 앞에서 프레젠테이션을 했다.[7] 회의를 위해 펜실베이니아에서 방문한 닥터 J는 테라노스 기술의 잠재력을 즉시 알아보았다. 월그린 매장 내에 테라노스의 장비를 들이면 그들이 그토록 원하던 새로운 수익원을 창출하고 판도를 바꿀 수 있을 것이라고 확신했다.

하지만 닥터 J에게 매력적으로 다가온 것은 사업 제안뿐만이 아니었다. 닥터 J는 건강을 무척 중시하는 사람으로, 늘 식단을 관리하고 술을 거의 마시지 않았으며, 매일 광적이라 할 만큼 수영을 하고 건강한 삶을 살도록 사람들을 열정적으로 설득했다. 혈액 검사를 덜 고통스럽게 만들고 또 널리 시행될 수 있도록 해서 질병에 대한 조기 경보 시스템을 구축하겠다는 엘리자베스의 발표를 듣고 닥터 J는 마음속에서 어떤 깊은 울림을 느꼈다. 그날 저녁, 닥터 J는 동료 두 사람과 와인 바에서 저녁 식사를 했다. 동료들은 테라노스와의 협력에 대한 기밀을 알 권리가 없는 이들이었지만 터져 나오는 흥분을 참을 수 없었다. 그들에게 비밀을 꼭 지켜 달라고 부탁한 뒤 닥터 J는 작은 목소리로 제약 업계를 뒤흔들 것이라고 확신하는 회사를 찾아냈다고 털어놓았다.

"유방조영상을 찍기도 전에 유방암을 발견할 수 있다고 생각해 봐." 닥터 J는 감동하는 동료들에게 그렇게 말한 뒤 효과를 극대화하기 위해 잠시 기다렸다.

2010년 8월 24일 오전 8시가 되기 몇 분 전, 팰로앨토의 3200 힐뷰 애비뉴 앞에 렌터카 몇 대가 들어섰다. 넓은 코에 안경을 쓰고 보조개가 있는 다부진 체격의 남자가 렌터카에서 나왔다. 그의 이름은 케빈 헌터Kevin Hunter로, 컬래버레이트Colaborate라는 작은 실험실 컨설팅 회사를 운영하는 사람이었다. 그는 캘리포니아에서 이틀간 테라노스와 회의하기 위해 닥터 J와 여러 직원들과 함께 찾아온 월그린 대표단 소속이었다. 그는 월그린이 테라노스와 협상 중인 파트너십을 평가하고 계약을 체결하는 데 도움을 주기 위해 몇 주 전 월그린에 고용되었다.

헌터는 월그린이 하는 사업에 특별한 관심을 갖고 있었다. 그의 아버지와 할아버지, 증조할아버지까지 모두 약사였기 때문이었다. 어려서부터 헌터는 여름 방학이 되면 뉴욕, 텍사스, 뉴멕시코 공군 기지의 아버지가 운영하는 약국에서 일손을 도우며 시간을 보냈다. 약국 업무에 익숙한 헌터였지만 그의 전공은 임상 실험실 관련이었다. 플로리다 대학교에서 MBA를 취득한 후 헌터는 8년 동안 대형 실험실 진단 서비스 기업인 퀘스트 다이아그노스틱스Quest Diagnostics에서 근무하며 커리어를 쌓았다. 그 후 컬래버레이트를 설립하여 병원에서 사모투자 펀드에 이르기까지 다양한 고객에게 실험실을 운영하며 일어날 수 있는 문제에 대해 조언했다.

헌터가 렌터카에서 내려 테라노스 건물 정문으로 들어갈 때 가장 먼저 눈에 띈 것은 건물 옆에 주차된 반짝이는 검은색 람보르기니였다. 헌터는 '누군가 우리에게 잘 보이려 하는군'이라고 생각했다.

엘리자베스와 서니가 한 줄로 이어진 계단 위에서 그들을 맞아 두 사람의 사무실 사이에 있는 유리 회의실로 안내했다. 그곳에서 세스 마이컬슨의 뒤를 이어 테라노스의 생물 수학 부서의 부서장을 맡은 대니얼 영이 합류했다. 월그린 측에서는 헌터와 닥터 J 외에 세 사람이 더 함께 했다.[8] 그들은 벨기에 출신의 르네 판덴후프, 재무담당이사 댄 도일, 그리고 헌터와 함께 컬래버레이트에서 근무하는 짐 선드버그였다.

닥터 J는 서니와 엘리자베스와 함께 하이파이브를 한 뒤 자리에 앉아 늘 습관처럼 하는 말로 자기소개를 하며 회의를 시작했다. "안녕하세요, 나는 닥터 J고, 예전에 농구를 좀 했습니다." 헌터는 이미 닥터 J

와 몇 주 동안 함께 근무하며 그가 자신을 소개할 때 하는 이 말을 여러 차례 들었으므로 더 이상 그의 소개가 재미있다고 생각하지 않았으나 닥터 J는 질리지도 않고 매번 그렇게 자신을 소개했다. 자리에 있던 몇 명이 어색하게 웃었다.

"이 일을 함께 하게 돼서 너무 기쁩니다!" 닥터 J가 외쳤다.[9] 두 회사가 진행하기로 한 시범 사업을 말하는 것이었다. 늦어도 2011년 중반까지 테라노스는 30곳에서 90곳의 월그린 매장에 판독기를 배치하기로 했다.[10] 매장을 방문한 고객은 그곳에서 바로 손가락을 바늘로 찔러 혈액 검사를 받고 1시간 이내로 검사 결과를 받을 수 있게 될 예정이었다. 예비 계약은 이미 서명되었고, 계약상 월그린이 5000만 달러 분량의 테라노스 카트리지를 선구매하고 테라노스에 추가로 2500만 달러를 대출해 주기로 체결했다.[11] 만일 시범 사업이 순조롭게 이루어진다면 두 회사는 파트너십을 전국적으로 확대하기로 했다.

월그린이 사업을 이토록 빠르게 추진하는 것은 보기 드문 일이었다. 혁신팀에서 발견한 기회들은 보통 내부 위원회에서 지연되었다가 월그린의 어마어마한 고위 관료들로 인해 진행이 늦춰지는 것이 대수였다. 닥터 J는 월그린의 최고재무책임자인 웨이드 미클롱Wade Miquelon을 직접 찾아가 이 프로젝트를 지원 받으며 진행 속도를 높일 수 있었다. 미클롱은 그날 저녁에 날아와 다음날 회의에 참석할 예정이었다.

시범 사업에 대해 집중적으로 논의한 지 30분이 지나고 헌터가 화장실이 어디인지 물었다. 그러자 엘리자베스와 서니가 눈에 띄게 경직했다. 그들은 보안이 무엇보다 중요하니 회의실을 나가는 사람은 모두 안내를 받아야 한다고 말했다. 서니가 헌터를 따라가서 화장실

문 앞에서 그를 기다렸다가 다시 회의실까지 동행했다. 헌터는 이 모든 것이 불필요하고 이상할 정도로 편집증적이라고 생각했다.

화장실에서 돌아올 때 헌터는 주위를 둘러보며 실험실을 찾았지만 실험실 같은 곳은 어디에도 보이지 않았다. 그는 실험실이 아래층에 있다는 설명을 들었다. 헌터는 방문 중 한 번쯤 실험실을 방문하고 싶다고 말했으나, 엘리자베스는 "네, 시간이 된다면요"라고만 대답했다.

테라노스는 상업적으로 준비된 실험실이 있다고 말하며, 자체 장비로 수행 가능한 192가지 혈액 검사의 목록을 월그린에 건넨 적이 있었다.[12] 하지만 실제로는 달랐다. 아래층에 실험실이 존재하기는 하지만 게리 프렌젤과 생화학자들이 연구를 수행하는 R&D 연구소일 뿐이었다. 또한, 테라노스가 건넨 목록의 혈액 검사 중 절반은 에디슨 시스템이 의존하고 있는 화학 발광 면역 측정법으로 수행할 수 없었다. 그 검사들은 에디슨의 역량을 뛰어넘는 다양한 검사 기법을 필요로 했다.

회의가 재개되었고 오후 중반으로 접어들자 엘리자베스가 밖으로 나가 이른 저녁 식사를 하자고 제안했다. 그들이 자리에서 일어날 때 헌터가 다시 실험실을 보여 달라고 요청했다. 그러자 엘리자베스가 닥터 J의 어깨를 톡톡 치면서 잠시 회의실 밖으로 따라와 달라고 손짓했다. 닥터 J는 잠시 후 돌아와 헌터에게 실험실을 볼 수 없다고 대답했다. 엘리자베스가 아직 실험실을 보여 주고 싶지 않아 한다는 이야기였다. 그 대신, 서니는 월그린 팀에게 자신의 사무실을 보여 주었다. 서니의 책상 뒤 바닥에는 침낭이 있었고, 화장실 내에 샤워 시설이 있었으며, 갈아입을 옷도 구비해 놓았다. 서니는 회사에서 오랜 시간 근무하고 수많은 밤을 지새운다며 자랑스레 말했다.

바깥으로 나갈 때에도 서니와 엘리자베스는 그들을 시간차로 떠나게 했다. 너무 많은 관심을 끌지 않기 위해 식당에 모두가 동시에 도착하지 말아야 한다는 것이었다. 또한 헌터와 다른 월그린 직원들에게 서로를 이름으로 부르지 못하게 했다. 헌터가 엘 카미노 레알에 위치한 '후키스시'라는 작은 일식집에 도착하자 식당 직원은 그를 뒤쪽에 미닫이문으로 되어 있는 방으로 안내했고, 그 안에 엘리자베스가 기다리고 있었다.

헌터는 의심스러워지기 시작했다. 검은 터틀넥을 입고 깊은 바리톤 목소리로 말하는 것이며, 하루 종일 마시는 케일 셰이크까지, 엘리자베스는 스티브 잡스를 흉내 내기 위해 애를 쓰고 있었지만 다양한 종류의 혈액 검사조차 제대로 구분하지 못하는 것 같았다.

테라노스는 그의 두 가지 기본적인 요구 사항을 충족하지 못했다. 하나는 실험실을 보여 달라는 것이었고, 또 하나는 비타민 D 검사의 시범을 보여 달라는 것이었다. 애초 헌터의 계획은 테라노스가 닥터 J의 혈액을 검사하도록 한 후, 그날 저녁 스탠퍼드 병원에서 재검을 받아 그 결과를 비교하는 것이었다. 심지어 스탠퍼드 병원에서 혈액 검사를 받기 위해 병리학자에게 예약을 걸어 놓은 상태였다. 하지만 헌터가 이미 2주 전에 요청을 했음에도 불구하고 엘리자베스는 너무 갑작스러운 요구라 들어 주기 어렵다고 거절했다.

게다가 헌터를 더욱 괴롭힌 것은 서니의 태도였다. 그는 거만하고 남들을 아랫사람 대하듯 행동했다. 월그린 측에서 시범 사업을 위해 월그린의 IT 부서를 테라노스에 파견하자는 이야기를 꺼내자 서니는

"IT 사람들은 약간 변호사와 같아요. 최대한 피하는 게 상책이죠"라며 고려해 보지도 않고 제안을 일축해 버렸다.[13] 헌터에게 이러한 접근 방식은 문제를 만드는 지름길로 느껴졌다.

하지만 닥터 J는 헌터의 회의적인 태도에 동의하지 않는 듯했다. 그는 엘리자베스의 아우라에 푹 빠져 실리콘밸리의 분위기를 한껏 즐기는 듯했다. 헌터에게 닥터 J는 마치 좋아하는 가수의 콘서트에 참석하기 위해 먼 곳까지 따라온 열혈 팬 같은 느낌이었다.

이튿날 아침 테라노스의 사무실에서 회의를 재개했을 때 월그린의 CFO 웨이드 미클롱이 합류했다. 미클롱은 엘리자베스와 시범 사업을 직접 협상한 사람이었다. 그 역시 엘리자베스의 열혈 팬 같아 보였다. 그날 회의 중간에 엘리자베스는 아프가니스탄 전장에서 날아온 국기라며 미국 국기를 미클롱에게 증정하는 쇼를 했다. 그녀는 월그린에 헌정한다는 문구를 국기에 적어 넣었다.

헌터는 모든 것이 기괴하다고 생각했다. 월그린이 테라노스의 기술을 심사하라고 그를 그곳에 보냈지만 헌터에게는 그럴 기회가 전혀 주어지지 않았다. 하지만 닥터 J와 미클롱은 전혀 신경 쓰지 않는 듯했다. 두 사람은 이번 방문이 순조롭게 진행되었다고 생각하는 듯했다.

한 달 후인 2010년 9월, 월그린의 경영진 몇 명이 디어필드 본사 회의실에서 엘리자베스와 서니를 만났다. 그곳은 축제 분위기였다. 월그린의 로고가 박힌 빨간 풍선이 전채 요리가 담긴 테이블 위에 둥둥 떠있었다. 웨이드 미클롱과 닥터 J가 월그린 경영진에게 테라노스 시범 사업의 코드 네임인 "프로젝트 베타"를 발표하는 자리였다.

월그린 경영진 중 한 사람은 대형 화면에 띄워진 "실험실 기반 혈액 검사, 무너지다"라는 제목의 파워포인트 슬라이드 앞에 서서 〈이매진 (Imagine)〉이라는 노래를 따라 부르고 있었다.[14] 두 회사의 연합을 축하하며 혁신팀이 존 레논의 노래를 개사하여 파트너십의 찬가로 쓰자는 아이디어를 냈던 것이다. 어색한 노래 쇼가 끝나자 엘리자베스와 서니는 월그린 경영진에게 혈액 검사를 받아 보라고 제안했다. 그들은 회의에 흑백 디자인의 기계를 가져왔다. 월그린의 경영진은 제약 사업의 사장 커밋 크로퍼드Kermit Crawford와 혁신팀의 책임자 콜린 와츠Colin Watts를 따라 모두 줄을 서서 손가락을 찔러 피를 뽑았다.

월그린 혁신팀 소속 풀타임 현장 컨설턴트로 근무하게 된 헌터는 그 회의에 참석하지 않았다. 하지만 월그린 경영진 여러 명이 혈액 검사를 받게 되었다는 소식을 들었을 때 헌터는 드디어 테라노스의 기술을 검증해 볼 수 있는 기회가 왔다고 생각했다. 그는 다음에 이야기할 때 엘리자베스에게 검사 결과에 대해 물어봐야겠다고 생각했다. 팰로앨토 방문 이후 작성한 보고서에 헌터는 테라노스가 "카트리지 및 장치의 과학적 기술 상태에 대해 허황되게 부풀려 말하고 있는 것 같다"고 경고했다.[15] 또한 월그린이 시범 사업을 통해 테라노스에 사람을 한 명 파견하는 것이 좋을 것 같다며 컬래버레이트의 동료 중 최근 스탠퍼드의 실험실에서 근무를 마친 자그마한 체구의 영국 출신 준 스마트June Smart를 그 일에 추천했다. 테라노스는 그의 제안을 거절했다.

며칠 후 헌터는 두 회사가 주요 의사소통 방식으로 사용하고 있는 주간 화상 회의 도중에 혈액 검사 결과에 대해 물었다.[16] 엘리자베스는 검사 결과를 오로지 의사에게만 공개할 수 있다고 응답했다. 콘쇼호켄에서 화상 회의에 참여하고 있던 닥터 J는 모두에게 자신이 훈련받은 의사라는 사실을 상기시키며 왜 자신에게 결과를 보내지 않느냐고 물었다. 그들은 서니가 닥터 J에게 회의 후 개별적으로 연락을 취하기로 약속했다.

그리고 한 달이 지났지만 닥터 J는 여전히 서니에게서 혈액 검사 결과를 받지 못했다.

헌터의 인내심은 극에 달하고 있었다. 그 주 화상 회의에서 양측은 테라노스의 규제 전략에 생긴 갑작스러운 변화를 논의했다. 처음에는 테라노스의 혈액 검사가 실험실을 규제하는 1988년 연방 법인 미국 실험실표준인증(CLIA)*에서 "면제" 자격을 받았다고 설명했다. CLIA에서 면제된 검사는 보통 식품의약국(FDA)에서 가정용으로 허가한 간단한 실험실 절차를 의미한다.

하지만 이제 테라노스는 말을 바꾸어 혈액 검사가 월그린 매장에서 "실험실 자체 개발 검사(LDT)"로 제공될 거라고 말하는 것이었다. 둘 사이에는 큰 차이점이 있었다. 실험실 자체 개발 검사는 FDA와 또 다른 연방 보건 규제 기관인 메디케어 메디케이드 서비스센터(CMS)** 사이의 회색 지대에 놓여 있었다. CMS는 CLIA에 따라 임상 실험을 감독했으며, FDA는 실험실에서 검사를 위해 구입하여 사용하는 진단 장비를 규제했다. 하지만 실험실에서 자체적으로 제작한 검사는 아무

---

* Clinical Laboratory Improvement Amendments, 미국 정부의 임상 실험실 면허로, CLIA 면 허를 받은 실험실만이 미국인의 임상 샘플을 처리할 수 있다..
** Centers for Medicare & Medicaid Services, 미국 보건복지국 산하 기구.

도 엄격하게 규제하지 않았다. 엘리자베스와 서니는 이 변화의 중요성에 대해 헌터와 짜증 섞인 말을 주고받았다.[17] 그들은 대형 실험실을 보유한 회사들이 대부분 실험실 자체 개발 검사를 사용한다고 주장했으나, 헌터는 그것이 사실이 아님을 잘 알고 있었다.

헌터에게 테라노스의 이러한 말 바꾸기는 테라노스 검사의 정확도를 확인하는 게 매우 중요하다고 생각하게 되는 계기가 되었다. 헌터는 환자 50명을 대상으로 실험을 하여 테라노스의 검사 결과를 스탠퍼드 병원의 검사 결과와 비교하자고 제안했다. 그는 스탠퍼드와 협력하여 일해 본 경험이 있어서 그곳에 인맥이 있었다. 검사를 의뢰하는 것은 어렵지 않은 일이었다. 헌터는 모니터 화면 너머로 엘리자베스의 신체 언어에서 즉각적인 변화를 발견했다. 엘리자베스는 눈에 띄게 조심스럽고 방어적으로 변했다.

"아뇨. 현 상황에서 그걸 하고 싶진 않네요." 엘리자베스가 그렇게 대답하곤 급히 대화의 주제를 바꾸었다.

화상 회의를 마친 후 헌터는 월그린 측에서 시범 사업의 책임을 맡은 르네 판덴후프를 따로 불러 그에게 무언가 잘못되고 있다고 말했다. 적신호가 너무 많이 쌓여 가고 있었다. 첫째로 엘리자베스는 그의 실험실 출입을 거부했다. 그 후 팰로앨토에 월그린 직원을 파견하겠다는 제안도 거절했다. 그리고 이제는 간단한 비교 연구도 거부했다. 모든 걸 다 떠나서 테라노스는 월그린에서 최고 경영자 중 한 명인 제약 사업 사장의 혈액을 채취해 놓고 검사 결과조차 내놓지 못하고 있는 것이다!

판덴후프는 짜증이 섞인 얼굴로 헌터를 바라보았다.

"그렇다고 이 사업을 추진 안 할 수도 없어요. 우리가 그만두고 6개월 후에 CVS가 그들과 계약했는데 그때 진짜라고 판명되면 어떻게 책임질 거예요?" 판덴후프가 말했다.

로드아일랜드주에 본사를 두고 월그린보다 매출이 3분의 1가량 더 높은 미국 최대 약국 체인인 CVS와의 경쟁은 월그린이 내리는 모든 결정을 좌우했다. 그것은 월그린의 정식 직원이 아닌 헌터와 같은 외부인으로서는 이해하기 힘든 근시안적인 시각이었다. 테라노스는 월그린의 이러한 불안정함을 영리하게 이용했다. 그 결과 월그린은 좋은 기회를 놓칠까 봐 지나치게 두려워하게 되었다.

헌터는 판덴후프에게 최소한 테라노스가 프로젝트 베타 출범일 파티 때 놓고 간 흑백 판독기의 내부라도 들여다보자고 애원했다. 그는 보안용 테이프를 뜯어 판독기를 열어 보고 싶어 안달이 났다. 테라노스는 판독기를 사용해 볼 수 있도록 시험 장비를 몇 가지 보내 왔지만 "독감 민감성"과 같이 다른 실험실에서는 제공하지 않는 모호한 검사들뿐이었다. 따라서 다른 검사와 결과를 비교하는 것이 불가능했다. 교묘하군, 헌터는 내심 생각했다. 게다가 보내온 시험 장비도 모두 기간이 만료된 것뿐이었다.

판덴후프는 그마저도 안 된다고 대답했다. 기밀 유지 서약서에 서명하는 것 외에도 판독기에 함부로 손대지 말라고 엄격하게 주의를 받았다는 것이었다. 두 회사가 서명한 계약서에서 월그린은 "테라노스의 장치 혹은 구성 요소를 분해하거나 역설계하지 않기로" 동의했다.[18]

헌터는 좌절감을 표현하지 않기 위해 노력하며 마지막으로 한 가지를 더 요청했다. 테라노스는 언제나 자신의 기술이 검증되었다는 증거로 두 가지를 언급했다. 첫 번째는 테라노스가 제약 회사들을 위해 실시했다는 임상 실험이었다. 테라노스가 월그린에 제공한 문서에는 테라노스 장비가 "지난 17년간 대형 제약 회사 15곳 중 10곳에서 종합적으로 검증받았다"고 명시되어 있었다.[19] 두 번째는 닥터 J가 존스홉킨스 의과대학에 의뢰했다던 기술 검토서였다.

헌터는 제약 회사들에 전화를 걸어 보았지만, 테라노스의 주장을 확인해 줄 수 있는 사람은 아무도 없었다. 하지만 그것으로는 아무것도 증명할 수 없었다. 그래서 헌터는 판덴후프에게 존스홉킨스의 검토서를 보여 달라고 요청했다. 판덴후프는 잠시 머뭇거리다가 마지못해 2쪽짜리 문서를 넘겨주었다.

헌터가 그 문서를 다 읽었을 때 그는 순간 웃음이 터져 나올 뻔 했다. 그 서신은 2010년 4월 27일에 작성되었다고 적혀 있었고, 엘리자베스와 서니가 닥터 J와 존스홉킨스 대학교 대표단과 함께 볼티모어의 존스홉킨스 캠퍼스에서 한 회의 내용을 요약한 것이었다.[20] 서신에는 엘리자베스와 서니가 홉킨스 대표단에게 "자체 장비의 검사 성능"을 보여 주었고, 홉킨스 대표단이 기술을 보고 "참신하고 견실하다"라고 생각했다고 적혀 있었다. 하지만 대학이 독자적으로 기술을 검증하지 않았다는 사실도 함께 명시돼 있었다. 게다가 실제로 서신의 두 번째 쪽 하단에는 다음과 같은 고지 사항이 적혀 있었다. "제공된 자료는 존스홉킨스 의과대학이 어떤 제품이나 서비스를 보증함을 의미하지 않는다."

헌터는 판덴후프에게 서신에 아무런 의미가 없다고 말했다. 판덴후프의 표정으로 미루어 보아 조금씩 설득되고 있는 것 같았다. 판덴후프의 믿음은 흔들리고 있었다. 헌터는 혁신팀의 재정을 맡고 있는 댄 도일 역시 조금 의심하고 있다는 것을 알고 있었다. 만일 헌터가 판덴후프를 자신의 관점으로 바꿀 수만 있다면 닥터 J와 웨이드 미클롱을 납득시키고 잠재적 재난을 피할 수 있을 것 같았다.

월그린은 테라노스가 구애 중인 유일한 대형 유통 파트너가 아니었다. 같은 시기에 테라노스의 직원들은 힐뷰 애비뉴 테라노스 본사에 무테안경을 쓰고 양복과 넥타이를 맨 진지한 분위기의 노신사가 자주 방문하는 것을 목격했다. 그는 세이프웨이Safeway의 CEO 스티브 버드Steve Burd였다.

스티브 버드는 미국에서 가장 큰 슈퍼마켓 체인인 세이프웨이를 17년 동안이나 책임지고 있었다. 그 과정에서 버드는 식료품 사업이 해야 할 것과 하지 말아야 할 것을 잘 지켜서 CEO가 된 후 10년 동안 월스트리트에서 갈채를 받았고, 건강관리에도 큰 관심이 있었다.

그는 세이프웨이 내에서 상승하고 있는 의료비를 통제하지 않으면 언젠가 의료비가 회사를 파산시킬 것이라는 위험을 깨닫고 더욱 건강관리라는 주제에 푹 빠지게 되었다.[21] 또한 직원들을 위한 혁신적인 건강 및 예방 프로그램을 개척하고 보편적인 건강 보험의 옹호자가 되어 오바마케어의 많은 방침을 지지하는 유일한 공화당 CEO가 되었다.[22] 닥터 J처럼 버드 역시 자신의 건강에 관심이 지대했다.[23] 그는 매일 아침 5시에 러닝머신 위에서 뛰고 저녁 식사를 한 후에는 근육 운동을 했다.

버드의 초청을 받아 엘리자베스는 샌프란시스코 베이 반대편에 있는 슈퍼마켓 체인의 플레전턴 본사로 가서 프레젠테이션을 했다. 세이프웨이의 CEO와 최고 경영진들이 흥미롭게 경청하는 동안 엘리자베스는 주사 바늘 공포증 덕분에 더욱 편리하고 신속하고 저렴한 혈액 검사라는 획기적인 기술을 개발할 수 있었다고 설명했다. 엘리자베스는 흑백 판독기도 함께 가져와 어떻게 작동하는지 시범을 보였다.

그녀의 프레젠테이션은 세이프웨이의 수석 부사장인 래리 렌다Larree Renda에게 강한 충격을 주었다. 렌다의 남편이 폐암 투병 중이었기 때문이다. 의사가 약물 처방을 조정할 수 있도록 렌다의 남편은 자주 혈액 검사를 받아야 했다. 하지만 혈관이 무너지고 있었기 때문에 매번 피를 뽑을 때마다 그의 고통은 거의 고문에 가까웠다. 렌다는 테라노스의 손가락 채혈 시스템이 그에게 하늘이 내린 선물이 될 거라고 생각했다.

렌다는 16세에 세이프웨이에서 손님이 구매한 물건을 봉지에 담아주는 아르바이트생으로 시작하여 기업의 서열 사다리를 타고 올라가 버드가 가장 신뢰하는 경영진이 된 사람이었다. 그녀 역시 버드가 엘리자베스에게 얼마나 감명을 받았는지 알 수 있었다. 테라노스의 제안은 그의 웰빙 철학에 완벽하게 들어맞았고, 슈퍼마켓 체인의 침체된 수익과 적은 이익 마진을 향상시킬 수 있는 방법을 제시했다.

오래 지나지 않아 세이프웨이 역시 테라노스와 계약을 맺었다. 세이프웨이가 테라노스에 3000만 달러를 대출해 주고, 고객이 테라노스 장비로 혈액 검사를 받을 수 있도록 세이프웨이 매장을 개조해 첨단 시스템의 세련된 새 진료소를 마련하기로 약정한 내용이었다.

파트너십을 체결하자 버드는 하늘을 둥둥 떠다니는 느낌이었다. 그는 엘리자베스가 시대를 넘어선 천재라고 생각하고 보기 드문 경의를 표했다. 절대적으로 필요한 경우가 아니라면 자신의 사무실을 나가길 꺼려하는 버드는 엘리자베스를 위해 예외를 두어 정기적으로 샌프란시스코 베이를 건너 팰로앨토를 방문하기도 했다. 한번은 버드가 거대한 흰 난초를 가지고 방문한 적도 있었다. 또 한번은 개인 제트기 모형을 선물했다. 그녀의 다음 작품이 진짜일 거라고 버드는 생각했다. 버드는 테라노스가 월그린과도 파트너십을 진행 중이라는 사실을 알고 있었다. 엘리자베스는 세이프웨이가 슈퍼마켓 업계 중 테라노스의 혈액 검사를 독점적으로 제공받을 것이며, 월그린은 약국 업계에서 독점권을 얻을 수 있는 기회라고 설명했다. 월그린이나 세이프웨이 모두 이러한 협약에 기뻐하지 않았지만, 두 기업 모두 거대한 새 사업의 기회를 놓치는 것보다 낫다고 생각했다.

시카고에서는 판덴후프가 테라노스를 의심하게 만들려는 헌터의 노력이 2010년 12월 중순 판덴후프가 동료들에게 연말에 퇴사할 것이라고 통보하면서 박살나 버렸다. 판덴후프는 제약 회사를 위해 온도계를 만드는 뉴저지의 한 회사에 CEO 자리를 제안 받았다. 판덴후프에게는 놓치고 싶지 않은 기회였다.

월그린은 의학 실험 분야에서 어느 정도 이름을 알린 여성 간부 트리시 리핀스키Trish Lipinski를 그 자리에 임명했다. 월그린에 입사하기 전 리핀스키는 병리학 연구원들로 구성된 의학 협회인 미국병리학회에서 근무했다. 헌터는 테라노스 프로젝트에 대해 자신이 어떻게 생각하고 있는지 지체하지 않고 리핀스키에게 털어놓았다. "언젠가 누군가의 눈에 피멍이 들게 할 문제고, 난 이걸 막아야겠어요."

또한, 헌터는 닥터 J에게도 직접 그의 의구심을 털어놓았지만 거의 효과가 없었다. 닥터 J는 충실하고 지칠 줄 모르는 테라노스의 옹호자였다. 오히려 닥터 J는 월그린이 너무 천천히 움직이고 있다고 생각했다. 스티브 버드가 엘리자베스에게 제트 모형을 선물했다는 사실을 알게 된 후 닥터 J는 리핀스키에게 달려가 월그린이 엘리자베스에게 더 관심을 보여야 한다고 말했다. 놀랍게도 닥터 J는 심지어 엘리자베스와 서니에게 혈액 검사 결과에 대해 더 이상 묻지도 않게 되었다. 그는 분명 테라노스가 검사 결과를 제출하지 않고 넘어가게 허용할 심산이었다.

닥터 J에게는 웨이드 미클롱이라는 강력한 협력자가 있었다. 고가의 양복으로 세련된 패션을 연출하고 유명 디자이너가 만든 안경을 쓰고 다니는 미클롱은 사교적인 성격으로 월그린 내에서 인기가 아주 많았다. 하지만 「시카고트리뷴」에서 그가 그해 가을 1년도 채 지나지 않아 두 번째 음주 운전으로 체포된 사실이 밝혀지자 많은 사람들이 그의 판단력에 의문을 제기하기 시작했다.[24] 그는 이전에 체포됐을 때 운전 면허증이 정지된 상태여서 애초에 운전대를 잡으면 안 되는 상황이었다. 설상가상으로 그는 음주 측정을 거부하고 현장 음주 검사를 통과하지 못했다. 그 사건으로 인해 미클롱은 월그린 본사 내에서 미켈롭* 이라는 새로운 별명을 얻었다.

미클롱의 음주 운전과 닥터 J의 테라노스에 대한 맹목적인 응원은

---

* Michelob, 앤호이저부시컴퍼니Anheuser-Busch Company에서 제조하는 맥주의 한 종류.

'프로젝트 베타'가 적임자에게 맡겨졌다는 믿음을 주지 못했다. 하지만 이건 헌터의 권한 밖의 일이었다. 그는 자신이 통제할 수 있는 것에 중점을 두고 주간 화상 회의 때 계속하여 테라노스에 어려운 질문을 던졌다. 하지만 2011년 초 어느 날, 엘리자베스와 서니가 더 이상 헌터가 두 회사 간의 미팅이나 화상 회의에 참여하지 않게 해 달라고 요청했다고 리핀스키가 헌터에게 말했다. 테라노스는 헌터가 지나친 긴장을 초래하고 업무의 진행을 방해한다고 말했다. 리핀스키는 월그린이 테라노스의 요구를 들어주지 않으면 그들이 계약을 파기할 것이기 때문에 요구 사항을 들어줄 수밖에 없다고 덧붙였다.

헌터는 그들의 요구를 거절하라고 리핀스키를 설득하려 했다. 헌터로서는 도무지 이해하기 힘든 일이었다. 월그린은 왜 매달 자신에게 2만 5천 달러라는 돈을 지불해 가며 그들을 위해 최대의 이익을 내 달라고 요구하는 동시에 자신의 손발을 묶어 두는 이율배반적인 일을 하는 걸까? 하지만 헌터의 항의는 정중히 무시되었고 엘리자베스와 서니가 바라는 대로 이루어졌다. 헌터는 계속해서 혁신팀과 협력하여 그들에게 도움을 주었지만, 그 이후의 화상 회의와 미팅에서 배제되었기 때문에 소외감을 느꼈고 업무 기여도도 떨어지게 되었다.

한편, 월그린은 프로젝트를 계속해서 추진했다. 시범 사업의 일환으로 헌터는 혁신팀과 함께 디어필드 본사에서 조금 떨어진 공업 단지의 창고로 현장 실사를 나갔다. 월그린은 창고 내부에 매장 하나를 실물 크기로 완벽하게 복제해 놓았다. 그곳에는 테라노스의 흑백 판독기의 크기에 딱 맞추어 특별히 설계된 선반이 줄지은 혈액 검사실도 있었다.

모의 매장과 작은 연구실을 보자 헌터는 모든 것이 실감나기 시작했다. 곧 진짜 환자들이 바로 이런 매장에서 혈액 검사를 받게 되겠지, 헌터는 불안에 떨며 생각했다.

| 제8장 |

'미니랩'

월그린과 세이프웨이를 유통 파트너로 삼은 엘리자베스는 갑자기 스스로 초래한 문제에 직면하게 되었다. 바로 그녀가 두 회사에 소량의 혈액 샘플로 수백 가지 검사를 수행할 수 있다고 약속했다는 점이었다. 하지만 실제로 에디슨으로는 혈액 내 물질을 측정하기 위해 항체를 사용하는 면역 분석 검사만 실행할 수 있었다. 면역 분석 검사는 비타민 D를 측정하거나 전립선암을 감지하는 검사와 같이 일반적인 검사들만 포함됐다. 하지만 콜레스테롤이나 혈당을 측정하는 다른 일상적인 혈액 검사에는 완전히 다른 실험 기술이 필요했다.

엘리자베스는 여러 부류의 검사를 수행할 수 있는 새로운 장치가 필요하다고 판단했다. 2010년 11월, 엘리자베스는 켄트 프랑코비치 Kent Frankovich라는 젊은 공업 기술자를 고용하여 새로운 장치의 설계를 맡겼다. 켄트는 최근 스탠퍼드대학교에서 기계 공학 석사 학위를 취득했다. 그 전에는 2년 동안 패서디나의 NASA 제트 추진 연구소에서 화성 탐사 로봇인 큐리오시티를 제작했다. 켄트는 과거 NASA에서 함께 일했던 동료이자 LA에서 일론 머스크의 로켓 회사 SpaceX에 다니고 있던 그레그 베이니Greg Baney를 테라노스에 합류시켰다. 그레그는 약 196센티미터의 키에 체중은 118킬로그램으로 미식축구 라인맨과 같은 체격을 가졌지만, 그 반면으로 예리한 지성과 관찰 감각을 지니고 있었다.

몇 개월 동안 켄트와 그레그는 엘리자베스가 가장 좋아하는 직원이 되었다. 엘리자베스는 그들의 브레인스토밍 회의에 참석하여 어떠한 로봇 시스템을 사용하면 좋을지 제안하기도 했다. 또한 그들에게 법인 카드를 주어 필요한 장비와 용품을 마음껏 구입하도록 허락했다.

엘리자베스는 켄트와 그레그에게 맡긴 새 기계에 "미니랩"이라는 이름을 붙여 주었다. 이름에서 알 수 있듯이 그녀의 주요 관심사는 기계의 크기였다. 언젠가 사람들의 집 책상 위나 선반에 테라노스 기기를 배치하겠다는 비전을 품고 있어서였다. 하지만 엘리자베스가 원하는 모든 검사를 수행하기 위해서는 에디슨보다 훨씬 많은 부품이 필요했기 때문에 기술적으로 어려움이 있었다. 새로운 장치는 에디슨의 광전 증배관과 더불어 분광 광도계, 세포 측정기, 등온선 증폭기 등 세 가지 다른 실험실 장비를 하나의 작은 공간 안에 채워 넣어야 했다.

이 기계 중 그들이 새로 발명한 것은 아무것도 없었다. 최초의 상업용 분광 광도계는 1941년에 실험실 기기 제조업체 벡크만쿨터의 창립자인 미국의 화학자 아놀드 벡크만Arnold Beckman이 발명했다.[1] 분광 광도계는 색광을 혈액 샘플에 투과하여 샘플이 흡수하는 빛의 양을 측정하는 기계다. 그러면 빛의 흡수량에서 혈액 내의 분자 농도가 추론된다. 분광 광도계는 콜레스테롤이나 포도당, 헤모글로빈과 같은 물질을 측정하는 데 사용된다. 19세기에 발명된 세포 측정기는 혈액 세포를 측정하는 기계다.[2] 여러 질환 중 특히 빈혈과 혈액암을 진단하는 데 사용된다.

전 세계의 많은 실험실이 수십 년 동안 바로 이런 기계를 사용해 왔다. 다시 말해, 테라노스는 혈액을 검사하는 새로운 방법을 개척하는 것이 아니었다. 미니랩의 가치는 기존 실험실 기술의 소형화에 있었다. 그것이 획기적이며 완전히 새로운 과학이라고 할 수는 없지만, 실험실에서 벗어나 혈액 검사를 약국, 슈퍼마켓, 그리고 궁극적으로는 환자들의 집에서 해결할 수 있도록 만들고자 하는 엘리자베스의 비전의 맥락에서는 의미 있는 일이었다.

그렇다고 시중에 휴대용 혈액 분석기가 존재하지 않는 건 아니었다. 그중에 작은 ATM 기계처럼 생긴 피콜로 엑스프레스Piccolo Xpress라는 진단기는 31가지의 혈액 검사를 수행할 수 있고, 12분 내로 검사 결과를 산출했다.[3] 게다가 대여섯 가지의 보편적인 검사를 수행하기 위해 혈액 서너 방울만 있으면 충분했다. 하지만 피콜로나 기존의 다른 휴대용 분석기들은 모든 범위의 실험실 기반 혈액 검사를 전부 수행할 수 없었다. 엘리자베스는 그것이 미니랩의 주요 장점이 될 것이라고 생각했다.

그레그는 진단 장비 제조업체가 만든 상업용 기기들을 연구하고 역설계하여 크기를 줄이기 위해 많은 시간을 할애했다. 또한 오션 옵틱스Ocean Optics라는 회사에서 분광 광도계를 주문하여 작동법을 이해하기 위해 분해하기도 했다. 흥미로운 프로젝트였지만, 그레그는 테라노스의 접근 방식에 의문을 제기하기 시작했다.

엘리자베스가 제시한 임의의 크기에 맞추기 위해 처음부터 새로운 기계를 제작하는 대신 그레그는 그들이 소형화하려는 기계의 규격품을 구매하고 새로이 결합하여 전체 시스템이 어떻게 작동되는지 보는 것이 낫겠다고 생각했다. 일단 작동 가능한 원형을 제작한 후 크기를 축소할 방법을 고민해야 한다고 생각했다. 시스템의 크기를 먼저 제한해 놓고 그 후에 작동법을 고민하는 것은 주객이 전도된 발상인 것 같았다. 하지만 엘리자베스는 한 치도 물러서지 않았다.

당시 그레그는 로스엔젤레스에서 만난 여자 친구와 헤어지려던 참이라 토요일에도 출근해 일에 몰두했다. 그리고 이에 대해 엘리자베스가 매우 고마워하는 것을 알고 있었다. 엘리자베스는 그것을 충성과 헌신의 표시로 받아들였다. 그녀는 그레그에게 켄트도 주말에 출근하기를 바란다고 말했다. 그의 친구인 켄트가 주말에 출근하지 않는 게 마음에 들지 않았던 것이다. 일과 생활의 균형을 유지하는 것은 그녀에게 완전히 낯선 개념인 것 같았다. 그녀는 언제나 회사에 나와 일했다.

대부분의 사람들처럼 그레그는 엘리자베스와 처음 만났을 때 그녀의 깊은 목소리에 깜짝 놀랐다. 그리고 곧 그것이 가장된 목소리가 아닌지 의심하기 시작했다. 그레그가 입사하고 얼마 지나지 않은 어느 날 저녁 그들이 엘리자베스의 사무실에서 회의를 마무리하고 있는데 그녀가 무심코 자연스러운 젊은 여성의 목소리로 말했다. "그레그가 우리와 함께 일하게 되어서 정말 기뻐요." 엘리자베스가 의자에서 일어나며 그레그에게 말했다. 그녀의 목소리는 평소보다 몇 옥타브나 높았다. 흥분한 탓에 순간적으로 바리톤 목소리로 말하는 것을 잊은 듯했다. 그레그가 돌이켜 생각해 보니 그녀의 행동에는 일정한 논리가 있었다. 실리콘밸리는 압도적으로 남성의 세계였다. 벤처 투자가는 모두 남자였고, 저명한 여성 스타트업 창업자의 이름은 떠올리려 해도 아무도 생각나지 않았다. 그레그는 어느 시점에 엘리자베스가 사람들의 이목을 끌고 진지하게 받아들여지기 위해서 깊은 목소리가 필요하다고 결심했으리라 생각했다.

목소리 사건이 있고 몇 주 후, 그레그는 테라노스가 다른 평범한 직장과 다르다는 또 다른 단서를 찾아냈다. 그는 게리 프렌젤과 친하게 지냈다. 체중이 136킬로그램이나 나가는 게리는 사무실에서 헐렁한 청바지와 오버사이즈 티셔츠를 입고 크록스 신발을 신고 다녀서 무척 게으른 것처럼 보였지만, 그레그는 그가 회사에서 만난 이들 중 가장 똑똑한 사람이라고 생각했다. 게리는 수면성 무호흡 증상이 심했는데, 회의 중에 졸다가 갑자기 깨어나 다른 사람이 내놓은 멍청한 아이디어에 반박하며 눈부신 대안을 제안하는 광경을 그레그는 실제로 여러 차례 목격했다.

그들이 어느 날 함께 사무실을 나서는데 게리가 낮은 목소리로 그레그에게 엘리자베스와 서니가 연인 관계라는 사실을 털어놓아 그를 깜짝 놀라게 한 적이 있었다. 어쩐지 속았다는 느낌도 들었다. 그레그는 회사의 CEO와 2인자가 연인 관계인 것이 부적절하다고 생각했으며, 그들이 이 사실을 숨기고 있다는 사실이 더욱 신경 쓰였다. 그것은 굉장히 중대한 정보이므로 모든 신입 사원에게 공개되어야 한다고 생각했다. 그레그에게 이러한 폭로는 테라노스에 대한 모든 것을 새로운 시각에서 바라보게 했다. 엘리자베스가 이 문제에 대해 솔직하지 않다면, 또 다른 문제에 대해서도 거짓말을 하고 있을 수 있다는 생각에서였다.

2011년 봄에는 엘리자베스가 친동생인 크리스천을 제품 관리 부서의 부책임자로 임명하며 사내 친족 등용 또한 새로운 국면을 맞이했다. 크리스천 홈즈는 대학을 졸업한 지 2년이 되었고 혈액 진단 관련 회사에 근무할 뚜렷한 자격 요건도 없었지만 그런 것은 엘리자베스에게 그다지 중요하지 않았다. 그보다 친동생은 그녀가 신뢰할 수 있는 사람이라는 점이 더 중요했다.

크리스천은 외모가 빼어났고 누나 엘리자베스처럼 깊고 푸른 눈을 가졌지만, 두 사람 사이의 유사점은 그것뿐이었다. 크리스천은 엘리자베스가 갖춘 야망이나 추진력이 없었으며, 그저 스포츠를 보고 여자를 쫓아다니고 친구들과 파티하기를 좋아하는 평범한 남자였다. 그는 2009년에 듀크대학교에서 졸업한 후 워싱턴 D.C. 소재의 기업에서 타 회사의 의뢰를 받고 검증된 우수 기업 문화, 일명 '베스트 프랙티스'를 조언하는 애널리스트로 일한 경험이 있었다.

크리스천이 테라노스에 처음 입사했을 때 그에게 맡겨진 일이 별로 없었기 때문에, 그는 스포츠 관련 기사를 읽으며 시간을 보냈다. 그는 ESPN 홈페이지에서 기사를 복사하고 이메일 창에 붙여 넣어 몰래 읽었기 때문에 멀리서 보았을 때에는 그가 업무 관련 이메일을 읽느라 몰두한 것처럼 보였다. 얼마 후 크리스천은 듀크 대학교 동창 네 명, 제프 블리크먼Jeff Blickman, 닉 멘첼Nick Menchel, 댄 에들린Dan Edlin, 그리고 사니 해드자메토비치Sani Hadziahmetovic를 고용했다. 그리고 후에 맥스

포스크Max Fosque라는 다섯 번째 동창생도 테라노스에 합류했다. 그들은 팰로앨토 컨트리클럽 근처에 함께 집을 임대해 살며 테라노스 내에서 "프랫 팩"*으로 불리게 되었다. 크리스천과 마찬가지로 다른 듀크 동창생들 역시 혈액 검사나 의료 기기와 관련된 업무 경험과 훈련이 전무했지만, 엘리자베스의 친동생과의 우정 덕분에 다른 대부분의 직원보다 회사 계층에서 훨씬 우위를 선점할 수 있었다.

그때까지 그레그는 자신의 몇몇 친구들에게 테라노스에 합류하라고 설득했다. 그중 두 명은 조지아 공대에서 함께 학부를 다닌 조던 칼Jordan Carr과 테드 패스코Ted Pasco였다. 또 한 명은 패서디나의 NASA에서 함께 근무했던 트레이 하워드Trey Howard였다. 알고 보니 트레이는 프랫 팩보다 몇 년 전에 듀크 대학교를 졸업한 선배였다.

조던과 트레이와 테드는 모두 크리스천과 듀크 동창생들과 함께 제품 관리 부서에 배정 받았는데, 그들과 동일한 정보에 접근하는 것이 허가되지 않았다. 엘리자베스와 서니가 극비리에 진행한 월그린과 세이프웨이와의 파트너십 전략 회의에도 크리스천과 듀크 동창생들은 초대받았지만 그들에게는 출입이 금지됐다.

프랫 팩은 장시간 근무하여 서니와 엘리자베스의 환심을 샀다. 서니는 직원들의 헌신을 끊임없이 의심했다. 효율적이든 아니든 직원이 회사에 나와 근무하는 시간의 양이 그들의 헌신도를 측정하는 궁극적인 기준이 되었다. 때때로 서니는 유리로 된 대회의실에 앉아 바깥의 칸막이 책상들을 내다보며 누가 게으름을 피우고 있는지 감시하기도

---

* Frat Pack, 학교 다닐 때 같은 남학생 클럽(Fraternity)에서 함께 살았던 무리라는 뜻.

했다.

크리스천과 동창들은 회사에서 야근을 하느라 따로 운동할 시간이 없었기 때문에 주로 낮에 몰래 나가 운동을 하고 돌아왔다. 서니의 감시를 피하기 위해 그들은 서로 다른 출구를 이용하여 시간차를 두고 건물을 빠져나갔다. 또한 동시에 혹은 함께 들어오지 않도록 조심했다. 월스트리트의 직장을 떠나 실리콘밸리로 온 테드 패스코는 테라노스에 입사하고 처음 몇 달 동안 뚜렷하게 주어진 업무가 없었기 때문에 그들의 출입 시간차를 관찰하며 즐겼다. 듀크 동창들은 그레그와 공업 기술 부서의 동료 두어 명과 함께 주차장을 내려다보는 대형 테라스에서 점심 식사를 함께 했다. 세계 최고의 축구 선수들 중 몇 명의 아이큐가 평균보다 낮다는 이야기를 하다가 똑똑하지만 가난하게 살지 명청하지만 부유하게 살지에 대한 토론으로 이어졌다. 세 명의 기술자들은 모두 똑똑하고 가난한 삶을 선택했지만, 듀크 동창생들은 만장일치로 명청하고 부유하게 사는 삶을 선택했다. 그레그는 두 무리가 얼마나 명확하게 구분이 지어지는지를 보고 놀랐다. 그들모두 20대 중후반에 좋은 교육을 받은 사람들이었지만 그들이 존중하는 가치에는 많은 차이가 있었다.

크리스천과 그의 친구들은 언제나 엘리자베스와 서니의 명령에 기꺼이 따를 준비가 되어 있었다. 그들의 열의는 2011년 10월 5일 스티브 잡스의 사망 소식이 뉴스에 나왔을 때 분명해졌다. 엘리자베스와 서니는 힐뷰 애비뉴 테라노스 건물 앞에 추모의 뜻으로 애플사의 깃발을 한 폭 내려 달아 스티브 잡스에게 경의를 표하고 싶어 했다. 다음날 아침, 키가 크고 듀크대학교 야구 선수 출신인 빨간 머리의 제프 블리크먼이 이 일을 맡기로 자원했다. 하지만 그는 어디에서도 적당한 애플사의 깃발을 찾을 수 없어서 비닐 재질로 특별히 주문 제작했다. 검정색 바탕에 유명한 흰색 애플 로고가 박힌 깃발이었다. 그가 방문한 가게가 깃발을 만드는 데 시간이 오래 걸려서 블리크먼은 오후 늦게 깃발을 갖고 돌아왔다. 그동안 엘리자베스와 서니가 애플사 깃발을 찾아 침울하게 서성거리느라 회사의 모든 업무가 마비되었다.

그레그는 엘리자베스가 잡스에 매료되어 있다는 것을 잘 알고 있었다. 그녀는 마치 친한 친구인 마냥 스티브 잡스를 "스티브"라고 불렀다. 언젠가 엘리자베스는 "스티브"가 911 음모론을 담은 다큐멘터리 내용이 진실되다고 생각하지 않았다면 아이튠즈에 올리도록 허락하지 않았을 것이라고 말하기도 했다. 그레그는 말도 안 되는 이야기라고 생각했다. 그는 잡스가 아이튠즈에서 상영되거나 판매되는 모든 영상을 개인적으로 검열하지 않는다고 확신했다. 엘리자베스는 스티브 잡스가 모든 것을 보고 모든 것을 알고 있는 소위 전지전능한 존재라고 생각하는 듯했다.

잡스가 사망한 지 1~2개월 후, 기술 부서의 동료들은 엘리자베스가 월터 아이작슨Walter Isaacson이 쓴 스티브 잡스 전기에 실린 잡스의 행동과 경영 방식을 따라하는 것을 눈치채기 시작했다. 그들도 모두 그 책을 읽고 있었으며, 엘리자베스가 잡스의 경력 중 어느 시기의 행동을 따라하고 있는지 파악할 수 있었다. 심지어 엘리자베스는 미니랩에 잡스에게서 영감을 얻은 4S라는 코드 네임을 붙이기도 했다. 그것은 아이폰 4S를 따라한 이름으로, 잡스가 사망하기 전날 애플사에서 우연히 공개한 제품의 이름이기도 했다.

그레그가 테라노스에서 좋았던 기간은 그의 여동생이 회사에 지원하면서 막을 내리게 됐다. 2011년 4월에 엘리자베스와 서니와 면접을 본 후 그녀는 내달에 제품 관리 부서에 합류하라는 제안을 받았지만, 그 당시 근무하던 회계법인 PwC에 남기로 최종 결정하게 되었다. 다음날인 토요일, 그레그는 출근하여 일하고 있었다. 엘리자베스도 출근했지만 그에게 아는 체하지 않았다. 보통 주말에 출근하면 엘리자베스가 반드시 먼저 인사를 했기 때문에 그레그는 이상하다고 생각했다. 그 다음 주가 되자 그레그는 엘리자베스가 켄트와 함께 하는 브레인스토밍 회의에 더 이상 초대되지 않았다. 엘리자베스가 누이의 결정을 감정적으로 받아들여서 그레그가 그 대가를 치르고 있다는 사실이 명백해졌다.

얼마 지나지 않아 켄트와 엘리자베스의 관계에도 냉기가 몰아쳤다. 사실상 켄트는 미니랩의 최고 설계자였다. 물건 만들기를 좋아하고 재능도 있는 기술자로서 켄트는 여가 시간에 개인적으로 부가적인 프로젝트를 따로 진행하고 있었다. 그것은 자전거에 부착하는 라이트였는데, 바퀴와 도로를 동시에 비춤으로써 시야와 안전성을 동시에 향상하는 제품이었다. 그는 킥스타터*에 이 컨셉을 제안했고, 놀랍게도 45일 만에 21만 5천 달러를 모금할 수 있었다. 이는 그해 크라우드 펀딩 플랫폼에서 진행된 모금 중 7번째로 큰 액수였다. 취미로 시작한 일이 갑자기 실현 가능한 비즈니스로 발전한 것이다.

켄트는 엘리자베스가 크게 신경 쓰지 않을 것이라고 생각하여 킥스

---

* Kickstarter, 미국의 대표적인 크라우드 펀딩 서비스.

타터에서 성공적으로 캠페인을 마감한 것에 대해 그녀에게 털어놓았다. 하지만 그것은 켄트의 큰 오산이었다. 엘리자베스와 서니는 격분했다. 그들은 자전거 라이트가 테라노스와 크게 이해 상충한다고 생각했으며, 그의 자전거 라이트 관련 특허를 테라노스에 내놓으라고 요구했다. 그들은 켄트가 입사했을 때 서명한 서류에 고용된 기간 동안 그의 지적재산권은 회사에 귀속된다고 명시돼 있었다고 주장했다. 켄트는 동의하지 않았다. 그는 근무 시간 외의 개인 시간에 이 프로젝트를 작업했으니 잘못한 것이 없다고 생각했다. 또한 새로운 형태의 자전거 라이트가 혈액 검사 장비 제조업체에 어떻게 위협이 될 수 있는지 이해할 수 없었다. 하지만 엘리자베스와 서니는 포기하지 않았다. 잇따르는 회의에서 그들은 켄트에게 특허를 넘기라고 설득했다. 심지어는 테라노스의 새 수석 변호사인 데이비드 도일David Doyle을 회의에 참석하게 하여 압력의 강도를 점점 높였다.

교착 상태가 계속되는 것을 지켜보며 그레그는 이 사달이 난 이유가 특허 때문이 아니라 그의 불충을 처벌하려는 것임을 깨달았다. 엘리자베스는 직원들이 회사에 전력을 다하기를 바랐고, 특히 켄트처럼 그녀가 큰 책임을 맡긴 직원들에게는 더욱 그랬다. 하지만 켄트가 회사에 올인하지 않았을 뿐만 아니라 자신의 시간과 에너지를 다른 엔지니어링 프로젝트에 쏟은 것이다. 그녀가 바라던 대로 켄트가 주말에 출근하지 않은 것도 모두 설명됐다. 엘리자베스의 입장에서는 켄트가 그녀를 배신한 것이었다. 결국 그들은 허술한 타협점에 도달했다. 켄트는 자전거 라이트 벤처를 한번 시도해 보기 위해 잠시 휴가를 떠나기로 했다. 프로젝트를 마치고 나면 그가 어떤 조건으로 다시 회사에 복귀할 수 있는지 의논하기로 했다.

켄트의 부재로 인해 엘리자베스는 심기가 언짢았다. 그녀는 그레그와 다른 직원들이 켄트의 빈자리를 메꾸기를 바랐다. 그레그도 엘리자베스와 서니의 행동에서 커져가는 급박함을 느꼈다. 그들은 마치 마감 일자를 제대로 알려 주지 않으면서도 마감일을 맞추기 위해 기술 부서를 압박하는 것처럼 보였다. 그레그는 그들이 누군가에게 무언가를 약속한 것이 틀림없다고 생각했다.

엘리자베스가 미니랩의 개발 속도에 초조해하기 시작하면서 그녀의 불만에 가장 큰 타격을 입은 것은 그레그였다. 기술 부서가 진행 상황을 보고하기 위해 주간 회의를 할 때면 엘리자베스는 그레그가 "안녕하세요, 대표님. 잘 지내셨어요?"라고 물을 때까지 눈도 깜박이지 않고 조용히 그를 뚫어지게 쳐다보았다. 그레그는 나중에 감정적인 부분은 제하고 돌이켜 볼 수 있도록 회의 중 의논하여 합의점에 도달한 내용에 대해 노트에 자세히 기록하기 시작했다.

엘리자베스는 몇 번이고 아래층의 엔지니어 작업실로 내려와 그레그가 일하는 동안 그의 주위를 맴돌았다. 그는 정중하게 그녀에게 인사를 건네고 다시 침묵 속에서 일했다. 그것은 일종의 이상한 힘겨루기였고, 그는 말려들지 않기로 했다.

어느 날 오후, 엘리자베스가 그레그를 자신의 사무실로 불러들여 그가 냉소적인 태도를 보이고 있다고 지적했다. 긴 침묵 끝에 그레그는 커져가는 환멸감을 숨기기로 결심하고 그녀의 말이 맞다고 동의했다. 그러고는 충분히 자격이 있다고 생각한 입사 지원자 여럿을 서니가 탈락시켰기 때문에 화가 났다며 거짓말로 꾸며 댔다.

엘리자베스가 그 말을 듣고 두드러지게 안심하는 모습으로 보아 그의 거짓말을 믿은 것이 틀림없었다. 엘리자베스는 이렇게 말했다. "이런 건 꼭 말을 해 줘야 해요."

2011년 12월 어느 평일 저녁, 테라노스는 버스 여러 대를 대여하여 1백 명이 넘는 직원들을 태우고는 우드사이드에 위치한 토머스 포거티 와이너리로 데려갔다. 그곳은 엘리자베스가 기업 행사를 개최하기를 좋아하는 장소였다. 와이너리의 본관과 인접해 있는 행사 시설은 언덕의 기둥 위에 세워졌으며, 포도밭과 골짜기의 탁 트인 전망을 제공했다.

이날 열린 행사는 회사의 연례 크리스마스 파티였다. 직원들이 저녁 식사에 앞서 와이너리 본관 내의 오픈 바에서 음료를 마실 때 엘리자베스가 연설을 시작했다.

"미니랩은 인류가 만든 것 중 가장 중요한 발명이에요. 만일 그렇게 믿지 않는다면 당장 이 자리에서 나가세요." 엘리자베스는 직원들을 돌아보며 아주 심각한 표정으로 선언했다.

"모두가 힘이 닿는 한 최선을 다해 열심히 일해야 합니다."

그레그가 패서디나에 살 때 만나 테라노스로 부른 트레이가 그레그의 발을 툭툭 쳤다. 두 사람은 다 안다는 얼굴로 서로를 쳐다보았다. 엘리자베스가 방금 한 말은 두 사람이 안락의자에 앉아 그녀의 정신을 분석한 내용이 사실임을 확인시켜 주었다. 그녀는 자신을 현대의 마리 퀴리처럼 세계의 역사를 바꿔 놓을 인물로 여기고 있는 것이 틀림없었다.

6주 후, 그들은 세이프웨이와의 파트너십을 자축하기 위해 다시 포거티 와이너리를 찾았다. 엘리자베스는 안개가 짙어지는 이벤트 하우스의 야외 갑판에 서서 마치 패튼 장군이 동맹군 착륙 직전에 그의 병사들에게 그랬던 것처럼 테라노스 직원들에게 45분 동안 장광설을 늘어놓았다. 그녀는 테라노스가 실리콘밸리를 지배할 회사가 될 것이기 때문에 그들 앞에 펼쳐진 광범위한 전망은 당연하다고 말했다. 끝으로 그녀는 "나는 아무것도 두렵지 않아요"라고 말하고 잠시 멈추었다가, "바늘을 제외하면 말이죠"라며 자랑스레 말했다.

이때 이미 그레그는 그녀에게 환멸을 느끼고 있었고, 입사하고 1년째가 되어 스톡옵션이 확정되는 두 달 후까지만 회사에 더 머물기로 결심했다. 그는 최근에 모교인 조지아 공대의 공개 취직 설명회에 방문했는데, 테라노스 부스에 방문하는 학생들에게 회사에 대해 좋은 이야기를 해줄 수 없는 자신을 발견했다. 그 대신 그는 실리콘밸리에서 커리어를 쌓으면 좋은 점에 대해 조언해 주었다.

문제 중 하나는 엘리자베스와 서니가 제품의 원형과 완제품을 구별하지 못하거나 구별하고자 하는 의지가 없다는 점이었다. 그레그가 함께 제작하고 있던 미니랩은 단지 원형일 뿐, 그 이상은 아니었다. 철저하게 테스트해서 세세하게 조정되어야 하는데, 그러려면 굉장히 많은 시간이 필요했다. 대부분의 회사들은 제품을 출시하기 전에 원형 검사 과정을 3번 정도 거쳤다. 하지만 서니는 테스트도 거치지 않은 첫 번째 원형을 기반으로 100개 이상의 미니랩을 제조할 부품을 이미 발주하고 있었다. 이는 마치 보잉사가 비행기 한 대를 만들어 놓고 단한 번의 테스트도 거치지 않은 채 승객들에게 "탑승하십시오"라고 말하는 것과 같았다.

방대한 테스트를 통해 해결해야 할 난제 중 하나는 열이었다. 많은 기구를 작고 밀폐된 공간 안에 꽉 채워 넣으면 예상치 못한 온도의 변화가 생겨 화학작용을 방해하고 전체 시스템의 성능을 떨어뜨릴 수 있다. 서니는 마치 상자 안에 모든 부품을 우겨 넣고 전원을 켜면 완벽히 작동할 것이라고 믿는 것 같았다. 그것이 말처럼 그리 쉽게 되는 것이었다면 좋았겠지만 말이다.

어느 날 서니는 그레그와 나이 많은 엔지니어 톰 브루메트Tom Brumett를 유리 회의실로 불러 그들의 열정에 의문을 제기했다. 그레그는 자신이 언제나 냉정을 잃지 않는다고 자신했지만 이번에는 그럴 수 없었다. 그는 위협적으로 회의실 책상 위로 몸을 기울였다. 거대하고 근육질적인 체구의 그레그가 서니를 위에서 압박했다.

"빌어먹을, 뼈빠지게 일하고 있는 거 안 보여요?" 그레그가 위협적으로 말했다.

그러자 서니는 물러나 사과했다.

서니는 폭군이었다. 그가 직원을 너무 자주 해고해서 아래층 창고에서는 한 가지 루틴이 생겼다. 서글서글한 성격의 공급망 관리자 존 팬지오John Fanzio는 아래층 창고에서 근무했는데, 그가 있는 곳이 바로 직원들이 마음 놓고 찾아가 하소연하거나 수다를 떠는 곳이 되었다. 테라노스의 보안 팀장인 에드거 파즈Edgar Paz는 며칠마다 한 번씩 장난기 어린 표정을 짓고 손에 사원증을 숨겨 그곳을 찾았다. 그가 내려오면 존과 물류팀 팀원들은 무슨 일이 일어난 것인지 알고 신나서 모였다. 파즈가 가까이 다가와 사원증을 돌려 앞면에 있는 얼굴을 드러내면 팀원들은 깜짝 놀라곤 했다. 사원증은 바로 서니의 새로운 희생자의 것이었다.

존은 그레그와 조던, 트레이, 테드와 좋은 친구가 되었다. 다섯 명은 사내에서 온전한 정신을 가진 사람들의 모임을 결성했다. 존은 샌프란시스코 베이 지역에서 전략 공급망 관리자로서는 유일하게 창고 하역장 문과 아주 가까이에서 일했는데, 서니의 철저한 감시와 직원들의 근무 시간을 강박적으로 확인하는 모습에서 멀어질 수 있기 때문에 오히려 이러한 근무 형태를 선호했다.

하지만 안타깝게도 창고에서 근무한 것이 결국 그의 퇴사를 초래했다. 2012년 2월의 어느 아침, 존과 함께 일하는 직원 한 명이 아큐라 브랜드의 새 차를 타고 출근했다. 그는 자랑스레 존에게 새 차를 보여 주었고, 존은 멋있다며 차를 칭찬했다. 하지만 다음날 그 차에는 크게 움푹 파여진 곳이 생겼다. 누군가 회사 주차장에서 그의 차를 박은 것이 분명했다. 존은 범인을 찾기 위해 주차장의 다른 차량에 혹시 충돌의 흔적이 있는지 찾아보았다. 결국 그 차는 서니가 소프트웨어 개발을 맡기기 위해 데려온 인도 출신 컨설턴트의 차라는 사실이 밝혀졌다.

존은 차 주인이 담배를 피우러 밖에 나왔을 때 그를 대면했다. 존은 경찰들이 하는 것과 같이 줄자를 이용하여 아큐라 차의 파인 흔적과 그의 차의 긁힌 자국을 재서 동일하다는 것을 보여 주었지만 그는 사실이 아니라며 부인했다. 존은 창고 직원에게 사고를 경찰에 보고하고 증거를 보이라고 조언했다. 그러자 상황이 매우 악화되었다. 인도 출신 소프트웨어 컨설턴트는 위층으로 올라가 서니에게 불평했고, 서니가 격분하여 눈에 띄게 치를 떨며 곧바로 아래로 내려왔다.

"그래, 뭐 진짜 경찰이라도 된 것 같나? 그럼 가서 경찰이나 해먹어!" 서니가 존에게 빈정대며 소리쳤다.

그러고는 근처에 서 있던 보안 경비원 중 한 명에게 존을 향해 손짓하며, "여기서 당장 내보내!"라고 소리쳤다. 서니가 지난해 해고한 수십 명의 직원들의 사원증을 에드거 파즈가 농담조로 그에게 보여 주곤 했는데, 이번에는 존의 차례였다.

그레그는 자신의 친구가 해고된 것이 마음에 들지 않았고, 회사를 떠나야겠다는 결심을 굳히게 되었다. 한 달 후, 함께 일하던 젊은 공업 기술자가 부주의로 일부 미니랩의 전기 기판을 태웠다. 서니는 그레그와 톰 브루메트를 사무실로 불러 누구의 책임인지 물으며 화냈다. 그들은 젊은 직원의 이름을 불면 바로 서니가 그를 해고할 것이라는 사실을 잘 알았기 때문에 말하기를 거부했다.

그러던 차에 그레그의 스톡옵션이 확정되었다. 그날 오후 그는 서니의 사무실로 돌아가 사직서를 제출했다. 서니는 침착하게 받아들였지만, 그레그가 나가자마자 트레이와 조던과 테드를 사무실로 불러 그들의 의중을 물었다. 세 명 모두 서니가 듣고 싶어 하는 말이 무엇인지 잘 알았으므로 그레그의 결정이 그들에게 영향을 미치지 않을 것이며, 그들은 오랫동안 테라노스에 헌신하겠다고 대답했다. 그레그는 통고 기간 동안 마지막으로 한 번 더 토요일에 출근했다. 서니는 고마워하며 엘리자베스가 팰로앨토에서 샌프란시스코 베이 바로 건너편에 있는 뉴어크라는 작은 도시에서 다음 월요일에 여는 회의에 그를 초대했다. 테라노스는 미니랩을 대량 생산하기 위해 그곳에 막 대형 제조 시설을 임대한 참이었다. 엘리자베스는 직원들에게 동굴같은 시설의 빈 공간을 공개했다. 그녀는 연설 중 직원들 사이에서 그레그를 발견하고 그에게 시선을 고정시키며 말했다.

"만일 우리가 이곳에서 인간이 발명한 최고의 물건을 만들고 있다고 믿지 않거나 냉소적이라면 당장 떠나세요." 엘리자베스가 지난 크리스마스 연설 때 했던 말을 되풀이했다. 그런 다음 계속 그레그를 정면으로 쳐다보면서 트레이와 조던과 테드를 특별히 칭찬했다. 그곳에는 약 150명의 직원들이 모여 있었고, 그중 다른 이들의 이름을 부를 수도 있었지만 엘리자베스는 그레그와 친한 세 사람의 이름을 콕 집어 불렀다. 그것은 마지막 공개적 비난이었다.

그레그가 떠나고 몇 달 후, 테라노스의 회전문이 계속해서 격렬한 속도로 돌았다. 건장한 델 반웰Del Barnwell이라는 이름의 소프트웨어 기술자가 연루된 사건은 다른 때보다 더욱 비현실적이었다. 사람들은 그를 '빅 델'이라고 불렀는데, 그는 과거에 해병대에서 헬리콥터를 조종하던 조종사였다. 서니는 그가 오랜 시간 근무하지 않는다는 이유로 잔소리하고 있었다. 심지어 서니는 빅 델의 출퇴근 시간을 기록한 영상 기록을 검토하여 사무실에서 회의 중 그에게 영상 기록에 의하면 그가 하루에 8시간 밖에 근무하지 않는다며 질책했다. "내가 당신을 고쳐 놓겠어." 서니는 마치 델이 고장 난 장난감이라도 되는 것처럼 그에게 말했다.

하지만 빅 델은 고쳐지기를 바라지 않았다. 회의가 끝난 직후 그는 엘리자베스의 비서에게 이메일로 사직서를 보냈다. 그는 답변을 받지 못했지만 의무적으로 충실히 마지막 2주 동안 근무했다. 그런 다음 금요일 오후 4시에 빅 델은 자신의 소지품을 들고 건물 출구로 걸어갔다. 그러자 서니와 엘리자베스가 갑자기 그를 뒤쫓아 계단을 뛰어 내려왔다. 그러면서 기밀 유지 서약서에 서명하지 않으면 떠날 수 없다고 말했다.

빅 델은 거절했다. 그는 이미 고용 당시 기밀 서약서에 서명했고, 퇴직자 면접 일정을 잡을 수 있도록 2주나 시간을 주었기 때문이다. 이제 그는 마음대로 떠날 수 있고, 또 그렇게 할 작정이었다. 그가 주차장에서 자신의 노란색 토요타 FJ 크루저를 타고 출발하자 서니는 그를 막으려고 경비원들을 쫓아 보냈다. 빅 델은 경비원들을 무시하고 떠나 버렸다.

서니는 경찰을 불렀다. 20분 후 경찰차가 라이트를 끄고 조용히 건물로 들어왔다. 고도로 흥분한 서니는 경찰관에게 직원이 퇴사하면서 회사의 재산을 갖고 떠났다고 말했다. 경찰관이 서니에게 직원이 무엇을 가지고 갔냐고 묻자 서니는 강한 억양으로, "회사 재산을 직원이 머릿속에 담아 훔쳐 갔다"고 말했다.

| 제9장 |

웰니스 센터

세이프웨이의 사업은 순탄치 않았다. 슈퍼마켓 체인인 세이프웨이는 최근 2011년 마지막 3개월 동안의 이익이 6% 하락했다고 발표했고, 세이프웨이의 CEO 스티브 버드가 회사의 분기별 수익 결산 회의에서 애널리스트 12명에게 실망스러운 성적을 변명하려고 애썼다.[1]

애널리스트 중 스위스 은행 크레딧 스위스의 에드 켈리는 나쁜 결과를 감추기 위해 주식을 환매한 사실을 들먹이며 버드를 점잖게 닦달했다.[2] 미결제 주식 수를 줄이는 방법으로 자사주를 환매하면, 실제 수익은 감소했더라도 투자자들이 주목하는 주당 순이익을 인위적으로 늘릴 수 있다. 이는 기업의 교묘한 속임수에 정통한 월스트리트의 애널리스트들이 꿰뚫어 볼 수 있는 이미 낡은 수법이었다.

불쾌해진 버드는 이에 동의하지 않는다고 말했다.[3] 그는 세이프웨이의 경제적 상황이 개선될 것이기 때문에 자사 주식을 환매하는 것이 현명한 투자라고 확신했다. 자신의 낙관론을 정당화하기 위해 버드는

164 | BAD BLOOD

회사가 추진하고 있는 세 가지 기획안을 언급했다. 까다로운 애널리스트들은 처음 두 기획안을 듣고는 오래된 이야기라며 대수롭지 않게 넘겼으나, 세 번째 기획안을 언급하자 귀가 번쩍 띄었다.

"중요한…… 웰니스 센터 기획을 추진하고 있습니다." 버드는 비밀스럽게 말했다.

버드가 이 건에 대해 공개적으로 언급한 것은 이번이 처음이었다. 그는 더 이상 깊이 설명하지 않았지만, 애널리스트들은 97년 된 슈퍼마켓 체인이 정체된 사업을 뛰어넘을 비밀 계획을 갖고 있다는 인상을 받았다. 세이프웨이 내부에서 이 비밀스러운 계획은 "티렉스 프로젝트"*라는 코드명으로 불렸는데, 이는 2012년 2월부로 2년 차가 된 테라노스와의 파트너십을 일컫는 말이었다.

버드는 테라노스라는 벤처 기업에 큰 기대를 걸고 있었다. 그는 세이프웨이의 1,700개 지점 중 절반 이상에 공간을 마련하여 고급 카펫을 깔고, 주문 제작한 목재 캐비닛을 달며, 화강암 작업대와 평면 TV를 설치하여 고급 클리닉으로 만들라고 지시했다. 테라노스의 지침에 따르면 그 클리닉은 웰니스 센터Wellness Center라고 불려야 하며, "스파보다 고급스럽게 보여야 했다." 비록 세이프웨이가 3억 5천만 달러의 비용을 부담해야 했지만, 버드는 새로운 클리닉에서 스타트업이 참신한 혈액 검사를 제공하기 시작한다면 그 비용을 충분히 메꾸고도 남을 것이라고 예상했다.

분기별 수익 결산 회의를 한지 몇 주 후, 버드는 경영진들과 애널리

---

* Project T-Rex, 티라노사우루스(Tyrannosaurus Rex)의 약칭.

스트들과 함께 몇 마일 떨어진 곳에 위치한 경치가 좋은 오클랜드 동부 산 라몬 밸리의 세이프웨이 매장을 둘러보았다. 버드는 애널리스트들에게 세이프웨이 매장의 새로운 웰니스 센터를 보여 주었지만, 그곳에서 어떠한 종류의 서비스를 제공할 지에 대해서는 말을 아꼈다. 심지어 지점의 지점장에게조차도 비밀리에 진행했다. 테라노스는 론칭 직전까지 절대 비밀을 요구했다.

두 기업이 처음 사업을 하기로 동의한 이후 꽤 시간이 지연되었다. 2011년 3월에는 엘리자베스가 버드에게 동일본 대지진으로 테라노스의 카트리지 생산이 방해를 받고 있다고 설명했다. 일부 세이프웨이 경영진은 이 변명이 별로 설득력 없다고 생각했지만 버드는 곧이곧대로 받아들였다. 그는 예방 보건 관리를 향한 자신의 열정과 딱 들어맞는, 스탠퍼드대를 중퇴한 젊은 사업가 엘리자베스와 그녀의 기술을 기대에 찬 눈으로 바라보았다.

엘리자베스는 버드의 직통 번호를 알고 있었고, 버드와만 따로 연락했다. 세이프웨이의 플레전턴 본사에 전략 회의실이 설치되어 티렉스 프로젝트에 참여하는 세이프웨이의 중역들이 소그룹으로 모여 일주일에 한 번씩 진행 상황을 상의했다. 버드는 모든 회의에 참석했는데, 출장 중일 경우 화상 회의를 해서라도 꼭 참여했다. 테라노스에 문의해야 할 질문이나 문제가 발생했을 때, 그는 "엘리자베스와 따로 이야기해 보겠다"고 큰소리쳤고, 이는 일의 진행을 더디게 하는 요소가 되었다. 1974년 십대의 나이에 세이프웨이에 입사해 물건을 봉지에 담아 주는 아르바이트생으로 시작한 래리 렌다는 점차 승진해 버드의 최고 부하 직원 중 한 명이 되었다. 하지만 렌다와 프로젝트에 참여한 다른 임원들은 모두 버드가 테라노스의 젊은 여성 CEO에게 얼마나 관용을 베푸는지 보고 놀랐다. 버드는 대개 부하 직원들과 비즈니스 파트너들에게 마감일을 확실히 지키도록 요구했는데, 엘리자베스에게는 계속해서 사정을 봐주었다. 버드의 동료들은 버드에게 두 아들이 있다는 사실을 알고 있었고, 그래서 버드가 엘리자베스를 딸처럼 생각하는 것은 아닌지 궁금해 하기 시작했다. 이유가 무엇이든, 버드는 엘리자베스에게 푹 빠져 있었다.

2012년 초반, 두 기업의 파트너십은 오랜 지연 끝에 마침내 진행되는 기미가 보이기 시작했다. 정식 출시 전의 시범 출시로, 세이프웨이는 플레전턴 본사에 직원용 건강 클리닉을 열어 테라노스가 주최하는 혈액 검사를 진행하는 데 동의했다. 클리닉은 직원들이 스스로 건강을 더 잘 돌볼 수 있도록 장려하여 기업의 직원 보험 비용을 줄이기 위한 버드의 전략 중 일부였다. 클리닉에서는 직원들에게 무료 건강 검진을 제공했다. 검진에서 좋은 점수를 받은 직원들은 건강 보험료에 할인을 받았다. 편리하게도 세이프웨이 본사 내 체육관 옆에 위치한 클리닉에는 의사 1명과 간호사 3명이 배치되었고, 검사실도 다섯 개나 있었다. 작은 실험실도 구비되어 있었다. 접수처로 가면 '테라노스가 실시하는 혈액 검사'라고 적힌 안내판이 있었다.

직원용 클리닉은 렌다의 작품이었다. 그녀의 책무 중 하나는 버드가 다른 기업에 팔기 위해 창안한 의료 혜택 제도 '세이프웨이 헬스Safeway Health'를 감독하는 일이었다. 2년 전 엘리자베스가 플레전턴에 처음 왔다 간 이래로 남편이 폐암과의 싸움에서 지고 말았지만, 렌다는 테라노스에서 제공하는 손가락 채혈 검사 방식을 통해 남편이 삶의 마지막 몇 달 동안 반복적으로 바늘에 찔리며 받은 고통에서 다른 이들이 구원받을 수 있기를 바랐다.

렌다는 최근 세이프웨이의 첫 최고의료책임자를 고용했다. 그의 이름은 켄트 브래들리Kent Bradley였는데, 그는 미국 육군사관학교와 메릴랜드주 베데스다의 육군 의과대학을 졸업한 후 미 육군에서 17년 넘게 근무한 경험이 있었다. 육군에서 브래들리의 마지막 임무는 현역 및 은퇴한 군인을 위한 건강 보험 프로그램 트라이케어Tricare의 유럽 지부를 운영하는 것이었다. 렌다는 부드러운 목소리의 전직 군의관에게 본사 클리닉의 관리 감독을 맡겼다.

브래들리는 군대에서 정교한 의료 기술을 많이 사용했기 때문에 테라노스 시스템이 실제로 어떻게 작동하는지 궁금해했다. 하지만 테라노스가 세이프웨이 본사에 진단 장치를 단 한 대도 배치할 계획이 없다는 사실을 듣고 적잖이 놀랐다. 테라노스는 그 대신 혈액을 채취할 채혈 전문의를 두 명 배치했으며, 수집한 혈액 샘플은 검사를 위해 샌프란시스코 베이를 건너 팰로앨토로 배송되었다. 또한 브래들리는 채혈 전문의가 채혈침을 이용해 직원들의 검지에서 한 번 채혈한 후, 팔에 피하 주사 바늘을 삽입해 전통적인 방식으로 또 한 번 채혈하는 것을 발견했다. 브래들리는 만일 테라노스의 손가락 채혈 기술이 완벽하게 개발된 상태고, 소비자에게 서비스를 제공할 준비가 되었다면 도대체 왜 정맥 채혈까지 해야 하는 건지 의문을 품게 됐다.

또한 혈액 검사 결과를 돌려받는 데 걸리는 시간 때문에 브래들리의 의심은 더욱 깊어져 갔다. 그는 테라노스의 혈액 검사가 거의 즉각적으로 이루어진다고 전달 받았지만, 세이프웨이 직원 중 몇 명은 검사 결과를 받기까지 2주나 기다려야 했다. 게다가 테라노스가 모든 검사를 수행하는 것도 아니었다. 테라노스가 몇몇 검사를 아웃소싱한다는 사실을 언급한 적이 없으나, 브래들리는 솔트레이크시티의 대규모 표준 실험실인 에이럽ARUP이라는 곳에 테라노스가 몇 가지 검사를 외주로 맡겼다는 사실을 발견했다.

브래들리가 무언가 잘못됐다는 생각을 하기 시작한 것은 실제로는 건강한 직원들이 건강에 문제가 있다고 적힌 혈액 검사를 받고 걱정이 되어 그를 찾아오기 시작했을 때부터였다. 만일을 위해 그는 직원들을 퀘스트Quest나 랩코프LabCorp에 보내 재검사를 받게 했다. 그리고 매번 재검사 결과가 정상으로 나왔기 때문에 테라노스의 검사 결과가 틀렸다는 걸 알 수 있었다. 그러던 어느 날, 세이프웨이의 고위 간부가 PSA 검사 결과를 받았다. PSA는 "전립선특이항원(Prostate-Specific Antigen)"의 약자로, 전립선 세포에서 생산되는 단백질이다. 혈액 내 전립선특이항원의 농도가 높을수록 전립선암에 걸릴 확률이 높다. 세이프웨이의 고위 간부의 검사 결과에 따르면 그는 전립선특이항원의 수치가 매우 높아 전립선암이 거의 확실했다. 하지만 브래들리는 회의적이었다. 다른 직원들에게 요청했던 것처럼, 브래들리는 불안해하는 동료를 다른 실험실로 보내 재검사를 받게 했다. 재검사 결과 그의 건강 상태는 정상이었다.

브래들리는 검사 결과 불일치에 대해 상세하게 분석한 내용을 정리했다. 그중 테라노스의 결과와 다른 실험실에서 내놓은 검사 결과가 심각하게 차이나는 것도 있었다. 테라노스가 내놓은 검사 결과의 수치가 다른 실험실의 결과와 일치하는 검사는 보통 에이럽에서 수행한 검사의 결과일 때가 많았다.

브래들리는 자신의 우려를 렌다와 세이프웨이 헬스의 대표 브래드 울프슨Brad Wolfsen에게 털어놓았다. 지난 2년간 프로젝트가 지연된 것으로 테라노스를 향한 신뢰가 이미 흔들리고 있었기에 렌다는 브래들리에게 버드와 직접 대화해 보라고 격려했다. 그래서 브래들리는 버드에게 직접 이야기했는데, 버드는 테라노스의 기술이 이미 검증되었고 믿을 만하다며 전 군의관의 이야기를 정중히 거절했다.

세이프웨이의 플레전턴 본사 직원들에게서 채취한 혈액 샘플은 팰로앨토의 이스트 메도 서클에 위치한 1층짜리 석조 건물로 배송되었다. 테라노스는 2012년 봄에 신생 실험실을 임시로 이곳에 세우고, 나머지 사업체는 예전에 페이스북이 사용하던 근처 힐뷰 애비뉴의 대형 건물로 이전했다.

몇 달 전, 테라노스의 실험실은 임상 실험실을 운영하는 연방법인 CLIA를 준수했음을 증명하는 증서를 받았지만 그러한 인증서를 얻는 것은 그리 어려운 일이 아니었다.[4] CLIA의 궁극적인 집행 기관은 메디케어 메디케이드 서비스 센터였지만, 연방 기관은 일상적인 검사를 대부분 각 주에 위임했다.[5] 캘리포니아주에서는 이를 보건국의 실험실 현장 서비스 부서에서 처리했는데, 감사부의 감사 결과 그 부서는 심각한 재정 부족으로 인해 책임을 이행하는 데 어려움을 겪고 있었다.

만일 스티브 버드가 테라노스의 이스트 메도 서클의 저층 건물 내 연구실에 출입이 허용되었다면 테라노스 독점 혈액 검사 장치가 단

한 대도 없다는 사실을 알 수 있었을 것이다. 미니랩은 아직 개발 중이었으며, 실제 환자를 검사할 정도로 완성되지 않았기 때문이다. 연구실에는 시카고 소재 애벗 래버러토리스Abbott Laboratories, 독일의 지멘스Siemens 및 이탈리아의 다이아소린DiaSorin과 같은 회사에서 제조한 12가지 정도의 상업용 혈액 및 체액 분석기가 있을 뿐이었다. 실험실은 아놀드 겔브Arnold Gelb라는 이름의 서투른 병리학자가 관리 감독했고, 인체 샘플을 다룰 수 있도록 주에서 인증받은 임상 실험 기술자(CLS) 몇 명이 근무했다. 비록 상업용 기계만을 사용했지만 여전히 검사가 잘못될 수 있는 많은 요소가 존재했고, 실제로 잘못되고 있었다.

가장 큰 문제는 실험실에 경험이 풍부한 직원이 없다는 것이었다. 임살 실험 기술자 중 코살 림Kosal Lim이라는 기술자가 있었는데, 굉장히 엉성했고 훈련을 제대로 받지 못하여 다른 기술자인 다이애나 뒤피Diana Dupuy는 그가 검사 결과의 정확성을 위험에 빠뜨리고 있다고 확신했다. 휴스턴 출신인 뒤피는 세계적으로 유명한 MD 앤더슨 암센터에서 교육을 받았다. 그녀는 임상 실험 기술자가 된 후 7년 동안 수혈 전문가로 활동했기 때문에, CLIA의 규정에 빠삭했다. 뒤피는 규정을 글자 그대로 엄격히 따랐으며, 이를 위반하는 일이 생기면 신고하길 주저하지 않았다.

뒤피에게 림의 실수는 용납할 수 없는 정도였다.[6] 림은 시약 처리 방법에 대한 제조업체의 지침을 무시했고, 유통 기한이 만료된 시약을 그렇지 않은 시약과 같은 냉장고에 보관했으며, 기준이 보정되지 않은 실험실 장비에 환자의 혈액 샘플을 검사한다거나 분석기의 품질 관리 절차를 부적절하게 수행했고, 본인이 잘 알지 못하는 실험을 수행한다거나 혈액 세포 유형을 구별하는 데 사용하는 라이트 염색액 병을 오염시켰다. 불같은 성질의 뒤피는 여러 차례 림에게 맞서 언젠가는 실험실 검사관에게 그와 같이 무능력한 기술자를 근절시켜야 한다고 신고할 것이라고 말했다. 림이 자신의 기준을 충족시킬 수 없다는 사실을 알게 된 후 뒤피는 림의 형편없는 업무 능력을 모두 기록하여 겔브와 서니에게 보내는 이메일에 적었고, 자신의 주장을 증명하기 위해 사진을 첨부하기도 했다.

또한 뒤피는 테라노스가 플레전턴에 파견한 채혈 전문의 두 명의 업무 능력에 대해서도 의문을 품고 있었다. 전형적으로 혈액은 환자의 혈액 세포에서 혈장을 분리하기 위해 검사하기 전에 원심 분리기에 넣어 돌려야 한다. 채혈 전문의들은 주어진 원심 분리기의 사용법을 제대로 훈련받지 않아 환자의 혈액 샘플을 어느 속도에서 얼마나 오래 돌려야 하는지 알지 못했다.[7] 환자의 혈액 샘플이 팰로앨토에 도착했을 때 혈장 샘플이 미립자 물질과 섞여 오염된 경우가 빈번했다. 또한 테라노스가 사용하는 혈액 추출 튜브 중 대다수의 유통 기한이 만료되어 튜브 내의 항응고제가 효력이 없어 검사 결과의 정확성이 손상된 사실을 발견하기도 했다.

불평 사항을 보고한 뒤 얼마 지나지 않아 뒤피는 테라노스가 새로 구매한 지멘스사 분석기 사용법을 교육받기 위해 델라웨어에 파견되었다. 일주일 후 출장을 마치고 돌아왔을 때, 뒤피는 실험실이 티끌 하나 없이 깨끗해졌다는 사실을 알아차렸다. 뒤피를 기다리고 있던 서니는 그녀를 회의실로 불렀다. 서니는 뒤피가 출장을 간 사이 실험실을 둘러보았지만 그녀의 불만 사항 중 단 한 가지도 증거를 찾을 수 없었다며 협박적인 말투로 말했다. 그러고는 뒤피가 델라웨어로 출장 간 날 그녀가 짐을 옮기기 위해 남자 친구를 건물 안으로 들였다는 사실을 문제 삼았다. 그것은 회사의 보안 정책을 심각하게 위반한 행동이며, 그녀를 해고하기로 결정했다고 통보했다. 잠시 생각할 시간을 준 뒤 서니는 아놀드 겔브를 불러 뒤피를 실험실의 일원으로 어떻게 평가하는지, 그녀가 계속 근무하는 것이 좋을지 물었다. 겔브는 그렇다고 대답했고, 서니는 마지못해 자신의 말을 취소했다. 뒤피는 결국 해고되지 않았다.

충격을 받은 뒤피는 혼란스러운 마음으로 자신의 책상으로 돌아갔다. 그 후 IT 부서 직원 한 명이 갑자기 그녀의 어깨를 두드리며 복도로 잠시 나와 달라고 요청했다. 그는 뒤피의 업무용 휴대전화를 복구하기 위해 약간의 정보가 필요하다고 말했다. 서니가 마음을 바꾸기전에 회사 업무용 휴대전화, 이메일 및 네트워크에 대한 액세스를 끊도록 미리 지시했던 것이다.

직설적인 성격의 뒤피는 테라노스에서 오래 살아남을 수 없었다. 3주 후 금요일 아침, 서니는 이스트 메도 서클 건물로 돌아와 다시 한번 뒤피를 해고했다. 그리고 이번에는 결정을 번복하지 않았다. 뒤피는 개인 소지품을 챙길 기회조차 얻지 못한 채 즉시 건물 밖으로 쫓겨났다. 해고 이유는 실험실의 주요 공급 업체 중 하나가 미지급 청구서 때문에 구매 주문서를 보류했다는 사실을 알렸기 때문이었다.

뒤피는 자신이 받은 부당한 대우에 화가 나서 주말에 서니에게 이메일을 보냈다. 그녀는 이메일에 자신의 소지품을 가져갈 수 있도록 허가해 달라고 주장했다. 회사에 남아 있는 소지품 중에는 그녀의 실험용 참고 서적과 안경, 화장품 파우치, 그리고 캘리포니아 임상 실험 기술자 라이선스가 있었다. 이메일은 엘리자베스에게도 전송됐는데, 서니의 경영 방식과 실험실의 상태에 대한 혹독한 비난이 적혀 있었다.[8]

저는 최소 다섯 명 이상의 사람들에게 당신이 예측 불허의 인물이며 기분에 따라 어떻게, 어떤 이유로 폭발할지 알 수 없다는 경고를 받았어요. 또한 당신과의 관계는 결코 좋은 결말로 끝나지 않는다고 들었어요. ……

테라노스의 CLIA 인증 실험실은 코살 림이 계속해서 근무하고, 림이나 겔브를 주의하지 않는다면 결국 큰 곤경에 빠질 거예요. 어떤 이유인지는 모르겠지만 썩 뛰어나지 않은 실험실 책임자가 수준 이하의 임상 실험 기술자를 감독하고 있어요. 코살 림이 언젠가 실험실에서 매우 큰 실수를 저질러 환자 검사 결과에 나쁜 영향을 줄 것이라고 단언해요. 실제로 지금까지도 여러 검사에서 실수를 저질렀지만 모두 시약의 문제로 책임을 전가했다고 생각해요. 코살 림이 만지는 모든 것이 재앙이 된다고 당신이 말한 것처럼 말이에요!

직원들이 당신을 두려워해서 문제점을 숨기는 업무 환경이 조성됐다는 사실을 당신이 깨닫게 되는 것이 나의 유일한 희망이에요. 회사는 두려움과 협박만으로 운영할 수 없어요. 그 방식으로는 어느 정도 잘 굴러가는 것처럼 보이다가 결국에는 붕괴될 거예요.

서니는 이스트 메도 서클 건물 앞에 직원을 보내 다이애나 뒤피의 소지품을 돌려주겠다고 약속하면서, 회사의 변호사들에게서 연락이

갈 것이라고 경고했다.[9] 그 후 며칠 동안 뒤피는 테라노스의 고문 변호사 데이비드 도일에게서 테라노스로 돌아가거나 혹은 회사에서 근무하는 동안 얻은 모든 자료를 "영구적으로 파기"하며, 비밀 유지의 의무를 준수하겠다는 선언문에 서명하라고 요구하는 일련의 엄중한 경고 이메일을 받았다.[10]

뒤피는 처음에 회사의 요구를 거절하며 부당 해고 소송으로 회사를 위협하기 위해 오클랜드 변호사를 고용했지만, 테라노스에서 영향력이 큰 윌슨 손시니 로펌의 변호사를 데려오자 뒤피의 변호사가 물러서서 문서에 서명하라고 조언했다.[11] 실리콘밸리 최고의 법률 회사를 상대로 싸우는 것은 승산 없는 싸움이라고 말했다. 뒤피는 마지못해 변호사의 충고를 따랐다.

물론 세이프웨이는 이러한 사실에 대해 전혀 알지 못했다. 세이프웨이는 2012년에서 2013년이 될 때까지 계속 테라노스에게 플레전턴 클리닉에서 혈액 검사를 계속할 수 있게 기회를 주었다. 또한 북부 캘리포니아에 있는 수십 개의 세이프웨이 지점에 구축한 웰니스 센터에서 근무할 채혈 전문의를 자체적으로 고용하기 시작했다. 하지만 몇 달이 지나도 테라노스는 론칭 날짜를 계속 연기하기만 했다.

버드는 2012년 4월 말 1분기 실적 회의에서 발표한 세이프웨이의 미스테리한 "웰니스 센터" 프로젝트의 상태에 대해 계속해서 질문을 받았다.[12] 그는 "아직 출시될 단계가 아니지만, 출시한다면 재정 결과에 막대한 영향을 미칠 것"이라고 대답했다. 7월에 열린 다음 수익 전화 회담에서 버드는 4/4분기에는 "거의 출시 확정"이라고 먼저 나서서 이야기했다.[13] 하지만 4/4분기가 되어도 제품은 출시되지 않았다.

이 시점에서 일부 세이프웨이 경영진들은 화가 나기 시작했다. 그들은 회사가 테라노스와의 파트너십으로 인해 기대되는 추가 수익과 이익을 고려하여 만든 재무 목표를 달성하지 못하였기 때문에 바라던 보너스를 받지 못했던 것이다. 세이프웨이 회계 부서의 임원인 맷 오렐Matt O'Rell은 웰니스 센터의 매출 예상치를 제시하라는 임무를 받았다. 매 지점마다 하루 평균 50명의 환자를 유치한다는 다소 허황된 가정하에 오렐은 연간 2억 5천만 달러의 추가 매출을 예상했다. 하지만 그 수익이 실현되지 못했을 뿐만 아니라, 세이프웨이는 웰니스 센터를 짓기 위해 그보다 1억 달러 이상을 더 지출해야 했다.

그들이 한가로이 있는 동안, 웰니스 센터는 다른 유익한 용도로 사용될 수 있는 상점 내부의 귀중한 공간을 차지했다. 기다리다 지친 렌다와 브래들리는 공간을 활용할 방법에 대해 다양한 아이디어를 모았다. 그중 하나는 센터에 식이 상담을 제공할 영양사를 배치하는 것이었다. 또 하나는 임상 간호사가 운영하는 본격적인 진료소로 전환하는 것이었다. 또 환자와 전화 통화하며 원격 진료 서비스를 제공하는 것이었다. 그들은 버드에게 계획을 시행하도록 로비했지만, 버드는 엘리자베스와 사안을 논의한 후 그들의 제안을 거절했다. 엘리자베스가 그 공간을 포기하려 하지 않았던 것이다.

그 뒤에도 세이프웨이의 이사진은 인내심을 계속 잃고 있었다. 20년 이상을 경영해 온 버드는 월스트리트의 신뢰를 잃은 것이 확실해졌다. CEO로서 그의 첫 10년은 대성공이었고, 그로 인해 세이프웨이의 주가가 급격한 상승을 맛보았다. 그러나 최근 몇 년간 건강과 웰빙에 대한 그의 열정은 화려하지 않지만 회사의 핵심 사업인 식료품 분야의 본래 목적을 잊게 했다. 웰니스 센터에 투자한 막대한 자금과 결실을 맺기까지 지속되는 지연은 그의 마지막 희망이었다.

2013년 1월 2일, 주식 시장이 종결된 직후 세이프웨이는 버드가 다음 해 5월 연례 주주 총회를 마친 후 은퇴할 거라는 보도 자료를 발표했다.[14] 버드의 은퇴 소식은 자발적인 결정으로 발표되었지만, 렌다와 다른 임원들은 이사회가 그에게 물러나라고 요구했다고 의심했다. 버드는 퇴임하면서도 아직까지도 비밀에 싸인 테라노스와의 파트너십에 대한 전망에 대해 낙관적인 입장을 유지했다. 보도 자료는 CEO로서의 업적 목록 중에서 세이프웨이가 곧 "회사를 변화시킬 잠재력을 지닌 건강 증진 계획을 발표할 것"이라는 버드의 말을 인용했다.[15]

버드가 떠난 후 엘리자베스와의 소통 경로는 완전히 사라졌다. 테라노스와 이야기하려면 서니 또는 크리스천 홈즈를 통해야 했다. 세이프웨이의 경영진이 상태 업데이트를 요청할 때마다 서니는 마치 자신의 시간이 너무도 귀중하고 이 정도 규모의 혁신을 이루기 위해 무엇이 필요한지 그들이 아무것도 모른다는 듯 거만하게 행동했다. 그의 오만함은 극도로 화가 나는 일이었다. 그럼에도 세이프웨이는 두 기업 사이의 파트너십을 깨기 주저했다. 그러다 만일 테라노스의 기술이 정말 혁신적인 기술로 판명되면 어떻게 할 것인가? 만일 지금 계약을 파기했다가 향후 10년 간을 후회하게 될지도 몰랐다. 좋은 기회를 놓치고 싶지 않은 마음은 강력한 억제제가 되었다.

버드는 확실히 은퇴할 마음의 준비가 되어 있지 않았다. 세이프웨이를 떠난지 불과 3개월 만에 그는 의료비 절감 방법을 조언하는 컨설팅 회사를 설립했다.[16] 회사명은 버드 헬스Burd Health였다. 동료 보건 업계 스타트업 창립자로서 버드는 엘리자베스와 연락을 취하려고 했지만 그녀는 더 이상 그의 전화를 받지 않았다.

| 제10장 |

슈메이커 중령

데이비드 슈메이커David Shoemaker 중령은 회의 테이블 끝에 앉아 자신의 회사가 어떻게 운영될지에 대해 자신감 넘치는 태도로 설명하는 젊은 여성의 이야기를 경청했다. 하지만 채 15분도 지나지 않아 잠자코 듣고 있기가 힘들어졌다.

슈메이커 중령은 그녀의 말을 끊으며 말했다. "당신이 말하는 그 규제 전략은 실행이 불가능할 거요."

엘리자베스는 전투복을 입고 안경을 쓴 사내가 그녀가 설명한 내용과 부딪힐 여러 가지 규제 사항을 열거하는 모습을 짜증난다는 식으로 쳐다보았다. 그것은 그녀가 듣고 싶었던 이야기가 아니었다. 2011년 11월의 어느 아침에 슈메이커와 소규모의 군 대표단을 팰로앨토에 초대한 것은 아프가니스탄 전장에 테라노스 장치를 배치할 계획을 지지해 달라는 의미였지, 테라노스의 규제 관련 전략에 반론을 제기해 달라는 의도가 아니었다.

테라노스의 진단 장비를 전장에서 사용하겠다는 아이디어는 지난 8월에 엘리자베스가 미 중부 사령관인 제임스 매티스James Mattis를 샌프란시스코의 머린스 메모리얼 클럽 호텔에서 만났을 때 처음 떠올린 것이었다.[1] 엘리자베스는 그에게 손가락을 찔러 채취한 혈액 샘플로 건강을 진단하는 참신한 방식으로 부상병을 더 빠르게 진단하고 치료할 수 있으며, 더 나아가 많은 생명을 구할 수 있을 것이라고 즉석에서 제안했다. 그리고 그 제안은 4성 장군의 마음을 움직였다. "매드독"으로 불리는 제임스 매티스는 부대원을 끔찍하게 아껴서 미군 부대에서 가장 인기 있는 사령관이었다. 에너지가 넘치는 매티스는 탈레반과 맞서는 아프가니스탄의 끝없고 잔인무도한 전쟁터에서 자신의 부하 병사들을 더욱 안전하게 지켜줄 수 있는 기술이라면 무엇이든 추진할 의사가 있었다. 그는 엘리자베스와 만난 후 미군 중부 사령부의 부하들에게 테라노스의 장치로 현장 실험을 시행하도록 지시했다.

군법에 따르면 이와 같은 지시는 메릴랜드주 포트 데트릭에 위치한 미육군의무국을 통해 진행되어야 했고, 보통 그곳에서 슈메이커 중령을 거쳐야 했다. 규정 활동 감사부의 부국장으로서 슈메이커 중령의 임무는 군대가 의료 기기를 실험할 때 모든 법률과 규정을 준수하도록 확인하는 것이었다. 슈메이커는 평범한 군사 관료가 아니었다. 그는 미생물학 박사 학위를 소지하고 있으며, 냉전 당시 미국과 소련이 무기로 사용한 솜꼬리토끼에서 주로 발견되는 위험한 박테리아 수막염과 야토병의 백신에 대해 수년간 의학 연구를 해 왔다. 또한 육군 장교로는 최초로 미국 식품의약국(FDA)에서 1년 간 펠로우 과정을 수료한 군부대 소속 FDA 규정 전문가였다.

그는 호탕하게 웃고 오하이오주 남부 사투리를 쓰며, 평온한 성격에 자기를 내세우지 않는 매너도 갖추었지만, 필요할 때는 직설적으로 말할 줄 아는 사람이었다. 슈메이커는 FDA의 규제를 아예 피해가겠다는 테라노스의 전략이 애당초 가능하지 않으며, 특히 그녀가 주장하는 대로 다음해 봄까지 테라노스 장치를 전국적으로 확대하겠다는 계획이라면 더더욱 불가능하다고 경고했다. FDA가 자체 검토 절차를 거치지 않고 그녀의 계획을 이행하도록 허락하지 않을 것이라는 이야기였다.

엘리자베스는 테라노스의 법률 자문단에게 받은 조언을 인용하며 강력하게 이의를 제기했다. 그녀가 지나치게 방어적이고 완강하여 슈메이커는 계속 논쟁하는 게 시간 낭비라는 사실을 바로 깨달았다. 그녀는 자신의 견해와 모순되는 이야기를 듣고 싶지 않은 것이 분명했다. 슈메이커는 회의실 책상을 둘러보다가 규정 관련 전문가가 단 한 명도 회의에 참석하지 않았다는 사실을 깨달았다. 테라노스가 규정 전문가를 고용했는지조차 의심스러웠다. 만일 그것이 사실이라면 테라노스는 세상 물정과 담 쌓은 방식으로 운영되고 있는 것이었다. 보건 산업은 나라에서 가장 엄격한 규제를 받는 분야이고, 환자의 목숨이 걸린 일이니 당연히 그래야 했다.

슈메이커는 만일 엘리자베스가 병사들을 상대로 테라노스 장치를 사용하도록 군의 허가를 받길 원한다면 FDA의 서면 승인을 받아 와야 한다고 말했다. 엘리자베스의 얼굴에 깊은 불쾌감이 서렸다. 엘리자베스는 프레젠테이션을 재개했지만 그 후 내내 슈메이커에게 쌀쌀맞게 대했다.

군대에서 18년간 경력을 쌓은 슈메이커는 그동안 군대가 민간 법규의 책임이 면제되는 곳이며 원하는 대로 의료 연구를 수행할 수 있다고 믿는 사람들을 여럿 보았다. 물론 과거에 그런 일이 일어나지 않았던 것은 아니지만, 현재로서는 전혀 그렇지 않았다. 미(美) 국방부는 제2차 세계대전 중 미군에게 머스터드 가스*를 시험했으며, 1960년대에는 수감자들을 상대로 에이전트 오렌지**를 시험했다. 하지만 감독받지 않고 자유로이 의학 실험을 할 수 있는 시절은 지난 지 오래였다.

예를 들어, 1990년대 세르비아 분쟁 기간 동안 미 국방부는 발칸 반도에 파견된 병사들에게 진드기매개뇌염의 실험적 백신을 접종하기 전에 FDA의 허가를 얻었다. 또한 백신 접종을 원하는 병사들에게만 주어졌다. 마찬가지로 2003년에는 이라크에 파병된 병사들에게 제공될 보툴리눔 독소에 대한 백신을 개발하기 위해 FDA와 긴밀히 협력했다. 당시 사담 후세인이 치명적인 생물학 작용제를 비축했는데 포트 데트릭의 연구원들이 개발한 유망한 백신이 아직 FDA의 승인을 받지 못했다며 우려가 컸다.

두 경우 모두 군대는 부대 내에서 의학 실험이 안전하고 윤리적으로 실행되는지 감시하는 기관심사위원회(IRB)와 상의했다. 만일 제안된 실험이 위험을 유발하지 않는다고 기관심사위원회가 판단한다면, FDA 또한 기관에서 검토하고 승인한 엄격한 실험 계획서에 따라 수

---

* Mustard Gas, 겨자유와 유사한 냄새와 형상 때문에 명명된 물질로 제1차 세계 대전에서 독가스로 사용되었다.
** Agent Orange, 베트남 전쟁 당시 베트콩 게릴라가 숨어 있는 정글을 파괴하기 위해 미군이 뿌렸던 제초제 혼합물인 고엽제의 한 종류.

행한다는 가정하에 추진할 수 있도록 허가를 내렸다.

백신에 적용되는 절차는 의료 기기에도 똑같이 적용됐다. 슈메이커는 만일 테라노스가 혈액 진단 장비를 아프가니스탄에 파병된 병사에 시험하길 바란다면 기관심사위원회의 승인을 받은 실험 계획서를 만들어야 할 것이라고 생각했다. 하지만 엘리자베스가 너무나 강경했고, 그 또한 미국 중부 사령부로부터 주시받고 있었기 때문에 슈메이커는 과거에 FDA에서 근무한 경험이 있는 군 소속 변호사 제러마이아 켈리Jeremiah Kelly를 참여시키기로 결정했다. 그는 켈리가 엘리자베스의 말을 직접 듣게 한 후 그의 2차 소견을 듣기 위해 엘리자베스와 다시 한번 만나기로 약속했다. 2011년 12월 9일 오후 3시 반, 그들은 테라노스의 법률 자문을 맡은 저커먼 스페이더의 워싱턴 D.C. 사무실에서 만나기로 했다.

엘리자베스는 몇 주 전 팰로앨토에서 슈메이커 앞에서 발표했을 때 했던 내용과 동일한 규정 전략이 담긴 한 장짜리 문서를 들고 회의에 혼자 참석했다. 슈메이커는 그녀의 전략이 창조적이라는 부분에 대해서는 인정해야 했다. 어떤 이는 이를 교활하다고 부를 수도 있을 것이다.

문서는 테라노스의 장비가 원격으로 샘플을 처리하는 장치일 뿐이라고 설명했다. 실제 혈액 분석 작업은 팰로앨토 실험실에서 진행될 것이고, 원격 장치가 전송한 데이터를 컴퓨터가 분석하고 자격을 갖춘 실험실 전문가가 진단 결과를 검토하고 해석할 것이라고 설명했다. 따라서 팰로앨토의 실험실만 인증을 받을 필요가 있다며, 장치 자체는 "무지한" 팩스 기계와 같으니 규제 감독 대상에서 면제되어야 한다고 주장했다.

게다가 슈메이커가 받아들이기 힘든 또 하나의 문제가 있었다. 테라노스는 자사 장비가 수행하는 혈액 검사가 실험실에서 자체 개발된 검사이기 때문에 FDA의 권한 밖이라고 주장했다.

그 당시 테라노스는 팰로앨토 실험실이 소지한 CLIA 인증서만 있으면 장비를 어느 곳에 배치하여 사용해도 상관없다는 주장을 견지했다. 꽤 영리한 논리지만 슈메이커는 속지 않았다. 켈리 역시 마찬가지였다. 테라노스의 장치는 단순한 팩스 기계 그 이상이었다. 그것은 혈액 분석기였고, 시장에 나온 다른 모든 혈액 분석기와 마찬가지로 결국 FDA의 검토와 승인 절차를 거쳐야 했다. 그때까지 테라노스는 기관심사위원회와 상담하여 기관이 승인할 만한 실험 계획서를 제시해야 할 것이다. 그리고 그 과정은 통상적으로 6개월에서 9개월 정도 걸렸다.

엘리자베스는 군 변호사가 동석했음에도 불구하고 계속해서 슈메이커의 의견에 반대했다. 그녀의 몸짓은 팰로앨토 때보다 적대적이지 않았고 좀 더 협조적으로 논의할 의사를 밝혔지만, 그들은 여전히 막다른 골목에서 빠져나오지 못하고 있었다. 한 가지 이상한 점은 저커먼 스페이더 로펌 소속의 사람은 그 누구도 회의에 참석하지 않았다는 것이었다. 슈메이커는 엘리자베스가 로펌의 여러 파트너 변호사와 함께 동석하기를 기대했지만 엘리자베스는 회의에 홀로 참석했다. 그녀는 계속하여 로펌의 법률 자문 내용을 언급했지만 내용을 증명할 수 있는 로펌 소속 변호사는 아무도 참석하지 않았다.

회의는 다시 한번 슈메이커가 아프가니스탄의 병사들을 상대로 테라노스 장치를 허가 받으려면 FDA가 테라노스의 규제 전략을 지지한다는 서면 승인서를 받아 와야 한다는 주장으로 끝났다. 엘리자베스는 FDA의 서면 승인서를 받아 오겠노라고 약속했다. 그녀는 이것이 마치 형식상의 절차인 것처럼 행동했다. 슈메이커는 정녕 그럴지 매우 의심스러웠지만, 이제 모든 것이 테라노스의 손에 달렸다는 점은 분명했다.

슈메이커는 2012년 늦봄, 미군 중부 사령부에서 문의를 받기 전까지 이 문제에 대해 더 들은 바가 없었다. 그는 짜증 나지 않을 수 없었다. 테라노스는 그가 요청한 FDA의 서면 승인서를 제출하지 못했을 뿐만 아니라 슈메이커와 켈리가 12월에 워싱턴 D.C.에서 엘리자베스와 만난 이후 소식이 완전히 두절됐던 것이다.

슈메이커는 상사의 승인을 얻어 FDA와 직접 연락해 보기로 결정했다.[2] 2012년 6월 14일 아침, 그는 FDA의 미생물학 기기 부서의 샐리 호이밧Sally Hojvat에게 이메일을 보냈다. 두 사람은 2003년에 슈메이커가 FDA에서 펠로우 과정 당시 함께 근무했는데, 한 주 전 컨퍼런스에서 우연히 마주쳤다. 슈메이커는 호이밧에게 테라노스의 상황을 말하고 그들이 규제에 접근하는 방식이 "상당히 색다르다"고 설명하며 FDA 기관의 지침을 달라고 요청했다. 슈메이커는 단순히 비공식적인 조언을 얻는 것 이상을 의도하지 않았으나, 훗날 이 일은 만일 그가 미리 알았다면 다시 한번 생각하게 했을 일련의 사건의 발단이 되었다. 호이밧은 FDA의 생체외 진단 및 방사선 보건국의 국장 알베르토 구티에레즈Alberto Gutierrez를 포함하여 동료 다섯 명에게 슈메이커의 이메일을 전달했다.[3] 프린스턴대학교에서 화학 박사 학위를 취득한 구티에레즈는 FDA에서의 20년 경력 중 많은 시간 동안 실험실 자체 개발 검사(LDT)에 대해 고민해 왔다.

FDA는 오랫동안 실험실 자체 개발 검사가 기관의 통제 권한 내에 있다고 여겼다. 하지만 1976년에 FDA의 권한을 약제에서 의료 장비에까지 확대하기 위해 연방 식료품, 의약품 및 화장품 조례가 개정되었을 때에는 실험실 자체 개발 검사가 아직 흔하지 않았다.[4] 가끔 특이한 의료 사례가 발생하여 새로운 유형의 검사가 필요할 때에만 지역 실험실에서 자체 제작되고는 했다.

하지만 1990년대에 실험실에서 유전자 검사를 포함하여 널리 사용할 수 있는 더욱 복잡한 검사를 개발하기 시작하면서 상황은 뒤바뀌었다.[5] FDA의 자체 계산에 따르면, 백일해와 라임병에서 다양한 종류의 암에 이르기까지 결함이 있고 신뢰할 수 없는 여러 검사가 시장에 출시되어 결과적으로 환자들에게 막대한 피해를 끼치게 됐다. FDA 내에서 실험실 산업 분야의 규정을 강화할 필요가 있다는 의견이 모아지고 있었고, 그 중심에는 구티에레즈가 있었다. 호이밧에게서 슈메이커의 이메일을 전달 받아 보자마자 구티에레즈는 도저히 믿기지 않아 고개를 저었다. 슈메이커가 설명한 대로 FDA의 규제를 교묘히 피해 가겠다는 접근법이 바로 그가 종지부를 찍으려는 유형이었다.

실험실 자체 개발 검사가 메디케어 메디케이드 서비스 센터(CMS)가 아니라 FDA 산하에서 규제되어야 한다는 구티에레즈의 견해는 그가 CMS 동료들과 친하게 지내는 데 걸림돌이 되지 않았다. 그 반대로 그들은 훌륭한 협력 관계를 유지하고 종종 구식 법령에 의해 생기는 규제의 공백 부분을 메꾸기 위해 의사소통하며 애썼다. 구티에레즈는 슈메이커의 이메일을 CMS 실험실 감독 부서의 주디스 요스트Judith Yost와 페니 켈러Penny Keller에게 보내며 이메일 상단에 자신의 의견을 추가했다.[6]

이건 어때요!!! 이런 걸 CMS에선 LDT라고 간주하나요? 이 건에 대해 집행 재량권을 행사하기는 어려울 것 같지 않아요?

알베르토

몇 차례 이메일을 주고받은 뒤 구티에레즈와 요스트와 켈러는 모두 같은 결론에 도달했다. 테라노스의 규제 전략은 연방의 규정을 준수하지 않았다는 것이었다. 요스트와 켈러는 아무도 들어 본 적 없는 이 회사에 사람을 보내 그들이 어떤 일을 꾸미고 있는지 알아보고, 그들이 오해하고 있는 부분을 바로잡아 주는 것이 좋겠다고 생각했다.[7]

그 임무는 샌프란시스코 CMS 사무소의 베테랑 현장 검사관인 게리 야마모토Gary Yamamoto에게 맡겨졌다.[8] 두 달 후인 2012년 8월 13일, 야마모토는 팰로앨토의 테라노스 사무실에 예고 없이 찾아갔다.[9] 그때 테라노스는 원래 위치에서 1.6킬로미터 정도 떨어진 1601 사우스 캘리포니아 애비뉴의 옛 페이스북 건물로 이전을 완료한 상태였다.

서니와 엘리자베스는 야마모토를 회의실로 안내했다. 야마모토는 기관에 테라노스에 대한 고발이 접수돼 그에 대해 조사차 나왔다고 통보했는데, 그들이 이미 어디의 누가 고발한 것인지 알고 있어서 깜짝 놀랐다.[10] 슈메이커가 FDA에 이메일을 보냈다는 사실을 누군가 그들에게 이미 알린 모양이었다. 엘리자베스의 얼굴이 찌푸려져 있는 것을 보니 매우 언짢아 하는 것을 명백히 알 수 있었다. 엘리자베스와 서니는 슈메이커가 이메일에 쓴 내용에 대해 전혀 알지 못한다고 주장했다. 또 엘리자베스는 슈메이커와 만난 적은 있지만 그에게 테라노스가 CLIA 인증서만 갖고서 자체 개발 혈액 진단 장비를 널리 배포할 계획이라고 얘기한 적은 없다고 말했다.

"그렇다면 CLIA 인증서는 대체 왜 신청한 겁니까?" 야마모토가 물었다. 서니는 실험실의 운영 방식에 대해 배우고 싶었고, 실제로 운영해 보는 것이 배우기에 가장 좋은 방식이라고 생각했다고 대답했다. 야마모토는 그의 대답이 수상하며 무의미한 대답이라 생각했다. 그는 실험실을 보여 달라고 요구했다.

그들은 케빈 헌터에게 그랬던 것처럼 야마모토가 실험실에 출입하는 것을 거부할 수 없었다. 야마모토는 그들이 막 대할 수 있는 민간 실험실 컨설턴트가 아니라 연방 규제 기관을 대표하여 나온 사람이었다. 그래서 서니는 마지못해 검사관을 새 건물 2층의 한 방으로 안내했다. 뒤피를 해고한 후 테라노스는 실험실을 이스트 메도 서클의 임시 실험실에서 이곳으로 옮겼다.

야마모토가 그 방에서 발견한 것은 감격스러울 정도의 것은 아니었지만 크게 우려할 만한 상황도 아니었다. 작은 공간 안에 하얀 실험복을 입은 두 명의 직원과 몇몇 상업용 진단 기기가 한가로이 놓여 있었다. 그저 평범한 실험실처럼 보였다. 특별하다거나 새로운 혈액 검사 기술의 징후는 전혀 발견할 수 없었다. 야마모토가 이 사실을 지적하자 서니는 테라노스의 기기가 아직 개발 중이며, FDA의 허가 없이는 기기를 출시할 계획이 없다고 설명했다. 이는 엘리자베스가 슈메이커에게 두 차례 말했다는 것과 정확히 상반되는 내용이었다. 야마모토는 무엇을 믿어야 할지 판단이 서지 않았다. 육군 장교는 도대체 왜 말을 지어낸 걸까?

하지만 테라노스의 현재 운영 방식에 대해 그가 지적할 수 있는 명확한 위반 상황이 없었으므로 야마모토는 실험실 규정에 대해 오래 설교한 뒤 서니를 처벌 없이 보내 주었다. 하지만 슈메이커가 샐리 호이밧에게 보낸 이메일에 적혀 있듯 CLIA 인증을 받은 공인 실험실에서 혈액 분석기를 배치하여 원격으로 운영하는 것은 논외라는 사실을 분명히 강조했다. 만일 테라노스가 분석기기를 타지에서 원격 운영할 생각이 있다면 그곳 역시 CLIA 인증을 받아야 한다고 설명했다. 혹은 분석기기 자체가 FDA의 인증을 받는 것이 가장 좋다고 말했다.

엘리자베스는 회사가 공격을 받는다고 생각될 때 가만히 앉아서 조용히 받아들일 사람이 아니었다. 그녀는 매티스 대장에게 감히 자신을 곤란하게 만든 사람에 대해 맹렬히 비난하는 이메일을 보냈다.[11] 그녀는 슈메이커가 테라노스에 대해 "노골적인 허위 정보"를 FDA와 CMS에 전했다고 적었다. 그러고는 슈메이커 중령을 경멸하는 말을 여러 문단에 걸쳐 쓰면서, "테라노스 법률 자문단의 도움을 받아" 슈메이커가 기관에 주장한 일곱 가지 부정확한 진술을 열거했다. 엘리자베스는 다음과 같은 사항을 요청하며 이메일을 마쳤다.

테라노스는 오해의 소지가 있는 진술을 바로잡기 위해 신속한 조치를 취하고 있습니다. 슈메이커 중령은 FDA에 "테라노스가 어떤 일을 꾸미고 있는지 미리 알린다"는 명목으로 테라노스가 불법 행위를 저지르고 있다는 부정확한 정보를 넘겼습니다. 이런 상황을 바로잡는 데 도움을 주시면 감사하겠습니다. 잘못된 정보가 국방부에서 나왔으니 국방부 내의 적임자가 공식적으로 이 내용을 시정해 주시면 매우 유용할 것입니다. 늘 생각해 주시고 시간 내 주셔서 감사드립니다.

안부를 전하며,

엘리자베스

몇 시간 후 엘리자베스의 이메일을 읽은 매티스는 분개했다. 그는 미군 중부 사령부의 외과의 사령관인 에린 에드거Erin Edgar 대령과 테라노스 현장 테스트를 맡긴 부관에게 이메일을 전달하며 그의 분노를 잘 나타내는 문장을 추가로 덧붙였다.[12]

에린, 슈메이커 중령은 누구이며, 도대체 일이 어떻게 돌아가고 있는 겁니까? 이 장치를 전역에서 합법적·윤리적으로 시험해 보려고 했는데, 아래 적힌 것과 같은 방문이 실제로 일어난 것인지, 또 어떻게 새 장애물을 극복할 수 있는지 알아야겠습니다. 결론적으로 아래 진술이 정확하다는 근거가 필요합니다. 만일 슈메이커 중령, 맨 중령과 직접 만나 내가 비윤리적 혹은 불법적인 사업을 추진하고 있다는 설명을 들어야 한다면 내가 미국으로 돌아갈 때 탬파에서 만날 수 있도록 약속을 잡아 주길 바랍니다. 전역에서 원래 일정보다 복귀가 조금 늦어질 것 같습니다.

M

CMS 검사관의 갑작스러운 방문은 엘리자베스를 전쟁터로 몰아넣었다. 에드거 대령과의 통화 중에 엘리자베스는 슈메이커를 고소하겠다고 협박했다. 에드거는 검사관 방문 소식과 함께 엘리자베스의 협박을 포트 데트릭의 동료에게 전달했다. 또한, 엘리자베스가 매티스에게 보낸 이메일과 매티스의 반응도 함께 전달했다.[13]

슈메이커는 이메일을 받아 보고 얼굴이 핼쑥해졌다. 매티스는 군대에서 가장 강력하고 무시무시한 사람이었다. 직설적인 발언으로 유명한 매티스 대장은 이라크에 배치된 해병대에 "예의 바르고 프로페셔널하게 행동하라. 하지만 만나는 모두를 죽일 각오를 해라"라고 말한 것으로 유명한 인물이었다.[14] 낮은 직위의 육군 장교가 노여움을 사고 싶은 상대는 절대로 아니었다.

또한 슈메이커는 자신의 행동으로 인해 테라노스가 감사를 받았다는 사실에 진정으로 마음이 편치 않았다. 슈메이커는 그러한 감사가 얼마나 불쾌할 수 있는지 잘 알고 있었다. 그는 2008년 7월에 브루스 이빈스Bruce Ivins가 자살하기 2주 전 미육군전염병연구소에서 육군 연구에 사용되는 생물무기인자를 확보하는 부서의 책임자로 배치되어 근무한 적이 있었다. 브루스 이빈스 연구원의 자살로 인해 이빈스가 2001년 탄저균 테러의 유력 용의자라는 사실이 탄로났고, 그 후 2년 동안 여러 정부 기관의 감사가 지속됐다. 슈메이커는 감사를 받는 측의 장교 중 하나였다.

에드거 대령의 제안으로 슈메이커는 CMS 관계자에게 테라노스가 이미 그러한 규제 전략을 실행하고 있다는 것이 아니라 단순히 고려하고 있음을 전하려고 했다고 이메일을 보내어 상황을 완화하려 애썼다.[15] 또한 그가 감사를 요청한 사람이 자신이라는 사실을 CMS가 테라노스에게 밝혔다는 점에 놀랐다고 적었다. 하지만 CMS에게 이메일을 받은 슈메이커는 다시 한번 놀랐다. CMS는 테라노스에 그런 말을 한 적이 없다는 것이었다.[16] 그들은 검사관이 방문했을 때 이미 테라노스가 FDA와 슈메이커 사이에 오간 이메일 사본을 갖고 있었다고 말했다.

슈메이커가 에드거 대령에게 이 이야기를 전하자 에드거는 멋쩍어하며 슈메이커가 샐리 호이밧에게 보낸 이메일을 그가 실수로 엘리자베스에게 전달했다고 인정했다.[17] 그는 사과하며 슈메이커에게 다음 주 플로리다주 탬파의 중부 사령부에 가서 규제 사안에 대해 매티스 대장에게 설명해 달라고 부탁했다. 슈메이커는 대장을 대면하는 것이 긴장됐지만 요청을 수락했다. FDA의 고위 관료가 그의 견해를 지지하면 그의 주장에 힘이 실릴 것이라는 생각에 슈메이커는 알베르토 구티에레즈에게 동행해 달라고 부탁했다. 촉박한 요청이었지만 구티에레즈는 함께 가기로 동의했다.

2012년 8월 23일 오후 3시 정각, 에드거 대령은 두 사람을 탬파의 맥딜 공군 기지 내 매티스의 사무실로 안내했다.[18] 61세의 매티스 대장은 실제로 만나니 더욱 위협적이었다. 다부지고 어깨가 넓으며 눈 밑에 다크서클이 짙은 것으로 보아 매티스는 잠을 충분히 자지 않는 것처럼 보였다. 그의 사무실은 긴 군사 경력 동안 모은 기념품으로 장식되어 있었다. 깃발, 상패, 동전과 함께 슈메이커의 눈이 잠시 멈춘 곳은 유리 캐비닛에 진열된 웅장한 칼 세트였다. 그들이 사무실 한쪽에 마련된 목재 회의 책상에 앉자 매티스가 거두절미하고 말했다. "이 장비를 배치하려고 1년 동안이나 일을 진행했네만, 도대체 무슨 일인 겐가?"

슈메이커는 이미 구티에레즈와 모든 것을 검토해 보았고, 근거가 분명하다고 확신했다. 슈메이커는 매티스에게 테라노스 기술을 전역 현장에서 시험하는 것에서 야기되는 문제에 대해 간략히 설명했다. 그리고 구티에레즈는 슈메이커가 법을 정확히 해석했으며, 테라노스 장비가 FDA의 규제 대상이라고 말을 이어갔다. FDA가 아직 테라노스 장비의 상업화를 검토 및 승인하지 않았기 때문에 오직 기관심사위원회가 정한 엄격한 조건하에서만 인체 실험을 수행할 수 있다는 점도 설명했다. 그리고 그러한 조건 중 하나는 피실험자의 정보에 입각한 동의를 받는 것이었는데, 전쟁 지역에서는 특히 지키기 어려운 조건이었다.

매티스는 포기하려 하지 않았다. 그는 진행할 수 있는 다른 방법을 제안해 달라고 요청했다. 몇 달 전 엘리자베스에게 보낸 이메일에서도 명시했듯 그는 테라노스의 발명품이 병사들에게 "판도를 바꿀 혁신적인 장비"가 될 것이라고 확신했다. 구티에레즈와 슈메이커는 해결책을 제시했다. 그건 바로 병사들의 개인 정보를 비공개한 샘플 중 잔여 혈액 샘플을 사용하는 "제한된 실험"이었다. 이 방식으로는 정보에 입각한 동의를 얻을 필요가 없으며, 매티스가 바라는 대로 빠른 시일 내에 진행할 수 있는 유일한 유형의 연구였다. 그들은 이 방식을 추진하기로 동의했다. 슈메이커와 구티에레즈는 들어간지 15분 만에 매티스와 악수하고 그의 사무실에서 나왔다. 슈메이커는 대단히 안심했다. 매티스는 대체로 무뚝뚝했지만 합리적이어서 실행 가능한 타협점에 도달할 수 있었다.

제한된 실험은 매티스가 염두에 두었던 더욱 야심찬 현장 시험에 미치지 못했다. 테라노스의 혈액 검사는 부상병의 치료에 도움이 되지 않고 잔여 샘플에만 수행되어 군대의 정규 시험 결과와 일치하는지 확인만 할 수 있을 것이었다. 하지만 그것만으로도 대단한 기회였다. 슈메이커는 군 경력 초창기에 5년 동안 생물학적 위협 작용제의 진단 시험 개발을 감독한 적이 있는데, 전역에서 병사의 익명 혈액 샘플을 얻을 수만 있다면 자신의 왼쪽 팔이라도 내주었을 것이다. 이러한 테스트에서 생성된 데이터는 FDA로부터 긍정적인 평가를 받아내는 데 매우 유용하게 사용될 수 있기 때문이다.

하지만 그 후 수개월 동안 테라노스는 뚜렷한 이유 없이 주어진 기회를 활용하지 못했다. 2013년 3월 매티스 대장이 군대에서 퇴역했을 때에도 익명 잔여 혈액 샘플의 연구는 시작되지 않았다. 몇 달 후에 드거 대령이 육군전염병연구소의 지휘를 맡았을 때도 마찬가지였다. 테라노스는 효율적으로 일을 추진하는 것이 불가능해 보였다.

2013년 7월, 슈메이커 중령이 퇴역했다. 그의 이임식에서 포트 데트릭 동료들은 매티스 대장과 용기 있게 직접 대면하고 살아 돌아왔다는 의미로 그에게 "생존 증서"를 수여했다. 또한 직접 제작한 티셔츠를 선물했는데, 앞면에는 "4성 장군과의 브리핑에서 살아남으면 무엇을 해야 할까?"라고 적혀 있었고, 이 질문의 답은 티셔츠 뒷면에 적혀 있었다. "은퇴하여 석양을 향해 항해한다*."

---

* Sail off into the sunset, 영화의 해피엔딩에서 주인공이 석양을 향해 바다로 나아가는 장면에서 유래한 비유.

| 제11장 |

퓨즈에 불을 붙이다

2011년 10월 29일 토요일 오전 10시 15분, 비벌리힐스에 위치한 1238 콜드워터 캐니언가의 초인종이 울렸다.[1] 대문이 야자수에 둘러싸인 1층짜리 건물은 리처드 퓨즈와 로레인 퓨즈 소유의 이탈리아식 저택이었다. 조지타운 대학을 졸업한 후 워싱턴 D.C.에서 로스앤젤레스로 이주한 자녀들과 더 가까워지기 위해 두 사람은 2년 전에 저택을 구매했다.[2]

리처드 퓨즈가 문을 열자 소장 송달인이 그에게 법적 서류를 건네주려 했다.

"퓨즈 테크놀로지Fuisz Technologies사에 제기된 소송 서류를 전달하러 왔습니다." 송달인이 말했다.

리처드는 회사명에 자신의 이름이 들어 있지만, 그 회사가 더 이상 자신의 소유가 아니기 때문에 서류를 받을 수 없다고 대답했다. 리처드는 10년도 더 전에 회사를 매각했던 것이다.[3] 또한 회사가 현재 캐나다 제약 회사인 밸리언트 제약 회사Valeant Pharmaceuticals 소속이라고 설명했다.[4] 송달인은 누군가에게 전화를 걸어 리처드의 말을 전달했다. 수화기 너머에서 누군가가 큰 소리로 주소는 제대로 찾아갔으니 그냥 서류나 잘 전달하라며 소리를 질렀다. 리처드는 끝끝내 받지 않으려고 거절했다. 인내심을 잃은 송달인은 리처드의 발치에 서류를 던지고 가 버렸다. 리처드는 휴대전화를 꺼내 길가에 흩어진 서류 더미를 카메라로 찍었다. 그는 이것이 무슨 내용의 서류인지 이미 잘 알고 있었다. 소송의 공동 피고인으로서 이미 이틀 전에 비슷한 종류의 서류를 개인적으로 받았던 것이다. 리처드는 잠시 궁리하다가 웅크려 엉망진창이 된 서류 더미를 집어 들었다. 이웃에게 이 광경을 보이고 싶지 않아서였다.

이 서류는 바로 테라노스가 샌프란시스코 연방 법원에 제출한 고소장이었다.[5] 테라노스는 리처드가 첫 번째 결혼에서 얻은 두 아들 조 퓨즈, 존 퓨즈와 함께 테라노스의 기밀 특허 정보를 훔치기 위해 음모를 꾸미고, 경쟁 특허를 제출하는 데 사용했다고 주장했다. 또한 테라노스의 전 변리사인 맥더모트 윌 에머리 법률 회사에서 존 퓨즈가 근무하는 동안 아버지를 대신하여 기밀 정보를 빼냈다고도 주장했다.

고소장의 첫 페이지 상단에는 테라노스가 유명한 변호사인 데이비드 보이즈David Boies를 대리인으로 고용한 사실이 기재되어 있었다. 그러나 보이즈처럼 유명한 변호사의 로펌 직원도 실수로 퓨즈의 회사명을 잘못 기재하고 말았다. 실제로 문제가 된 특허는 퓨즈 테크놀로지가 아니라 리처드와 조가 새로 창립한 퓨즈 제약Fuisz Pharma의 이름으로 등록되어 있었다. 리처드는 보이즈가 자신의 실수 때문에 초조해지라는 의도로 일부러 소장을 거부했다.

리처드와 아들들은 소송에 화가 났지만 처음에는 지나치게 걱정하지 않았다. 테라노스의 주장이 거짓이라는 확신이 있었기 때문이었다. 리처드가 존에게 보낸 이메일에서 엘리자베스의 스타트업 이야기를 꺼낸 것은 2006년 7월, 특허청의 공개 데이터베이스에서 발견한 테라노스 특허 출원에 관한 링크를 보낸 것이 전부였다.[6] 이 이메일은 리처드가 자신의 임시 특허를 제출하고 2개월이나 지난 후에 보냈으며, 리처드는 맥더모트에서 테라노스의 특허 신청서를 작성한 사람을 존이 알고 있는지 물은 것뿐이었다. 존은 맥더모트는 엄청나게 큰 로펌이라 전혀 아는 바가 없다고 대답했다. 존은 그런 이메일을 주고받은 사실조차 완전히 잊고 지냈다.[7] 게다가 5년 넘는 시간이 흘러 그 일에 대해 전혀 기억하지 못했다. 존은 이 소송 때문에 "테라노스"라는 회사를 처음 들었다고 생각할 정도였다.

리처드와는 반대로 존은 엘리자베스나 홈즈 가족에 어떠한 악감정도 품을 이유가 없었다.[8] 존이 20대 초반일 때 그가 가톨릭 대학교 법학 대학에 입학할 수 있도록 크리스천 홈즈가 추천서를 써 주었던 것이다. 그 후 존의 첫 번째 부인은 로레인 퓨즈를 통해 노엘 홈즈와 알게 되었고 서로 친하게 지냈다. 심지어 존의 첫 아들이 태어났을 때 노엘이 아기 선물을 주러 집에 들른 적도 있었다.[9]

게다가 리처드와 존의 사이는 그다지 가깝지 않았다. 존은 아버지가 강압적인 과대망상증 환자라고 생각하여 최소한의 거리를 유지하려고 노력했다. 심지어 2004년에 존은 맥더모트 로펌 고객으로서 리처드가 까다롭고 제때 요금을 지불하지 않아 더 이상 변호하지 않겠다고 아버지를 내치기까지 했다. 존이 아버지를 위해 로펌에서 정보를 훔쳐 자신의 법조계 경력을 위태롭게 했다는 생각은 두 사람 사이의 냉랭한 관계를 모르는 사람이나 할 수 있는, 근본적으로 말이 안 되는 발상이었다.

하지만 엘리자베스는 당연히 리처드에게 분노했다. 그가 2006년 4월에 제출한 특허 출원은 2010년 11월에 미국 특허 7,824,612로 발전됐으며, 테라노스의 장치를 환자의 집에 설치하려는 엘리자베스의 비전을 가로막고 있었다. 언젠가 그 비전이 실현되려면 엘리자베스는 환자의 비정상적인 혈액 검사 결과에 대해 의사에게 알리는 리처드의 바코드 메커니즘 라이선스를 발급받아야 했다. 리처드는 특허가 인정된 날에 퓨즈 제약의 보도 자료를 테라노스의 홈페이지에 기재된 이메일 주소 info@theranos.com으로 보내어 엘리자베스에게 직접 알렸다.[10] 엘리자베스는 협박에 굴복하기보다는 오히려 전국에서 가장 실력 있고 무시무시한 변호사를 고용하여 옛 이웃을 제압하기로 결심했다.

변호사 데이비드 보이즈의 전설은 널리 알려져 있었다. 보이즈는 1990년대에 법무부가 마이크로소프트를 상대로 반독점 소송을 하기 위해 그를 고용했을 때 전국적으로 유명해졌다. 보이즈는 법정에서 소송을 대승리로 이끄는 도중 영상 녹화된 진술에서 20시간 동안이나 빌 게이츠를 구워삶았는데, 이는 굴지의 소프트웨어계 거물에게 큰 타격을 입혔다.[11] 그 후 2000년 대통령 선거 중 대법원 앞에서 앨 고어를 대변하여 법적 유명 인사로서 자신의 지위를 확고히 했다. 최근에는 동성애 결혼을 금지하는 캘리포니아주의 법안 8을 성공적으로 뒤집기도 했다.

보이즈는 필요한 때라면 무자비해질 수 있는 소송의 거장이었다. 자신의 고객을 대변해 팜비치의 소규모 잔디 관리 업체와의 사업적 분쟁에서 잔디 관리 업체의 사장과 직원 세 명을 음모, 사기, 금품 갈취, 그리고 독점 금지법 위반으로 고소하여 연방 법원에서 상고될 만큼 문제를 확대시켰던 사건은 어떤 수단을 쓰던 이기기만 하면 된다는 보이즈의 신념을 잘 보여 주는 사례다.[12] 보이즈는 플로리다주 마이애미의 판사가 소송을 기각한 후 조지아주 애틀란타 미국 연방 고등 법원에서 열린 제11순회 항소 법원에서 판결에 항소했다.[13] 그 항소가 실패한 후에야 비로소 보이즈는 고소를 취하했다.

보이즈의 법률 회사인 보이즈 실러 플렉스너Boies, Schiller & Flexner는 공격적인 전술로 명성이 자자했다. 리처드는 오래 지나지 않아 그 이유를 알게 되었다. 테라노스가 고소하기 몇 주 전, 리처드와 조와 존은 누군가가 자신을 감시하고 있다는 단서를 찾아냈다. 리처드는 라스베이거스로 향하는 비행기에 탑승하기 위해 반 누이스 공항으로 차를 타고 가던 도중, 뒤에 자동차 한 대가 그를 미행하는 것을 눈치챘다. 마이애미에 살고 있는 조는 그 동네의 자칭 대장 노릇을 하는 은퇴한 경찰에게서 누군가가 조의 집을 지켜보고 있다는 경고를 받았다. 존과 부인은 조지타운에 있는 자신의 집을 누군가가 사진 찍는 상황을 목격했다. 퓨즈 가족은 이제 그들이 보이즈가 고용한 사설탐정이라고 확신했다.

테라노스가 퓨즈 부자를 고소하고 나서도 감시는 계속되었고, 이는 리처드의 아내 로레인을 불안하게 만들었다. 베벌리힐스에 있는 리처드의 집 건너편에 자동차 한 대가 계속 주차되어 있었고, 그 안에 운전자가 한가로이 앉아 있었다. 하루는 그 차의 운전석에 앉아 있는 사람이 금발의 여성이라는 사실을 로레인이 발견하고, 그녀의 오랜 친구인 노엘 홈즈일 것이라고 확신하게 되었다. 리처드는 그럴 가능성이 전혀 없다고 생각했지만, 카메라와 망원 렌즈를 들어 집 안에서 집을 감시 중인 회색 토요타 캠리의 사진을 찍었다. 그러고는 밖으로 나가 운전자에게 다가갔다. 리처드가 차에 접근하자 갑자기 감시 차량이 재빨리 달아나 버렸다. 나중에 사진을 자세히 들여다보았지만 사진에 찍힌 여자의 윤곽이 제대로 찍히지 않아 확실히 노엘이라고 판단할 수 없었다. 그로 인해 로레인은 더욱 화가 났다. 홈즈 가족이 퓨즈를 파산시켜 집을 빼앗으려 한다고 확신했다. 로레인은 이성을 잃어 가고 있었다.

데이비드 보이즈가 사설탐정을 고용한 것은 협박 전술이 아니라 엘리자베스와 서니의 세계관을 형성한 편집증의 산물이었다. 편집증은 임상 실험 진단 분야의 주요 업체인 퀘스트와 랩코프가 테라노스의 기술을 훼손하기 위해 무슨 일이라도 서슴지 않을 것이라는 믿음을 중심으로 하고 있었다. 보이즈가 래리 엘리슨과 다른 투자자에게 테라노스를 변호해 달라고 처음 부탁받았을 때 들었던 것도 그러한 우려였다. 다시 말해, 보이즈의 임무는 단지 퓨즈를 고소하는 것이 아니라 퓨즈가 퀘스트와 랩코프와 연합하고 있는지 여부를 조사하는 것이었다. 현실은 두 회사 모두 그때 당시에는 테라노스를 관심에 두지 않았고, 리처드의 삶이 아무리 다채롭고 음모가 가득한 것처럼 보여도

두 업체와는 아무런 관계가 없었다.

테라노스가 소송을 건 지 2개월 후, 존 퓨즈가 고용한 키커 반 네스트Keker & Van Nest 법률 회사는 테라노스가 제기한 혐의에 대해 무죄를 입증하기 위해 별로 도움이 되지 않은 몇 가지 문서를 보이즈에게 보냈다. 그중 하나는 맥더모트 로펌의 기록 관리자인 브라이언 맥컬리Brian McCauley의 진술서였는데, 로펌의 기록 관리 및 이메일 시스템을 철저히 조사했지만 존이나 그의 비서가 테라노스 관련 파일에 접촉한적이 단 한 번도 없었다는 내용이었다.[14] 진술서에는 맥컬리가 결론에 도달하기 위해 취한 모든 조치가 나열된 증거물이 첨부되어 있었다. 하지만 5일 후 보이즈는 서류를 두고, "본인에게 유리한 내용만 썼으며 별로 설득력이 없다"라고 답변했다.[15]

리처드 퓨즈는 테라노스 이사진에게 여러 통의 편지를 보내 직접 호소하려 했다. 한번은 어린 시절 엘리자베스의 사진을 함께 넣어 퓨즈 가족과 홈즈 가족이 한 때는 친했으며 서로 오랜 시간을 알고 지냈다는 사실을 언급했다. 또 한번은 2006년 4월에 특허를 출원하기까지 변리사와 함께 주고받았던 모든 이메일 사본을 인쇄해 바인더에 담아 보내며 특허가 자신의 작업의 산물임을 증명하려 했다. 또한 이사진들과 만나자고 제안했다.[16] 리처드가 테라노스에게 유일하게 받은 답변은 리처드가 보낸 이메일 내용이 왜 그의 결백을 증명할 것이라고 생각했는지 "이해할 수 없다"고 적힌 보이즈의 답변뿐이었다.[17]

보이즈는 테라노스가 제기한 혐의대로 존 퓨즈가 정보를 넘겼다는 증거를 단 하나도 입수하지 못했지만, 판사나 배심원들의 마음에 의

문을 제기하게 만들려고 존의 과거사 중 몇 가지 사건을 들춰 낼 계획이었다.

1992년 존은 법학 대학을 막 졸업했을 때, 스캐든 아프스 슬레이트 미거 플롬Skadden, Arps, Slate, Meagher & Flom 법률 회사에서 일하던 대학 친구와 아버지 리처드 사이에서 전달자 역할을 했던 적이 있었다.[18] 친구는 리처드에게 전달해 달라며 존에게 스캐든 로펌의 대금 청구 문서 더미를 건네 줬다. 그 당시 리처드 퓨즈는 스캐든 로펌이 변호를 맡은 중장비 제조사 테렉스 코퍼레이션Terex Corporation과 법적 공방 중이었다.[19] 테렉스가 스커드 미사일 발사대를 이라크에 판매했다고 리처드가 국회 위원회에 고발했다는 이유로 테렉스가 리처드를 명예 훼손으로 고소한 사건이었다. 비록 20년 전의 사건이고 명예 훼손 소송 중 법원에서 존이 잘못한 점을 입증하지 못한 채 잘 해결되었지만, 보이즈는 그 사건을 이용하여 그가 정보를 훔쳐 아버지에게 전달한 역사가 있음을 증명하려 했다.[20]

보이즈가 활용하려고 계획한 것 중에 존에게 더 큰 타격을 입힐 만한 최근 사건도 하나 있었다. 2009년에 테라노스와 무관한 일로 존이 로펌 고위 간부와 충돌하여 맥더모트 로펌이 결국 존에게 사퇴하도록 강요한 사건이다. 분쟁의 원인은 맥더모트가 미국 정부의 불공정수입 조사국을 상대로 중국 국유 기업을 대표하여 국제 무역 위원회의 앞에서 재판을 받아야 했는데, 중국 의뢰인을 대변하는 과정에서 위조 문서를 증거로 사용하자는 파트너 변호사들의 주장을 존이 반대했기 때문이었다. 맥더모트 로펌의 대표는 위조 문서 사용을 철회하기로 동의했으나 그로 인해 중국 의뢰인의 변호가 크게 약화되어 수석 파트너들이 분노했다. 로펌은 다른 이유를 언급하며 존의 행동이 파트너 변호사 자리에 어울리지 않는다고 주장하면서 결국 사직을 권유했다. 퇴사 사유로 언급된 이유 중에는 한 고객이 존에 대해 제기한 불평도 있었다. 그 당시 로펌은 존에게 그 고객이 누구인지, 또는 불만 사항이 무엇인지 말해 주지 않았다. 하지만 존은 이제 그 고객이 2008년 9월에 엘리자베스가 리처드의 특허 관련하여 척 워크에게 불평했던 건이 틀림없다고 생각했다.

존 퓨즈를 나쁘게 묘사하려던 보이즈의 전략은 2012년 6월 이 사건을 담당하는 판사가 법률 위법 행위 처벌에 대한 캘리포니아주의 1년 출소 기한법이 만료되었다는 이유로 존의 혐의를 모두 기각하여 실패로 돌아갔다.[21] 그 후 보이즈는 돌아서서 워싱턴 D.C.주 법원에서도 맥더모트를 고소했지만, 존과 로펌의 혐의가 단순히 추측에 근거한다고 판결이 내려져 맥더모트에 제기된 소송이 기각되었다.[22] 판사는 "회사 내 변호사가 테라노스 자료에 접촉할 수 있는 권한이 있었다는 사실만으로 회사가 기밀을 유지하지 못했다고 볼 수는 없다"라고 판결 내렸다.[23]

하지만 보이즈의 주장이 완전히 기각된 건 아니었다. 캘리포니아주 판사는 존의 혐의를 기각하는 동시에 리처드와 조에 대한 다수의 혐의에 가능성이 있다고 인정하고 재판을 진행하도록 허가했다. 존은 더 이상 피고인이 아니었지만, 보이즈는 리처드와 조에 대한 혐의를 입증하기 위해 존을 증인으로 세워, 존을 고소했을 때와 동일하게 존이 리처드에게 테라노스의 정보를 흘렸다는 주장을 할 수 있었다.

소송이 가을로 이어지며 존이 처음에 성가시다고 생각했던 감정은 엘리자베스를 향한 완전한 분노로 변했다. 맥더모트 로펌을 떠난 후 존은 자신의 로펌을 설립했는데, 테라노스가 제기한 혐의로 인해 여러 고객이 떠나갔다. 전혀 다른 두 사건의 상대측 변호인들이 테라노스가 제기한 혐의를 법정에서 언급했다. 2013년 봄에, 존은 보이즈 실러 로펌의 변호사들에게 질문을 받으며 진술할 때 속에서 분노가 계속 쌓이고 있었다. 아내 어맨다가 뱃속 태아의 혈관이 노출되어 파열될 위험이 있는 임신 합병증 전치 혈관이라는 진단을 받았던 것이다. 34주가 되어 아기를 출산하고 신생아 집중 치료실에 들여보낼 때까지 존과 어맨다는 불안하고 불확실한 하루하루를 버텨야 했다.

심지어 상황이 좋을 때에도 존은 욱하는 성질이 있었다. 어릴 땐 다른 아이들과 싸움도 자주 하며 자랐다. 어느 날 보이즈 로펌 소속 변호사의 질문에 대답하다가 격렬한 언어를 사용하고 욱하고 화를 내며 전투적이고 고약한 성질을 보여 주었다. 6시간 30분 동안 진행된 진술이 끝날 때쯤 존은 보이즈의 손에 놀아나 테라노스를 협박하는 언사를 하기도 했다. 아버지 리처드의 변호사가 이번 사건으로 인해 그의 명예가 훼손되었는지, 또 그렇다면 진술 중 자신의 태도에 어떠한 영향을 미쳤는지 여부에 대해 묻자 존은 이렇게 대답했다.[24]

당연하죠. 나는 그들에게 분노하고 있어요. 이 소송이 끝나면 반드시 복수를 해서 그들을 모조리 고소하려고요. 그리고 엘리자베스 홈즈가 살면서 절대로 다른 회사를 소유할 수 없도록 만들 겁니다. 특허를 출원해서라도 홈즈가 죽을 때까지 끝까지 그녀를 괴롭힐 거예요.

존 퓨즈의 분노가 끓어오르는 동안, 리처드와 조는 소송에 드는 어마어마한 비용을 염려하고 있었다. 그들은 로스앤젤레스의 법률 회사 켄들 브릴 클리거Kendall Brill & Klieger를 변호인으로 고용하여 월간 약 15만 달러의 비용을 지불했다. 켄들 로펌에서 퓨즈 사건을 담당한 파트너 변호사 로라 브릴Laura Brill은 전략적 봉쇄 소송 금지법(Anti-SLAPP)*을 신청하여 테라노스 건을 단순히 경솔한 소송으로 기각하려 했는데, 이는 성공할 것이라는 장담도 없이 50만 달러의 추가 비용이 들었다. 결국 퓨즈 부자는 베이니 이시모토Banie & Ishimoto라는 더 작고 저렴한 북부 캘리포니아 법률 회사로 옮기기로 결정했다. 그리고 과거에 리처드를 대변했던 조지워싱턴 법학대학 교수 스티븐 솔츠버그Stephen Saltburg 교수를 고용하여 업무를 감독하게 했다.

그 반면, 그들은 세계에서 손에 꼽히도록 비싼 변호사와 대립하고 있다는 사실을 잘 알고 있었다. 보이즈는 의뢰인에게 한 시간에 거의 1천 달러를 청구했으며, 1년에 천만 달러 이상을 번다고 명성이 자자했다.[25] 하지만 테라노스 건의 경우 정규 선임료 대신 테라노스의 주식을 받았다는 사실을 퓨즈는 알지 못했다. 보이즈는 변호의 대가로 엘리자베스에게서 한 주당 15달러의 가격에 30만 개 테라노스 주식을 구매하여 총 450만 달러 가치의 주식을 얻었다.

보이즈가 의뢰인과 대체 선임료 약정을 체결하여 대신 주식을 받은 것은 이번이 처음이 아니었다. 닷컴 호황기 때에는 소비자에게 의료

---

* 공적 이슈에서 비판의 목소리를 봉쇄하기 위해 이른바 '괴롭히기 소송'을 남발하는 기업이나 개인을 법적으로 규제하는 법.

정보를 제공하는 의학 웹사이트 웹엠디WebMD의 주식을 대신 받기도 했다. 보이즈는 의뢰인에게서 주식을 받는다면 로펌이 훨씬 더 많은 이익을 챙길 수 있을 것이라는 벤처 자본가의 접근 방식을 취했다. 하지만 그로 인해 테라노스에 기득권이 생겼기 때문에 법적 대리인 이상의 입장이 되었다. 그래서 2013년 초부터 보이즈는 테라노스의 이사회 회의에 참석하기 시작했다.

엘리자베스의 이름이 테라노스가 소유한 모든 특허에 기재되었지만, 리처드는 의학 혹은 과학에 대해 훈련받지 않은 대학 중퇴자가 실제 발명을 했다는 사실에 매우 회의적이었다. 그는 석사나 박사 학위를 딴 다른 직원이 기술을 개발했을 가능성이 오히려 더 크다고 생각했다.

양측이 재판을 준비하면서 리처드는 엘리자베스의 특허 중 다수의 공동 창안자로 등장한 이언 기번스Ian Gibbons라는 이름에 주목했다. 약간의 조사를 통해 그는 이언이라는 남자에 대한 몇 가지 기본적인 사실을 알게 되었다. 이언은 영국인으로 케임브리지 대학교에서 생화학을 전공했으며, 1980년대와 1990년대에 바이오트랙 연구소Biotrack Laboratories라는 회사에서 근무하며 출원한 특허 19건을 포함하여 총 50건의 미국 특허에 발명가로 등재되어 있었다.

리처드는 이언이 대부분의 과학자와 마찬가지로 양심과 합리성을 갖추었을 거라고 추정했다. 그래서 엘리자베스가 앞서 했던 특허 출원이 리처드의 특허와 유사점이 없다는 사실을 이언이 선서해 줄 수 있다면 테라노스에 큰 타격이 될 거라고 생각했다.

또한 바이오트랙에서 출원한 특허 중 일부가 테라노스 특허와 유사하다는 점을 알아차렸고, 과거 특허 중 일부를 부적절하게 재활용했다는 혐의로 테라노스를 고발할 수 있게 되었다. 그들은 이언이라는 이름을 증인 목록에 추가했다. 그러자 기묘한 일이 일어났다. 그후 5주 동안 보이즈 실러 로펌의 변호사는 이언의 진술 날짜를 잡자는 퓨즈 부자의 요청을 무시했다.[26] 의혹을 품은 퓨즈 부자는 변호사에게 이 문제를 더욱 압박하라고 요청했다.

| 제12장 |

이언 기번스

이언 기번스는 엘리자베스가 테라노스를 설립한 후 처음으로 고용한 경험 많은 과학자였다. 그는 엘리자베스의 스탠퍼드대학교 시절 스승인 채닝 로버트슨의 추천을 받고 입사했다. 이언과 로버트슨은 1980년대 바이오트랙이라는 회사에서 처음 만나 액체 샘플을 희석하고 혼합하는 새로운 메커니즘을 함께 발명하여 특허를 취득했다.[1]

2005년부터 2010년까지 이언은 테라노스에서 게리 프렌젤과 함께 화학 연구를 이끌었다. 처음에는 회사에 더 먼저 입사한 이언이 게리의 상관이었다. 하지만 엘리자베스는 게리가 사람들을 더 잘 다루며 관리자 자리에 더 어울린다고 생각하여 두 사람의 역할을 바꾸었다. 두 사람은 상당히 대조적이었다. 이언은 내성적이며 풍자적인 유머 감각을 지닌 영국인인 반면, 게리는 수다스럽고 텍사스 억양이 강한 전직 로데오 라이더였다. 그러나 그들은 과학자로서 서로를 존경하여 좋은 관계를 유지했으며, 때로는 회의 중 서로에게 분통을 터뜨리기도 했다.

　이언은 괴짜 과학자의 고정 관념에 딱 들어맞는 사람이었다. 그는 늘 수염을 기르고 안경을 썼으며 바지는 허리 높이까지 올려 입었다. 또한 데이터 분석에 몇 시간씩 집중할 수 있었고, 근무할 때의 모든 행동을 모조리 메모해 문서로 남겼다. 그의 세심함은 여가 시간까지 이어졌다. 이언은 독서광이었으며 여태 읽은 모든 책을 기록했다. 그 목록에는 마르셀 프루스트의 7권짜리 작품 『잃어버린 시간을 찾아서』도 있었는데, 모두 한 번 이상 읽은 책이었다.

　이언과 아내 로셸Rochelle은 1970년대 초 버클리 대학교에서 처음 만났다. 그는 영국에서 건너와 분자 생물학 학과에서 박사 후 연구원으로 근무했으며, 로셸은 대학원에서 연구 중이었다. 그 둘은 아이를 낳지 않았지만 클로이와 루시라는 이름의 강아지 두 마리와 로마 황제 아우구스투스의 아내의 이름을 따 리비아라고 이름 지은 고양이를 애지중지 키웠다.

　이언은 독서 외에도 오페라를 감상하는 것과 사진을 찍는 취미가 있었다. 이언 부부는 정기적으로 샌프란시스코 전쟁 기념관 오페라 하우스에 방문했고, 여름에는 뉴멕시코주로 날아가 해질 무렵 산타페 오페라의 야외 공연에 참석하기도 했다. 그리고 재미 삼아 사진을 편집하길 좋아했다. 이언이 편집한 사진 중에는 나비넥타이를 매고 장갑을 끼고 파란색 물약과 보라색 물약을 섞는 미친 과학자 사진에 자신의 얼굴을 합성한 사진도 있었고, 영국 왕실 초상화의 전경에 자신의 얼굴을 합성한 사진도 있었다.

　생화학자로서 이언의 전문 분야는 면역 분석이었는데, 이는 테라노스가 초기에 면역 분석 검사에 초점을 맞춘 주요 이유이기도 했다. 그는 혈액 검사에 열정적이었고, 혈액 검사에 대해 남에게 가르쳐 주길 좋아했다. 회사 초기에는 때로 다른 직원들에게 생화학의 기본 지식에 대해 교육하기도 했었다. 또한 회사의 서버에 기록되고 저장되는 다양한 혈액 검사를 수행하는 방법에 대해 직원들 앞에서 발표하기도 했다.

이언은 테라노스 장치 내부에서 수행되는 혈액 검사가 실험실에서 화학자가 하는 것과 동일한 수준이기를 바랐기 때문에 테라노스 기술부와 반복적으로 갈등을 빚었다. 수집된 데이터에 따르면 그것은 거의 불가능한 일이었고, 그로 인해 이언은 상당한 좌절감을 느꼈다. 그 일로 이언과 토니 누전트는 에디슨 개발 과정에서 종종 충돌했다. 토니는 이언이 까다로운 기준을 세우는 것은 좋으나, 그가 해결책을 제시하지 않고 불평만 한다고 생각했다.

또한 이언은 엘리자베스의 경영 방식과도 맞지 않았는데, 특히 그녀가 부서들을 격리함으로써 의사소통을 방해하는 방식에 불만이 많았다. 엘리자베스와 서니는 테라노스가 현재 "은폐 모드"이기 때문에 이러한 운영 방식을 취했다고 설명했지만, 이언은 도저히 이해할 수가 없었다. 그가 예전에 근무했던 다른 진단 회사에서는 화학, 공업 기술, 제조, 품질 관리 및 관리부서의 부서장이 모여 공통의 목표를 위해 노력하는 다기능 팀을 꾸려 일했기 때문이었다. 그로 인해 모두가 현 상황을 인지하고, 문제를 해결하고, 마감 시간에 맞출 수 있었다.

엘리자베스의 진실하지 못한 성격 또한 불만이었다. 이언은 엘리자베스가 누가 듣기에도 명백한 거짓말을 하는 것을 여러 번 보았고,

5년 정도 함께 일하며 더 이상 그녀가 하는 말을 신뢰하지 않게 되었다. 특히 회사 기술의 진행 여부에 대해 직원들이나 외부인에게 설명할 때는 더더욱 그랬다.

2010년 가을 테라노스가 월그린에 더욱 강렬히 구애하게 되면서 이언의 불만은 더 쌓여갔다. 그는 오랜 친구인 채닝 로버트슨에게 이에 대해 불평했다.[2] 이언은 로버트슨이 둘 사이의 대화를 비밀로 지켜줄 것이라고 믿었지만 그는 엘리자베스에게 모든 것을 보고했다. 이언이 금요일 밤 포르톨라 밸리의 집에 늦게 도착했을 때 로셸은 침대에 앉아 있었다. 그는 아내에게 로버트슨이 그의 믿음을 배신했고, 결국 엘리자베스에게서 해고당했다고 털어놓았다.

놀랍게도 그 다음날 서니가 이언에게 연락했다. 이언은 몰랐지만 그 몇 시간 사이에 그의 동료들이 엘리자베스를 설득했던 것이다. 서니는 다시 복직하겠냐고 제안했지만 전과 같은 직위를 주지는 못할 것이라고 설명했다. 엘리자베스가 그를 해고했을 때 이언은 일반 화학 부서의 책임자로서 에디슨을 위해 개발한 면역 측정법을 넘어 새로운 혈액 검사를 만들고 있었다. 하지만 이언의 추천으로 2개월 전에 고용된 생화학자 폴 파텔Paul Patel이 그의 자리를 대신했고, 이언은 기술 컨설턴트로서 다시 복직할 수 있었다.

이언은 자부심이 강한 사람이었고, 좌천에 몹시 괴로워했다. 18개월 후 회사가 옛 페이스북 건물로 이전하면서 힐뷰 애비뉴의 본사에 있었던 개인 사무실을 잃게 되자 그의 굴욕감이 더해졌다. 하지만 소외당하는 직원은 분명 이언뿐만이 아니었다. 엘리자베스와 서니가 신입 직원들을 고용하고 승진시키며 게리 프렌젤과 토니 누전트 역시 중심에서 배제되었다. 마치 엘리자베스를 그 자리에 있게 한 회사의 구관들이 모두 보류되는 것처럼 보였다.

회사가 이전하기 몇 달 전, 토니는 이언의 사무실에서 1969년에 제작된 〈사랑하는 여인들〉이라는 영화의 포스터를 발견하고 그와 이야기를 나누게 되었다. 영화는 동일한 제목의 D. H. 로렌스의 소설을 기반으로 한 영화였는데, 제1차 세계 대전 당시 영국의 광산촌에 살던 두 자매와 두 남자의 관계에 관한 내용이었다. 이언은 영화가 개봉됐을 당시 아일랜드를 여행하고 있었다고 말했는데, 알고 보니 토니가 어린 시절 그곳에서 자라던 때와 시기가 같았다. 그 대화는 또 다른 주제로 이어졌다. 토니는 이언의 아버지가 제2차 세계 대전 중 북아프리카에서 잡혀 이탈리아의 포로수용소에 갇혔다가 걸어서 유럽 전역을 횡단해 폴란드의 다른 수용소에 다시 구금되었고, 전쟁이 끝난 후에야 비로소 해방되었다는 사실을 알게 되었다.

대화는 돌고 돌아 결국 테라노스의 현재 상태로 돌아왔다. 이언과 같이 토니도 더 이상 엘리자베스의 총애를 받지 못했고 미니랩의 개발에서 제외되었다. 그래서 토니는 엘리자베스가 테라노스를 서니와의 연애를 위한 수단으로 생각하고 있으며 실제로는 회사 일이 그들에게 별로 중요하지 않은 것은 아닌가 하고 생각하게 되었다.

이언은 고개를 끄덕이며, "그들은 감응성 정신병(Folie à deux)에 걸린 것 같아요"라고 말했다.

토니는 프랑스어를 몰랐으므로 자리에 돌아와 사전에 단어를 찾아보았다. 사전에 나온 감응성 정신병의 정의는 두 사람의 관계에 아주 딱 맞는 듯했다. "서로 밀접하게 관련된 두 사람이 동일하거나 유사한 정신 장애를 가짐."

옛 페이스북 건물로 이전한 후 이언은 점점 더 침울해졌다. 그는 일반 사원들이 모여 앉는 공간의 벽을 마주 보고 앉는 책상으로 강등되었다. 그가 회사에 얼마나 중요하지 않은 존재인지 나타내는 상징이었다.

어느 날 엔지니어인 톰 브루메트는 엘 카미노 레알에 있는 피쉬 마켓이라는 해산물 식당에서 친구와 만나다가 이언과 우연히 마주쳤다. 줄 서서 자리를 기다리는데, 이언이 그들과 합석해도 되는지 물었다. 톰과 이언은 둘 다 60대 중반이었고 우호적인 관계를 맺고 있었다. 그들은 2010년에 톰이 테라노스에 입사한 직후 처음 만났다. 회의 중 그의 보조로 어떤 기술 인력을 채용해야 할지 톰이 내놓은 의견이 서니를 비롯한 다른 관리자들에게 무시당하자 톰은 발끈하여 회사를 그만두겠다는 생각으로 자리를 박차고 나갔다. 그때 이언이 톰을 뒤쫓아 가서 그의 견해가 회사에 매우 중요하다고 위로해 주었다. 톰은 그때의 일로 이언에게 크게 고마워하고 있었다.

그 후 2년 동안 톰은 이언이 점점 더 어두워지고 있다는 걸 눈치챘다. 그들이 식당 자리에 앉았을 때 톰은 이언이 자신을 따라 식당에 온 것은 아닌지 궁금해했다. 테라노스 직원들은 대부분 회사 건물을 떠나지 않고 엘리자베스와 서니가 주문한 음식을 먹었다. 게다가 식당은 회사 근처에 있지 않았고, 이언이 톰을 뒤따라 1~2분 만에 식당에 들어왔기 때문에 더욱 그렇게 생각했다. 아마도 이언은 톰이 혼자 있기를 바랐던 것 같았다. 거의 필사적으로, 누군가와 이야기하고 싶어 하는 것처럼 보였다. 하지만 톰은 일본 반도체 제조업체의 영업 사원인 친구와 오랜만에 만난 터였다. 그들은 이언을 대화에 끼워 주려고 노력했지만, 처음에 잠시 농담을 주고받은 후에 이언은 계속 침묵을 지켰다. 나중에 톰이 이날을 되돌아보자 자신이 소리 없이 도움을 요청하는 동료의 절규를 눈치채지 못했다는 사실을 깨달았다.

톰은 2013년 초에 회사 사내 식당에서 이언을 마지막으로 만났다. 그때 이언은 이미 낙담한 듯 보였다. 톰은 회사에서 그래도 월급은 괜찮게 받지 않냐, 직장에서의 고충을 너무 진지하게 생각하지 말라고 당부하며 기운을 북돋아 주려고 애썼다. 이 모든 것이 결국 그저 직업일 뿐이라고 위로했다. 하지만 이언은 절망적인 표정으로 자신의 식판만 내려다보고 있었다.

이언을 갉아먹고 있던 것은 좌천됐다는 사실뿐만이 아니었다. 그는 이제 단순한 사내 컨설턴트였지만 자신의 후임인 폴 파텔과 긴밀히 협력했다. 폴은 과학자로서 이언을 무척 존경하고 있었다. 폴이 영국에서 대학원에 다닐 때, 1980년 시바syva라는 회사에서 이언이 수행한 면역 측정법에 대한 선구적인 연구들을 모조리 읽었던 적이 있기 때문이었다.

승진한 후에도 폴은 이언을 평등하게 대하고 그와 모든 것을 상의했다. 하지만 폴과 이언 사이에는 한 가지 중요한 차이점이 있었다. 폴은 갈등을 피했으며 미니랩을 제조하는 기술자들과 타협하고자 했다. 이언은 기준을 낮춰 달라는 요청을 받았을 때 한 치도 물러서지 않고 오히려 그들에게 분노를 표했다. 그래서 폴이 전화로 그를 진정시키려고 수많은 저녁을 보내야 했다. 이언은 폴에게 신념을 고수하고 환자들을 걱정하는 마음을 잊지 말라고 당부했다.

이언은 "폴, 제대로 만들어야 해요"라고 말했다.

서니는 화학공학 박사 학위를 땄지만 산업 경험이 없는 사마르타 아네칼Samartha Anekal이라는 남자에게 미니랩의 다양한 부분의 통합 작업을 맡겼다. 다른 직원들에게 '샘'이라고 불린 그는 서니의 명령에 언제나 따르는 예스맨으로 인식되곤 했다. 2012년 내내 이언과 폴은 샘과 몇 차례 신경이 곤두선 채 회의를 해야 했다. 어느 날 샘이 회의 중 미니랩의 분광 광도계가 아직 이언의 필수 사양을 충족시키지 못했다고 통보하자, 이언은 분노하여 자리를 박차고 나갔다. 이전에 샘이 이미 그들에게 동의했던 부분인데, 이제 와서 시간이 더 필요하다고 통보한 것이었다. 책상으로 돌아왔을 때 이언은 흥분해서 제정신이 아니었다.

주말이면 이언과 로셸은 종종 아메리칸 에스키모 도그* 클로이와 루시와 함께 포르톨라 밸리를 둘러싼 언덕으로 산책을 나갔다. 산책을 하다가 이언은 로셸에게 테라노스에서 일하면서 잘되는 일이 하나도 없다고 고백했지만, 그 이상 더 자세히 설명하지 않았다. 엄격한 기밀 유지 서약서로 인해 회사에 관한 구체적인 내용을 아내와도 논의할 수 없기 때문이었다. 또한 자신의 커리어가 악화된 데에 한탄했다. 그는 자신의 신세가 창고에 버려진 오래된 가구처럼 느껴졌다. 엘리자베스와 서니는 이미 오래 전부터 그의 의견을 귀담아 듣지 않았다.

---

* American Eskimo Dog, 미국에 19세기 경 등장한 개 품종으로 스피츠와 닮은꼴이다.

2013년 초 이언은 회사에 출근하지 않고 대부분 자택에서 근무했다. 그는 6년 전에 대장암 진단을 받아서 수술과 화학 치료를 받느라 출근하지 못하는 때가 많았다. 동료들은 단순히 그의 암이 재발했다고 생각했다. 하지만 그렇지 않았다. 암은 완치됐고 이언은 신체적으로 건강했다. 문제는 정신 건강이었다. 이언은 진단 미확정의 심한 우울증에 시달렸다.

4월, 테라노스는 이언이 퓨즈 사건의 증인으로 소환되었다고 통보했다. 법정 진술을 해야 한다는 생각이 그를 더욱 불안하게 만들었다. 이언은 로셸과 소송에 대해 여러 차례 논의했다. 이언은 로셸이 예전에 변리사로 일한 경험이 있기 때문에, 아내가 테라노스의 특허 포트폴리오를 검토하여 조언해 주기를 바랐다. 그때 로셸은 엘리자베스의 이름이 회사의 모든 특허에 등록되어 있으며, 거의 대부분 첫 번째로 이름이 기재됐다는 사실을 깨달았다. 이언이 엘리자베스의 과학적 기여도는 거의 없다고 보아야 한다고 말하자, 로셸은 그 사실이 공개되면 특허가 무효화될 수 있다고 경고했다. 그로 인해 이언은 더욱 동요하게 되었다.

이언은 퓨즈의 특허와 초창기 테라노스의 특허 출원서를 나란히 두고 읽었을 때 엘리자베스가 제기한 퓨즈의 절도 혐의에 근거가 있다고 확신할 수 없었다. 하지만 한 가지만은 확실했다. 그는 이 사건에 개입하고 싶지 않았다. 그럼에도 그의 직업이 이 일에 달려 있을까봐 걱정이 됐다. 이언은 저녁이면 과음을 하기 시작했다. 그리고 아내에게 테라노스에서 다시 정상적으로 근무를 재개할 수 없을 것 같고, 회사로 돌아가는 게 치가 떨릴 만큼 싫다고 고백했다. 로셸은 만일 회사 일이 그를 그렇게도 우울하게 한다면 그만두는 게 좋겠다고 말했다. 하지만 그에게 퇴사라는 선택지는 없었다. 이언은 67세였고, 다른 일 자리를 찾을 수 없을 것 같았기 때문이다. 또한 회사의 여러 문제를 해결하는 데 자신이 여전히 도움을 줄 수 있다는 생각에 집착했다.

5월 15일, 이언은 엘리자베스와 대체 근무 합의를 논의하기 위해 엘리자베스의 비서에게 연락했다. 그러나 비서가 이튿날 확인 전화를 하자 순간 이언은 걱정이 앞섰다. 그는 로셸에게 다음날 있을 회의에서 엘리자베스가 그를 해고할 것 같다며 걱정했다. 같은 날 그는 테라노스 변호사 데이비드 도일에게서 전화를 받았다. 보이즈 실러 로펌의 변호사들과 이언의 진술 날짜를 잡기 위해 몇 주 동안 노력하다 결국 인내심을 잃은 퓨즈의 변호사들이 5월 17일 오전 9시 캘리포니아주 캠벨에 있는 사무실로 출두하라고 통지한 것이다.[3]

도일이 전화한 이유는 그 때문이었다. 이언이 진술할 날짜가 이틀도 채 남지 않았기 때문에 변호사는 이언에게 건강 문제를 핑계로 진술을 피하라고 제안하며, 주치의에게 서명 받을 서류를 이메일로 보냈다.[4] 이언은 그 이메일을 개인 계정으로 전송하고, 또 개인 이메일에서 아내의 이메일 주소로 보내 인쇄해 달라고 부탁했다.[5] 그의 불안은 새로운 고도에 도달한 듯했다.

로셸은 이언의 상태가 좋지 않다는 것을 알고 있었지만 그녀도 나름의 짐으로 마음이 무거운 상태였다. 로셸은 어머니가 막 돌아가셔서 슬픔이 가시지 않았고, 게다가 유산으로 받은 토지 문제가 복잡하게 얽혀 힘들어 하고 있었다. 또한 동료와 새로운 법률 사무소를 개업

해서 정신이 없었다. 인생에서 가장 힘든 시기에 남편의 지원을 받지 못한다는 생각에 오히려 그를 원망하고 있었다. 하지만 그날 로셸은 이언이 엄청나게 괴로워하고 있으며, 그의 정신 상태가 얼마나 심각한지 깨닫게 되었다. 그녀는 의사에게 도움을 받자고 이언을 설득했고 다음날 아침 병원 진료를 예약했다.

5월 16일 오전 7시 30분경, 로셸이 일어났을 때는 화장실 조명이 켜져 있고 문이 닫혀 있었다. 그녀는 이언이 병원에 갈 준비를 하고 있다고 생각했다. 하지만 아무리 기다려도 남편이 나오지 않았고 불러도 대답이 없어 화장실 문을 열어 보았다. 이언은 의식이 없는 상태로 의자에 앉아 간신히 숨을 쉬고 있었다. 로셸은 공황 상태에 빠져 911에 연락했다.

그로부터 8일 동안 이언은 스탠퍼드 병원에서 인공호흡기를 달고 있었다. 그는 타이레놀과 같은 진통제의 활성 성분인 아세트아미노펜을 복용했는데, 말 한 마리는 거뜬히 죽일 수 있는 양이었다. 아세트아미노펜은 이언이 함께 마신 와인과 결합해 그의 간을 완전히 망가뜨렸다. 그리고 5월 23일, 이언은 결국 사망했다. 화학 전문가로서 이언은 죽는 법을 정확히 알고 있었다. 나중에 로셸은 이언이 몇 주 전에 폴 파텔과 다른 동료 앞에서 작성하고 서명한 유서를 발견했다.

로셸은 크게 슬퍼했지만 애써 기운을 차리고 엘리자베스의 사무실에 전화를 걸어 그녀의 비서에게 이언의 부고를 알리는 메시지를 남겼다. 엘리자베스는 회답하지 않았다. 그 대신, 그날 오후 로셸은 테라노스의 변호사에게서 이언의 회사 노트북과 휴대전화 및 그가 보유한 다른 기밀 정보를 즉시 반환하라는 이메일을 받았다.

　테라노스 내부에서 이언의 부고는 똑같이 냉랭한 태도로 다뤄졌다. 직원들은 대부분 그 소식을 듣지도 못했다. 엘리자베스는 회사 간부 몇 명에게만 간략하게 부고를 알리고 장례에 대해 언급하는 이메일을 보냈다. 하지만 결국 어떠한 조치도 취해지지 않았고, 장례식도 치뤄지지 않았다. 테라노스에서 8년, 그리고 그 전에 다른 생명공학 회사에서 2년 동안 이언과 함께 근무한 화학자 안잘리 라가리Anjali Laghari는 도대체 무슨 일이 일어난 것인지 궁금해 했다. 직원들은 대부분 이언이 암으로 사망했다고 생각했다.

　토니 누전트는 그의 동료를 기억하기 위해 아무런 의식도 치러지지 않는다는 사실에 화가 났다. 그와 이언의 사이는 그렇게 가깝지 않았다. 실제로 그들은 에디슨의 개발 과정에서 때때로 개와 고양이처럼 으르렁대며 싸운 사이였다. 그래도 거의 10년 동안 회사에 공헌한 직원에게 회사가 너무나도 존중을 표하지 않는 것 같아서 신경 쓰였다. 마치 테라노스에서 일하면 점차적으로 인류애가 사라지는 것 같았다. 토니는 자신이 동료에게 연민을 느낄 수 있는 사람임을 보여 주기 위해 특허청의 온라인 데이터베이스에서 이언의 특허 목록을 받아 이메일에 붙여 넣었다. 그리고 이언의 사진을 이메일 맨 위에 붙여 이언과 함께 일했던 수십 명의 동료들에게 이메일을 보냈다. 보란 듯이 엘리자베스에게도 함께 보냈다. 대단한 일은 아니었지만 이를 통해 사람들이 그를 기억할 것이라고 생각했다.

| 제13장 |

Chiat \ Day

"당신은 리더입니다." 찰칵. 찰칵. 찰칵. "강하고 영향력 있습니다." 찰칵. 찰칵. "당신의 사명을 떠올려 보세요." 찰칵. 찰칵. 찰칵. 찰칵.

인물 사진작가로 유명한 마틴 슐러Martin Schoeller는 엘리자베스의 사진을 찍으며 다양한 감정을 이끌어 내기 위해 짙은 독일 억양으로 그녀에게 부드럽게 속삭였다. 엘리자베스는 얇은 검은색 터틀넥을 입고 빨간 립스틱을 발랐으며, 머리카락이 귀를 살짝 덮은 느슨한 올림머리를 하고 있었다. 그녀가 앉은 의자 양옆으로 수직 조명 두 개가 놓여 있었는데, 이는 엘리자베스의 가는 얼굴을 평평하게 비추고 슐러의 트레이드마크대로 눈동자에 하얀 빛을 비추기 위해서였다.

슐러를 고용한 것은 광고 대행사 TBWA\Chiat\Day 로스앤젤레스 사무소의 크리에이티브 디렉터 패트릭 오닐Patrick O'Neill의 아이디어였다. Chiat\Day는 테라노스의 마케팅 캠페인을 비밀리에 진행하고 있었다. 이 프로젝트는 월그린과 세이프웨이 매장에서 혈액 검사 서비스를 상업적으로 출시하기 전에 브랜드 아이덴티티를 생성하는 일에 서부터 새 홈페이지 구축 및 스마트폰 어플리케이션 개발에 이르기까 지 다양했다.

엘리자베스가 Chiat\Day를 선택한 것은 이곳이 지난 수년간 애플 사의 광고를 맡았던 곳이기 때문이었다. 1984년에는 애플의 아이콘 이 된 매킨토시 광고를 만들었고, 1990년 말에는 너무나도 유명한 "다르게 생각하라(Think Different)" 캠페인을 제작하기도 했다. 엘리 자베스는 심지어 애플사의 여러 광고를 만든 창의적인 천재 리 클로 Lee Clow에게 다시 현역으로 돌아와 자신을 위해 일해 달라고 설득하려 했다.[1] 클로는 그 제안을 정중히 거절하며 Chiat\Day 에이전시를 소 개해 주었고, 엘리자베스는 이 회사 소속의 패트릭 오닐과 곧바로 가 까워졌다.

금발의 머리카락과 푸른 눈동자, 그리고 조각 같은 몸매와 빼어난 미모의 패트릭은 엘리자베스와 만나자마자 그녀에게 매료되었다. 그 렇다고 해서 패트릭이 엘리자베스에게 이성적으로 매혹된 것은 아니 었다. 그는 동성애자였다. 오히려, 그는 엘리자베스의 카리스마와 세 계에 흔적을 남기겠다는 강한 추진력에 끌렸다. 패트릭은 지난 15년 간 Chiat\Day에서 근무하며 이케아나 비자와 같은 대기업의 광고를 제작해 왔다. 일 자체는 흥미로웠지만, 엘리자베스가 처음 플라야 델 레이에 위치한 Chiat\Day의 개조된 창고에 방문해서 환자들에게 고 통 없고 저렴한 의료 서비스를 제공하겠다는 테라노스의 사명을 설명 했을 때만큼의 영감을 불러일으키지 않았다. 광고 업계에서 일하면서 진정으로 세상을 낫게 만들 잠재력을 지닌 물건의 광고를 제작하는 경우는 그리 흔치 않았다. 패트릭은 절대로 비밀을 지켜 달라는 테라노스의 요청에 놀라지 않았다. 그것은 애플사도 마찬가지였다. 기술 회사가 자사의 귀중한 지적 재산권을 보호해야 한다는 점을 잘 알고 있었다. 어쨌든 엘리자베스의 말에 따르면 테라노스는 곧 "은폐 모드"에서 나와 세상에 공개될 예정이고, 그 과정에서 패트릭이 투입되는 것이었다. 패트릭은 테라노스의 상업적 론칭이 최대한 강렬한 인상을 남길 수 있도록 만들어야 했다.

테라노스의 홈페이지를 재설계하는 것도 중대한 부분이었다. 슐러가 촬영한 사진이 홈페이지에 게시될 예정이었다. 엘리자베스의 사진뿐만이 아니었다. 슐러는 컬버 시티의 스튜디오에서 이틀간 환자 차림을 한 모델들의 사진을 촬영했다. 모델들은 모든 연령대와 성별, 인종을 대표했다. 그중에는 5세 미만의 어린아이도 있었고, 5세에서 10세 사이의 어린이도 있었으며, 젊은 남성과 여성, 중년 및 고령자도 있었다. 그리고 백인, 흑인, 라틴계, 그리고 아시아인도 있었다. 사진은 테라노스의 혈액 검사 기술이 모두를 도울 것이라는 메시지를 전달하려 했다.

엘리자베스와 패트릭은 촬영한 사진 중 어떤 환자의 사진을 사용할지 오랜 시간을 들여 선택했다. 엘리자베스는 홈페이지에 게시될 사진 속 환자의 얼굴에서 공감을 나타내기를 원했다. 또한 사랑하는 사람이 병에 걸렸는데 치료하기에 너무 늦었다는 사실을 주위 사람들이 알게 되었을 때 그들이 느낄 슬픔에 대해 감동적으로 이야기했다. 테라노스의 무통 혈액 검사는 환자의 병이 사형 선고가 되기 전에 질병을 일찍 찾아내어 그러한 비극을 막을 것이라고 설명했다.

패트릭과 Chiat\Day 동료 몇 명은 2012년 가을부터 겨울을 지나 2013년 봄까지 일주일에 한 번씩 팰로앨토로 가서 엘리자베스와 서니, 그리고 엘리자베스의 남동생 크리스천과 함께 브레인스토밍 회의를 진행했다. 그 기간은 이언 기번스가 우울증에 빠져들고, 스티브 버드가 세이프웨이의 CEO로서 마지막 몇 달을 보내던 시기였다. 엘리자베스는 애플사가 Chiat\Day와 크리에이티브 미팅을 매주 수요일에 했다는 사실을 알게 된 후로 회의를 매주 수요일에 진행했다. 또한, 패트릭에게 애플사의 브랜드 메시지가 단순하다는 점에 감탄하여 그 부분을 따라했으면 좋겠다고 설명했다.

Chiat\Day 내부에서는 테라노스 관련 업무를 "스탠퍼드 프로젝트"로 불렀다. 매주 팰로앨토에는 패트릭과 함께 L.A.지사의 지사장인 커리사 비앙키Carisa Bianchi, 전략 총괄을 맡은 로레인 케치Lorraine Ketch, 회계 담당 스탠 피오리토Stan Fiorito, 그리고 카피라이터 마이크 야기Mike Yagi가 함께 동행했다. 초기부터 Chiat\Day팀은 테라노스의 혁신을 가장 잘 나타내는 시각적 표현이 손가락 끝에서 혈액을 채취하여 담으려고 제작한 소형 유리병이라고 판단했다. 엘리자베스는 그 유리병을 "나노테이너nanotainer"라고 불렀다. 유리병의 크기가 정말 작았기 때문에 나노테이너라는 이름에 딱 걸맞았다. 높이는 1.29센티미터 정도로, 10센트짜리 동전을 세워 놓은 것보다 작았다. 패트릭은 유리병의 실제 크기를 의사와 환자들에게 전달할 수 있는 사진을 찍기를 바랐다. 하지만 엘리자베스와 서니는 만일 론칭 전에 외부인이 유리병을 실제로 보면 유출될까 봐 염려했다. 그래서 Chiat\Day 소속 사진사가 에이전시 소유의 플라야 델 레이 창고 안에 있는 작은 스튜디오에서 직접 촬영하기로 결정했다.

촬영 당일 크리스천 홈즈의 대학 동기 댄 에들린이 주문 제작된 플라스틱 케이스 안에 나노테이너 12병을 담아 들고 로스앤젤레스로 날아갔다. 공항에서 수화물을 부치는 것은 애초부터 논외였다. 나노테이너는 비행하는 내내 댄의 손을 떠나지 않았다. 댄은 창고에 도착한 후에도 작은 유리병이 자신의 시야에서 빠져나가지 못하도록 항상 주시했다. 에이전시에서 패트릭을 제외하고는 아무도 유리병을 만질 수 없었다. 패트릭은 아주 잠시 유리병을 만지고는 굉장히 작은 크기에 감탄했다.

실제 혈액은 공기에 노출되면 얼마 지나지 않아 보라색으로 변하기 때문에 패트릭은 나노테이너 한 병을 가짜 할로윈용 피로 채우고 흰색 배경에서 사진을 찍었다. 그러고는 사진의 몽타주를 만들어 나노테이너가 손가락 끝에서 균형을 잡는 사진을 만들었다. 그의 예상대로 시선을 사로잡는 비주얼이 완성됐다. 마이크 야기는 여러 슬로건을 떠올렸는데, 결국 엘리자베스가 마음에 든다고 말한 두 가지 슬로건으로 최종 결정하게 됐다. 슬로건은 "단 한 방울이 모든 것을 바꾸다"와 "실험실 검사를 재발명하다"였다. 그들은 사진을 확대해 「월스트리트저널」에 실을 모의 광고 페이지를 만들었다. 광고 업계에서는 이를 "팁인"이라고 불렀다. 엘리자베스는 이를 너무 마음에 들어 했고, 모의 광고를 여러 장 인쇄해 달라고 부탁했다. 그녀가 어디에 쓰려는지 용도를 말하지 않았지만, 스탠 피오리토는 그녀가 아마 이사회 회의에서 발표할 때 도구로 사용하려 한다는 느낌을 받았다.

패트릭은 엘리자베스와 함께 회사의 새로운 로고도 만들었다. 엘리자베스는 생명의 꽃을 믿었다. 생명의 꽃은 큰 원형 내에서 교차하는 원의 기하학적 패턴이다. 한때 이교도들은 생명의 꽃이 모든 중생의 삶을 시각적으로 표현한다고 믿었다.[2] 이는 훗날 1970년대 신시대 운동 때 "신성 기하학"으로 채택되어, 생명의 꽃을 공부하는 사람들에게 큰 깨달음을 주었다.

따라서 원형은 테라노스 브랜드의 주된 모티브가 되었다. "테라노스"라는 로고의 알파벳 "o" 안쪽은 녹색으로 칠해져 눈에 띄게 만들었고, 환자의 사진이나 손가락 끝에 놓여 균형을 잡은 나노테이너의 사진 또한 원으로 둘러싸여 있었다. 패트릭은 홈페이지와 마케팅 자료를 위해 새로운 폰트도 제작했는데, 폰트는 헬베티카에서 파생하여 알파벳 "i"와 "j" 위의 점과 문장의 끝에 찍는 마침표가 사각형 대신 둥근 원형으로 대체됐다. 엘리자베스는 그 결과에 만족한 듯했다.

패트릭은 엘리자베스에 푹 빠져 있었지만, 스탠 피오리토는 패트릭보다 신중했다. 붉은 빛이 도는 금발에 주근깨가 많고 사교적인 성격의 광고 업계 베테랑 스탠은 서니에 대해 무언가 이상하다고 생각했다. 서니는 주간 마케팅 회의 때 상황에 맞지 않는 소프트웨어 공학 전문 용어를 자주 사용했다. 그리고 엄청나게 과장된 것처럼 보이는 판매 목표액을 어떻게 산출해 냈는지 설명해 달라고 요청하자 서니는 굉장히 막연하고 허풍스럽게 대답했다. 기업은 일반적으로 마케팅 대상 고객의 규모를 결정하기 위해 연구를 수행한 다음 고객으로 전환할 가능성이 있는 잠재 고객의 비율을 현실적으로 산출한다. 하지만 서니에게는 그런 기본 개념조차 없는 듯했다. 스탠은 인터넷에서 서니를 검색해 봤지만 아무것도 찾을 수 없었다. 스탠은 닷컴 붐 시기에 회사를 팔아서 떼돈을 번 기술 기업가라는 배경의 사람이 인터넷 상에 아무런 흔적도 남기지 않았다는 것이 이상하다고 생각했다. 그는 서니가 누군가를 고용해서 인터넷상의 정보를 지우게 한 건 아닌가 의심하게 되었다.

또한 무명의 스타트업 기업이 Chiat\Day와 같은 대형 광고 대행사를 고용하는 것은 매우 드문 일이었다. 이러한 대형 광고 대행사는 총경비와 인력 비용이 매우 비싸기 때문이다. Chiat\Day는 테라노스에게 매년 6백만 달러의 연간 의뢰비를 청구했다. 누구도 들어 본 적 없는 회사가 도대체 어디서 이런 거액을 얻는 걸까? 엘리자베스는 여러 차례 미군이 아프가니스탄 전장에서 테라노스의 기술을 사용하고 있으며, 테라노스가 병사들의 생명을 구하고 있다고 언급했다. 스탠은 테라노스가 국방부의 지원을 받고 있는지도 모르겠다고 생각했다.

그렇다면 테라노스가 높은 비밀 유지 수준을 요구하는 것도 어느 정도 설명된다. 서니의 지시에 따라 테라노스는 Chiat\Day에 제공하는 모든 자료에 번호를 매기고 기록했으며, 관련인만 출입할 수 있는 방에 보관하고 문을 늘 잠그도록 했다. 인쇄 작업은 방 내부의 전용 프린터에서만 할 수 있었다. 또한 물건은 절대로 그냥 버려서는 안 되고, 꼭 파기해야 했다. 컴퓨터 파일은 별도의 서버에 저장해야 하며, 전용 인트라넷을 통해 관련 업무 담당자에게만 공유되어 접촉할 수 있었다. 게다가 Chiat\Day의 L.A. 지점이나 기타 기밀 유지 서약서에 서명하지 않은 다른 이들과 테라노스에 관한 정보를 공유하는 것은 절대 금기 사항이었다.

마이크 야기 외에도 스탠은 테라노스 프로젝트에 풀타임으로 근무하는 Chiat\Day의 직원 두 명, 케이트 울프Kate Wolff와 마이크 페디토Mike Peditto의 업무를 관리 감독했다. 케이트는 홈페이지 제작을 담당했고, 마이크는 상점 브로셔, 간판, 그리고 테라노스가 의사들에게 장치를 판매할 때 사용할 인터랙티브 아이패드의 제작을 담당했다.

몇 달이 지나고 케이트와 마이크는 이상하고 까다로운 고객에 대해 의혹을 갖기 시작했다. 두 사람은 모두 동부 출신이었고, 직장에서 쓸데없는 일을 하지 않는 진지한 성격이었다. 스물여덟 살의 케이트는 매사추세츠주 링컨에서 자랐고, 보스턴 대학에서 아이스하키를 했다. 작은 마을에서 바르게 자란 그녀는 윤리 기준이 엄격했다. 또한 아버지와 부인이 모두 의사였기 때문에 의학에 대한 지식도 좀 있었다. 서른두 살의 마이크는 펜실베이니아주 필라델피아 출신 이태리 계 미국인으로 냉소적인 성격을 지녔으며, 대학과 대학원에서 단거리 및 장거리 달리기를 했다. 그의 고향 사람들은 헛소리하는 것을 별로 좋아하지 않았다.

엘리자베스는 홈페이지 및 모든 마케팅 자료에 대담하고 긍정적인 글귀를 삽입하기를 바랐다. 그중 하나는 테라노스가 단 한 방울의 혈액으로 800개가 넘는 검사를 수행할 수 있다는 문구였다. 또 하나는 테라노스의 기술이 실험실에서 해 오던 기존 혈액 검사보다 더 정확하다는 것이었다. 게다가 테라노스의 검사는 결과가 나오기까지 30분이 채 걸리지 않고, "FDA의 승인"을 받았으며, 마요 클리닉이나 캘리포니아 샌프란시스코 의과대학과 같은 "주요 의료 센터의 지지를 받았다"라고 쓰기를 바랐고, 덧붙여 FDA와 마요 클리닉, 그리고 캘리포니아 대학교의 로고도 함께 게시하길 원했다.

케이트는 테라노스의 뛰어난 정확성에 대한 근거를 요청했지만, 결국 실험실에서 일어나는 실수의 93%가 인적 과오로 인한 것이라는 결론의 연구 결과가 그 근거였다는 사실을 알게 되었다. 테라노스는 자사의 장치 내부에서 검사가 완전히 자동화되었기 때문에 다른 실험실보다 더 정확하다고 말할 수 있는 근거가 있다고 주장했다. 케이트는 그들의 논리에 큰 어폐가 있다고 판단하여 반박했다. 허위 광고는 불법이기 때문이었다.

마이크도 같은 생각이었다. 마이크는 법률 검토가 필요한 부분을 적어 케이트에게 이메일을 보내며 "자동화가 우리를 더욱 정확하게 만든다"라는 문구 옆에 괄호를 치고는 "과대 선전 같다"라고 썼다.[3] 마이크는 의학 마케팅 캠페인 관련 경험이 없기 때문에 특히 조심스럽게 진행하고 싶었다. 일반적으로 제약 회사와 관련된 의학 업계 광고는 TBWA\Health라는 뉴욕 소재의 특수 부서에서 처리했다. 마이크는 왜 TBWA\Health에서 이 프로젝트를 진행하지 않는 것인지, 최소한 그들과 의논이라도 해야 하는 것이 아닌지 의아했다.

엘리자베스는 테라노스의 과학적 주장을 뒷받침하는 수백 페이지의 보고서를 언급했다. 케이트와 마이크는 그 자료를 달라고 반복해서 요청했지만 제공받지 못했다. 그 대신 그 보고서에서 발췌한 내용이라며 암호로 보호된 파일 하나를 받았다. 그 파일에는 존스홉킨스 의과대학이 테라노스 기술에 대해 실사를 실시하였으며, 테라노스의 장치가 "참신하고 견고"하며, "광범위한 일상 및 특수 검사"를 "정확하게" 수행한다고 기재되어 있었다.

그러나 이러한 내용은 장문의 보고서에서 인용된 것이 아니었다. 2010년 4월에 엘리자베스와 서니가 존스홉킨스 관계자 다섯 명과 만나 회의했던 내용을 요약한 2쪽짜리 문서에서 인용된 내용이었다. 월그린에 그랬던 것과 같이 테라노스는 자사 장치가 독자적으로 검증을 받았다는 증거로 그 문서를 사용했다. 하지만 그것은 사실이 아니었다. 존스홉킨스 병원의 임상 독성학과 과장 빌 클라크Bill Clarke와 함께 같은 대학의 과학자 세 명이 2010년에 테라노스 회의에 참석했을 때 테라노스 장치를 실행해 보고 평소에 사용하는 장비들과 성능을 비교해 보겠다며 엘리자베스에게 장비를 그의 연구실로 보내 달라 요청한 바 있었다. 엘리자베스는 그러겠다고 대답했지만 끝내 장비를 보내지 않았다. 케이트와 마이크는 이러한 상황을 전혀 몰랐으나 테라노스가 그들에게 문서 전체를 보여 주지 않는다는 사실에 이미 의혹을 품고 있었다.

의사들을 상대로 마케팅하는 노하우를 얻기 위해 Chiat\Day는 몇 명의 의사와 면담을 실시하자고 제안했다. 테라노스는 그 계획을 승인했으나, 극비리에 진행하기를 바랐다. 그래서 케이트는 자신의 부인과 아버지를 참여자 리스트에 올렸다.

케이트의 부인 트레이시는 로스앤젤레스 카운티 제너럴 병원의 수석 레지던트로 내과와 소아과 레지던트 과정 중이었다. 전화로 진행된 인터뷰에서 트레이시는 테라노스 측에서 아무도 대답할 수 없는 몇 가지 질문을 던졌다. 그날 저녁, 트레이시는 케이트에게 테라노스가 진정으로 신기술을 보유하고 있는지 의심스럽다고 말했다. 특히 손가락에서 채취한 혈액으로 정확하게 검사를 시행할 수 있다는 점에 의문을 제기했다. 트레이시의 회의적인 태도는 케이트를 당혹스럽게 했다.

케이트와 마이크가 연락하는 테라노스 측 담당자는 크리스천 홈즈와 그의 대학 동기 두 명인 댄 에들린과 제프 블리크먼이었다. 마이크는 그들을 "테라브로스"라고 불렀다. 마이크와 케이트는 홈페이지 론칭에 앞서 그들과 종종 통화하고 이메일을 주고받았다. 애초에 테라노스는 2013년 4월 1일에 홈페이지를 론칭하기를 원했지만, 날짜를 여러 번 연기했다. 새로운 론칭 일자가 9월로 정해진 후 기한이 다가오자 케이트와 마이크가 엘리자베스의 주장을 뒷받침하기 위한 증거를 테라브로스에게 요청했지만, 결국 그들의 주장 중 일부는 과장으로 드러났다. 예를 들어, 그들은 테라노스가 30분 이내에 검사 결과를 산출할 수 없다는 사실을 알게 됐다. 케이트는 결과가 "4시간 이내로" 준비된다며 테라노스의 주장을 약화시켰지만, 그마저도 여전히 의심스러웠다. 또한 케이트와 마이크는 테라노스가 손가락에서 채혈한 소량의 혈액으로 모든 혈액 검사를 수행할 수 없으며, 일부 검사에는 전통적인 방식의 정맥 주사로 채혈한 다량의 혈액으로 검사하는 것 같다고 의심하기 시작했다. 그들은 홈페이지에 면책 조항을 추가하여 이를 명확하게 표시하자고 제안했지만, 크리스천과 제프에게 엘리자베스가 그러한 조항을 넣기 원하지 않는다는 답변을 받았다.

마이크는 Chiat\Day의 법적 책임에 대해 걱정됐다. 그래서 돌아가 테라노스와 에이전시 간의 계약서를 다시 살펴보았다. 계약서에는 마케팅 자료에 기재된 주장 중 고객이 서면으로 승인한 부분에 대해서는 Chiat\Day에 책임이 없다고 적혀 있었다.[4] 마이크는 테라노스에게 받는 이메일에 서면으로 승인이 완료되었음을 의미하는 특정 문구를 사용하도록 요청해야 하는지 외부 법률 자문 회사인 데이비스 길버트 Davis & Gilbert 로펌의 조 세나 Joe Sena 변호사에게 이메일을 보내 질문했다.[5] 세나 변호사는 그럴 필요는 없지만, 모든 서면 승인을 잘 보관해 두라고 조언했다.[6]

그동안 케이트는 엘리자베스가 홈페이지에 "저희에게 샘플을 보내 주십시오"라는 문구를 넣고 싶어 한다는 것 때문에 크리스천과 제프 와 함께 논쟁하고 있었다. 케이트는 병원에서 테라노스의 연구실로 혈액 샘플을 옮기기 위해 어떠한 물류 시스템을 구축했는지 물었지만 결국에는 아무 시스템도 구축되지 않았다는 사실을 알게 되었다. 서 비스에 "등록한" 의사들은 그저 제프의 이메일 주소로 자동 전달되는 것뿐이었다. 그 후에 일어날 일은 아무도 예측할 수 없는 일이었다. 케 이트가 아는 한 테라노스의 그 누구도 그 일을 심각하게 생각하지 않 는 듯 했다.

홈페이지가 론칭되기 48시간 전의 상황은 격렬한 벼락치기와도 같 았다. 수개월 동안 엘리자베스의 만족을 위해 글을 쓰고 고치느라 엄 청난 스트레스를 받은 마이크 야기는 불안 발작에 시달려 집으로 돌 아갔다. 마이크 야기가 갑자기 사무실을 나가 버려서 동료들은 그가 다음날 다시 돌아올 지 여부를 알지 못할 정도였다.

그리고 론칭 전날 저녁, 테라노스는 긴급 화상 회의를 하고 싶다고 연락했다. 케이트 울프와 마이크 페디토, 패트릭 오닐, 로레인 케치,

그리고 마이크 야기를 대신해 나온 카피라이터 크리스티나 알티피터 Kristina Altepeter가 창고의 보드룸에 모였다. 보드룸은 회의 책상이 서핑 보드로 만들어져서 이름이 붙여진 방이었다. 엘리자베스는 테라노스의 법무팀이 막판 문구 수정을 요청했다고 알렸다. 케이트와 마이크는 짜증이 났다. 몇 달 동안 법적 검토를 요청해 왔기 때문이었다. 도대체 왜 이제 와서 수정을 요청하는 것인가?

화상 회의는 밤 10시 30분까지 3시간 이상 지속되었다. 그들은 한 줄 한 줄 검토하였고, 엘리자베스는 모든 변경 요청 사항을 천천히 받아쓰게 했다. 패트릭은 어느 순간 깜빡 졸기 시작했다. 하지만 케이트와 마이크는 문장의 톤이 조직적으로 소극적인 톤으로 변경되고 있다는 사실을 깨달을 만큼 충분히 집중하고 있었다.[7] "실험실 혈액 검사의 혁명에 오신 것을 환영합니다"라는 문구는 "테라노스에 오신 것을 환영합니다"로 변경되었다. "더 빠른 결과, 더 빠른 답변"이라는 문구는 "빠른 결과, 빠른 답변"으로 바뀌었다. "한 방울이면 충분합니다"라는 문구는 "몇 방울이면 충분합니다"가 되었다.

푸른 눈의 금발 머리 아기의 사진 옆 "크고 아픈 주사는 이제 안녕"이라는 헤드라인 아래 광고 문구는 원래 손가락 채혈 방식만 언급했었다. 하지만 이제는 "커다란 주사 대신 손가락이나 정맥에서 소량의 혈액만 채취합니다"라는 문구로 대체되었다. 케이트와 마이크는 이 문구가 그들이 예전에 제안한 면책 조항과 다를 바 없다는 사실을 놓치지 않았다.

"실험실"이라는 페이지에서 나노테이너를 확대한 사진 아래에 페이지를 가로지르는 배너에도 "테라노스에서는 모든 실험실 혈액 검사를 보통 혈액 채취량의 1/1,000의 샘플로 수행할 수 있습니다"라고 적혀 있었다. 새 버전의 배너에서는 "모든"이라는 단어가 사라졌다. 같은 페이지의 하단에는 케이트가 몇 달 전에 반대했던 문구가 기재되었다. "독보적인 정확성"이라는 제목 아래 실험실에서 나오는 오류 중 93% 가 인적 과오로 발생한다는 통계를 인용하며, 따라서 "다른 어느 실험실도 테라노스보다 정확하지 않다"고 추론했다.

막판 수정 작업은 케이트와 마이크가 품고 있던 의혹을 한층 굳히는 계기가 됐다. 엘리자베스는 모든 주장이 사실이기를 바랐지만, 간절히 원한다고 그것이 사실이 되지는 않는다고 마이크는 생각했다. 마이크와 케이트는 애초에 테라노스에 기술이 있기는 한 건지 의문을 갖기 시작했다. 테라노스가 그토록 과시하는 "블랙 박스*"가 실존하기는 하는 걸까?

그들은 스탠에게 이러한 의구심을 털어놓았는데, 스탠 역시도 서니와의 만남을 불쾌하게 생각하고 있었다. 매 분기마다 스탠은 미수금을 받기 위해 서니를 쫓아다니고 있었다. 그때마다 서니는 계속해서 에이전시가 요청한 청구 내역을 제대로 설명하라고 요구했다. 스탠은 서니에게 이를 하나씩 설명하느라고 몇 시간을 소비해야 했다. 서니는 스피커폰으로 돌리고 자신의 사무실 안을 서성거렸다. 스탠이 그에게 잘 들리지 않다며 전화기에 가까이 와서 이야기를 해 달라고 말할 때마다 서니의 성질이 폭발했다.

---

* Chiat\Day에서 미니랩을 부르는 명칭.

하지만 Chiat\Day의 모두가 테라노스와 사이가 나쁜 것은 아니었다. LA 지점에서 고위직을 맡고 있던 카리사와 패트릭은 여전히 엘리자베스에게 매혹돼 있었다. 패트릭은 리 클로를 우상처럼 생각했으며, 그가 애플을 통해 보여 준 마법 같은 마케팅 능력을 존경했다. 그는 향후 큰 유산이 될 만한 잠재력이 테라노스에 있다고 생각한 것이 분명했다. 케이트는 여러 차례에 걸쳐 그에게 자신의 염려를 표했지만, 계속하여 기각됐다. 패트릭은 케이트가 지나치게 과장하는 경향이 있으며, 케이트와 마이크가 모든 것을 의심하는 행위는 그만두고 주어진 일에 충실해야 한다고 생각했다. 패트릭의 경험상 모든 기술 스타트업은 처음엔 혼란스럽고 비밀스러운 면모를 보였다. 그런 점에서 본다면 테라노스에 딱히 특이하거나 걱정할 만한 점은 보이지 않는다고 그는 생각했다.

| 제14장 |

제품 출시

앨런 빔Alan Beam은 사무실 책상에 앉아 실험 보고서를 검토하고 있었는데, 갑자기 엘리자베스가 머리를 쑥 내밀더니 자신을 따라오라고 말했다. 엘리자베스는 앨런에게 무언가를 보여 주고 싶어 했다. 그들은 실험실 밖으로 나와 다른 직원들이 모여 있는 공간으로 들어갔다. 그녀의 신호에 따라 기술자들은 봉사자들의 손가락을 찌르고 소형 로켓처럼 생긴 투명한 플라스틱 기구를 흘러나오는 피에 갖다 댔다. 테라노스의 혈액 샘플 수집 장치였다. 곧이어 장치의 끝부분이 피를 모은 뒤 로켓의 아랫부분에 있는 두 개의 작은 엔진으로 옮겼다. 엔진은 실제 엔진이 아니라 나노테이너였다. 나노테이너를 플라스틱 로켓의 배 부분에 플런저처럼 밀어 넣으면 전송이 마무리됐다. 이는 진공 상태를 만들어 혈액을 빨아들이는 일련의 과정이었다.

적어도 계획은 그랬었다. 하지만 불행히도 계획대로 진행되지 않았다. 기술자가 작은 쌍자관(twin tube)을 장치에 밀어 넣자 펑, 하는 큰 소리가 나더니 피가 사방으로 튀었다. 나노테이너 하나가 폭발한 것이다.

엘리자베스는 동요하지 않았다. "좋아, 다시 시도해 보죠." 그녀가 침착하게 말했다.

앨런은 이 상황을 어떻게 받아들여야 할지 확신이 서지 않았다. 그는 테라노스에 입사한 지 고작 몇 주밖에 되지 않은 터라 아직 적응하는 중이었다. 나노테이너가 테라노스의 독점적인 혈액 진단 시스템의 일부라는 건 알고 있었지만 실제로 사용하는 모습은 한 번도 본 적 없었다. 그는 이것이 더 큰 문제의 징후가 아닌 단순히 작은 사고이길 바랐다.

여윈 몸에 키가 큰 병리학자 앨런은 남아프리카에서 자라 실리콘밸리까지 먼 길을 돌아왔다. 요하네스버그의 위트와테르스란트대학교에서 영어를 전공한 뒤 미국으로 이주하여 뉴욕 컬럼비아대학교에서 의과대학 예과 수업을 수강했다. 아들에게 법률, 경영 혹은 의학, 단 세 가지 직종만을 허락한 그의 보수적인 유대인 부모의 뜻을 따른 선택이었다.

앨런은 뉴욕 맨해튼 어퍼 이스트사이드의 마운트시나이 의과대학에 진학했지만 의사 일의 몇 가지 측면이 성격에 잘 맞지 않는다는 사실을 일찍 깨달았다. 병동의 정신없이 바쁜 일상과 냄새에 동요한 앨런은 조금 더 평온한 임상 병리라는 전문 분야에 끌렸고, 결국 바이러스학 박사 학위를 취득하고 연수 과정을 거친 후 보스턴의 브리검 여성 병원에서 임상 병리학 레지던트 과정을 수료했다.

2012년 여름, 피츠버그에 있는 한 어린이 병원의 실험실을 운영하다가 링크드인*에서 실리콘밸리를 향해 타오르던 그의 열망에 딱 들어맞는 구인 광고를 발견했는데, 팰로앨토 생명공학 회사의 실험실에서 책임자를 찾는다는 내용이었다. 당시 그는 월터 아이작슨의 스티브 잡스 전기를 막 읽은 참이었다.[1] 책에 매우 감명을 받은 앨런은 샌프란시스코 베이 지역으로 이주하기를 희망하고 있었다.

앨런이 지원하자 그들은 앨런에게 금요일 오후 6시에 면접을 하러 샌프란시스코에 와 달라고 했다. 시간대가 이상하다고 생각했지만 앨런은 기꺼이 맞추기로 했다. 그는 먼저 서니를 만나고 나서 엘리자베스와 만났다. 앨런은 서니의 인상이 묘하게 불쾌했지만, 성실해 보이는 데다 보건 분야에 대혁신을 일으키겠다는 의지로 똘똘 뭉친 엘리자베스를 만나자 서니의 나쁜 인상은 상쇄되고도 남았다. 엘리자베스를 처음 만난 대부분의 사람들처럼 앨런은 그녀의 낮고 깊은 목소리에 놀랐다. 그것은 한 번도 들어본 적 없는 목소리였다.

앨런은 며칠 후 일자리를 제안받았지만 바로 테라노스에 입사할 수는 없었다. 첫째로 그는 캘리포니아주 의료 면허증을 신청해야 했다. 발급 과정이 8개월이나 걸린 탓에 2013년 4월이 되어서야 공식적으로 입사할 수 있었다. 그때는 이미 그의 전임자인 아놀드 겔브가 퇴사한 지 거의 1년이 지난 시기였다. 공백기에는 반쯤 은퇴한 스펜서 히라키Spencer Hiraki라는 실험실 책임자가 가끔 들러 실험실 보고서를 검토하고 서명을 해 주고 갔다. 당시 테라노스의 실험실은 한 주에 세이

---

* LinkedIn, 특정 업계 사람들이 구인·구직, 동종 업계 정보 등을 파악할 수 있는 비즈니스 중심의 SNS 서비스.

프웨이 직원용 클리닉에서 받은 소량의 샘플만 검사하고 있을 때였기 때문에 그 자체로는 그다지 문제가 돼 보이지 않았다.

앨런이 인계받았을 때 그보다 더 심각한 것은 실험실 직원들의 사기였다. 그들은 완전히 풀이 죽어 있었다. 앨런이 입사한 첫 주에 서니가 임상 실험 기술자 중 한 사람을 즉석에서 해고했다. 이 불쌍한 직원은 모두가 보는 앞에서 경비원에게 붙잡혀 끌려 나갔다. 앨런은 이런 일이 처음 일어난 것이 아니라는 인상을 받았다. 그래서 직원들이 기가 죽어 있는 것도 당연하다고 생각했다.

앨런이 인계받은 실험실은 두 곳으로 나뉘어 있었다. 건물의 2층에 있는 실험실은 타사의 상업용 진단 장비로 채워져 있었고, 그 아래 두 번째 실험실에서는 연구가 진행되고 있었다. 위층의 실험실이 CLIA의 인증을 받은 곳이었으며, 바로 앨런이 책임질 곳이었다. 서니와 엘리자베스는 기존의 기계들을 공룡에 비유하며, 곧 테라노스의 혁신적인 기술로 멸종될 것이라고 생각해 그곳을 "쥬라기 공원"이라고 불렀다. 또 아래층 실험실은 제2차 세계 대전의 상륙작전의 이름을 따 "노르망디"라고 불렀다. 노르망디 해변에서 나치 점령하의 유럽을 해방시키기 위해 용감하게 기관총 사격에 대면했던 동맹군처럼 테라노스 장치가 실험실 업계에서 대성공을 거둘 거라는 뜻이었다.

처음에 앨런은 열의와 흥분에 가득 차 이런 허세를 믿었다. 그러나 나노테이너가 시연 중 폭발하는 사건이 있고 얼마 안 되어 폴 파텔과 나눈 대화를 계기로, 테라노스의 기술이 실제로 어느 정도 진행되었는지에 대해 내심 의문을 제기하게 됐다. 파텔은 앨런이 "4S"라는 코드명으로 알고 있는 새 테라노스 기기의 혈액 검사를 개발하는 임무를 맡고 있는 생화학자였다. 파텔은 그의 부서가 담당한 실험실 플레이트가 테스트 단계라는 사실을 발설해 버렸다. 이미 분석 시험을 끝내고 4S의 일부로 통합된 줄 알았던 앨런은 깜짝 놀랐다. 왜 아직 개발이 완료되지 않았느냐고 묻자, 파텔은 테라노스의 새 장치가 아직 제대로 작동되지 않는다고 대답했다.

 2013년 여름, Chiat\Day가 테라노스 제품을 상업적으로 출시하기 위해 홈페이지를 서둘러 마무리 짓고 있을 때, 이미 4S는 개발을 시작한지 2년 반이 넘어가고 있었다. 하지만 아직 완성되려면 갈 길이 멀었다. 고쳐야 하는 문제의 목록은 끝이 없었다.
 가장 큰 문제는 일의 진행을 가로막는 기업 내 문화였다. 엘리자베스와 서니는 우려를 표하거나 이의를 제기한 직원을 모두 냉소적인 반대론자로 치부했다. 이의를 제기하는 사람을 계속해서 소외시키거나 해고했으며, 아부하는 직원은 승진시켰다. 서니는 그의 환심을 사기 위해 알랑거리는 인도계 직원들을 요직으로 승격시켰다. 그중 미니랩의 여러 구성 요소를 통합하는 일을 맡은 샘 아네칼이라는 직원은 바로 이언 기번스와 충돌했던 사람이었다. 산타바바라 캘리포니아대학교에서 화학공학 박사 학위를 취득한 친메이 팡가르카Chinmay Pangarkar도 있었다.[2] 또 한 사람은 수라즈 사크세나Suraj Saksena였는데, 그는 텍사스A&M대학교에서 생화학과 생물 물리학 박사 학위를 취득한 임상 화학자였다.[3] 학력으로 보자면 세 명 모두 대단한 수재들이었지만 실은 두 가지 공통점이 있었다. 그들은 모두 학교 졸업 후 바로 테라노스에 입사하여 업계 경험이 전무했으며 두려움에서인지, 승진에 대한 욕망 때문인지, 혹은 둘 다인지 모르겠지만 엘리자베스와 서니에게 그들이 듣고 싶어 하는 말만 들려주는 습관이 있었다.

테라노스가 고용한 수십 명의 인도인들에게 있어 해고당할지도 모른다는 두려움은 단순히 월급을 못 받는 것 이상의 의미가 있었다. 그들은 대부분 미국에 H-1B 비자*로 체류하고 있었고, 고용 지속 여부에 따라 미국에서의 신분이 보장되기 때문이었다. 서니 같은 독재적인 상사의 손에 운명이 맡겨진 이들은 노예 계약을 맺은 것과도 같았다. 서니는 실제로 나이 든 인도인 사업가들에게서 꽤 흔히 볼 수 있는 주종 관계의 사고방식을 갖고 있었다. 그는 직원들을 자기 아랫사람이라고 생각했고 밤낮 평일 주말을 가리지 않고 마음대로 부릴 수 있다고도 생각했다. 게다가 매일 아침 보안 기록을 체크해 직원들이 몇 시에 출퇴근했는지 확인했다. 매일 저녁 7시 30분경, 서니는 기술 부서에 들러 직원들이 아직 책상에 앉아 일하고 있는지 감시하기도 했다.

마침내 일부 직원들은 서니가 한정된 지식과 그보다 더 짧은 집중 지속력을 가진 변덕스러운 어른아이일 뿐이라는 사실을 깨달았다. 따라서 서니를 덜 두려워하게 되고, 그를 다루는 방법을 고안해 냈다. 미니랩을 개발한 젊은 기계공학자 아르나브 칸나Arnav Khannah는 서니의 관심을 피하는 확실한 방법을 찾아냈다. 바로 서니의 이메일에 답장을 할 때 500단어 이상으로 길게 쓰는 것이었다. 서니는 장문의 이메

---

* 전문 기술을 가진 외국인이 미국 내의 미국 기업에 취업할 경우 발급되는 단기(최대 6년) 체류 비자.

일을 다 읽을 만한 인내심이 없었기 때문에, 그렇게 하면 보통 몇 주간은 평화로이 지낼 수 있었다. 또 다른 방법은 부서의 격주 회의에 서니도 초대하는 방법이었다. 서니는 처음 몇 번은 얼굴을 들이밀었으나 결국 관심을 잃거나 참석하는 걸 잊어버렸다.

엘리자베스는 공업 기술 개념을 빨리 파악했지만 서니는 토론 중 종종 이해력이 딸리는 모습을 보였다. 그 사실을 숨기기 위해 그는 다른 사람들이 사용하는 기술 용어를 반복하는 습관을 가지고 있었다. 아르나브의 부서 회의 중 서니는 로봇 팔 끝에 달린 집게를 뜻하는 "최종 작용체(엔드 이펙터, end effector)"라는 단어에 꽂혔다. 하지만 서니가 들은 것은 "최종 작용체"가 아닌 "엔도팩터endofactor"였다. 회의가 끝날 때까지 서니는 계속해서 존재하지도 않는 엔도팩터에 대해 언급했다. 2주 후 서니와의 회의에서 아르나브의 부서원들은 "엔도팩터 업데이트"라는 제목의 파워포인트 프레젠테이션을 준비했다. 아르나브가 프로젝터로 파워포인트 자료를 띄우자 부서원 다섯 명은 서니가 그들의 장난을 눈치챌까 봐 긴장하여 서로 몰래 눈짓을 주고받았다. 하지만 서니는 눈도 깜짝하지 않았고, 회의는 아무런 문제없이 진행되었다. 서니가 회의실을 나가자 그제야 그들은 웃음을 터뜨렸다.

또 아르나브와 부서원들은 서니가 "크레이징"이라는 난해한 공학 용어를 사용하게 만들었다. 일반적으로 크레이징은 표면에 잔잔한 금이 생기는 현상을 일컫는데, 아르나브와 동료들은 일부러 문맥과 다르게 말해서 서니가 그대로 하는지 보려 했다. 아니나 다를까 서니는 그들을 따라했다. 그의 화학 쪽 지식도 별다를 바 없었다. 그는 칼륨 Potassium의 화학 기호가 P라고 생각했다. 칼륨의 화학 기호는 K이고

인Phosphorus의 기호가 P이다. 고등학교 학생들도 틀리지 않을 극히 초보적인 지식이었다.

하지만 미니랩 개발 과정에서 발생한 모든 문제가 서니의 책임은 아니었다. 일부 결과는 엘리자베스의 불합리한 요구에서 비롯됐다. 예를 들어 엘리자베스는 미니랩의 카트리지를 일정한 크기로 제한하면서도, 계속해서 더 많은 분석 시험을 추가하기를 바랐다. 아르나브는 고객들이 알아볼 수 있을 리 없는데 왜 카트리지의 크기를 1.3센티미터 정도 키우면 안 된다는 건지 도무지 이해할 수 없었다. 엘리자베스는 데이비드 슈메이커 중령과의 언쟁 후, FDA와 문제를 일으키지 않기 위해 월그린 매장에 테라노스 장치를 배치하여 원격으로 운영하겠다는 계획을 접었다. 그 대신, 환자의 손가락을 찔러 채혈한 혈액 샘플을 팰로앨토의 테라노스 실험실로 운송해 검사하기로 했다. 하지만 아직도 미니랩이 아이폰이나 아이패드 같은 소비자 친화적인 장치로서, 구성 요소가 작고 예뻐야 한다는 생각에 집착했다. 엘리자베스는 초기 투자자들에게 약속했던 것과 같이 언젠가 사람들의 집에 테라노스의 기기를 보급하겠다는 야심을 키우고 있었다.

엘리자베스의 고집 때문에 발생한 또 하나의 어려운 문제가 있었다. 미니랩이 면역 측정 검사, 일반 화학 분석 검사, 혈액 분석 검사, 그리고 DNA 확장 기술에 의존하는 검사 등 총 네 가지 주요 혈액 검사를 모두 실행하길 바랐다는 것이다. 한 대의 데스크톱에서 모든 검사를 결합할 수 있는 유일한 방법은 로봇에 피펫 팁을 쥐어 주는 것이었다. 하지만 이 접근법에는 본질적인 문제가 있었다. 바로 시간이 지나면서 피펫의 정확도가 떨어진다는 점이었다.

피펫이 새것일 때는 혈액 5마이크로리터를 흡입하기 위해 피펫의 펌프를 일정량만큼 회전시키는 작은 모터가 필요하다. 하지만 사용한 지 3개월 정도가 지나면 모터가 똑같이 회전했을 때 4.4마이크로리터만 흡입할 수 있다. 이는 분석 검사 전체를 망쳐 버릴 수도 있는 큰 차이였다. 피펫의 이같은 변화 추이는 피펫 시스템을 이용하는 모든 혈액 분석기에 영향을 미쳤지만, 특히 미니랩에서 두드러졌다. 피펫은 2~3개월마다 재조정되어야 했고, 조정 작업 중인 5일 동안은 장치를 사용할 수 없었다.

스탠퍼드대학교에서 채닝 로버트슨 교수의 이름을 딴 학술상을 수상한 뒤 졸업하여 곧바로 테라노스에 입사한 젊은 화학공학자 카일 로건Kyle Logan은 샘 아네칼과 이 문제에 대해 자주 토론했다. 그는 어백시스사에서 피콜로 엑스프레스 분석기를 사용하는 것처럼 테라노스도 피펫보다 더욱 정확한 시스템으로 바꿔야 한다고 생각했다. 하지만 샘은 피콜로가 일반 화학 분석 검사라는 한 종류의 혈액 검사만 수행할 수 있다고 대답했다. (물질에 결합하는 항체를 사용하여 혈액 내 물질을 측정하는 면역 측정법과 달리, 일반 화학 분석법은 흡광도* 또는 전기 신호 변화와 같은 다른 화학적 원리에 의존한다.) 그에 더해 샘은 카일에게 엘리자베스가 더욱 다재다능한 기계를 원하고 있다고 상기시켜 주었다.

상업용 대형 혈액 분석기와 비교해 미니랩의 눈에 띄는 약점 중 또 하나는 한 번에 단 하나의 혈액 샘플만 검사할 수 있다는 점이었다.

---

* 빛이 액체를 투과할 때 흡수되는 빛의 세기를 나타내는 양.

상업용 기계의 부피가 큰 데에는 그만한 이유가 있었다. 바로 수백 개의 샘플을 동시다발적으로 검사하기 위함이었다. 이를 업계 용어로 "높은 처리 능력"을 가졌다고 한다. 만일 테라노스의 웰니스 센터가 환자를 많이 모은다면 미니랩의 낮은 처리 능력 때문에 대기 시간이 길어지고, 결국 환자들은 빠른 검사 결과를 보장한다는 테라노스의 약속을 비웃게 될 것이다.

이 문제를 해결하기 위해 누군가 미니랩 여섯 개를 쌓아 크기와 비용을 줄일 수 있도록 세포 측정기 한 대를 나눠 쓰는 아이디어를 제시했다. 이 프랑켄슈타인* 기계는 "식스 블레이드"라고 불렸는데, 컴퓨터 업계에서 일반적으로 공간과 에너지를 절약하기 위해 서버를 차곡차곡 쌓는 데에서 빌린 용어였다.[4] 이렇게 모듈러를 쌓는 배치 구도에서 각 서버는 "블레이드"라고 불린다.

하지만 아무도 이런 설계의 한 가지 핵심 변수인 온도가 어떤 영향을 미칠지 고려하지 않았다. 각 미니랩 블레이드는 열을 발생시키고 온도가 상승하게 된다. 여섯 개의 블레이드가 샘플을 동시에 처리하려고 하면 맨 위 블레이드의 온도가 너무 높아져 분석에 영향을 줄 것이 분명했다. 대학을 갓 졸업한 22세의 카일은 이토록 기초적인 부분이 간과됐다는 사실을 믿을 수가 없었다.

카트리지, 피펫, 온도에 관한 문제를 제외하면 미니랩의 작동을 방해하는 다른 많은 기술적인 문제들은 아직 개발 초창기의 원형 단계

---

* 미니랩 여러 대를 붙인 것을 시체 여러 구의 뼈와 살을 이어 붙여 만든 소설 캐릭터 프랑켄슈타인에 비유한 것.

라는 점 때문이라고 생각할 수 있었다. 3년도 안 되는 시간은 복잡한 의료 기기를 설계하고 완성하는 데 그리 오랜 시간이라고 볼 수 없어서다. 그러한 문제들은 로봇 팔이 엉뚱한 곳에 떨어져 피펫을 부러뜨리는 것에서부터 분광 광도계가 잘못 정렬되는 것까지 다양했다. 언젠가는 미니랩 내에서 혈액 샘플을 돌리는 원심 분리기가 폭발한 적도 있었다. 이 모든 것은 해결될 수 있는 문제긴 했지만 그래도 시간이 걸렸다. 테라노스는 아직 환자에게 사용할 수 있는 실용화된 제품을 개발하기까지 수년이 더 필요했다.

하지만 엘리자베스에겐 그럴 만한 시간이 없었다. 12개월 전인 2012년 6월 5일, 그녀는 1억 달러의 "혁신 비용"에다 추가로 4천만 달러의 융자를 받는 대가로 2013년 2월 1일부터 월그린 매장에서 혈액 진단 서비스를 시작하겠다는 새 계약서에 서명했다.[5]

테라노스는 이미 그 마감 기한을 어겼다. 월그린의 관점에서 볼 때는 이미 3년이 지연되고도 더 미뤄진 것이다. 스티브 버드의 은퇴로 세이프웨이와의 파트너십도 이미 무너지고 있었고, 이 이상 더 지연된다면 엘리자베스는 월그린마저 잃게 될 가능성이 컸다. 그래서 엘리자베스는 9월까지 무슨 일이 있어도 월그린 매장에 기기를 출시하기로 결심했다.

하지만 미니랩은 출시할 수 있는 상태와는 완전히 거리가 멀었으므로, 엘리자베스와 서니는 방치해 두었던 구형 모델 에디슨을 다시 꺼내어 출시하기로 했다. 그것은 속임수라는 또 다른 운명적인 결정을 낳았다.

6월에는 MIT에서 박사 학위를 취득한, 매우 총명한 테라노스 생물 수학 부서의 책임자 대니얼 영이 부하 직원 신웨이 공Xinwei Gong을 데리고 쥬라기 공원에 앨런 빔을 만나러 왔다. 테라노스에 입사한 지 5년 만에 대니얼은 실질적인 넘버3의 자리까지 올라갔다. 대니얼은 엘리자베스와 서니의 귀 역할을 했으며, 그들은 종종 대니얼에게 골치 아픈 기술적 문제를 해결해 달라고 맡기곤 했다.

테라노스에 입사하고 몇 해 동안 대니얼은 매일 아내와 아이들과 저녁 식사를 하기 위해 오후 6시에 퇴근하는 가정적인 남자로 보였다. 그 때문에 몇몇 동료들에게서 비웃음을 샀다. 하지만 부사장으로 승진한 후 대니얼은 전혀 다른 사람이 되었다. 그는 더 오랜 시간 근무하고 늦은 밤까지 야근을 하기 시작했다. 그는 회사 회식 때마다 만취하곤 했는데, 이는 항상 조용하고 헤아리기 어려웠던 직장에서의 모습과는 너무 달랐다. 또 몇몇 동료들에게 유혹적으로 속삭이기도 했다.

대니얼과 신웨이는 실험실에 있는 상업용 분석기 중 하나인 ADVIA 1800을 분해할 거라고 앨런에게 말했다. 독일 대기업의 자회사인 의료 제품 기업 지멘스 헬스케어의 제품인 ADVIA는 600킬로그램의 거대한 기계로, 그 크기는 대형 사무용 복사기 두 대 정도였다.[6]

다음 몇 주 동안, 앨런은 신웨이가 기계를 분해해서 내부를 아이폰 카메라로 촬영하는 데 몇 시간씩 소비하는 것을 지켜보았다. 앨런은 신웨이가 ADVIA 기계를 해킹해 손가락 채혈 샘플과 호환되도록 개조하려는 것이겠거니 생각했다. 그래서 폴 파텔이 그에게 이야기한 것처럼 4S가 작동하지 않는 게 틀림없다고 생각했다. 그렇지 않다면 이 정도로 필사적인 조치를 취할 리 없지 않은가? 앨런은 에디슨으로는 면역 분석법만 수행할 수 있다는 사실을 알고 있었기 때문에, 대니얼과 신웨이가 일반 화학 분석 검사를 실행하는 ADVIA를 선택한 것에 납득했다.

의사들이 가장 많이 주문하는 혈액 검사 중 하나는 "화학 18" 검사(종합 대사 검사)로 알려져 있다. 화학 18 검사는 나트륨, 칼륨, 염화물과 같은 전해질을 측정하는 검사에서 환자의 신장 및 간 기능을 모니터하는 검사에 이르기까지 18가지의 일반 화학 분석 검사를 일컫는다. 월그린 매장에서 출시한다 한들 이러한 혈액 검사를 제공하지 않는다면 무의미할 것이다. 위의 항목이 의사들의 주문 중 약 3분의 2를 차지하는 검사들이기 때문이다.

하지만 ADVIA는 손가락을 찔러 채혈한 혈액의 양보다 훨씬 더 많은 양의 혈액을 처리하도록 고안된 제품이었다. 그래서 대니얼과 신웨이는 지멘스사의 분석기가 비교적 소량의 혈액 샘플에 적용될 수 있도록 일련의 단계를 생각해 냈다. 그중에서도 주된 방법은 테칸Tecan이라는 액체 취급용 대형 로봇을 사용하여 나노테이너에서 채취한 혈액 샘플과 식염수를 희석하는 것이었다. 또 다른 하나는 희석된 혈액을 ADVIA에서 보통 사용하는 크기의 반 정도 되는 맞춤형 용기에 옮기는 방법이 있었다.

이 두 단계의 결합으로 "죽은 공간"이라는 문제가 해결되었다. 여러 상업용 분석기와 마찬가지로 ADVIA 또한 혈액 샘플에 프로브(탐침)를 떨어뜨려 흡입했다. 대부분의 혈액 샘플을 빨아들일 수 있긴 했지만, 언제나 잔여 혈액이 바닥에 조금 남겨졌다. 샘플을 담는 용기의 크기를 줄이면 침이 바닥에 가까워지고, 혈액을 희석하면 분석할 수 있는 용량이 늘어난다.

하지만 앨런은 이미 혈액을 희석하는 문제에 대해 의구심을 갖고 있었다. 지멘스사의 기기가 분석을 수행할 때 이미 혈액 샘플을 희석한다. 대니얼과 신웨이가 내놓은 절차를 따른다면 혈액이 기계에 삽입되기 전에 한 번, 기계 내에서 한 번, 이렇게 총 두 번의 희석 과정을 거치게 된다. 유능한 실험실 책임자라면 혈액 샘플에 손을 대면 댈수록 오류가 생길 확률이 높아진다는 사실을 당연히 잘 알고 있었다.

게다가 이중 희석은 혈액 샘플의 분석물 농도를 ADVIA가 FDA의 승인을 받은 농도 범위 이하로 낮추는 결과를 낳았다. 다시 말해 이는 제조사나 감독 기관이 승인하지 않은 방식으로 기계를 사용하는 것을 의미한다. 때문에 환자의 최종 검사 결과를 얻으려면 희석된 혈액 검사가 믿을 만한지, 여부를 알지 못한 채 결과를 희석된 비율과 동일하게 곱해야 했다. 그럼에도 대니얼과 신웨이는 자신들이 성취한 것을 자랑스럽게 생각했다. 결국 이 두 사람은 기술자였고, 그들에게 환자 치료라는 건 다소 추상적인 개념이었다. 만일 기계를 손본 것이 부정적인 결과를 낳는다 하더라도 책임져야 할 사람은 그들이 아니었다. CLIA 인증서에는 그들이 아니라 앨런의 이름이 기재되어 있기 때문이다.

대니얼과 신웨이가 작업을 끝내자 테라노스의 변호인 짐 폭스Jim Fox가 앨런의 사무실로 찾아와 이들의 업적을 특허 출원했으면 좋겠다고 제안했다. 앨런은 터무니없는 이야기라고 생각했다. 그는 다른 제조사의 기계를 조작하는 일이 새로운 것을 발명하는 일과는 거리가 멀다고 생각했고, 특히 조작하기 전보다 성능이 떨어졌을 때는 더욱 그랬다.

지멘스사의 기계를 해킹했다는 소식은 존 팬지오의 뒤를 이어 지원

부서를 맡게 되고 그 과정에서 회사 가십의 주요 수신인이 된 테드 파스코에게까지 전해졌다. 그리고 테드는 곧 엘리자베스와 서니에게서 ADVIA 기계를 여섯 대 더 구매하라는 지시를 받아 그 소문이 사실이라는 것을 확신하게 되었다. 그는 대량 구매 할인 혜택을 받을 수 있도록 지멘스사와 협상했지만, 그럼에도 주문 금액은 10만 달러가 훨씬 넘었다.

엘리자베스가 제품을 출시하기로 한 2013년 9월 9일이 되어 가자 앨런은 아직 준비가 되어 있지 않다는 사실에 무척 근심스러웠다. 해킹한 지멘스사 분석기로 실행한 두 가지 검사에서 나트륨과 칼륨 검사 결과가 특히 말썽이었다. 앨런은 칼륨 검사가 문제를 일으키는 원인이 적혈구가 붕괴하며 칼륨을 혈액에 방출하는 "용혈 현상" 때문이라고 추측했다. 용혈 현상은 손가락 채혈 방식의 부작용으로 알려져 있다.[7] 손가락을 찔러 혈액을 짜내는 것은 적혈구에 많은 압력을 가하기 때문에 적혈구가 붕괴하는 원인이 된다.

앨런은 엘리자베스의 사무실 창문에 숫자가 적힌 종이 한 장이 붙어 있는 것을 발견했다. 엘리자베스가 정한 출시일까지의 카운트다운이었다. 그것을 본 앨런은 패닉에 빠졌다. 출시일 며칠 전 앨런은 엘리자베스를 찾아가 출시일을 미뤄 달라고 부탁했다. 엘리자베스는 자신감 넘치는 평소의 모습이 아니었다. 그녀는 떨리는 목소리로 눈에 띄게 동요하며 그에게 다 괜찮을 거라며 안심시키려 노력했다. 만일 필요하다면 다시 정맥 채혈을 하면 된다고 말했다. 엘리자베스의 말을 들은 앨런은 잠시 기분이 나아졌지만, 그녀의 사무실을 나오자마자 다시 불안해졌다.

테라노스뿐만 아니라 다른 생명공학 회사에서부터 이언 기번스와 총 10년을 함께 근무한 화학자 안잘리 라가리는 8월 말 인도에서 3주간의 휴가를 마치고 돌아왔을 때 적잖이 당황했다.

안잘리는 면역 분석 부서를 이끌고 있었다. 그녀의 부서는 수년간 테라노스의 구형 장치인 에디슨의 혈액 검사 기능을 개발하기 위해 노력해 왔다. 하지만 좌절스럽게도 일부 검사에서 에디슨의 오류율은 여전히 매우 높았다. 엘리자베스와 서니는 그녀에게 차세대 장치인 4S가 출시되면 모든 것이 다 잘될 거라고 1년 동안이나 약속해 왔다. 하지만 그날은 결국 오지 않았다. 안잘리가 3주 전에 인도로 휴가를 떠났을 때 그랬던 것처럼 테라노스가 계속 연구 개발만 진행한다면 문제될 것도 없었다. 그러나 이제 갑자기 모두가 "제품 출시"에 대해 이야기하고, 이메일의 받은 편지함에는 제품 출시가 임박했다는 이메일이 있었다.

'출시라고? 무슨 제품으로?' 안잘리는 한층 불안에 젖어 생각했다.

게다가 그녀가 자리를 비운 사이 CLIA 인증을 받지 않은 직원들이 실험실에 출입했다는 것을 알게 되었다. 이유는 알 수 없었지만 회사가 지멘스사에서 구매한 진단 기계들을 수리하기 위해 부른 지멘스 직원들에게 그들이 무엇을 하고 있는지 감추라는 지시를 받았다는 사실도 알게 되었다.

또 에디슨이 샘플을 처리하는 방식도 변경되었다. 서니의 지시에 따라 테칸 액체 처리기로 한 번 희석 과정을 거쳐야 했다. 이것은 에디슨이 손가락에서 채혈한 소량의 혈액 샘플로 최대 세 가지 검사를 수행할 수 있다는 주장을 실현하기 위해서였다. 혈액을 미리 희석해 놓으면 검사 때 사용할 수 있는 혈액의 용량이 많아진다. 하지만 정상적인 상황에서도 이미 높은 오류율을 보이고 있는 기기에 추가로 희석 과정을 거치는 것은 상황을 더 악화시키는 것처럼 보였다. 안잘리는 나노테이너에 대해서도 우려를 표했다. 나노테이너 안의 혈액이 굳는 바람에 안잘리와 동료들은 종종 나노테이너 내의 혈액을 필요한 만큼 추출할 수가 없었다.

안잘리는 2010년에 셀진Celgene이라는 제약회사와 테라노스가 함께 진행했던 연구에서 얻은 에디슨의 데이터를 엘리자베스와 대니얼 영에게 이메일로 보내 그들을 설득시키려고 노력했다. 그 연구에서 테라노스는 에디슨을 사용해 천식 환자의 혈액 내 염증성 표지를 추적하려 했다. 하지만 검사 결과 데이터가 용납하기 힘들 만큼 높은 오류율을 보여, 결국 셀진은 테라노스와의 제휴 관계를 종료했다. 안잘리는 실패한 그때의 연구 이후 바뀐 것이 아무것도 없다고 그들에게 상기시켰다.

엘리자베스와 대니얼은 이메일을 무시했다. 테라노스에 입사한 지 8년이 된 안잘리는 윤리적 기로에 도달했다고 생각했다. 회사가 연구개발 과정에서 직원들과 그들의 가족에게서 혈액을 자의로 제공 받아 제품의 문제점을 해결하려 할 때는 괜찮았지만, 월그린 매장에 제품을 출시한다는 것은 승인조차 받지 않은 연구·실험 단계의 기계를 대중에게 그대로 노출한다는 것을 의미했다. 안잘리로서는 도저히 받아들일 수 없는 문제였다. 그래서 그녀는 사임하기로 결심했다.

안잘리의 퇴사 소식을 들은 엘리자베스는 그녀를 사무실로 호출했다. 엘리자베스는 안잘리에게 사유를 물었고, 설득한다면 퇴사 결정을 취소할 수 있느냐고도 물었다. 안잘리는 에디슨의 오류율이 너무 높고 나노테이너에도 문제가 많다며 우려했던 사항을 되풀이해 말했다. "도대체 왜 4S가 준비될 때까지 기다리지 않는 건가요? 왜 출시를 서두르는 거예요?" 안잘리가 물었다.

"난 고객에게 무언가를 약속하면 꼭 지키는 사람이기 때문이죠." 엘리자베스가 대답했다.

안잘리는 그녀의 대답이 말도 안 된다고 생각했다.

월그린은 그저 비즈니스 파트너일 뿐이다. 테라노스의 궁극적 고객은 월그린 매장에 방문해 혈액 검사를 의뢰하고, 그 검사 결과에 따라 의료에 관한 결정을 내릴 환자들이었다. 엘리자베스가 걱정해야 하는 고객은 바로 그들이다. 안잘리가 자리로 돌아왔을 무렵 그녀의 퇴사 소식이 퍼져 동료들이 작별 인사를 하기 위해 그녀에게 다가왔다. 안잘리는 일주일의 유예 기간을 두고, 그동안 마저 근무할 계획이었지만 서니는 공개적으로 환송하는 분위기를 마음에 들어 하지 않았다. 서니는 인사팀장 모나 라마머시Mona Ramamurthy를 보내 안잘리에게 지금 당장 떠나라고 지시했다.

안잘리는 떠나기 전에 엘리자베스와 대니얼에게 보낸 이메일을 인쇄했다. 이 상황이 원만히 끝나지 않을 것 같다는 느낌을 받았기 때문이었다. 그래서 자신이 제품 출시 결정에 동의하지 않았음을 증명해 줄, 스스로를 보호할 수 있는 무언가가 필요하다고 생각했다. 그 이메일을 자신의 개인 야후 이메일 계정으로 전달하는 게 더 쉬운 방법이었겠지만, 그녀는 서니가 직원들의 이메일 송수신을 면밀히 감시한다는 사실을 잘 알고 있었다. 그래서 메일을 인쇄한 후 가방에 몰래 숨겨 가지고 나갔다. 불안한 마음이 든 것은 안잘리 뿐만이 아니었다. 테라노스에 7년 넘게 근무한 면역 분석 부서의 차장 티나 노예스Tina Noyes 역시 퇴사했다.

그들의 퇴사에 엘리자베스와 서니는 격노했다. 다음날 아침, 그들은 사내 식당에서 전체 회의를 소집했다. 안달루시아의 양치기 소년이 이집트로 여행을 떠나 자신의 운명을 발견하는 파울로 코엘료의 베스트셀러『연금술사』가 각 의자 위에 놓여 있었다. 눈에 띄게 화가 난 엘리자베스는 그 자리에 모인 직원들에게 자신은 종교를 만들고 있다고 선언했다. 그러고는 만일 그들 중 믿지 않는 자가 있다면 당장 떠나라고도 말했다. 서니는 한층 더 직설적이었다. 그는 회사에 완전한 희생과 충성심을 보일 준비가 되어 있지 않은 사람은 "당장 꺼지라"고 말했다.

| 제15장 |

유니콘

엘리자베스는 일러스트레이터가 그린 삽화가 마음에 들지 않았다.[1] 삽화 속 엘리자베스는 공허한 큰 눈에 머리가 거대했고 백치 미인처럼 웃고 있었다. 삽화를 빼면 기사엔 마음에 들지 않는 부분이 거의 없었다. 이 기사는 「월스트리트저널」 1면의 대부분을 차지했고, 필요한 모든 요점을 정확히 짚고 있었다. 주사 바늘을 팔에 꽂아 채혈하는 전통적인 방식을 뱀파이어에 빗대며, "브램 스토커*의 의학"이라고 묘사했다. 대조적으로 테라노스의 기술은 "극소량의 혈액"만이 필요하며, "기존 방식보다 더 빠르고, 저렴하며, 정확하다"고 묘사되었다. 기사 끝에는 획기적인 발명품을 탄생시킨 뛰어난 젊은 스탠퍼드대학교 중퇴생이 냉전시대를 승리로 이끄는 데 일조한 것으로 인정받는 전

---

* Bram Stoker, 아일랜드의 소설가, 단편 작가. 대표작으로는 유명한 고딕 소설 『드라큘라』가 있다.

국무장관 조지 슐츠George Shultz에게 자그마치 "제2의 스티브 잡스 또는 빌 게이츠"라는 칭호를 받았다고 적혀 있었다.

2013년 9월 7일, 「월스트리트저널」에 실린 기사는 엘리자베스가 테라노스 혈액 검사 서비스의 상용 출시와 동시에 발표되도록 제작한 것이었다. 월요일 오전에 배포되는 보도 자료는 팰로앨토에 있는 월그린 매장에서 첫 번째 테라노스 웰니스 센터가 개장되며, 이후 이 파트너십은 전국적으로 확장될 계획이라는 내용을 담고 있었다.[2] 전국적으로 가장 유명하고 권위 있는 출판물인 「월스트리트저널」이 아직 무명인 스타트업에 대해 이만큼 돋보이게 하는 기사를 쓴 것은 파격적인 일이었다. 모든 것은 엘리자베스가 슐츠와의 관계를 2년 동안 긴밀하고 신중하게 키워 온 덕분이었다.

레이건 행정부의 외교 정책을 책임졌을 뿐 아니라 닉슨 대통령 밑에서 재무부 장관과 비서직을 역임한 전직 정치인 조지 슐츠는 2011년 7월 테라노스 이사회에 합류하여 엘리자베스의 가장 든든한 옹호자가 되었다.[3] 스탠퍼드대학 캠퍼스의 두뇌 집단인 후버 연구소의 저명한 회원인 슐츠는 아흔 둘의 나이로 공화당에서 가장 존경받고 영향력 있는 인물로 남았다. 그로 인해 보수적이기로 유명한 「월스트리트저널」 논설위원실의 친구가 되었으며, 때때로 직접 논평 기사를 기고하기도 했다.

2012년 「월스트리트저널」의 논설위원들과 함께 기후 변화를 논의하기 위해 미드타운 맨해튼의 「월스트리트저널」 본사를 방문한 동안 슐츠는 비밀스럽게 은둔하고 있는 실리콘밸리 창업자에 대해 언급하며, 그녀가 보유한 기술이 의학계에 혁명을 일으킬 것이라고 확언했다. 흥미로워진 「월스트리트저널」 논설위원실의 편집자 폴 기고Paul Gigot는 베일에 가려진 신동이 침묵을 깨고 자신의 발명품을 세계에 소개할 준비가 되었을 때 작가 한 명을 보내 인터뷰를 하겠다고 제안했다. 1년 후, 슐츠는 그에게 전화를 걸어 엘리자베스가 준비를 마쳤다는 소식을 전했고, 기고는 보건 의료 분야에 관해 광범위하게 저술해 온 「월스트리트저널」 편집국 기자 조지프 라고Joseph Rago에게 이 임무를 맡겼다. 그리고 그 결과물은 토요일 자 신문 오피니언 페이지의 고정 코너인 주말 인터뷰 칼럼에 실렸다.

엘리자베스는 안전한 곳을 골라 데뷔한 셈이었다. 기고의 부원들이 돌아가며 맡는 주말 인터뷰 칼럼은 조사를 바탕으로 직설적으로 쓰는 기사가 아니었다. 오히려 주말 인터뷰라는 제목이 암시하는 바와 같이, 대체적으로 우호적이고 대립적이지 않은 인터뷰였다. 낡고 비효율적인 산업에 균열을 일으키기 충분한 그녀의 메시지는 「월스트리트저널」 논설위원실의 친기업적인 반규제 정신과 잘 맞았다. 게다가 오바마케어를 분석하여 엄정하게 쓴 기사로 퓰리처상을 수상한 조지프 라고로서는 엘리자베스가 말하는 내용이 사실이 아니라고 의심할 만한 이유가 전혀 없었다.[4] 라고가 팰로앨토를 방문하는 동안 엘리자베스는 미니랩과 여섯 개의 블레이드를 나란히 함께 보여 주었고, 라고는 자진해서 검사를 받겠다고 했다. 그는 건물을 나가기도 전에 매우 정밀해 보이는 검사 결과를 이메일로 받았다. 하지만 조지프가 몰랐던 것은, 엘리자베스가 월그린 출시에 맞춰 그녀의 거짓 주장을 실은 라고의 기사를 새로운 기금 모금 캠페인을 하는 데 필요한 공개 검증용으로 삼으려는 속셈이었다는 것이다. 결국 이 기사는 실리콘밸리의 선두로 나서려는 엘리자베스의 야망에 이용된 셈이다.

마이크 바르산티Mike Barsanti는 타호호 호수Lake Tahoe에서 휴가를 보내던 중 전설적인 벤처 자본가 도널드 L. 루커스의 아들 도널드 A. 루커스Donald A. Lucas에게서 전화 한 통을 받았다. 마이크와 도널드는 1980년대 초반에 함께 산타클라라대학교에 다녔고, 그때부터 우호적인 관계를 유지했다. 마이크는 샌프란시스코 베이 지역에서 그의 가문이 60년 이상을 운영해 온 해산물 및 가금류 사업의 최고재무책임자로 근무하다가 지난해 은퇴했다.

도널드가 연락한 이유는 마이크에게 테라노스에 투자하라고 얘기하기 위해서였다. 사실 마이크에게는 놀라운 일이었다. 마이크가 테라노스라는 스타트업에 대해 마지막으로 들었던 것은, 7년 전 샌드힐가에서 엘리자베스가 소형 혈액 진단 기기를 선보였던 20분짜리 프레젠테이션에 도널드와 함께 참석했을 때였다. 마이크는 엘리자베스를 똑똑히 기억하고 있었다. 그녀는 당시 화장기 없는 얼굴에 두꺼운 렌즈의 안경을 쓴 촌스러운 젊은 과학자처럼 보였으며, 자신보다 두세 배 나이 든 남성 관객들 앞에서 긴장에 떨며 발표하고 있었다. 그 당시 도널드는 10년 동안 자신의 아버지 밑에서 벤처 캐피털 사업 일을 배운 후, 1990년대 중반에 설립한 RWI 벤처 사업을 운영하고 있었다. 마이크는 RWI의 투자자였다. 행동은 어색하지만 분명 똑똑한 젊은 여성에 호기심이 생긴 마이크는 도널드에게 그의 아버지가 그런 것처럼 테라노스의 전단지를 왜 가져가지 않느냐고 물었다. 도널드는 신중히 검토했지만 투자하지 않기로 결정했다고 대답했다. 그 당시 두 사람은 엘리자베스의 프레젠테이션에 전혀 집중할 수 없었고, 이사회 의장인 도널드의 아버지가 그녀를 통제할 수 없으며, 자신은 그녀를 좋아하지도, 신뢰하지도 않는다고 도널드가 말했던 것을 마이크는 똑똑히 기억하고 있었다.

"도널드, 왜 마음이 바뀐 거야?" 마이크가 물었다.

도널드는 그때 이후로 테라노스가 먼 길을 걸어 왔다며 흥분하여 설명했다. 테라노스는 전국적인 대규모 유통 체인에서 혁신적인 손가락 채혈 진단 서비스를 시작할 예정인데, 심지어 그게 전부가 아니라고 했다. 그러고는 테라노스의 장치를 미군도 사용하고 있다고 설명했다.

"그들이 이라크 파병군을 지원하고 있다는 사실을 알고 있었나?" 도널드가 마이크에게 물었다.

"뭐라고?" 마이크는 자신의 귀를 의심하며 무심코 물었다.

"사실이야, 테라노스 본부에 쌓여 있는 걸 봤어."

도널드의 말이 전부 사실이라면, 마이크는 테라노스가 꽤나 인상적으로 발전했다고 생각했다.

도널드는 2009년에 루커스 벤처 그룹이라는 새로운 회사를 설립했다. 엘리자베스는 알츠하이머병에 시달리는 도널드 A. 루커스의 노령의 아버지, 도널드 L. 루커스와의 오랜 관계를 생각해 곧 있을 기금 마련 행사에서 다른 투자자들에게 제시될 가격보다 할인된 가격으로 투자할 수 있는 기회를 제공했다. 도널드는 루커스 벤처 그룹이 중요한 기회를 잡기 위해 두 개의 새로운 펀드를 위한 자금을 모으고 있다고 마이크에게 밝혔다. 첫 번째는 테라노스를 포함한 여러 회사에 투자하는 전통적인 벤처 펀드였다. 그리고 두 번째는 오로지 테라노스에만 집중 투자하는 펀드였다. 만일 마이크도 합류하길 바란다면 시간이 많지 않았다. 거래 마감이 9월 말일로 잡혀 있어서였다.

몇 주 후인 2013년 9월 9일 오후, 마이크는 도널드에게서 더 자세한 내용이 담긴 "테라노스, 긴급"이라는 제목의 이메일을 받았다.[5] 도널드는 마이크, 그리고 이전에 도널드의 자금에 투자했던 사람들에게 이메일을 보냈으며, 그날 오전 「월스트리트저널」에 발표된 테라노스 보도 자료 기사의 링크도 첨부했다. 또한 이메일에는 루커스 벤처 그룹이 테라노스에 최대 1,500만 달러의 투자를 하도록 "초청받았다"고 적혀 있었다. 엘리자베스가 루커스 벤처 그룹에 제공하는 할인된 주식의 가치는 약 60억 달러로 평가됐다.

마이크는 크게 심호흡을 했다. 그야말로 어마어마한 가치였다. 동시에 도널드에게 짜증이 나지 않을 수 없었다. 7년 전 마이크가 테라노스에 투자하자는 제안을 도널드가 거절하지만 않았다면 지금쯤 4천만 달러 상당의 가치가 될 수도 있었던 것이다. 마이크는 후회스러웠다.

이제 테라노스에 투자하는 것은 안전하고 확신할 수 있는 선택으로 보였다. 도널드의 이메일에 따르면 테라노스는 "대형 유통 업체와 약국뿐 아니라 다양한 제약 회사, HMO, 보험사, 병원, 진료소 및 다양한 정부 기관과 계약 및 제휴 관계를 맺고 있으며, 2006년부터 흑자 매출을 기록하고 있다"고 했다.

마이크와 10명 남짓한 그의 가족은 이러한 벤처 계약에 투자할 수 있도록 유한 책임 회사에 돈을 모아 왔다. 그들과 상의한 후 마이크는 투자의 방아쇠를 당기기로 결정하고 도널드에게 79만 달러를 보냈다.

산업계 용어로 "유한 책임 조합원"으로 불리는 루커스 벤처 그룹의 다른 투자자 수십 명도 투자에 합류했고, 다양한 금액의 수표를 발행했다. 이들의 면면은 현재는 폐업한 샌프란시스코 투자 은행 로버트슨 스티븐스 앤 컴퍼니의 공동 창립자 로버트 콜먼Robert Colman에서부터 팰로앨토의 은퇴한 심리 치료사에 이르기까지 다양했다.[6]

2013년 가을, 실리콘밸리의 생태계에 아찔한 속도로 흘러 들어와 새로이 번식하는 스타트업을 칭하는 새로운 용어가 생겨났다. 2013년 11월 2일 테크크런치TechCrunch라는 기술 뉴스 웹사이트에서 에일린 리라는 벤처 자본가가 10억 달러 이상을 소유한 스타트업의 확산에 대해 기사를 썼다.[7] 에일린 리는 그들을 "유니콘"이라고 불렀다. 별칭인 유니콘이 환상 속 동물이지만 기술 스타트업들은 전혀 신화 속 존재가 아니었다. 기사 속 계산에 따르면 당시 39개의 유니콘 스타트업이 존재했는데, 리는 그 수가 곧 폭발적으로 증가해 100개 이상이 될 거라고 예측하고 있었다.

유니콘들은 1990년대 후반 닷컴 버블 때의 회사들처럼 주식 시장에 곧바로 뛰어들지 않고도 엄청난 부를 축적할 수 있었다. 그 때문에 주식을 공개하면 필연적으로 뒤따르게 되는 정밀 조사도 피해 갈 수 있었다.

유니콘의 전형으로 여겨지는 회사는 에너지가 넘치는 기술자 트래비스 캘러닉Travis Kalanick이 공동 기획한, 소비자가 직접 택시를 불러서 이용할 수 있는 스마트폰 어플 '우버'였다. 엘리자베스가 「월스트리트 저널」과 인터뷰하기 몇 주 전, 우버는 훗날 35억 달러의 가치가 되는

3억 6,100만 달러를 모금했다.[8] 또한 2013년 11월에 주당 가격으로 2억 5천만 달러를 모금하여 기업 가치가 무려 40억 달러에 달하게 된 음악 스트리밍 서비스 '스포티파이Spotify'도 있었다.[9]

이러한 회사들의 가치액은 향후 몇 년 동안 계속 상승하지만, 그 당시에는 테라노스가 그들을 월등히 넘어 섰었다. 그리고 그 격차는 점점 더 커졌다.

「월스트리트저널」 기사는 샌프란시스코에서 '파트너 펀드 매니지먼트Partner Fund Management'라는 헤지 펀드를 운영하는 노련한 투자 전문가 크리스토퍼 제임스Christopher James와 브라이언 그로스먼Brian Grossman을 주목했다. 약 40억 달러의 자산을 보유한 파트너 펀드는 2004년에 제임스가 기업을 설립한 이래로 약 10%의 연평균 수익률을 올리는 성공적인 실적을 자랑했다.[10] 이 성공은 그로스먼이 총괄하는 대규모 건강 보험 포트폴리오의 덕택이 컸다.

그들이 엘리자베스에게 연락을 취한 후, 2013년 12월 15일에 엘리자베스는 제임스와 그로스먼을 초대했다.[11] 그들이 스탠퍼드대학교 근처 언덕 옆에 위치한 베이지색 테라노스 본사 건물에 도착했을 때 제일 처음 주목한 건 철저한 보안이었다. 입구에는 경비원이 여러 명 서 있었고, 건물로 들어가려면 기밀 유지 서약서에 서명해야 했다. 일단 안으로 들어가자 경비원들이 어디든 반드시 동행해 안내했고, 심지어 화장실까지 따라다녔다. 건물의 특정 지역은 특수 보안 카드가 없으면 출입할 수 없었으며, 그들에겐 그 구역의 출입이 금지됐다.

엘리자베스와 서니는 항상 보안에 민감했지만, 월그린 매장에서 서비스를 출시한 이후 그들의 편집증 정도는 그야말로 절정에 달했다.

두 사람은 퀘스트와 랩코프가 테라노스를 치명적인 위협으로 판단하여 어떤 수단으로든 새 경쟁자를 제거하려 시도할 거라고 확신했다. 게다가 존 퓨즈가 진술에서 엘리자베스를 죽을 때까지 괴롭히겠다고 맹세한 것도 한몫했다. 엘리자베스는 존 퓨즈의 위협을 매우 진지하게 받아들였다. 그해 초 미군에서 은퇴한 제임스 매티스가 테라노스 이사회에 합류했고, 엘리자베스는 그의 추천에 따라 국방부 보안 담당 책임자인 짐 리베라Jim Rivera를 고용했다. 리베라는 매티스가 이라크와 아프가니스탄으로 파견되었을 당시 그를 보호해 준 백발의 베테랑이었다. 그는 항상 재킷 밑이나 발목 주위에 권총집을 상비했고, 검은 정장에 이어피스를 착용한 수십 명의 경비원을 진두지휘했다.

엄중한 보안은 제임스와 그로스먼에게 깊은 인상을 남겼다. 코카콜라 회사가 콜라 제조법의 비밀을 지키기 위해 엄중한 보안 태세를 갖췄던 것을 떠올리게 하여, 테라노스에 보호할 가치가 있는 지적 재산이 있다고 믿게 한 것이다. 엘리자베스와 서니가 그들에게 한 발표는 그 믿음을 확고하게 했다.

나중에 파트너 펀드가 테라노스를 상대로 제기한 소송에 따르면, 첫 번째 회의에서 엘리자베스와 서니는 테라노스의 독점 기술인 손가락 채혈 기술이 메디케어*와 개인 건강 보험 회사가 청구하는 1,300개의 혈액 검사 청구 코드 중 1,000가지를 수행할 수 있다고 설명했다.[12] 하지만 한 가지 혈액 검사에도 여러 개의 요금 청구 코드가 부여되기 때문에 1,000개의 코드를 수행할 수 있다고 해도 실제로 테라노스가 수

---

* medicare, 미국에서 65세 이상 된 사람에게 적용되는 노인 의료 보험 제도.

행 가능하다고 주장하는 혈액 검사의 개수는 백 개 정도에 불과했다.

3주 후 두 번째 회의에서 엘리자베스와 서니는 테라노스의 독자적인 분석기의 검사 데이터와 기존의 분석기의 검사 데이터를 비교하는 분산형 플롯 파워포인트 프레젠테이션을 선보였다.[13] 각 플롯에는 수평 x축에서 대각선으로 상승하는 직선 주위로 밀집된 데이터 점선이 나타났다. 이는 테라노스의 검사 결과가 기존 분석기의 검사 결과와 거의 완벽하게 일치한다는 사실을 증명했다. 다른 말로, 테라노스의 기술은 전통적인 분석기로 한 검사만큼이나 정확하다는 뜻이었다. 문제는 플롯상 나와 있는 대부분의 데이터가 미니랩이나 심지어 에디슨으로 수행한 검사의 데이터가 아니라는 점이었다.[14] 그것은 다른 상업용 혈액 분석기의 검사 결과였다. 테라노스는 팰로앨토에서 북쪽으로 한 시간 거리에 위치한 바이오래드Bio-Rad라는 회사에서 제조한 제품을 포함하여 타사의 분석기를 구입했다.

서니는 또한 테라노스가 포도당, 전해질 및 신장 기능을 측정하는 일반적인 혈액 검사에서 더 복잡한 암 검사에 이르는 약 300가지의 다양한 혈액 검사를 개발했다고 설명했다.[15] 또한 현 상황에서 손가락에서 채혈한 소량의 혈액 샘플로 98퍼센트의 검사를 수행할 수 있으며, 6개월 이내에 모든 검사를 손가락 혈액 샘플로 검사할 수 있을 거라고 자랑했다. 심지어 이 300개의 검사가 모든 실험실에서 수행되는 혈액 검사의 99퍼센트에서 99.9퍼센트를 차지하며, 테라노스는 모든 검사를 FDA의 인증을 받기 위해 제출했다고 설명했다.

서니와 엘리자베스가 장담한 내용 중 가장 대담한 것은 테라노스의 분석기가 손가락에서 채혈한 소량의 혈액 샘플로 70가지의 혈액 검사

를 동시에 실행할 수 있으며, 곧 더 많이 실행할 수 있게 될 거라는 주
장이었다.[16] 혈액 한두 방울로 그렇게 많은 검사를 해낼 수 있다는 것
은 미세 유체 분야에서는 마치 성배와도 같았다. 스위스 과학자 안드
레아스 만츠Andreas Manz가 컴퓨터 칩 업계에서 개발한 미세 가공 기술
로 작은 채널을 만들어 소량의 유체를 옮길 수 있다는 것을 증명한 이
래로, 전 세계 수천 명의 연구자가 대학과 업계에서 20년 이상 추구해
온 목표였다.

하지만 몇 가지 기본적인 이유 때문에 이 목표에 도달할 수 없었다.
가장 큰 이유는 여러 종류의 혈액 검사가 각기 무척 다른 방법으로 실
행된다는 것이었다. 면역 분석을 수행하기 위해 미세 혈액 샘플을 소
진한 후에는 일반 화학 또는 혈액 분석에서 요구되는 또 다른 실험을
위한 혈액이 충분히 남아 있지 않았다. 또 다른 이유는 미세 유체 칩은
아주 적은 용량만을 처리할 수 있지만, 칩으로 옮기는 동안 샘플의 일
부를 잃지 않는 방법을 그 누구도 찾지 못했다. 혈액의 양이 많을 때 이
동 중 소량을 잃는 것은 그다지 문제가 되지 않지만, 양이 적을 때는 큰
문제가 될 수밖에 없었다. 엘리자베스와 서니의 말을 듣자 하니 테라
노스는 오랫동안 생명공학계를 괴롭혀 온 문제들을 해결한 듯했다.

테라노스의 과학적 성취 외에도 제임스와 그로스먼을 현혹시킨 것
은 테라노스의 이사진이었다. 이사회에는 조지 슐츠와 제임스 매티스
외에도 전 국무장관 헨리 키신저Henry Kissinger, 전 국방부 장관 윌리엄
페리William Perry, 전 상원 군사 위원장 샘 넌Sam Nunn, 전 해군 장교 게리 루
헤드Gary Roughead 등이 있었다. 이들은 전설이라 할 만한 명성의 소유
자로, 테라노스에 정당성을 부여했다. 이들 사이의 공통분모는 슐츠처

럼 모두 후버 연구소의 회원이라는 점이었다. 슐츠와 친분을 쌓은 엘리자베스는 체계적으로 그들과 관계를 쌓았고, 주식과 이사회의 자리를 교환했다.

전 각료들과 국회의원, 군 관계자들이 이사회에 합류하면서 테라노스의 장치가 미군 현장에서 사용되고 있다는 엘리자베스와 서니의 주장에 신빙성이 더해졌다. 제임스와 그로스먼은 월그린과 세이프웨이 매장에서 테라노스의 손가락 채혈 진단 서비스가 소비자에게 인기를 얻을 것이며, 미국 혈액 진단 시장의 상당 부분을 차지할 거라고 믿었다. 국방부와의 계약은 또 다른 큰 수입원이 될 것이라는 희망도 있었다.

서니가 파트너 펀드 임원들에게 보낸 재정 예측표도 이 믿음을 지지했다.[17] 2014년에는 총 수익 1억 6,500만 달러에 매출 2억 6,100만 달러, 2015년에는 총 수익 10억 8천만 달러에 매출 16억 8천만 달러를 올릴 것으로 전망했다. 하지만 제임스와 그로스먼은 서니가 완전히 엉터리로 예측표를 조작했다는 사실을 아예 알지 못했다. 테라노스는 2006년에 엘리자베스가 헨리 모즐리를 해고한 이후 최고재무책임자의 자리가 내내 비어 있었다. 대니스 얌Danice Yam이라는 관리 직원이 그나마 최고재무책임자에 가장 가까운 사람이었다. 서니가 파트너 펀드에 예측표를 보낸지 6주가 지난 후 얌은 직원을 위한 스톡옵션 가격 책정을 위해 아란카Aranca라는 자문 회사에 그와 완전히 다른 예측표를 보냈다.[18] 얌은 2014년에 3,500만 달러의 수익을, 2015년에는 1억 달러의 수익을 예측했다. 이는 서니가 파트너 펀드에 보낸 수치보다 2014년엔 1억 3천만 달러, 2015년엔 9억 8천만 달러가 적은 수치였다. 매출 격차는 더욱 컸다. 얌은 2014년엔 5천만 달러, 2015년엔 1억 3,400만 달러의 매출을 올릴 것으로 예상했다. 이는 파트너 펀드에 보낸 예측에 비해 2014년엔 2억 1,100만 달러, 2015년엔 15억 5천만 달러가 적은 액수였다. 하지만 얌의 예상치조차도 지극히 낙관적인 것이었다.[19]

제임스와 그로스먼은 테라노스의 내부에서 내놓은 예측이 그들에게 보여 준 것보다 5배에서 12배가량 적다는 사실을 알 도리가 없었다. 그토록 권위 있는 이사진이 존재하는 회사에서 부당한 일이 벌어질 것이라고는 생각하기 힘들었다. 게다가 이사회에는 모든 회의에 참석하는 데이비드 보이즈라는 특별 고문도 있었다. 전국 최고의 변호사가 계속 지켜보고 있는데 대체 무엇이 잘못되겠나, 그런 생각으로 이들은 미래를 낙관했다.

2014년 2월 4일, 파트너 펀드는 루커스 벤처 그룹이 4개월 전에 지불한 것보다 주당 가격이 약 2달러 높은 17달러의 가격으로 테라노스의 5,655,294 주식을 구매했다.[20] 이 투자로 인해 테라노스의 금고에 약 9,600만 달러가 추가되었고, 그 가치는 놀랍게도 90억 달러로 추정됐다. 이는 회사의 절반 이상을 소유한 엘리자베스가 거의 50억 달러의 순자산을 보유하고 있음을 의미했다.

| 제16장 |

손자

타일러 슐츠Tyler Schultz는 옛 페이스북 건물의 사내 식당에서 새로운 동료들 가운데에 선 채 엘리자베스의 감동적인 연설을 들었다. 엘리자베스는 그녀의 이모부가 암으로 인해 조기 사망했고, 테라노스의 혈액 검사를 통해 일찍 경고를 받았더라면 예방할 수도 있었을 거라는 이야기를 하고 있었다. 그 누구도 사랑하는 사람과 너무 일찍 작별하지 않아도 되는 세상을 만드는 것이 바로 그녀가 지난 10년 동안 끊임없이 노력한 이유라고 눈물을 글썽이며 목 멘 소리로 말했다. 타일러는 엘리자베스의 연설에 깊은 감명을 받았다. 그는 지난 봄 스탠퍼드대학교를 졸업하고 여름에 유럽 배낭여행을 다녀온 후 1주일 전 테라노스에 입사한 참이었다. 처음 며칠 동안에는 적응하느라 정신이 없었는데, 특히 엘리자베스가 전 직원 회의를 소집하여 테라노스가 자체 기술을 월그린 매장에서 출시할 거라고 발표한 탓에 더더욱 그랬다.

타일러는 2011년 말에 스탠퍼드 캠퍼스 근처에 사는 할아버지 조지 슐츠의 집에 들렀다가 엘리자베스와 처음 만났다. 그 당시 타일러는 기계 공학을 전공하는 대학교 3학년생이었다. 그때 손가락에서 채취한 피 몇 방울로 빠르고 고통 없는 혈액 검사를 제공하겠다는 엘리자베스의 비전이 곧바로 그의 심금을 울렸다. 그해 여름 타일러는 테라노스에서 인턴으로 근무한 뒤 전공을 생물학으로 변경하고 테라노스에 정규직으로 입사 지원을 했다.

하지만 테라노스에 입사한 뒤 그의 첫날은 온갖 사건 사고로 가득했다. 면역 분석팀을 이끌던 안잘리라는 직원이 퇴사하게 되어 직원들 여럿이 주차장에 모여 그녀와 작별 인사를 나누었다. 그리고 안잘리와 엘리자베스 사이에 다툼이 있었다는 소문이 돌았다. 게다가 그로부터 사흘 후, 타일러가 원래 배정받았던 단백질 공업 기술부가 해산되고 인력이 부족한 면역 분석팀에 합류하기 위해 인사이동 된다고 통보받았다. 모든 것이 혼란스럽고 당혹스러웠지만 엘리자베스의 감동적인 연설로 인해 타일러의 마음에 싹트던 걱정들이 누그러졌다. 그는 전 직원 회의가 끝난 후 열정적이고 의욕적인 상태가 되어 더 열심히 일해야겠다고 생각했다.

입사 후 한 달 정도가 지나고 타일러는 새로 입사한 에리카 청Erika Cheung이라는 직원과 만났다. 타일러와 마찬가지로 에리카 역시 생물학을 전공하고 대학을 갓 졸업했으나, 두 사람의 공통점은 그 두 가지가 전부였다. 금발 머리의 타일러는 유명한 할아버지를 둔 상류층 집안의 자식이었으나 에리카는 중산층 혼혈 집안 출신이었다. 에리카의 아버지는 홍콩에서 미국으로 이민을 와서 UPS에 입사해 소포를 싣고 나르는 일을 하다 기술부 매니저의 자리까지 오른 사람이었다. 에리카는 청소년 시절 대부분을 집에서 홈스쿨링을 받았다.

　그들은 자라 온 배경 환경이 매우 달랐지만 금세 친구가 되었다. 면역 분석팀에서 그들의 업무는 테라노스의 에디슨 기기가 실험실에 배치되어 환자에게 제공되기 전에 혈액 검사의 정확성을 검증하는 실험을 돕는 것이었다. 이 검사 단계는 "분석 검사 검증"으로 알려져 있었다. 이 실험에 사용된 피는 직원의 것이거나, 때로는 직원의 가족 및 친구에게서 기증받았다. 직원들에게 피를 기증하라고 격려하기 위해 테라노스는 직원이 기증한 혈액을 시험관당 10불씩 지불했다. 즉, 직원들은 한 번 헌혈할 때마다 50달러를 벌 수 있었다. 타일러와 에리카는 누가 먼저 600달러를 달성해 낼지 내기를 했다. 600달러가 넘어가면 회사가 직원들에게 보상금을 지불했다고 국세청에 신고해야 해서 그 금액이 최대 한도였기 때문이다. 테라노스가 더 많은 헌혈자를 찾고 있었으므로 어느 주말 타일러는 같이 살고 있는 친구들을 설득해서 회사로 데려왔다. 그리고 헌혈로 받은 250달러를 모아 맥주와 햄버거를 사서, 그날 저녁 그들이 살고 있는 몇 블록 떨어진 곳의 다 쓰러져 가는 집에서 파티를 열었다.

　타일러가 테라노스에서 근무하면서 처음으로 열의가 꺾였던 것은 에디슨 장치의 내부를 보았을 때였다. 지난여름 그곳에서 인턴으로 근무했을 때는 에디슨 근처에 가는 것이 허가되지 않았기 때문에, 중국인 과학자 란 후Ran Hu가 에디슨의 흑백 케이스를 열고 내부를 보여 주려 했을 때 타일러는 기대가 컸다. 타일러의 옆에는 그의 상사인 아루나 에이어Aruna Ayer가 서 있었다. 아루나 역시 타일러만큼이나 에디슨의 내부가 궁금했다. 아루나는 이전에 단백질 공업 기술부의 부장으로 근무하면서 단 한 번도 에디슨의 내부를 본 적이 없었다. 란이 그들에게 재빨리 시범을 보여 주었는데, 타일러와 아루나는 이것을 어떻게 받아들여야 할지 확신이 서지 않았다. 그저 로봇 팔에 피펫이 고정되어 있고, 지지대에 놓여 앞뒤로 움직이는 것 이상으로는 보이지 않았기 때문이다. 두 사람 모두 정교한 미세 유체 시스템을 기대했는데, 실제로 그들이 본 것은 중학생이 집 차고에서 만든 수준의 장치였다.

열린 마음을 유지하려고 노력하며 아루나가 물었다. "란, 네가 봤을 땐 괜찮아 보여?"

란은 스스로도 괜찮지 않아 보인다는 말투로 대답했다. "네 판단에 맡길게."

다시 뚜껑을 씌워 보니 에디슨의 터치스크린 소프트웨어 인터페이스마저 실망스러웠다. 화면 아이콘을 작동시키려면 거의 아이콘을 마구 내리쳐야 하는 수준이었다. 타일러와 다른 직원들은 스티브 잡스가 이 광경을 봤다면 무덤에서도 데굴데굴 굴렀을 거라고 농담을 주고받았다. 타일러는 실망했지만 새로 개발 중인 차세대 장치 4S는 훨씬 더 정교할 거라는 생각으로 스스로를 위로했다.

하지만 머지않아 다른 것들도 타일러를 괴롭히기 시작했다. 타일러와 에리카가 맡은 업무 중 하나는 에디슨 장치로 혈액 샘플을 반복적으로 재검사하여 결과가 얼마나 달라지는지 측정하는 일이었다. 수집된 데이터는 각 에디슨 혈액 검사의 변동 계수*를 계산하는 데 사용되었다. 만일 검사의 변동 계수가 10% 미만으로 나온다면 일반적으로 정확한 검사로 간주되었다. 하지만 낮은 변동 계수가 나오지 않은 데이터는 불행히도 폐기되었고, 원하는 수치에 도달할 때까지 실험을 반복해야 했다. 비유하자면 앞면이 10번 연속으로 나올 때까지 동전을 계속해서 던진 후 그 동전은 언제나 앞면만 나온다고 선언하는 거나 같았다.[1] 타일러와 에리카는 "괜찮은" 데이터 중에서도 일부 값이 통계 이상치**로 간주되어 삭제되는 것을 발견했다. 에리카가 부서의 선배 과학자들에게 이상치를 어떻게 정하는지 물었지만, 제대로 대답해 줄 수 있는 사람은 아무도 없었다. 에리카와 타일러가 젊고 경험이 없을지는 모르지만, 좋은 데이터만 골라내는 행위는 제대로 된 '과학'이 아니라는 것쯤은 알고 있었다. 게다가 이러한 관행에 대해 염려하는 사람은 두 사람뿐만이 아니었다. 타일러가 좋아하고 존경하는 아루나 또한 그러한 관행을 탐탁지 않게 생각했고, 타일러와 친해진 쾌활한 성격의 독일계 과학자 마이클 험버트Michael Humbert 역시 마찬가지였다.

타일러가 관여한 검증 실험 중에는 매독 검사도 있었다. 일부 검사는 콜레스테롤과 같이 혈액 내 물질의 정확한 수치를 측정한다. 그러나 매독 검사와 같은 다른 검사들은 환자가 특정 질병을 앓고 있는지 아닌지의 여부를 판단한다. 이러한 검사의 정확성은 민감도에 의해

---

*   Coefficient of variation, CV, 여러 자료의 표준 편차를 그 평균값으로 나눈 값으로, 변동 계수의 값이 클수록 상대적인 차이가 크다는 것을 의미한다.

**   평균 혹은 다수가 분포된 범위로부터 비정상적으로 삐져나온 특이 데이터를 말함.

측정된다. 즉, 얼마나 정확히 환자의 질병 여부를 양성으로 판단하는 지에 달려 있다. 며칠 동안 타일러와 여러 동료들은 에디슨으로 247 개의 혈액 샘플을 검사했고, 그중 66개는 질병에 양성인 것으로 이미 알려져 있는 샘플이었다.[2] 처음 검사를 실행했을 때는 에디슨이 양성 샘플 중 65%만 정확히 감지할 수 있었다. 두 번째 검사에서는 80%를 정확하게 감지했다. 하지만 테라노스는 검증 실험 보고서에 매독 검사의 정확성이 95%에 달한다고 기재했다.

에리카와 타일러는 테라노스가 비타민 D 수치를 비롯한 에디슨의 다른 검사의 정확도도 허위로 작성했다고 생각했다. 이탈리아의 다이아소린이라는 회사가 제조한 분석기로 혈액을 검사하면 비타민 D의 농도가 건강한 사람의 정상 수치인 밀리리터당 20나노그램으로 나오지만, 에리카가 동일한 혈액 샘플을 에디슨으로 검사했을 땐 비타민 D 결핍 상태에 해당하는 밀리리터당 12나노그램으로 나왔다. 그럼에도 불구하고 에디슨은 환자의 혈액 샘플로 임상 실험실에서 비타민 D 검사를 실행할 수 있도록 승인받았고, 갑상선 호르몬 검사와 전립선 암을 표지하는 전립선 특이항원 검사 역시 승인되었다.

2013년 11월, 에리카는 면역 분석팀에서 에디슨이 있는 아래층의 임상 실험실, 일명 '노르망디'로 이동하게 되었다. 추수감사절 휴일 동안 월그린 매장에서 팰로앨토로 환자의 비타민 D 검사를 의뢰받았다. 에리카는 환자 샘플을 검사하기 전에 훈련받은 대로 에디슨 장치에 품질 관리 검사를 실시했다.

품질 관리 검사는 부정확한 결과 도출을 막기 위한 기본적인 보호

장치이며, 실험실 운영 방식의 핵심 요소였다. 품질 관리 검사는 이미 피분석물의 농도가 알려진 혈장 샘플을 검사하여 실험실의 검사 결과와 알려진 수치가 일치하는지 확인하는 절차였다. 만일 알려진 값보다 표준 편차가 두 배 이상 높거나 낮으면 품질 관리 검사는 실패한 것으로 간주되는 게 일반적이었다.

에리카의 경우 첫 번째 품질 관리 검사에 실패하여 두 번째 검사를 실행했다. 하지만 그것마저 실패했다. 에리카는 어떻게 대처해야 할지 갈피를 잡을 수 없었다. 실험실의 상급관들이 모두 휴가를 떠나 있었기 때문에 회사가 설정해 놓은 비상용 이메일 계정으로 메시지를 보냈다. 샘 아네칼, 수라즈 사크세나, 그리고 대니얼 영이 에리카의 이메일에 답변으로 여러 가지 제안을 했지만 어떤 것도 도움이 되지 않았다. 잠시 후 연구 개발 부서에서 우옌 도Uyen Do라는 직원이 내려와 품질 관리 수치를 살펴보았다.

서니와 대니얼이 제정한 절차에 따르면 테라노스가 에디슨 장치에서 결과를 얻는 방식은 조금의 과장도 없이 비정상 그 자체였다. 먼저, 손가락에서 채혈한 혈액 샘플은 테칸 액체 처리기로 희석한 후 세 부분으로 나뉘었다. 그런 다음 세 개로 나뉜 희석 샘플을 세 대의 다른 에디슨으로 검사했다. 각 에디슨 장치 내에 있는 두 개의 피펫 팁을 희석된 혈액 샘플 안에 넣어 두 가지 값을 생성한다. 그러고 나면 총합 세 개의 기계에서 여섯 가지 값이 산출됐다. 그리고 이 여섯 값의 중앙값을 최종 결과로 삼았다.

에리카는 이 절차에 따라 세 대의 에디슨 장치에 두 개의 품질 관리 샘플을 검사했고, 각 검사당 여섯 개의 값을 산출해 총합 열두 개의 값을 결과로 얻었다. 하지만 에리카에게 이론적 근거를 설명하지도 않고 우옌 도는 열두 개의 값 중 두 개의 값을 이상치라며 삭제했다. 그런 다음 환자의 혈액 샘플을 검사하고 결과를 내보냈다.

반복되는 품질 관리 검사의 실패를 이런 식으로 처리해서는 안 되는 일이었다. 일반적으로 두 번 연속으로 품질 관리 검사를 실패하게 되면 기계의 작동을 멈추고 재교정 절차를 거쳐야 했다. 더욱이 우옌 도는 임상 실험실에 출입할 권한조차 없었다.[3] 에리카와 달리 우옌 도는 임상 실험 기술자 면허증이 없어서 환자의 혈액 샘플을 처리할 자격이 없었기 때문이다. 이 사건으로 에리카는 큰 충격을 받았다.

일주일도 채 지나기 전, 앨런 빔은 위층의 쥬라기 공원 실험실에서 캘리포니아 공중 보건국의 실험실 현장 서비스 부서에서 나온 여성 검사관과 이야기를 나누고 있었다. 테라노스 실험실의 CLIA 인증서는 발급받은 지 거의 2년이 다 되어 가고 있었고, 검사에 통과하여 갱신을 해야 했다. 연방 메디케어 기관은 이러한 유형의 정기 검사를 각 주의 조사관에게 위탁했다. 서니는 감사 기간 중 모든 직원의 노르망디 실험실 출입을 금했다. 게다가 아래층으로 내려가는 계단은 카드 열쇠로만 열리는 문 뒤에 숨겨져 있었다. 앨런과 다른 실험실 직원들은 이러한 지시를 듣고 서니가 검사관이 문 뒤에 숨겨져 있는 것에 대해 묻기를 원치 않는다는 명백한 신호로 받아들였다. 검사관은 위층 실험실에서 몇 시간 동안 감사를 진행하다가 비교적 사소한 문제들을 발견하였고, 앨런에게서 즉시 시정하겠다는 약속을 받아 냈다.[4] 그리고 검사관은 테라노스의 자체 장비가 있는 실험실을 놓쳤다는 사실을 알지 못한 채 돌아갔다. 앨런은 화를 내야 하는 건지 안심해야 하는 건지 갈피를 잡지 못했다. 지금 자신이 규제 기관을 속이는 데 가담한 건가? 대체 왜 그런 입장에 처해야 하는 것인가?

감사가 끝나고 며칠 동안 서니는 월그린 매장에 테라노스가 제공하는 여러 혈액 검사 중 에디슨으로 수행하는 네 가지 검사뿐만 아니라 다른 검사들도 정맥 채혈 방식에서 손가락 채혈 방식으로 변경하라고 지시했다. 그 말은 곧 대니얼 영과 신웨이 공이 임시방편으로 손봤던 지멘스사의 ADVIA 기계를 일반 환자 혈액 검사에 사용한다는 것을 의미했다. 문제가 표면화되기까지는 그리 오랜 시간이 걸리지 않았다.

엘리자베스와 서니는 애리조나주의 친기업적인 명성과 보험에 가입되지 않은 많은 수의 환자에 이끌려 애리조나주의 피닉스를 주요 론칭 마켓으로 선정했다. 보험에 가입되지 않은 환자는 테라노스가 제공하는 저렴한 혈액 검사에 좀 더 끌릴 거라는 계산이었다. 그래서 팰로앨토 매장에 이어 피닉스 지역에 있는 월그린 매장에도 웰니스 센터를 두 군데나 만들고 그 외 수십 곳을 더 개장하려고 계획을 세웠다. 엘리자베스는 피닉스에 두 번째 실험실도 열 계획이었지만, 당분간은 거기에서 수집한 혈액 샘플을 페덱스를 통해 운송하여 팰로앨토에서 검사를 진행할 예정이었다. 하지만 이러한 계획은 이상과는 거리가 멀었다. 나노테이너는 냉장 박스에 넣어져 운송되었지만, 아스팔트로 포장된 공항 활주로 위에서 몇 시간 동안이나 태양열을 그대로 받으며 대기하는 동안 냉장 박스 또한 가열되었다. 그로 인해 작은 튜브 내의 혈액이 응고되는 상황이 발생했다.

제품 출시 이전에 직원들의 혈액 샘플을 검사했을 때에도 그랬듯,

앨런은 칼륨 검사에서 문제를 겪고 있었다. 나노테이너 내의 혈액은 종종 색깔이 분홍색으로 변했는데, 이는 용혈 현상이 일어났다는 숨길 수 없는 표시였다. 그리고 희석된 혈액 샘플로 칼륨 검사를 실행했을 때 칼륨 수치가 지속적으로 높게 나왔다. 심지어 일부 결과에는 칼륨 수치가 지나치게 높게 나와서, 환자가 이미 사망한 상태여야만 검사 결과가 정확하다고 할 수 있는 상황도 발생했다. 문제가 너무 심각해지자 앨런은 특정 역치 이상의 칼륨 검사 결과를 환자에게 공개할 수 없다는 규칙을 만들었다. 또한 앨런은 엘리자베스에게 칼륨 검사를 환자들에게 제공하는 검사 목록에서 제거하자고 부탁했다. 엘리자베스는 칼륨 검사를 제거하는 대신 분석 검사를 고치라고 대니얼 영을 보냈다.

2014년 초, 타일러 슐츠는 면역 분석팀을 떠나 노르망디 실험실에서 운영되는 생산팀으로 이동했다. 그로 인해 타일러는 에디슨과 개조된 지멘스사의 ADVIA 장치로 환자들의 혈액 샘플을 검사하는 에리카, 그리고 다른 임상 실험실 동료들과 가까이에서 근무하게 되었다. 두 부서 사이에 물리적 장벽이 없었기 때문에 타일러는 다른 실험실 동료들이 하는 대화를 엿들을 수 있었다. 타일러는 에리카와 다른 동료들에게서 에디슨이 종종 품질 관리 검사에 실패하며, 서니가 실험실 직원들에게 품질 관리 검사 결과를 무시하고 그 기계에 그냥 환자들의 혈액 샘플을 검사하라고 압박을 준다는 이야기를 들었다.

어떻게 행동해야 할지 고민하던 중 타일러는 할아버지 조지 슐츠에게서 전화를 받았다. 조지는 엘리자베스의 30번째 생일 파티를 열어 줄 계획이라며, 타일러가 참석해서 한 곡 연주해 주기를 바랐다. 타일러는 고등학생 때부터 기타를 쳤고, 직접 작곡하는 것도 좋아했다. 지난여름 여행을 하면서 아일랜드의 술집과 길거리에서 기타 연주를 하기도 했다. 타일러는 직장 핑계를 대며 빠져나오려고 애썼다. 그의 근무 시간이 오후 3시부터 오전 1시까지이기 때문에 생일 파티의 시간과 겹쳐서 참석할 수 없다고 핑계를 댔다. 하지만 조지는 끝내 고집을 부렸다. 그는 이미 파티의 좌석 배치도를 작성했고, 저녁 식사 테이블에 자신의 손자를 채닝 로버트슨과 엘리자베스 사이에 배치했다고 말했다. 게다가 본인의 생일을 축하하기 위해 근무를 빠지는 것이니 엘리자베스도 신경 쓰지 않을 거라고 설명했다. "엘리자베스도 네가 오길 바랄게다." 조지가 말했다.

며칠 후, 타일러는 큰 하늘색 조약돌로 덮인 스탠퍼드 캠퍼스 바로 옆 언덕에 자리한 할아버지 조지의 집에서 다른 손님들과 함께 어울리고 있는 자신을 발견했다. 조지의 두 번째 아내인 샬럿이 생일 파티의 주최자 노릇을 했다. 엘리자베스의 부모님과 남동생 크리스천도 축하를 위해 자리에 참석했다. 또한, 채닝 로버트슨과 과거에 클린턴 행정부에서 국방장관을 지냈고 현재는 테라노스의 이사회 소속인 빌 페리Bill Perry도 참석했다.

할아버지의 재촉으로 타일러는 급히 작곡한 곡을 연주했다. 그는 테라노스의 "단 한 방울이 모든 것을 바꾸다"라는 슬로건에서 표현을 빌려 쓴 가식적인 가사를 부르며 민망해 하지 않으려 노력했다. 하지만 불행히도 잠시 후 헨리 키신저가 뒤늦게 도착했고, 헨리도 곡을 들어야 한다고 모두가 주장하여 타일러는 그 노래를 다시 한번 불러야 했다. 타일러의 연주가 끝나자 조지 슐츠와 같이 90대의 나이인 헨리 키신저는 생일을 맞은 엘리자베스를 위해 직접 작성한 5행시를 낭송했다. 거의 초현실적인 느낌마저 주는 상황이었다. 모든 이들이 조지 슐츠의 집 거실에 동그랗게 앉아 있었고, 엘리자베스가 가운데에서 모든 이들의 관심을 한껏 즐기고 있었다. 마치 엘리자베스가 여왕이고, 주위 사람들이 모두 그녀의 반지에 입을 맞추는 신하가 된 기분이었다. 저녁 식사 시간은 매우 어색했지만, 타일러는 엘리자베스와 충분히 친해졌다고 생각하여 자신의 우려에 대해 솔직하게 털어놓기로 했다. 생일 파티가 끝난 직후 타일러는 엘리자베스에게 잠시 만날 수 있냐고 이메일을 보냈다.

엘리자베스는 타일러를 자신의 사무실로 초대했다. 그들의 회의는 짧았지만, 타일러는 자신을 괴롭히던 몇 가지 사안에 대해 문제를 제기할 수 있었다. 그중 하나는 테라노스가 혈액 검사의 정확성에 대해 주장한 내용이었다. 타일러는 테라노스가 자체 검사의 변동 계수를 10% 미만이라고 주장했지만, 실제 유효성 검사 보고서에는 수치가 훨씬 높았다고 엘리자베스에게 말했다. 엘리자베스는 놀라는 연기를 해보이며 테라노스는 그런 주장을 한 적이 없을 거라고 말했다. 엘리자베스는 홈페이지에서 함께 보자고 제안하며 그녀의 아이맥 노트북에서 홈페이지를 불러왔다. 홈페이지에서 "우리의 기술"이라는 제목의 페이지로 들어가자 '변동 계수 10% 미만'이라고 초록색과 흰색의 동그란 로고와 함께 눈에 띄게 광고한 부분이 보였다. 하지만 엘리자베스는 그 위에 작은 글씨로 이러한 수치는 테라노스의 비타민 D 검사에만 해당한다고 적힌 부분을 가리켰다.

타일러는 그녀의 지적을 일단 인정하며, 머릿속으로는 자리로 돌아가서 비타민 D의 유효성 검사 데이터를 확인해 봐야겠다고 생각했다. 그리고 타일러는 본인이 계산한 변동 계수 수치와 유효성 검사 보고서에 기재된 수치가 종종 일치하지 않는다는 사실을 언급했다. 그의 계산에 따르면 보고서에 적힌 비율이 실제 본인이 계산한 것보다 훨씬 낮았다. 즉, 테라노스는 자체 혈액 검사의 정확도를 과장하고 있는 것이다.

"그렇지 않을 텐데요." 엘리자베스가 대답했다. 엘리자베스는 타일러에게 나가서 대니얼 영의 설명을 들으라고 제안했다. 엘리자베스는 대니얼이 그에게 테라노스가 데이터를 어떻게 분석하는지 자세히 설명하고 그가 이해할 수 있도록 도움을 줄 것이라고 설명했다. 다음 몇 주 동안 타일러는 대니얼 영과 두 번 정도 만났다. 대니얼과 대화를 나누는 것은 생각보다 힘든 일이었다. 머리가 벗겨지기 시작한 그는 이마가 강조되고 뇌가 아주 커 보였으며 강렬한 인상을 주는 사람이었다. 하지만 그의 뇌에서 어떤 일이 일어나는지 도저히 알 수 없었다. 금속테 안경 뒤에 숨은 그의 눈은 어떠한 감정도 내비치지 않았다.

첫 회의 때 대니얼은 타일러가 계산한 변동 계수에 어떠한 문제점이 있는지 차분하게 설명했다. 타일러가 여섯 개의 값의 중앙값만 계산에 포함하지 않고, 에디슨 검사에서 생성된 여섯 개의 수치를 모두 계산에 포함했다는 이야기였다. 대니얼 영은 테라노스가 환자에게 중앙값만 보고하니, 그 수치만 변동 계수 계산에 포함되어야 한다고 설명했다.

대니얼이 기술적으로 정확할지는 모르지만, 타일러는 에디슨 장치의 가장 큰 약점인 피펫 팁이 심각할 만큼 부정확하다는 점을 지적했다. 각 검사에서 측정된 여섯 개의 값 중에서 중앙값을 선택하는 것은 그 부정확성을 교정할 수 있는 방법이었다. 하지만 피펫 팁이 애초부터 제대로 작동했다면 그러한 왜곡도 필요 없지 않겠냐고 지적했다.

두 사람의 대화는 정확도가 가장 과장됐다고 타일러가 생각한 매독 검사로 넘어갔다. 다시 한번 대니얼은 준비된 답변을 말했다. 대니얼은 에디슨의 매독 검사 결과 중 모호한 영역에 떨어지는 데이터가 정확성 계산에 포함되지 않았다고 설명했다. 하지만 타일러는 여전히 미심쩍었다. 소위 '모호한 영역'에 대해 사전에 미리 정의된 기준이 없는 듯했다. 마치 회사가 원하는 정확도에 미칠 때까지 모호한 영역을 마음대로 넓힐 수 있는 듯 보였다.[5] 매독 검사의 경우, 모호한 영역이 너무 넓혀져서 에디슨이 정확하게 양성으로 확인한 데이터보다 모호한 영역으로 간주된 데이터가 훨씬 많았다. 타일러는 대니얼에게 회사가 주장하는 바와 같이 테라노스의 매독 검사가 시장에 나와 있는 매독 검사 중 가장 정확하다고 생각하는지 물었다. 대니얼은 테라노스가 가장 정확한 검사라고 주장한 적은 단 한 번도 없다고 대답했다.

타일러는 본인의 자리로 돌아와 가장 최근에 테라노스에 관해 보도된 기사 두 개를 대니얼에게 이메일로 보냈다. 그중 하나는 엘리자베스가 「월스트리트저널」과 진행한 인터뷰 기사였는데, 기사에는 테라노스의 검사가 "다른 전통적인 방식보다 더 정확하다"며, 정확성이 한층 높아진 것을 과학적 진보라고 부른 내용의 기사였다.[6] 그들이 며칠 후 다시 만났을 때 대니얼은 「월스트리트저널」에 기재된 주장이 지나치게 포괄적이라고 인정했지만, 그러한 주장은 엘리자베스가 직접 말한 것이 아니라 기자가 쓴 것이라고 주장했다. 타일러는 그의 주장이 너무 교묘하다고 생각했다. 분명 기자가 그러한 주장을 스스로 지어 내지는 않았을 테니 말이다. 기자는 엘리자베스에게서 들었을 것이 분명했다. 대니얼의 입가에 희미한 웃음이 살짝 스쳤다.

"물론 엘리자베스는 인터뷰할 때 가끔씩 약간 과장을 섞곤 하지." 대니얼이 말했다.

그리고 최근 타일러가 에리카에게 들은 것 중에 그를 괴롭히는 또 다른 한 가지가 있었다. 그래서 타일러는 그 이야기도 꺼내기로 마음먹었다. 모든 임상 실험실은 일 년에 3번씩 "평가 시험"이라는 것을 제출해야 했다. 평가 시험은 부정확한 검사를 제공하는 실험실을 잡아내기 위해 고안되었다. 미국 병리학회와 같은 공인 기관이 각 실험실에 보존된 혈장 샘플을 보내고, 여러 피분석물에 대한 검사를 요청한다.

테라노스가 처음 운영을 시작했을 때에는 2년 동안 항상 상용 분석기에 평가 시험 샘플을 실행했다. 하지만 이제 일부 환자의 혈액 검사에 에디슨 장치를 사용하기 때문에 앨런 빔과 새로 온 실험실 부책임자는 에디슨이 평가 시험에서 어떻게 수행하는지 궁금해 했다. 그래서 빔과 새로 온 책임자 마크 판도리Mark Pandori는 에리카와 다른 실험실 직원들에게 평가 시험 샘플을 나누어 일부는 에디슨으로 검사하고, 나머지는 지멘스사와 다이아소린의 분석기을 사용하고서 검사 결과를 비교하라고 지시했다. 에디슨이 내놓은 결과는 지멘스와 다이아소린 분석기로 검사한 결과와 현저히 달랐고, 특히 비타민 D의 경우 그 차이가 심각했다.

서니는 그들의 작은 실험에 대해 알게 되자 펄쩍 뛰었다. 그는 즉시 그만두라고 명령하고는 지멘스와 다이아소린 분석기로 검사한 결과 보고서만 제출하라고 지시했다. 실험실 내에서는 에디슨으로 검사한 결과를 제출해야 하는 게 아니냐는 이야기가 돌았다. 타일러가 CLIA의 규정을 찾아본 결과 직원들의 생각이 정확하다는 사실을 알 수 있었다.[7] CLIA의 규정에는 평가 시험 샘플이 평소에 환자의 샘플을 검사하고 분석하는 것과 "동일한 방법"으로 실행되어야 하며, "실험실에서 규칙적으로 사용되는 방식"을 따라야 한다고 기재되어 있었다. 테라노스는 비타민 D, 전립선 특이항원, 그리고 두 가지 갑상선 호르몬 검사를 에디슨으로 수행하기 때문에, 이 네 가지 피분석물의 평가 시험은 에디슨의 검사 결과를 보고하는 게 옳았다.

타일러는 대니얼에게 테라노스가 한 일은 절대로 합법적일 수 없다고 말했다. 하지만 대니얼의 대답은 논리상 완전히 비뚤어져 있었다. 대니얼은 실험실의 평가 시험이 대등한 기계의 검사 결과를 비교하여 평가된다고 말하며, 테라노스의 경우 유일무이한 데다 그에 필적할 기술이 없기 때문에 비교가 불가능하다고 대답했다. 결과적으로 대등한 비교를 하기 위해서는 다른 실험실과 같이 동일한 상업용 방법을 따라야 한다고 주장했다. 게다가 대니얼은 평가 시험의 규칙이 매우 복잡하다고 주장하며, 어떠한 불법 행위도 저지르지 않았다고 타일러를 안심시키려 했다. 하지만 타일러는 설득되지 않았다.

2014년 3월 31일 월요일 오전 9시 16분, 타일러가 주말 내내 기다리던 이메일이 그의 야후 메일 계정에 도착했다.[8] 실제로는 그가 실명을 감추기 위해 만들어 낸 콜린 라미레즈Colin Ramirez라는 가명의 이메일 계정으로 도착했다. 뉴욕 보건국 임상 실험실 평가 프로그램 부서의 책임자인 스테퍼니 슐먼Stephanie Shulman에게서 온 이메일이었다. 그녀는 타일러가 지난 금요일에 가명으로 제출한 질문에 대해 응답했다.

타일러는 뉴욕 보건국에서 테라노스가 참여하는 평가 시험 프로그램을 운영하고 있기 때문에 그쪽으로 연락을 취했다. 그는 여전히 테라노스가 평가 시험을 실시하는 방식이 부적절하다고 생각하여 전문가의 의견을 듣고 싶어 했다. 슐먼과 몇 통의 이메일을 주고받은 후 타일러는 원하던 대답을 얻을 수 있었다. 타일러가 설명한 테라노스의 관행에 대해 슐먼은 "평가 시험 사기 행각"이라고 설명하고, "주 및 연방 정부의 요구 사항을 위반했다"라고 적었다.[9] 슐먼은 타일러에게 두 가지 선택권을 주었다. 문제가 되는 실험실의 이름을 그녀에게 알려 주거나, 타일러가 직접 뉴욕주 실험실 조사 부서에 익명으로 신고를 할 수도 있다고 했다. 타일러는 후자를 선택했다.

타일러는 자신이 테라노스의 평가 시험에 대해 품었던 의구심이 정확했다는 논리적 증거들로 무장한 채 할아버지를 만나러 갔다. 두 사람은 조지 슐츠의 거대한 저택의 식탁에 앉았고, 타일러는 할아버지에게 정확도, 민감도, 품질 관리, 평가 시험에 대한 개념을 설명하며 왜 그가 각각에 대한 테라노스의 접근 방식이 부족하다고 생각하는지 보여 주려 했다. 또한 타일러는 홈페이지에 광고한 200가지의 혈액 검사 중 일부만 테라노스가 자체 장치로 수행하고 있다고 밝혔다. 그리고 테라노스 장치에서 혈액 검사를 실행하기 전에 먼저 길이가 183센티미터이고, 폭이 약 76센티미터, 그리고 가격이 수천 달러나 하는 제3의 기계로 희석 과정을 거친다고 말했다.

조지는 조금 의아하게 생각하는 것 같았다. 타일러는 조지가 설득되지 않고 있다고 느꼈지만, 할아버지가 회사의 이사회 소속이기 때문에 더 이상 이러한 일이 일어나는 곳에 가담하게 놔둘 수 없다고 생각했다. 타일러는 조지에게 퇴사할 생각이라고 털어놓았다. 조지는 타일러에게 잠시 퇴사를 미루고, 엘리자베스에게 모든 것을 해명할 기회를 주라고 말했다. 타일러는 그러기로 동의하고 엘리자베스와 다시 한번 만나려고 연락했지만, 너무 유명해지고 그 위상도 높아진 터라 엘리자베스가 무척 바빠졌다. 그래서 엘리자베스는 타일러에게 그의 고민을 이메일에 적어 보내 달라고 요청했다. 그래서 타일러는 장문의 이메일에 자신이 대니얼 영과 나눈 대화를 요약하고, 왜 대니얼의 답변에 설득력이 없는지 설명했다.[10] 심지어 차트와 유효성 검사 데이터를 포함하여 그의 관점을 설명하려 했다. 타일러는 다음과 같이 이메일을 마쳤다.

> 이 메일의 내용이 공격적이라고 느꼈다면 미안해요. 내 의도는 전혀 그렇지 않아요. 그저 함께 해결책을 찾기 위해 내가 아는 것을 알려줄 책임을 느낄 뿐이에요. 나는 이 회사의 장기적인 비전에 함께할 생각이지만, 현재 관행 중 일부 때문에 우리가 더 큰 목표에 도달하지 못할까 봐 걱정이 되는군요.

타일러는 그 후 며칠 동안 아무런 답변을 받지 못했다. 하지만 마침내 답신을 받았을 때, 그 이메일은 엘리자베스에게서 온 것이 아니었다. 답변을 작성한 것은 서니였다. 그리고 메일은 상대방의 기를 죽이는 내용이었다. 그것은 타일러의 원래 이메일보다 더 길었고, 서니는 타일러가 제기한 요점을 하나씩 반박했으며, 타일러의 실험실 과학에 대한 지식부터 통계에 대한 지식에 이르기까지 모든 것을 비난했다.[11] 전반적인 메시지는 타일러가 회사의 관행을 이해하기에 너무 어리고 풋내기라는 것이었다. 서니의 말투는 처음부터 끝까지 독을 품고 있었고, 특히 타일러가 평가 시험에 대해 제기한 질문에 가장 날카로운 말을 남겼다.

완전한 무지로 회사와 경영진 및 핵심 부서원들의 진실성에 대해 무모하게 논평하고 비난한 발언은 매우 모욕적이고, 만약 다른 사람이 그 발언을 했다면 최대한 강력한 방법으로 책임을 물게 했을 것입니다. 내가 업무를 떠나 이렇게 많은 시간을 할애하여 개인적으로 답변을 하는 이유는 당신이 조지 슐츠 씨의 손자이기 때문입니다.

나는 당신이 한 주장을 조사하기 위해 중요한 사업 문제를 연기해야 했습니다. 앞으로 내가 보고 싶은 당신의 이메일은 이 사안에 대해 사과하는 이메일뿐이며, 그 이메일을 받는 즉시 이 이메일에 포함되어 있는 대니얼과 다른 이들에게 전달하겠습니다.

타일러는 이제 퇴사할 때가 되었다고 생각했다. 그는 서니에게 한 문장으로 된 이메일을 보내 사직 의사를 밝히고, 2주 동안 인수인계를 할 생각이지만 원한다면 더 빨리 퇴사하겠다고 제안했다. 몇 시간 후, 인사팀 팀장인 모나가 그를 자신의 사무실로 불러 회사가 그를 당일에 바로 퇴사 처리하기로 결정했다고 통보했다. 모나는 타일러에게 새로운 기밀 유지 서약서에 서명하게 한 후, 경비원이 그를 건물 밖까지 안내할 것이라고 말했다. 하지만 그를 안내하러 올 사람이 없어서 타일러는 스스로 건물을 나갔다.

타일러가 차에 도달하기도 전에 휴대전화가 울렸다. 그것은 타일러의 어머니였고, 그녀의 목소리는 다급해 보였다.

"네가 하려는 일 당장 그만둬라!" 어머니가 애원했다.

타일러는 어머니에게 이미 너무 늦었다고 답했다. 그는 이미 퇴사하기로 했고, 퇴사 서류에도 이미 서명한 후였다.

"그런 얘기가 아니란다. 방금 네 할아버지와 통화했어. 할아버지가 말씀하시기로는 엘리자베스가 전화해서 네가 만약 자신에게 복수를 계속하려 한다면 넌 결국 패배할 거라고 말했다는구나."

타일러는 할 말을 잃었다. 엘리자베스는 할아버지를 통해 메시지를 전달하면서, 가족을 이용해 그를 위협하고 있었다. 타일러는 화가 치밀어 올랐다. 타일러는 어머니와 통화를 끊은 후 후버 연구소로 향했다.

조지 슐츠의 비서가 헤르베르트 후버 기념관의 2층에 있는 조지의 최고급 사무실로 타일러를 안내했다. 책꽂이에는 그가 평생 모은 책들이 늘어서 있었다. 타일러는 여전히 엘리자베스의 협박에 불안했지만 침착하게 조지에게 무슨 일이 일어났는지 설명했다. 그는 할아버지에게 자신이 엘리자베스에게 보낸 이메일과 서니에게서 받은 악랄한 답변을 보여 주었다. 조지는 비서에게 이메일 인쇄본의 복사본을 만들어 사무실 금고에 보관하라고 지시했다.

타일러는 이번에는 할아버지를 설득할 수 있을지도 모르겠다고 생각했지만 확신할 순 없었다. 할아버지의 생각을 읽기는 어려웠다. 냉전이 한창이던 당시의 소련처럼 다양한 위협을 맞서 해결해 온 그는 마치 암호 같은 사람이었다. 조지는 남들의 정보를 받아들이지만, 정작 본인은 정보를 거의 내주지 않는 사람이었다. 두 사람은 조지의 집에서 그날 저녁에 함께 식사를 하기로 약속했다. 떠나는 타일러에게 조지가 말했다. "그들은 네가 어리석다고 나를 자꾸 설득하려 하는구나. 하지만 그들은 내게 네가 어리석다고 설득할 수 없다. 네가 틀렸다고 설득할 수는 있지. 그리고 이번 경우에는 나도 네가 틀렸다고 생각한단다."

에리카는 타일러가 퇴사했다는 사실을 듣고 본인도 그래야 하는지 고민했다. 실험실은 완전히 통제를 벗어났다. 원래 에디슨으로 수행했던 네 가지 검사 외에도 분석 유효성 부서는 C형 간염을 임상용으로 에디슨에서 수행하라고 승인했다. 환자에게 부정확한 비타민 D 검사 결과를 주는 것과는 달리 전염성 질병의 검사 결과를 잘못 제공하는 것은 위험성이 훨씬 컸다.

어떤 환자에게 C형 간염 검사 의뢰가 들어왔고, 에리카는 그 혈액 샘플을 에디슨으로 검사하기를 거부했다. 마크 판도리가 에리카를 자신의 사무실로 불러 이야기하자고 하자 에리카는 그의 사무실에서 와락 눈물을 터뜨렸다. 에리카와 마크는 좋은 관계를 유지했고, 에리카는 그를 신뢰했다. 몇 달 전 입사한 이래로 마크는 평가 시험을 포함해서 줄곧 옳은 일을 하려고 노력해 왔다.

에리카는 마크에게 C형 간염을 검사하는 시약이 만료되었다고 말하며, 에디슨이 꽤 오랫동안 교정되지 않아서 에디슨의 검사 결과를 믿을 수가 없다고 털어놓았다. 그래서 두 사람은 환자의 혈액 샘플을 시판되고 있는 간염 검사 키트인 오라퀵 HCV로 검사하기로 계획을 세웠다. 하지만 그것도 잠시, 금세 오라퀵 HCV의 재고가 떨어지고 말았다. 그들이 새로 주문하려고 하자 서니는 성질을 내며 그들을 막겠다고 위협했다.

그리고 그날 오후, 타일러가 어머니에게서 전화를 받을 무렵, 서니가 에리카를 그의 사무실로 호출했다. 그는 타일러의 이메일을 훑어보던 중 에리카가 그에게 평가 시험에 대한 데이터를 넘겼다는 사실을 알아냈다고 말했다. 그들의 대화는 다정한 분위기에서 시작됐지만, 에리카가 실험실에서 품질 검사에 실패한 이야기를 꺼내자 곧 서니는 그녀를 질책하기 시작했다. 서니는 마지막으로 말했다. "여기서 계속 일하고 싶은지 아닌지 말해 주시죠."

에리카는 퇴근 후 곧바로 타일러를 만나러 갔다. 그는 할아버지 댁에 저녁 식사를 하러 함께 가자고 제안했다. 타일러는 만일 테라노스의 운영 방식에 대해 의구심을 품은 것이 손자뿐이 아니라는 사실을 조지가 알게 된다면 조지도 생각을 바꿀지 모른다고 생각했다. 에리카도 한번 해볼 만한 가치가 있다고 생각하여 함께 동행하기로 약속했다.

하지만 두 사람이 그곳에 도착했을 때, 테라노스에 대한 조지의 충성심이 그새 더 강해졌다는 사실이 명백히 드러났다. 타일러와 에리카는 조지 슐츠에게 우려되는 부분들을 설명하기 시작했지만, 그들의 말을 들어 주는 건 할머니 샬럿뿐인 듯했다. 샬럿은 충격을 받은 목소리로 여러 번 반복해서 말해 달라고 계속해서 부탁했다.

하지만 조지는 흔들리지 않았다. 타일러는 조지가 얼마나 엘리자베스를 애지중지하는지 알게 되었다. 조지와 엘리자베스의 유대는 손자인 그와의 관계보다 더 깊어 보였다. 또한 타일러는 할아버지가 과학에 열정을 갖고 있다는 것을 잘 알고 있었다. 조지는 타일러에게 과학적 진보가 세상을 더 나은 곳으로 만들고, 전염병이나 기후 변화와 같은 위험에서 구할 수 있다고 종종 말하고는 했다. 조지는 과학을 향한 열정 때문에 테라노스의 비전을 놓지 못하는 것 같았다.

조지는 헨리 키신저가 세상에서 가장 똑똑한 사람이라고 생각하는 뉴욕의 가장 실력 있는 외과 의사가, 테라노스를 두고 수술 분야에 혁명을 일으킬 회사라고 말했다고 설명했다. 또한 엘리자베스의 말에 따르면 테라노스의 장치는 이미 의료용 헬리콥터 및 병원 수술실에서 사용되고 있기 때문에 제대로 작동되는 것이 틀림없다고 말했다.

타일러와 에리카는 조지에게 회사 내에서도 제대로 작동되지 않기 때문에 절대로 그럴 리가 없다고 설명하려 했다. 하지만 그들이 조지를 설득하지 못하고 있는 건 명백해 보였다. 조지는 두 사람 모두 창창한 미래를 앞두고 있으니 회사 일은 과거로 넘기고 다른 일을 찾아보라고 조언했다. 타일러와 에리카는 저녁 식사 자리를 떠나며 좌절감을 느꼈지만 선택의 여지없이 그의 조언을 따르기로 했다.

다음날 아침, 에리카도 사직서를 제출했다. 에리카는 짧은 사직서를 작성하여 마크 판도리에게 제출하면서 엘리자베스와 서니에게 전달해 달라고 부탁했다. 에리카는 사직서에 에디슨으로 환자의 혈액 샘플을 검사하는 행위에 반대하며, 회사와 본인이 "같은 수준의 환자 간호 및 품질"을 공유하지 않았다고 적었다.[12] 사직서를 읽은 후 마크는 에리카에게 사직서를 돌려주며 소란을 만들지 않고 조용히 떠나는 것이 좋겠다고 조언했다.

에리카는 잠시 생각해 보고 마크의 말이 옳다고 생각했다. 그래서 사직서를 접어 다시 가방 안에 넣었다. 하지만 몇 분 후 모나가 자신의 사무실에서 에리카의 퇴사 건을 처리하는 동안 회사에서 무언가를 가지고 나가는 것이 있냐고 에리카에게 물었다. 아무것도 가져가지 않는다는 것을 보여 주기 위해 에리카는 가방을 열어 내용물을 보여 주었다. 모나는 가방 안에서 사직서를 발견했고 바로 압수했다. 모나는 에리카에게 새로운 기밀 유지 서약서에 서명하게 하면서, 페이스북이나 링크드인, 혹은 다른 포럼에 테라노스에 대해 어떤 말도 써서는 안 된다고 경고했다.

"우리에겐 그런 게시글을 추적하는 방법이 있어요. 어디든 글을 올린다면 우리가 바로 찾아낼걸요." 모나가 말했다.

| 제17장 |

명성

리처드 퓨즈와 아들 조 퓨즈는 새너제이에 위치한 페어몬트 호텔의 로비 라운지에서 데이비드 보이즈와 그의 파트너 변호사를 마주한 채 신중하게 앉아 있었다. 때는 3월 중순 일요일 저녁이었고, 보통은 떠들썩한 라운지의 그랜드피아노 두 대가 그날따라 조용해서 그들은 언성을 높이지 않고 대화할 수 있었다. 네이비 블레이저를 걸치고 늘 신는 검정 스니커즈를 신은 보이즈는 편안하고 깔끔해 보였다. 그는 지난 2년 반 동안 퓨즈와 테라노스를 싸우게 한 소송의 합의점을 찾기 위해 만남을 주선했다.

리처드와 조는 원래 소송에서 끝까지 싸우기로 결심했으나 그동안의 법적 공방으로 인해 점점 지치고 너덜너덜해진 상태였다. 재판은 며칠 전 길 건너의 연방 법원에서 시작됐으며, 퓨즈 부자는 상대편이 뚜렷한 우세를 보이자 더욱 주눅이 들었다. 변호사와 법적 비용에 불만이 쌓인 그들은 몇 달 전 "스스로 변호"하기로 결정했다. 하지만 그 당시에는 합리적인 것처럼 보였던 그 전략은 시간이 지나고 보니 참으로 어리석은 결정이었다. 재판에 선 경험이 한 번도 없는 변리사 조 퓨즈는, 미국에서 손꼽히는 소송 전문 변호사 보이즈와 그가 거느린 변호사 군단에 상대가 되지 않았다.

게다가 이언 기번스의 죽음으로 인해 계획에 큰 차질이 생겼다. 잠시 동안은 기번스의 아내인 로셸 기번스를 증인으로 소환해 수습할 수 있을 줄 알았다. 리처드가 로셸에게 연락했을 때 로셸은 엘리자베스가 이언이 증언을 하지 못하게 막았다며, 이언이 엘리자베스를 정직하지 못한 사람이라고 생각했다고 말했다. 하지만 이 사건을 담당하는 판사는 로셸을 증인으로 소환하려는 퓨즈의 발의를 거부했다.[1]

심지어 소송은 이틀 전 리처드 퓨즈가 법정에서 직접 했던 증언 때문에 더 큰 피해를 입었다. 보이즈는 리처드가 테라노스의 지적 재산을 훔쳤다는 주장을 증명하는 대신, 리처드가 몇 가지 무의미한 거짓말을 한 사실을 찾아내어 그의 신뢰성을 떨어뜨렸다. 리처드가 한 거짓말 중 하나는 그가 여전히 의료업에 종사하며 환자를 돌보고 있다는 것이었는데, 심지어 그의 아내 로레인이 직접 그건 사실이 아니라고 진술했다.[2] 보이즈가 로레인의 진술 내용을 언급하며 그에게 맞섰지만 리처드는 자존심을 제외한 다른 뚜렷한 이유도 없이 물러서기를 거부했다. 리처드는 재판의 모두진술에서 자신의 특허가 테라노스와는 아무런 관련이 없다며 횡설수설했다.[3] 하지만 그의 특허 출원서에 테라노스의 이름을 언급하고, 테라노스의 홈페이지 문구를 인용한 점을 감안할 때 이는 얼토당토않은 이야기였다.

조는 아버지가 증인대에서 형편없는 진술을 하는 것을 보고 불안감이 더욱 커졌다. 그의 아버지는 말을 잘하고 순발력이 있어 한때 사업에서 성공한 비즈니스맨이자 달변가였지만, 진술 내용이 일관되지 않으면 즉시 물어뜯는 법조계의 에이스 앞에서 증인대에 서서 거짓말을 하지 않겠다고 선서를 했을 때는 사실 관계가 명확하지 않은 즉흥적인 태도가 통하지 않았다. 게다가 일흔네 살인 리처드의 기억력이 감퇴하고 있다는 사실도 불리한 요건 중 하나였다.

조는 며칠 후 있을 그의 형 존의 증언 역시 또 하나의 법적 책임으로 돌아올까 두려웠다. 보이즈는 존의 욱하는 성격을 잘 알고 있었고, 배심원 앞에서 그의 성질을 돋우기 위해 어떤 짓이든 할 사람이었다. 보이즈는 존이 엘리자베스를 위협했다는 사실을 진술에서 이미 언급하기도 했다.

조는 머릿속으로 이러한 상황을 더해 보고 그들이 곤경에 빠졌다는 것을 깨달았다. 소송에서 패하는 게 현실적으로 가능한 일이라고 생각하니 엄청난 두려움에 사로잡혔다. 만일 그들이 졌을 때 판사가 테라노스의 법적 비용까지 부담하라고 한다면 어떻게 해야 할까? 조는 상대편이 이 사건에 얼마만큼의 돈을 쓰고 있는지 생각하자 소름이 끼쳤다. 그 금액이 아버지 리처드와 자신을 파산시키기에 충분할 것 같아 걱정이 됐다. 게다가 그들은 이 재판 때문에 이미 2백만 달러나 지출한 터였다.

보이즈는 이번 사건에서 재판을 맡은 마이크 언더힐Mike Underhill이라는 보이즈 실러 소속 변호사와 함께 그들을 만나러 왔다. 언더힐은 키가 굉장히 크고 멀쑥한 남자로, 리처드 퓨즈에게 정말 농장에서 자랐는지 물어보며 딱딱한 분위기를 깨려 했다. 이 질문에 리처드는 맞다고 대답했다. 그 후 퓨즈와 보이즈는 소를 기르는 일에 대해 이야기를 나누었다. 보이즈 역시 나파 밸리에 본인 소유 목장이 있어 어느 정도 경험이 있었던 것이다. 마침내 대화 내용이 그들이 당면한 문제로 바뀌었을 때 언더힐은 합의를 보는 편이 양측에 더 이득이라고 말했다. 하지만 만일 퓨즈가 계속 소송을 진행하겠다면 존 퓨즈를 망가뜨릴 수 있는 사실을 공개할 거라고 말했다. 언더힐은 자세하게 설명하지도 위협적으로 말하지도 않았다. 그는 마치 존을 좋아하는 사람으로서 존이 상처받는 것을 보고 싶지 않다는 것처럼 얘기했다. 존의 비밀을 폭로하겠다고 협박하는 언더힐의 말에는 조금 역설적인 부분이 있었다. 언더힐과 존 퓨즈는 한때 맥더모트 윌 에머리 로펌에서 동료로 근무하며 비서를 공유한 적이 있었다. 언더힐은 존이 비서 대신 인사과에 성희롱으로 그를 신고하고 얼마 지나지 않아 로펌을 떠났다.[4] 언더힐은 부적절한 행동을 한 사실을 부정하며, 맥더모트에서 떠나 보이즈 실러 로펌으로 이직하려는 계획이 이미 진행 중이었다고 설명했다.

형 존에 대한 새로운 정보가 유출될 거라는 말을 듣자 조의 걱정은 더해져만 갔다. 하지만 사실 아버지 리처드와 조는 이미 합의할 마음을 먹고 그 자리에 나간 것이었다. 따라서 합의안에 도달하기까지는 그리 오랜 시간이 걸리지 않았다. 테라노스가 소송을 취하하는 대신 퓨즈는 특허를 철회하기로 했다. 그 대신 합의금은 주고받지 않고, 각자 알아서 법적 비용을 부담하기로 동의했다. 이는 퓨즈의 완전한 항복이었다. 결국 엘리자베스가 승리한 것이다.

보이즈는 그 자리에서 바로 합의문을 작성하자고 제안했다. 그는 종이에 초안을 적어 조에게 건넸고, 조가 그중 몇 가지를 수정했다. 그런 다음 언더힐이 초안대로 문서를 작성하고 출력하러 위층으로 올라갔다. 언더힐이 돌아오기를 기다리던 중 리처드는 다시 한번 '절도를 했다'는 엘리자베스의 비난이 사실이 아니라고 불평했다. 아량을 베푸는 승자의 입장으로 보이즈는 리처드의 말이 사실일지라도 본인은 의뢰인을 대리할 의무가 있다고 대답했다.

리처드는 아들 존의 명성이 부당하게 실추되었다며 보이즈에게 그가 존을 위해 뭔가 해 줄 수 있는지 물었다. 언더힐은 예전에 존이 엘리자베스나 회사를 고소하지 않겠다고 서명하면 그에게 특허 업무를 의뢰할 수도 있다고 조에게 언급한 적이 있었다. 보이즈는 다시 그때와 동일한 제안을 했다. 상황이 잠잠해지기까지 반 년 정도 기다려야 하겠지만, 그 후부터는 존에게 특허 업무를 의뢰할 수 있을 것이라고 대답했다. 그는 존에게 전화를 걸어 논의해 보면 어떨지 제안했다.

퓨즈는 워싱턴에 있는 존에게 전화를 걸어 보이즈에게 전화를 바꿔 주었다. 하지만 알고 보니 존은 화해할 기분이 아니었다. 그는 법정에서 증언하기를 고대하고 있었던 것이다. 아마 그의 결백을 증명할 기회로 봤던 것 같았다. 하지만 소송이 합의로 끝나 그는 더 이상 기회를 얻을 수 없었다. 존은 테라노스가 공개적으로 그의 무죄를 밝히는 성명서를 발표하지 않는 한 그가 합의서에 서명할 일은 없을 것이라고 분노하여 말했다. 리처드와 조는 그들의 대화가 잘 풀리지 않고 있다는 걸 알 수 있었다. 보이즈가 전화기를 귀에서 조금 뗀 채 수화기 너머의 존이 지르는 소리에 얼굴을 찡그리고 있었던 것이다. 몇 분 후 보이즈는 다시 전화기를 퓨즈에게 돌려주었다. 그들의 작은 뒷거래는 그렇게 끝이 났다.

하지만 주된 합의는 그대로였다. 언더힐이 출력된 합의서를 들고 오자 리처드와 조는 읽어 본 다음 서명했다. 그 후 리처드는 완패한 표정을 보였다. 자부심 강하고 호전적인 전직 CIA 요원은 마침내 완전히 무너져서 흐느껴 울었다.

다음날 아침 리처드 퓨즈는 호텔에 있는 메모지에 무언가를 적어들고 법원에 도착해, 보이즈에게 그 메모를 엘리자베스에게 전달해 달라고 부탁했다.[5] 그 메모에는 이렇게 적혀 있었다.

> 친애하는 엘리자베스,
> 이 문제는 이제 모두 해결되었다. 너와 너의 부모님의 앞날에 큰 성공과 건강과 행복이 있기를 바란다. 우리는 모두 틀릴 수 있다. 인생이 다 그런 거 아니겠니. 실제로 특허 612 중에 너의 것을 훔친 것은 단 하나도 없어. 모두 내가 생각해 낸 것이란다.
>
> 너의 행복을 빌며,
> 리처드 퓨즈

워싱턴의 존 퓨즈는 합의가 마음에 들지 않았다. 그는 법원에서 자신을 변호할 기회도 갖기 전에 테라노스가 원하는 것을 모두 내어 준 모든 이들에게, 심지어 아버지와 동생에게까지 화가 났다. 불쾌해진 존은 미국 변호사 미디어(American Lawyer Media)에서 글을 쓰는 줄리아 러브라는 이름의 젊은 기자에게 보이즈가 전날 밤 그에게 보상으로 일을 주겠다고 제안한 이야기를 폭로하며, 그들이 뇌물을 제안했다는 식으로 이메일을 보냈다.[6] 또한 보이즈를 고소하고 아버지 리처드와 남동생 조 역시 피고인 명단에 추가하겠다고 단언했다. 그런 다음 그 이메일을 언더힐과 리처드, 조에게 전달하며, 그들이 그에게 보내는 것은 무엇이든 미디어에 전달하겠다고 말했다.[7]

몇 시간 후 언더힐은 화가 나 이메일 수신인에서 기자를 지우고 자신의 상사를 넣어 답장했다.[8] 그는 존에게 뇌물을 주려 했다는 것을 전면 부인하며, 그러한 주장을 계속한다면 보이즈 실러는 그에게 법적 책임을 물을 것이라고 경고했다. 혹시나 메시지를 분명히 알아듣지 못했을까봐 보이즈는 몇 분 후 아이패드로 이메일 대화에 끼어들어 한마디 거들었다.

"신은 사람을 파괴하기 전에 먼저 미치광이로 만든다."[9]

미국 변호사 미디어의 뉴스레터인 「매일 소송(Litigation Daily)」에서 줄리아 러브가 퓨즈와 보이즈의 합의에 관해 쓴 기사가 「포춘」지의 법률부 기자 로저 파를로프Roger Parloff의 시선을 사로잡았다.[10] 파를로프는 저널리스트가 되기 전 맨해튼에서 화이트칼라 범죄 전문 형사 사건 변호사로 근무한 경험이 있었기 때문에, 항상 법에 관련된 보도거리를 찾고 있었다.

파를로프는 이 사건이 특히 기이하다고 생각했고, 그의 경험상 이상한 사건은 좋은 이야깃거리가 되었다. 미국에서 가장 유명한 변호사인 보이즈가 왜 세간의 이목을 끄는 다른 사건이 아닌, 잘 알려지지도 않은 특허 소송을 부하 변호사들에게 맡기지 않고 직접 담당하게 됐을까? 게다가 피고인 한 명의 아들이자 다른 피고인의 형인 존 퓨즈라는 변호사는 왜 아버지와 동생과 보이즈를 허위 사실 유포로 고소하겠다고 공개적으로 협박하고 있을까?

미드타운 맨해튼에 위치한 타임 & 라이프 건물 내 자신의 사무실에서 파를로프는 보이즈의 오랜 PR 담당자인 돈 슈나이더Dawn Schneider에게 전화를 걸었다. 슈나이더의 관점에서 파를로프의 전화는 그야말로 완벽한 타이밍에 걸려온 전화였다. 슈나이더는 조금 전 패기만만한 보이즈와 이 소송에 대해 이야기를 나누었고, 이에 대해 언론 노출이 필요하다고 생각한 참이었다. 그녀는 직접 파를로프를 찾아가 브리핑하겠다고 제안했다. 51번가와 렉싱턴가가 만나는 곳에 있는 보이즈 실러의 사무실은 「포춘」지 건물에서 네 블록 정도 떨어져 있었다.

슈나이더는 미드타운을 가로질러 걸어가던 중 퓨즈 소송 건에서 보이즈가 얻어낸 승리도 좋은 이야깃감이지만, 테라노스와 뛰어난 젊은 창업자 이야기가 훨씬 더 좋은 스토리라는 아이디어를 떠올렸다. 그녀는 엘리자베스를 한 번도 직접 만나 본 적 없지만, 보이즈가 엘리자베스에 대해 격찬하는 것을 수년간 들어 왔다. 보이즈의 피후견인인 엘리자베스가 회사를 전국으로 확장할 준비를 하는 지금이 바로 언론의 관심을 받을 좋은 기회라고 생각했다. 슈나이더는 「포춘」지의 건물이 위치한 애비뉴 오브 아메리카에 도착했을 때 저널리스트에게 이야기할 내용을 바꾸었다.

로저 파를로프는 아주 흥미로워 했다. 그는 지난 가을에 보도된 「월스트리트저널」 기사를 읽지 않았기 때문에 테라노스에 대해 들어 본 적이 없었으나, 슈나이더에 의하면 그게 바로 요점이라고 했다. 이는 실리콘밸리의 아이콘이 되어 유명해지기 전 초창기의 애플이나 구글에 대해 기사를 쓰는 것과 같다고 슈나이더는 설명했다.

"로저, 테라노스는 당신이 들어 본 적 없는 최고의 회사예요. 전통적인 「포춘」지 표지 기사감이라고 생각해요."

몇 주 후, 파를로프는 엘리자베스와 만나기 위해 팰로앨토로 날아갔다. 그 후 며칠에 걸쳐 파를로프는 총 7시간 동안 엘리자베스를 인터뷰했다. 그는 엘리자베스의 목소리에 깜짝 놀랐지만, 곧 똑똑하고 매력적인 여성이라고 생각했다. 그들이 혈액 검사 이외의 다른 주제를 논할 때면 엘리자베스는 겸손했고 순진하기까지 했다. 하지만 대화의 주제가 테라노스로 옮겨가자 그녀는 강렬하고 진지한 모습을 보였다. 게다가 정보를 대단히 통제하는 편이었다. 엘리자베스는 테라노스가 4억 달러 이상 투자를 받았으며 이로 인해 기업 가치가 90억 달러에 이르게 됐고, 실리콘밸리에서 가장 중요한 스타트업 중 하나가 되었다는 특종을 주었다. 또 이름을 알려주진 않았지만, 파를로프에게 미니랩을 보여 주기도 했다. 하지만 엘리자베스는 잡지에 미니랩의 사진이 실리는 것을 바라지 않았으며, 파를로프가 기사에 "장치" 혹은 "기계"라는 단어를 사용해 미니랩을 설명하길 원하지 않았다. 그보다는 "분석기"라는 용어를 선호했다.

몇 가지 기이한 점들을 제외하고 엘리자베스가 파를로프에게 설명한 업적은 모두 진정 혁신적이고 인상적이었다. 엘리자베스와 서니가 파트너 펀드에 말했던 것처럼 엘리자베스는 파를로프에게도 테라노스의 분석기가 단 한 방울의 혈액 샘플로 많게는 70종의 검사를 수행할 수 있으며, 테라노스에서 제공하는 200가지가 넘는 검사는 모두 독점 기술을 이용해 손가락에서 채혈한 샘플로 검사하게 된다고 믿게 만들었다. 파를로프는 과학적 주장을 판단할 전문 지식이 없었기 때문에, 저명한 이사진들을 인터뷰하고 사실상 그들을 성격 증인(character witnesses)으로 삼았다. 파를로프는 조지 슐츠, 윌리엄 페리, 헨리 키신저, 샘 넌, 제임스 매티스, 그리고 새로 부임한 두 명의 이사회 멤버인 대형 은행 웰스 파고의 전 CEO 리처드 코버스비치, 전 상원 다수당 대표 빌 프리스트와 이야기를 나누었다. 정치에 뛰어들기 전 프리스트는 심장 및 폐 이식을 전문으로 했던 외과 의사였다. 그들은 모두 엘리자베스를 강력하게 지지했다. 그중 조지 슐츠와 제임스 매티스의 찬사는 지나치게 느껴질 정도였다.

"이 젊은 아가씨는 어느 면으로 보나 동기가 순수해요. 엘리자베스는 세상을 더 좋은 곳으로 만들고자 하는 진정성으로 가득 차 있고, 이게 바로 그녀의 방식이죠." 슐츠가 말했다.

매티스는 그녀의 진실됨을 찬양하기 위해 온갖 노력을 다했다. 은퇴한 전직 군 사령관은 칭찬의 말을 마구 쏟아 냈다. "그녀는 아마 내가 아는 한 가장 성숙하고 잘 연마된 개인적 윤리, 경영 윤리, 기업 윤리, 의학적 윤리를 지닌 사람일 거예요."

파를로프는 결국 그들의 인터뷰 말을 기사에 인용하지 않았지만 테라노스 이사진 소속의 여러 유명인들의 호언장담 덕에 엘리자베스가 진짜배기라고 확신하게 되었다. 게다가 그는 스스로 사람을 제대로 볼 줄 아는 사람이라고 생각했다. 법대 재학 당시 교도소에서 근무하며 여러 정직하지 못한 사람을 많이 봐 왔고, 나중에는 카펫 청소 업체의 배리 민코우와 변호사인 마크 드레이어 같은 다단계 금융사기

(폰지 사기)를 주도하여 감옥에 수감된 이들에 대해 기사를 쓰기도 했다. 확실히 엘리자베스가 회사에 대해 구체적인 내용을 논의할 때 비밀스러운 모습을 보이긴 했어도, 대체적으로 진실하고 진심이 어려 있다는 느낌을 받았다. 기사의 관점이 더 이상 특허에 집중되지 않았기 때문에 파를로프는 퓨즈 측에 연락도 하지 않았다.

2014년 6월 12일 「포춘」지에서 파를로프의 기사가 표지를 장식하자 엘리자베스는 일약 스타덤에 등극했다.[11] 이보다 전 「월스트리트저널」에 엘리자베스에 관한 기사가 실렸을 때 어느 정도 관심을 끌었고 「와이어드」지에도 기사가 실렸지만, 사람의 이목을 집중시키는 데 잡지 표지만 한 건 없었다. 특히나 푸른눈의 젊은 여성이 검은 터틀넥을 입고 짙은 마스카라와 빨간 립스틱을 바른 모습으로 등장한 표지라면. 사진 옆에는 "피에 굶주린 CEO"라는 헤드라인이 쓰여 있어 더욱 관심이 쏠렸다.

기사는 엘리자베스가 회사의 절반 이상을 소유한다는 사실뿐만 아니라 테라노스의 가치액까지 처음으로 공개했다. 그리고 이제는 익숙해진 스티브 잡스, 빌 게이츠와의 비유도 이때 처음 시작되었다. 이때는 조지 슐츠가 아닌 엘리자베스의 옛 은사인 스탠퍼드대학 교수 채닝 로버트슨이 한 말이었다. (만일 파를로프가 퓨즈 재판에서 로버트슨이 한 증언록을 읽었다면 테라노스가 그에게 표면상의 자문 위원으로 매년 50만 달러를 지불하고 있다는 사실을 알았을 것이다.)[12] 또한, 파를로프는 엘리자베스가 주사 바늘 공포증이 있다는 점도 기사에 포함시켰다. 이 이야기는 그의 기사로 인해 뒤따른 여러 기사에 반복적으로 등장했고, 엘리자베스 신화의 중심 스토리가 되었다.

「포브스」의 편집자들은 「포춘」지의 기사를 보자마자 기자들을 파견하여 테라노스의 가치와 엘리자베스의 소유 지분을 확인하게 하고, 바로 다음 호에 엘리자베스 관련 기사를 실었다. "피비린내가 날 만큼 대단하다"는 제목을 단 기사는 그녀를 "온전히 자기 힘으로 억만장자가 된 가장 젊은 여성"이라고 칭했다.[13] 2개월 후, 엘리자베스는 미국에서 가장 부유한 사람 400인을 선정해 해마다 발표하는 「포브스 400」의 표지를 장식했다.[14] 그리고 「USA투데이」, 「패스트컴퍼니」*, 「글래머」, 미국공영방송(NPR), 폭스 비즈니스 네트워크, CNBC, CNN, CBS 뉴스 등 여러 매체에서 엘리자베스에게 아첨하는 기사가 숨가쁘게 소개됐다. 언론 보도가 폭발적으로 늘어나며 엘리자베스에게 수많은 컨퍼런스 초청장과 찬사가 쏟아졌다. 엘리자베스는 최연소 허레이쇼 앨저상** 수상자가 되었다.[15] 「타임」지는 세계에서 가장 영향력 있는 100인 중 한 사람으로 엘리자베스를 선정하기도 했다.[16] 오바마 대통령은 엘리자베스를 미국의 글로벌 기업가정신 대사로 임명했으며, 하버드 의대는 그녀를 영예로운 위원회 회원으로 초대했다.[17]

엘리자베스가 대중의 관심을 끌려고 노력하긴 했지만, 그녀의 갑작스러운 명예는 오로지 스스로 이루어 낸 것만은 아니었다. 그녀의 출

---

* Fast Company, 기술, 경영, 경제, 비즈니스 및 디자인 등의 분야를 다루는 미국 경제 월간지. 「포브스」, 「타임」, 「포춘」 등과 더불어 영향력이 큰 비즈니스 잡지로 손꼽힌다.

** 역경을 극복하는 능력과 훌륭한 리더로서의 자질을 갖추었다고 널리 인정되는 인물에게 수여하는 상. 가난한 소년이 근면함과 정직한 성품으로 성공하는 스토리를 주로 쓴 소설가 허레이쇼 앨저의 이름을 땄다.

현은 남성이 지배하는 기술 세계에서 여성 기업가가 성공하는 모습을 보고 싶어 하는 대중의 심리를 자극했던 것이다. 야후의 마리사 메이어나 페이스북의 셰릴 샌드버그도 실리콘밸리에서 나름대로 명성을 쌓았지만, 처음부터 스스로 회사를 설립해서 키워 내지는 못했다. 엘리자베스 홈즈는 실리콘밸리 최초의 여성 억만장자 기술 기업 창업자가 되었다.

하지만 엘리자베스가 스포트라이트를 받아들이는 방식엔 이상한 점이 하나 있었다. 그녀는 기업가라기보다는 영화배우처럼 행동했으며, 대중의 사랑을 한껏 즐겼다. 그녀는 매주 새로운 미디어와 인터뷰를 하거나 컨퍼런스에 참석했다. 다른 저명한 스타트업 창업자도 인터뷰를 하거나 공개 석상에 얼굴을 비췄지만, 그녀만큼 빈도가 높진 않았다. 파를로프가 기사에 쓴 은둔 생활을 하고 금욕적인 젊은 여성의 이미지가 하룻밤 사이에 어디에서나 흔히 볼 수 있는 유명인의 이미지로 탈바꿈했다.

또한 엘리자베스는 명성과 그에 따라오는 모든 혜택을 금세 누리기 시작했다. 테라노스의 보안팀은 20명으로 늘었다. 엘리자베스는 늘 보디가드 두 명과 함께 검정색 아우디 A8 세단으로 이동했다. 그들이 엘리자베스를 칭하는 코드네임은 "이글 원"이었고, 서니는 "이글 투"였다. 아우디 차량에는 번호판이 붙어 있지 않았다. 이는 스티브 잡스가 번호판을 붙이지 않기 위해 메르세데스 차량을 6개월마다 임대했던 것을 오마주한 것이었다. 엘리자베스의 개인 요리사는 샐러드와 오이, 파슬리, 케일, 시금치, 상추, 셀러리로 만든 녹즙을 매일 같이 만들어 주었다.[18] 게다가 어디론가 날아가야 할 때마다 걸프스트림 제트기를 타고 비행했다.

　엘리자베스의 모습이 그토록 매력적이었던 이유 중 하나는 그녀가 여러 인터뷰에서 언급했듯이, 테라노스의 편리한 혈액 검사로 질병을 조기에 찾아내어 그 누구도 사랑하는 사람과 빨리 이별하지 않게 하고 싶다는 따뜻한 메시지 덕분이었다. 2014년 9월, 「포춘」지에 표지 기사가 실리고 3개월 뒤, 엘리자베스는 샌프란시스코에서 열린 TEDMED* 컨퍼런스에서 연설을 할 때 자신의 개인사를 밝히며 이 이야기에 감동을 더했다.[19] 이때 처음으로 엘리자베스는 공개 석상에서 암으로 세상을 떠난 이모부 이야기를 언급했다. 이는 타일러 슐츠가 테라노스에서 처음 일하기 시작했을 무렵 듣고 감동을 받았던 이야기이기도 하다.

　엘리자베스의 이모부인 론 디에츠가 18개월 전 피부암이 뇌로 전이되어 세상을 떠난 것은 사실이었다. 하지만 엘리자베스는 그와 그다지 가까운 사이가 아니었다는 사실은 공개하지 않았다. 한편 그들의 관계를 잘 아는 가족들에게는 엘리자베스가 이모부의 죽음을 이용해 회사를 홍보하는 것이 가식적이고 부당하게 느껴졌다. 물론 샌프란시스코의 팰리스 오브 파인 아츠 시어터(Palace of Fine Arts Theatre)에 모인 관객들은 누구도 이 사실을 알지 못했다. 그 자리에 모인 천 명의 관객은 대부분 그녀에게 매혹되었다.

---

*　미국의 비영리 재단인 TED 라이선스 하에 운영되는 독립적인 강연회 프로그램으로 주된 주제는 건강과 의학이다.

상하를 전부 검정색으로 맞춰 입은 엘리자베스는 마치 목사가 설교를 하는 듯 엄숙하게 무대를 걸어 다녔다. 중반쯤 진행되자 엘리자베스는 화려한 퍼포먼스를 위해 재킷 주머니 안에서 나노테이너를 꺼내들어 테라노스의 혈액 검사가 얼마나 적은 양의 혈액을 필요로 하는지 강조했다. 그녀는 바늘에 대한 두려움이 "거미에 대한 공포, 고소공포증과 함께 가장 기본적인 인간의 두려움 중 하나"라고 설명하며, 또다른 감동적인 일화들을 나열했다. 그중 하나는 그녀가 어렸을 때 병원의 간호사가 그녀의 혈관을 찾지 못해 여러 차례 바늘로 찔렀다는 이야기였다. 또 하나는 치료를 받느라 지나치게 많은 양의 혈액을 뽑아야 해서 의지가 많이 약해진 암 환자들에 관한 이야기였다.

강당 중간쯤 앉아 이야기를 듣고 있던 사람은 엘리자베스가 TBWA/Chiat/Day에서 스카우트해 테라노스의 최고 크리에이티브 책임자로 고용한 패트릭 오닐이었다. 패트릭은 엘리자베스의 이미지를 다듬고 인지도를 높이는 데 중요한 역할을 했다. 패트릭은 엘리자베스가 컨퍼런스를 준비하는데 도움을 주었고, 그 전에는 「포춘」지의 사진 기사를 도와 함께 잡지 표지 사진 작업을 했다. 패트릭은 엘리자베스를 테라노스의 얼굴로 만드는 게 극히 당연하다고 생각했다. 엘리자베스는 테라노스의 가장 강력한 마케팅 도구였다. 그녀의 이야기는 사람들을 취하게 만들었다. 엘리자베스에게 팬레터와 이메일을 보내는 어린 소녀들을 포함하여 모두가 그녀의 이야기를 믿고 싶어 했다. 게다가 그 자신도 엘리자베스를 누구보다 믿는 맹신자 중 한 명이었다. 패트릭은 테라노스 연구소에서 일어나는 사기 행각에 대해 전혀 알지 못했고, 혈액 검사라는 과학 영역에 대해 잘 아는 척하지도 않았다. 그가 아는 한 이 동화는 실화였다.

그가 풀타임 직원이 되기 전, 엘리자베스는 옛 페이스북 건물 벽에 영감을 주는 인용구가 적힌 종이를 작은 액자에 담아 걸어 놓았다. 그 중에는 "나는 9천 번 넘게 슛을 성공시키지 못했다. 경기에서 300번 가까이 졌다. 26번이나 클러치 슛을 실패하기도 했다. 나는 살면서 실패하고, 실패하고, 또 실패했다. 그것이 바로 내가 성공한 이유다"라는 마이클 조던의 어록도 있었다. 또 다른 것은 시어도어 루스벨트의 "삶이 주는 최고의 상은 가치 있는 일을 열심히 할 수 있는 기회다"라는 인용구였다.

패트릭은 건물의 흰 벽에 검은 색으로 어록을 페인트칠하여 회사 업무의 한 구성 요소로 만들기를 바랐다. 엘리자베스도 그의 생각을 마음에 들어 했다. 또 그가 제안한 새로운 문구도 그녀의 마음을 사로잡았다. 〈스타워즈〉의 요다가 한 말이었는데, "하거나, 하지 않거나 둘 중 하나야. 해보겠다는 건 없어(Do or do not. There is no try)"라는 문구였다. 엘리자베스는 건물 입구에 이 문구를 전부 대문자로, 매우 거대하게 쓰도록 지시했다.

이제는 거의 500명이 넘도록 늘어난 직원들을 수용하기 위해 테라노스는 페이지밀가에서 몇 블록 떨어진 곳에 있는 스탠퍼드대학에서 임대한 건물로 이전할 계획을 세우고 있었다. 그곳은 오래된 인쇄 공장이 철거된 부지였다. 패트릭은 새 건물 인테리어의 책임을 맡았고, 이를 위해 그는 LA에서 Chiat/Day의 창고를 디자인한 남아프리카 출신 건축가 클라이브 윌킨슨Clive Wilkinson을 고용했다.

디자인의 중심 모티브는 이번에도 원의 신성한 기하학이었다. 책상은 중심에 위치한 원형 유리 회의실에서 물결치듯 퍼져가는 커다란 원형 패턴으로 배열됐다. 카펫도 똑같이 원형 패턴을 따랐다. 건물의 로비에는 맞물린 황동 링을 테라조 타일에 박아 넣어 생명의 꽃 기호를 상징하게 했다. 엘리자베스의 최고급 사무실은 미국 대통령 집무실과 같이 설계되었다. 패트릭은 대통령의 책상이 그렇듯 앞뒤가 넓고 모서리가 둥근 책상을 맞춤 제작했다. 그 앞에는 백악관의 레이아웃을 따라 소파와 안락의자를 탁자 주위에 두 개씩 배치했다. 엘리자베스의 고집으로 사무실의 큰 창문은 방탄유리가 설치되었다.

패트릭은 단순히 엘리자베스의 스타일 및 인테리어 컨설턴트가 아니었다. 그 외에도 월그린의 웰니스 센터가 40개 지점으로 확장된 아리조나주에서 거대 마케팅 프로젝트를 진두지휘하고 있었다. 그는 아카데미상을 수상한 다큐멘터리 감독이자 광고 프로듀서 겸 감독인 에롤 모리스를 고용하여 피닉스 지역과 홈페이지와 유튜브 채널에서 상영할 회사 광고 영상을 제작하게 했다. 그중 하나에 언제나처럼 검은 터틀넥을 입은 엘리자베스가 카메라를 뚫어져라 쳐다보며 혈액 검사를 통해 자신의 건강 정보를 알 수 있게 하는 것이 "인간의 기본 인권"이라고 이야기하는 영상이 있었다. 그 영상에서 엘리자베스의 큰 눈은 최대로 부각됐고 말을 너무 천천히 해서 영상에 최면 효과가 있는 것처럼 보일 정도였다.

또 다른 영상에서는 환자들이 나와 큰 바늘을 얼마나 싫어하는지 불평하다가 테라노스의 고통 없는 손가락 채혈 방식 검사를 경험하고 만족스러워 하는 연기가 펼쳐졌다. 패트릭은 이 영상이 강렬하다고 생각해서 ABC 방영 드라마 〈스캔들〉처럼 여성 시청률이 높은 TV 프로그램 중에 상영되도록 주선했는데, 한 가정의 의학적 의사 결정은 대부분 어머니가 내린다는 조사 결과가 있었기 때문이다.

하지만 광고가 시작되고 2~3주 후 한 의사가 월그린 매장에서 손가락 채혈 검사를 받도록 환자를 보냈는데 결국 정맥에서 채혈해야 한다는 이야기를 들었다며 불평을 해서 방영을 취소해야 했다. 패트릭은 실망스러웠지만 민감한 주제라는 것을 알았기 때문에 소란은 피우지 않았다. 몇 개월 전 패트릭은 서니에게 테라노스의 혈액 검사 중 손가락 채혈 검사의 비율과 정맥 검사의 비율이 각기 어떤지 질문했었다. 하지만 서니는 그에게 명확한 대답을 주지 않았고, 갑자기 대화 주제를 바꿔 버렸다.

| 제18장 |

히포크라테스 선서

테라노스의 실험실 책임자 앨런 빔은 파티에 지각했다. 곧 퇴거할 옛 페이스북 건물 옆 농구 코트에는 흰 텐트가 세워져 있었다. 대형 실외 스피커에서 음악이 요란하게 울려 퍼졌고, 임시로 설치한 무대에는 거대한 분홍색 거미의 이미지가 투사됐다. 텐트 뒤 풀밭은 호박과 건초 더미로 장식되어 있었다. 앨런은 팰로앨토에 부는 인디언 서머 저녁 바람을 들이마시며 갖가지 의상으로 분장한 사람들을 훑어보다가 엘리자베스를 발견했다. 그녀는 금 장식과 큼직한 옷깃이 달린 긴 벨벳 드레스를 입었고, 금발 머리는 화려하게 올려 묶었다. 앨런은 엘리자베스의 여왕님 복장에 숨은 아이러니를 놓치지 않았다. 2014년 10월 20일, 「포브스」가 테라노스의 순자산 가치를 45억 달러로 추산해 발표함으로써 그녀는 실리콘밸리의 왕족이 되었다.

엘리자베스는 회사에서 파티 열기를 좋아했다. 특히 매년 개최되는 할로윈 파티보다 더 화려한 파티는 존재하지 않을 듯했다. 해마다 파티를 위한 경비를 따로 책정하는 테라노스의 전통 때문이었다. 회사의 고위 간부들도 모두 참석했다. 서니는 아랍 족장의 모습으로 차려입었고, 대니얼 영은 드라마 〈브레이킹 배드〉에서 마약 딜러가 되는 고교 화학 선생님 역할의 월터 화이트로 분장했다. 크리스천 홈즈와 그의 대학 동기들은 쿠엔틴 타란티노 감독의 영화 〈킬 빌〉의 등장인물들로 분장했다.

평소 사무실에서는 뻣뻣하고 냉담한 태도로 일관하는 엘리자베스였지만 이런 파티 때만은 긴장을 풀고 마음껏 즐겼다. 작년 파티에서 그녀는 마치 흥분한 아이처럼 트램펄린 위에서 뛰어 놀았다. 올해 파티에는 트램펄린이 복싱 링으로 대체되었다. 스모 복장을 한 직원들과 오버사이즈 복싱 글러브를 낀 직원들이 링 안에서 건들거리고 있을 때, 엘리자베스는 거대한 호중성 백혈구로 위장한 기술자의 복장을 입고 기뻐하고 있었다.

앨런은 좀비 복장을 입었는데, 마치 진짜 좀비가 된 듯한 기분이 들었다. 돌이켜 보니 테라노스에서 일하기 위해 피츠버그의 평온한 직장을 떠난 것은 그 자신이 주인공이 된 뒤틀린 버전의 〈트와일라이트 존〉*으로 건너온 것과 같았다. 테라노스에서 실험실 책임자로 근무한 처음 몇 개월 동안 그는 테라노스가 자사 기술로 실험실 혈액 검사 업계를 바꿀 거라고 굳게 믿었다. 하지만 지난해에 일어난 여러 사건들로 그 환상은 산산히 부서져 버렸다.

---

* twilight zone, 1959년부터 1964년까지 다섯 시즌에 걸쳐 미국 CBS에서 제작한 SF드라마로 괴생명체, 외계인, 유령 등 초자연적이고 불가사의한 현상을 다뤘다.

그는 이제 스스로가 환자와 투자자, 규제 당국이 함께하는 위험한 게임에 놓인 장기 말처럼 느껴졌다. 언젠가는 희석된 손가락 채혈 샘플로 HIV 검사를 실시하는 건에 대해 서니와 엘리자베스와 이야기해야겠다고 생각했다. 신뢰할 수 없는 칼륨 및 콜레스테롤 검사 결과만으로도 상황은 이미 충분히 나빴다. 더구나 HIV 검사 결과를 허위로 내놓는다면 그야말로 재앙이 될 것이다.

실험실 공동 책임자인 마크 판도리는 입사한 지 불과 5개월 만에 그만두었다. 언론에 테라노스의 검사 기능에 대해 뭔가 언급하기 전에 먼저 직원들과 논의해 달라고 엘리자베스에게 요구한 것이 퇴사의 방아쇠가 되었다. 서니는 마크의 요청을 그 자리에서 거절했고, 이어서 마크에게 사직서를 제출하라고 지시했다. 연구실의 다른 직원은 회사의 관행에 걱정이 된 나머지 밤에 잠을 이룰 수 없다고 앨런에게 하소연했다. 그리고 그녀 역시 결국 사직했다.

앨런 또한 한계에 도달했다. 몇 주 전부터 그는 업무용 이메일 계정에서 자신의 개인 계정으로 수십 통의 이메일을 전달하기 시작했다. 회사가 모든 것을 감시하기 때문에 이메일을 전달하는 것이 위험한 일임을 알고 있었지만 그가 서니와 엘리자베스에게 반복적으로 우려를 제기했다는 사실을 기록으로 남기고 싶었다. 더 나아가 이틀 전에는 워싱턴 D.C.도 소재의 기업 내부 고발자 변호를 전문으로 하는 법률 회사에 전화했지만 응답한 것은 "고객 서비스 센터"였다. 앨런은 연락한 이유를 변호사에게만 말하고 싶다며 전화를 건 이유를 자세히 설명하지 않았다. 그는 서니와 주고받은 이메일 한 통을 그들에게 보냈지만, 추가 정보와 임상 실험실 운영 방법에 대한 지식 없이 이메일

을 이해하기는 어려울 거라는 점을 우려하지 않을 수 없었다.[1]

게다가 이 모든 것을 증명하는 것도 당연히 어려운 일이었다. 회사는 모든 시스템과 정보를 엄격하게 구획화하고 있었다. 왜 더 이상 그에게 품질 관리 데이터를 보여 주지 않는 걸까? 의사와 환자에게 전달할 검사 결과의 정확성을 책임져야 하는 실험실 책임자에게 대체 어떻게 정보를 제공하지 않을 수 있는가? 평가 시험도 또 하나의 걱정거리였다. CLIA 규정을 읽고 난 뒤 앨런은 테라노스가 규정을 두고 도박을 하고 있다고 확신하게 됐다.

"앨러언!"

대니얼 영이 쭈뼛쭈뼛 다가와 앨런의 침울한 생각을 방해했다. 회사에서 파티를 하면 늘 그랬듯 대니얼은 술에 취해 있었다. 술을 마시면 대니얼은 평소답지 않게 친근하고 말 붙이기 쉬운 성격이 됐지만, 앨런은 자신의 불안을 그에게 털어놓지 말아야 한다는 사실을 잘 알고 있었다. 대니얼은 회사 내부의 핵심 멤버였다. 두 사람은 대니얼이 자란 코네티컷주의 상류층 집안에 대해 이야기를 나누었다. 그들이 대화하던 무렵 파티가 마무리 지어지는 것처럼 보였다. 몇몇 직원들은 몇 블록 떨어진 안토니오의 너트 하우스라는 술집으로 가서 맥주를 더 마시기로 했다. 앨런과 대니얼도 함께 따라갔다.

술집에 도착했을 때 앨런은 R&D 부서의 과학자 커티스 슈나이더 Curtis Schneider를 발견하고 그의 옆에 자리를 잡았다. 커티스는 앨런이 아는 한 테라노스에서 가장 똑똑한 사람이었다. 그는 무기 화학 분야에서 박사 학위를 받았으며, 캘리포니아 공과대학에서 4년 동안 박사 과정 수료 후 학자로 근무했다. 두 사람은 잠시 동안 낚시에 관해 이야기했다. 깃털로 된 인조 미끼를 이용하는 낚시는 커티스가 가장 즐기는 취미였다. 그 후 커티스는 앨런에게 그날 오전 FDA의 공무원과 했던 화상 회의에 대해 이야기했다. 테라노스는 독점 혈액 검사의 일부를 FDA에서 인증받으려고 했다. 화상 회의를 하는 동안 FDA의 검토자 중 한 사람이 테라노스의 인증 요청에 대해 반대 의견을 표명했지만 동료들이 그를 침묵시켰다고 했다. 커티스는 그 점을 이상하게 여기고 있었다. 앨런은 아무 일도 아닐 거라고 생각했지만, 커티스의 이야기를 듣고 나니 차츰 불안감이 강해졌다. 앨런은 커티스에게 자신이 실험실의 품질 관리 데이터를 받아 볼 수 없다고 얘기했다. 게다가 회사가 평가 시험에서 속임수를 쓰고 있다고도 털어놓았다. 혹시 앨런이 한 말을 커티스가 이해하지 못했을까 봐 앨런은 테라노스가 법을 어기고 있다고 풀어 설명했다.

그러곤 앨런이 고개를 들다가 대니얼 영이 건너편에서 그들을 쳐다보고 있다는 사실을 깨달았다. 앨런의 얼굴은 유령을 본 듯 창백해졌다.

3주 후, 앨런은 뉴어크 회사 건물 내 개인 사무실에 앉아 있다가 엘리자베스의 남동생 크리스천 홈즈에게서 전화를 받았다. 회사의 대부분은 팰로앨토 페이지밀가에 있는 새 건물로 이전했지만 임상 실험실만은 예외였다. 실험실은 샌프란시스코 베이를 거쳐 넓은 뉴어크 건물로 이전했으며, 그곳에서 언젠가는 수천 개의 미니랩을 생산할 계획이었다.

크리스천은 앨런에게 또 다른 의사의 불만 사항을 처리하라고 지시했다. 앨런은 지난가을 회사가 혈액 검사 서비스를 출시한 이후로 수십 건의 불평 불만 사항을 맡아 처리했다. 그는 본인도 확신할 수 없는 혈액 검사 결과가 정확하다고 몇 번이고 의사들을 납득시켜야 했으며, 이에 대한 양심의 가책이 너무 커서 더는 하기 힘들다고 느꼈다.

앨런은 크리스천의 지시를 거부하고, 서니와 엘리자베스에게 이메일을 보내 사의를 표하며, 실험실의 CLIA 인증서에서 즉시 자신의 이름을 빼 달라고 요청했다. 엘리자베스는 크게 실망했다고 답장했다. 앨런은 테라노스가 새로운 실험실 책임자를 찾을 수 있도록 한 달 정도 공식 퇴사를 연기하기로 했다. 사직 의사를 알린 후 2주 동안 앨런은 휴가를 떠났다. 그는 오토바이를 타고 로스앤젤레스로 가서 며칠 동안 동생과 지냈고, 그 후엔 뉴욕으로 가서 부모님과 추수감사절을 함께 보냈다. 앨런은 12월 중순에 휴가에서 돌아와 서니와 업무 인수인계에 대해 상의하고자 팰로앨토 본사로 향했다.

서니는 모나와 함께 새 건물의 로비에서 그를 맞았다. 그들은 앨런을 방으로 안내하고 예정보다 조금 일찍 그를 해고하기로 결정했다고 알렸다. 서니는 테이블을 가로질러 그에게 법률 문서처럼 보이는 서류를 건넸다.

앨런은 굵은 글씨체로 "앨런 빔의 선서 진술서"라고 쓰인 서류를 읽었다.

서류에는 캘리포니아 주법에 따라 위증 시 처벌을 받는다는 조건하에 회사에서 고용된 동안 알게 된 독점적 또는 기밀에 해당하는 정보를 절대로 공개하지 않겠다고 진술한다는 내용이 적혀 있었다. 또 "개인 이메일 계정, 개인용 노트북 또는 데스크톱 컴퓨터, 휴지통에 있거나 삭제된 폴더, USB 드라이브, 집, 자동차 또는 기타 모든 장소에 테라노스와 관련된 정보의 전자 복사본이나 인쇄본 일체가 없다"고 적혀 있었다.

앨런이 끝까지 읽기도 전에 서니가 냉랭한 목소리로 말했다. "개인 계정으로 업무용 이메일을 보낸 걸 알고 있어요. 인사 팀장이 개인 이메일 계정에 들어가서 검토하고 지울 수 있도록 허용해 줘야겠군요."

앨런은 거절했다. 그는 회사가 사생활을 침해할 권리가 없으며 더 이상 어떤 서류에도 서명하지 않겠다고 말했다.

서니의 얼굴이 붉어졌다. 그의 불같은 성격이 당장 폭발 직전이었다. 서니는 앨런이 혐오스럽다는 듯 고개를 저으며 모나에게 말했다. "도저히 믿을 수가 없군!"

그러고서 서니는 다시 앨런을 바라보며 경멸 어린 목소리로 신속히 사안을 마무리하기 위해 변호사를 고용해 주겠다고 제안했다.

앨런은 테라노스에게서 보수를 받는 변호사가, 바로 그 회사와의 분쟁에서 자신을 제대로 변호해 줄 수 있을 거라는 양 행동하는 서니가 참으로 우스꽝스럽게 느껴졌다. 앨런은 그의 제안을 거절하고 이만 돌아가겠다고 말했다. 모나는 앨런이 실험실에서 가져다 달라고 부탁한 그의 개인 짐을 돌려주었다. 그 대신 업무용 휴대폰과 노트북을 달라고 요청했다. 앨런은 신속히 휴대폰을 초기화하여 내용물을 지우고 돌려주었다. 그러고는 그곳에서 빠져나왔다.

그 후로 며칠간 그의 음성 사서함에 메시지가 쌓여 갔다. 그중 몇 개는 서니가 남긴 음성 메시지였고, 나머지는 모나의 메시지였다. 두 사람은 갈수록 더 위협적인 목소리로 똑같은 말을 반복했다. 만일 회사로 돌아와 모나가 그의 개인 이메일을 삭제할 수 있도록 계정을 넘기고 선서 진술서에 서명하지 않는다면 회사가 그를 고소할 거라는 내용이었다.

앨런은 그들이 멈추지 않을 거라는 사실을 깨달았다. 그는 변호사가 필요했다. 워싱턴 D.C.에 있는 법률 회사와 접촉했던 건에는 아무런 진전이 없었다. 직접 만나 상담할 수 있는 현지 변호사가 필요했다. 앨런은 구글 검색에서 가장 처음으로 찾은 곳에 전화를 걸었다. 샌프란시스코 소재의 의료 과실 및 신체적 상해 전문 변호사였다. 그녀는 앨런이 1만 달러를 지불하자 그를 변호하겠다고 승락했다.

앨런의 새 변호사는 그에게 선택의 여지가 별로 없다고 말했다. 그의 행동이 실제로 기밀 유지의 의무를 위반한 것이기 때문에 테라노스가 소송을 걸 수 있다고 설명했다. 그리고 설령 앨런이 이기더라도 소송으로 인해 수개월 혹은 수년 동안 법정에 묶여 있게 될 거라고 말했다. 테라노스는 실리콘밸리에서 가장 가치 있는 민간 기업 중 하나이자 전설적인 유니콘으로 통했다. 그들의 재정 자원은 사실상 무한했다. 소송은 그를 파산으로 몰고 갈 수 있었다. 변호사는 앨런이 정말로 그 위험을 감수하고 싶은지 묻고 있는 것이었다.

사실 그녀는 테라노스를 대표하는 보이즈 실러 로펌의 파트너 변호사에게서 압력을 받아 두려움에 떨고 있었다. 변호사는 앨런에게 이메일을 삭제하고 선서 진술서에 서명하라고 설득했다. 그러고는 테라노스에 원본을 보관하라는 보존 명령서를 보내겠다고 말했다. 테라노스가 그 요청을 받아들이리라는 확신은 없었지만, 이게 그들이 할 수 있는 최선이라고 설명했다.

그날 저녁, 앨런은 샌타클래라에 있는 자신의 아파트에서 컴퓨터 앞에 앉아 개인 이메일 계정에 로그인했다. 그리고 하나씩 이메일을 지워 나갔다. 삭제한 이메일은 총 175개에 달했다.

리처드 퓨즈는 테라노스와 합의하고 특허를 철회하기로 동의한 지 9개월이 지났지만 여전히 이 사건에 사로잡힌 상태였다. 합의 이후 처음 몇 주 동안 리처드는 거의 긴장성 분열증 상태에 있었다. 리처드의 아내 로레인은 아들 조에게 전화를 걸어 도대체 무슨 일이 일어난 건지 알아보려 했지만 아무 이야기도 들을 수 없었다.

소송 기간 동안 리처드의 오랜 친구인 스탠퍼드 의과대학 교수 필리스 가드너Phyllis Gardner는 리처드의 이야기를 경청해 주었다. 엘리자베스가 스탠퍼드대학에서 자퇴했을 때 필리스와 그녀의 남편 앤드루 펄먼Andrew Perlman에게 테라노스의 원형이라고 할 수 있는 패치 개념에 대해 상의했기 때문에, 그들은 테라노스의 초기 단계에 잠깐 관여한 적이 있었다.[2] 당시 필리스는 엘리자베스가 생각해 낸 개념이 전혀 실현 불가능하다고 조언한 후, 엘리자베스를 생명공학 업계의 중진이자 베테랑인 남편 앤드루에게 추천했다. 앤드루 펄먼은 테라노스의 자문위원회에서 단기간 근무하기로 했으나, 그로부터 몇 달 후 엘리자베스가 자문 위원회를 해산해 버렸다.

10년 전의 경험으로 필리스는, 의학이나 과학 교육을 받지 않았고 자신보다 연륜이 있거나 경험이 많은 이들의 말을 잘 듣지 않는 성격의 엘리자베스가 정말로 획기적인 혈액 진단 기술을 개발할 수 있었으리라고는 믿기 힘들었다. 이런 의혹은 앤드루가 비행기에서 지멘스 영업 담당자와 이야기를 나누다가 테라노스가 지멘스 진단 장비의 주요 구매처라는 사실을 알게 되었을 때 더욱 깊어졌다.

리처드 역시 테라노스가 주장한 것을 정말로 실현해 낼 능력이 있는지 의심스러워했다. 2013년 가을, 공판 전 명령신청을 하기 위해 팰로앨토를 방문한 리처드는 현지 월그린에 전화를 걸어 손가락 채혈로 크레아티닌 검사를 할 수 있는지 물어보았다. 그는 최근 고혈압을 유발하는 호르몬 장애인 알도스테론증을 진단받았는데, 신장 손상의 징후가 있는지 크레아티닌 수치를 모니터하도록 의사가 지시했기 때문이었다. 크레아티닌 검사는 일반적인 혈액 검사지만 전화에 응답한 직원은 테라노스의 CEO에게서 특별히 승인을 받지 않고는 검사를 할 수 없다고 답변했다. 이 일과 테라노스의 극심한 기밀 보안, 그리고 이언 기번스가 죽기 전에 그에게 증언을 하지 말라고 필사적으로 저지했다는 사실까지 합쳐 놓고 보니 리처드는 수상한 냄새를 감지하지 않을 수 없었다.

리처드는 필리스를 이언의 아내인 로셸에게 소개했으며, 두 여성은 엘리자베스에 대한 불신이라는 공통점으로 유대감을 형성했다. 리처드와 함께 세 사람은 테라노스 회의론자라는 작은 모임을 결성했다. 그러나 다른 이들은 누구도 그 의심을 공유하지 않는다는 게 문제였다.

하지만 그것도 2014년 12월 15일자 「더 뉴요커」가 엘리자베스의 프로필을 소개하면서 바뀌었다.[3] 많은 면에서 그 기사는 6개월 전 엘리자베스에게 화려한 명성을 안겨 준 「포춘」지 기사의 긴 버전 같았다. 한 가지 다른 점이 있었다면, 혈액 진단에 대해 잘 아는 누군가가 기사를 읽고 곧바로 의혹을 품었다는 것이었다.

이 인물은 미주리주 콜롬비아에 사는 병리학자 애덤 클래퍼Adam Clapper였다. 그는 여가 시간에 병리학 블러그Pathology Blawg라는 개인 블로그에서 병리학 업계에 대한 글을 작성했다. 클래퍼는 「더 뉴요커」의 기사를 읽고 그 내용이 '사실이라기엔 지나치게 좋아서' 오히려 수상하다고 생각했다. 특히 테라노스가 손가락을 찔러 채취한 한 방울의 피로 수십 가지의 혈액 검사를 할 수 있는 능력이 있다고 주장한 부분에 대해서는 더욱 그랬다.

「더 뉴요커」의 기사에는 몇 군데 회의적인 부분들도 있었다. 손가락에서 채혈한 혈액 검사가 신뢰성이 떨어진다고 말한 퀘스트 수석 과학자의 말을 인용했으며, 테라노스에 공개된 동료 평가 자료가 없다는 사실도 지적했다. 엘리자베스는 후자의 주장을 반박하기 위해 「혈액학 보고서(Hematology Reports)」라는 의학 저널에 공동 저술한 논문이 게재됐다고 언급했다.[4] 클래퍼는 「혈액학 보고서」에 대해 단 한 번도 들어 본 적이 없어 인터넷을 검색해 보았다. 알고 보니 「혈액학 보고서」는 500달러가량의 수수료를 받고 과학자들의 논문을 발표해 주는, 이탈리아에 본사를 둔 온라인 전용 출판물이었다. 또 클래퍼는 홈즈가 공동 저술한 논문을 살펴보았는데, 총 6명의 환자에게 단 한 번씩만 혈액 검사를 한 데이터를 사용했다는 사실을 알게 되어 몹시 충격을 받았다.

클래퍼는 블로그에 「더 뉴요커」 기사에 관한 글을 썼다. 그는 「혈액학 보고서」라는 의학 저널의 권위가 의심스럽다는 점과 연구의 부정확성을 지적하고, "테라노스가 진단 정확성에 대해 증거를 제공할 때까지" 자신은 회의적일 것 같다고 선언했다.[5] '병리학 블로그'가 구독자가 많은 블로그는 아니었지만, 조 퓨즈는 구글을 검색하다 이 게시물을 발견하여 아버지에게 전달했다. 리처드 퓨즈는 즉시 클래퍼에게 연락을 취해 그의 의심이 틀리지 않았다고 설명했다. 이에 더해 리처드는 클래퍼에게 필리스와 로셸을 소개시켜 주어 그들의 이야기를 들어보게 했다. 클래퍼는 특히 이언 기번스의 죽음에 대해 흥미를 느꼈다. 하지만 블로그에 더 이상의 글을 쓰기에는 명백한 입증 자료가 없고 정황 증거뿐이라는 점이 문제였다. 그는 더 확실한 증거가 필요하다고 리처드에게 말했다.

리처드는 좌절감을 느꼈다. 어떻게 해야 사람들이 엘리자베스 홈즈의 진짜 얼굴을 알게 될 수 있을까?

며칠 후 리처드는 이메일을 확인하다가, 링크드인에서 새로운 누군가가 자신의 프로필을 조회했다는 알림을 보았다. 그의 프로필을 확인한 것은 앨런 빔이라는 사람이었다. 리처드는 그를 바로 알아보지 못했지만, 테라노스의 실험실 책임자라는 앨런 빔의 직책이 눈에 들어왔다. 리처드는 링크드인 사이트의 이메일 기능을 통해 앨런 빔에게 혹시 전화 통화를 할 수 있겠냐는 메시지를 보냈다. 앨런 빔의 답변을 받을 확률이 매우 낮다고 생각했지만 시도해 볼 만한 가치가 있는 일이었다. 다음날 리처드는 오래된 라이카 카메라로 말리부에서 사진을 찍던 도중 앨런 빔에게서 짧은 답문을 받았다. 앨런은 기꺼이 통화하고 싶다며 자신의 휴대폰 번호를 적어 보냈다. 리처드는 검은 메르세데스 E 클래스 세단을 몰고 베벌리힐스로 돌아와, 집에서 불과 몇 블록 떨어진 곳에서 앨런에게 전화를 걸었다.

수화기 너머에서 두려움에 떨고 있는 목소리가 들렸다. "퓨즈 선생님, 통화하길 원했던 이유는 선생님도 저와 같은 의사이기 때문입니다." 앨런이 말했다. "선생님과 저는 사람에게 해를 주는 일은 하지 않겠다는 히포크라테스 선서를 했지 않습니까. 테라노스는 사람들을 위험에 빠뜨리고 있습니다." 앨런은 리처드에게 테라노스 실험실의 문제에 대해 이야기하기 시작했다. 리처드는 차고 진입로에 주차를 하고 차에서 재빨리 나왔다. 그리고 집에 들어오자마자 르모리스라는 파리의 호텔에서 가져온 메모장에 앨런의 말을 받아 적기 시작했다. 앨런이 말을 너무 빨리 해서 따라 잡는 데 어려움이 있었다. 하지만 리처드는 아래와 같은 내용들을 받아 적을 수 있었다.

CLIA에 거짓말, 사기를 침

신제품 출시 참사

손가락 채혈 정확하지 않음, 정맥 채혈함

애리조나에서 팰로앨토로 혈액 샘플을 옮겨 옴

지멘스 장비 사용

윤리적 위반 행위

갑상선 검사 결과 허위 기재

칼륨 검사 결과 엉망진창

거짓 임신 검사 오류

엘리자베스에게 준비가 안 됐다고 말했지만 계속 진행하라고 고집함

리처드는 조 퓨즈와 필리스 가드너에게도 직접 이야기해 달라고 앨

런에게 부탁했다. 그들도 직접 이야기를 들어야 한다고 생각했다. 앨런은 그들에게도 전화를 걸어 리처드에게 한 이야기를 설명하기로 약속했다. 하지만 그것이 그가 할 수 있는 전부였다. 그는 그 외의 누구와도 이야기하지 않겠다고 선을 그었다. 보이즈 실러의 변호사가 그를 계속 괴롭히고 있었고, 리처드가 당했던 것 같은 법정 싸움을 견딜 여력이 없다고 설명했다. 리처드는 앨런의 처지를 동정했지만 사실을 알고도 그냥 놔둘 순 없었다. 그는 클래퍼와 연락을 취해 새로이 생긴 연결 고리와 앨런에게 들은 이야기를 전달했다. 클래퍼는 이게 바로 그가 필요했던 증거라고 말했다.

클래퍼는 이로 인해 모든 것이 바뀌었다는 데 동의했다. 이야기에는 이제 근거가 있었다. 하지만 자신이 책임을 떠맡을 수는 없다고 생각했다. 첫 번째 이유로, 데이비드 보이즈가 변호하는 90억 달러 규모의 실리콘밸리 회사에 맞서 법적 책임을 감당하기는 불가능했다. 게다가 그는 단지 아마추어 블로거일 뿐이었다. 이런 문제에 대응할 만한 언론 관련 노하우가 없었다. 심지어 의사라는 풀타임 직업이 있다는 사실은 말할 것도 없는 일이다. 클래퍼는 이 문제는 탐사보도 전문 기자가 맡아 할 일이라고 생각했다. 클래퍼는 '병리학 블로그'를 시작하고 3년 동안 여러 사람과 실험실 산업의 악습에 관해 이야기를 나눴다. 그리고 그중에 떠오르는 사람이 한 사람 있었다. 그는 「월스트리트저널」의 기자였다.

| 제19장 |

기밀 정보

2월의 두 번째 월요일, 나는 미드타운 맨해튼의 「월스트리트저널」 건물 보도 본부 안 어지럽혀진 내 책상에 앉아 새로운 기삿거리를 찾고 있었다. 나는 최근 메디케어 사기 사건에 관해 파고들었던 일 년 간의 작업을 마치고 다음 순서로는 무엇을 취재 연구해야 할지 전혀 갈피를 잡지 못하고 있었다. 「월스트리트저널」에서 근무한 지 16년이 지난 이때까지도 나는 아직 하나의 탐사보도 프로젝트가 끝난 후 다음 프로젝트로 신속하고 효율적으로 넘어가는 기술을 터득하지 못했다.

그때 내 전화기가 울렸다. '병리학 블러그'의 애덤 클래퍼에게서 온 전화였다. 8개월 전 메디케어 기사를 쓸 당시 복잡한 실험실 청구서에 관해 그에게 자문을 구한 적이 있었다. 그때 애덤은 청구서의 특정 코드가 어떤 실험실 절차에 부합하는지 참을성 있게 설명해 주었다.[1] 나는 훗날 그 지식을 대형 암 치료 센터의 사기 행각을 폭로하는 데 유용하게 쓸 수 있었다.

애덤은 내게 특종이 될 만한 이야기를 우연히 찾은 것 같다고 말했다. 사람들은 종종 저널리스트들에게 정보를 주기도 한다. 그런 이야기 중 열의 아홉은 기사로 연결되지 않지만 나는 언제나 시간을 들여 그들의 이야기를 들어 보곤 했다. 들어 보기 전까지는 결코 속단할 수 없는 일이기 때문이다. 게다가 그 당시 나는 뼈다귀가 없는 개와 같았다. 씹고 물어뜯을 수 있는 새 뼈다귀가 될 무언가가 필요했다.

애덤은 내게 최근 「더 뉴요커」에 실린 실리콘밸리의 천재 엘리자베스와 그녀의 회사 테라노스에 관해 들어 보았는지 물었다. 알고 있는 이야기였다. 나는 「더 뉴요커」 잡지를 구독하고 있었기 때문에 출근하는 길에 지하철에서 종종 읽곤 했다.

애덤의 이야기를 듣고 생각해 보니 그 기사에 수상쩍었던 부분이 몇 가지 있었다. 회사의 과학적 주장을 뒷받침할 동료 평가 자료가 전무했던 것도 그중 하나였다. 나는 지난 10년간 보건 관련 이슈에 대해 기사를 써 왔지만, 의학의 중대한 발전이 있던 순간에 동료 평가가 부재한 경우는 단 한 건도 생각나지 않았다. 게다가 나는 홈즈가 그녀의 비밀스러운 혈액 검사 장치의 작동 방식에 대해 간략히 설명하는 부분을 읽고서 적잖이 놀랐다.

"화학을 수행하면 화학 반응이 일어나고, 시료와 화학적 상호 작용을 하여 신호를 형성하면 결과값이 생성됩니다. 그 결과를 인증 받은 실험실 직원이 검토하게 됩니다."[2]

이 말은 수준 높은 실험실 과학자가 아니라 화학 수업을 듣는 고등학생이 할 법한 이야기였다. 「더 뉴요커」의 기자는 이를 두고 "우스꽝스럽도록 모호하다"라고 표현했다.

잠시 시간을 두고 생각해 보니, 대학교에서 화학공학 수업을 두 학기밖에 듣지 않고 중퇴한 사람이 이 같은 최첨단의 과학 기술을 개척했다고는 믿기 어려웠다. 물론 마크 저커버그가 열 살 나이에 아버지의 컴퓨터를 사용해 코딩하는 법을 배웠다고는 하지만, 의학은 전혀 다른 세계의 이야기였다.[3] 의학은 자신의 집 지하실에서 독학해서 배울 수 있는 분야가 아니다. 인정받기 위해서는 다년간의 공식 교육과 수십 년 동안의 연구가 필요했다. 의학 부문 노벨상 수상자 중 상당수가 60대에 업적을 인정받은 데에는 다 이유가 있었다.[4]

　애덤은 본인도 「더 뉴요커」의 기사를 읽고 비슷한 생각을 했다고 밝히며, 그가 블로그에 회의적인 게시글을 올리자 몇 명의 사람들이 그에게 연락을 취해 왔다고 설명했다. 처음에 애덤은 그들의 정체와 테라노스와의 연관성에 대해서는 자세히 밝히지 않았으나, 그들이 내가 테라노스에 대해 듣고 싶어 할 만한 정보를 가지고 있다고 말했다. 애덤은 그들에게 나와 이야기할 의향이 있는지 물어보겠다고 했다.

　그동안 나는 테라노스에 관해 미리 조사를 진행했고, 17개월 전에 「월스트리트저널」에서 발표한 논평 페이지를 발견하게 되었다.[5] 보도되었을 당시에는 그 기사를 읽어 보지 못했었다. 나는 그 기사가 매우 흥미롭다고 생각했다. 내가 소속된 신문사가 주류 언론사로서 홈즈의 소위 '업적'들을 공론화해서 일약 스타덤에 오르게 하는 데 중요한 역할을 맡았던 것이다. 내가 만일 기사를 발표하게 되면 상황이 어색해질 수도 있겠지만 나는 지나치게 걱정하지 않았다. 「월스트리트저널」의 논설위원실과 보도국 직원들 사이에는 방화벽이 있었다. 내가 홈즈의 벽장에서 해골을 몇 개 발견한다고 해도, 두 부서가 서로 반대되는 기사를 발표하는 것이 처음은 아닐 테니 말이다.

애덤과 내가 이 건에 관해 처음 대화를 나누고 2주 후, 애덤은 내게 리처드 퓨즈와 조 퓨즈, 필리스 가드너, 그리고 로셸 기번스를 연결시켜 주었다. 처음에 퓨즈가 테라노스와 소송으로 엮였다는 이야기를 들었을 때는 조금 실망스럽기도 했다. 비록 억울하게 누명을 썼다고 주장할지라도 소송에 가담했다는 사실만으로도 그들의 정보를 무용지물로 만들 수 있기 때문이다.

하지만 최근에 테라노스에서 퇴사한 실험실 책임자와 이들 사이에 연락이 닿았고, 테라노스가의 범법 행위를 했다고 그가 주장했다는 이야기를 했을 때 나는 귀가 번쩍 뜨였다. 또 나는 이언 기번스의 사연이 비극적이라고 생각했고, 이언이 로셸에게 여러 차례 테라노스의 장비가 작동하지 않는다고 털어놨다는 사실에 강한 호기심을 느꼈다. 법정에서는 전문(傳聞)증거*라며 기각될 만한 이야기였지만, 더 깊이 조사할 만큼 충분히 가치가 있는 믿을 만한 이야기라고 생각했다. 이 사건에 더 깊이 파고들기 전에 내가 해야 할 일이 분명해졌다. 바로 앨런 빔과 이야기를 나누는 것이었다.

앨런 빔에게 처음 열댓 번 전화를 걸었을 때에는 바로 음성 메시지로 넘어갔다. 나는 음성 메시지를 남기는 대신 그저 계속 연락을 취해 보기로 했다. 2015년 2월 26일 목요일 오후, 어느 지역 사투리인지 알

---

* hearsay, 본인이 직접 경험한 일이 아니라 간접적으로 보고 들은 것을 진술하는 것. 전문 증거의 진실 여부를 법원이 확인할 수 없으므로 원칙적으로 증거로 인정하지 않는다.

수 없는 억양의 목소리가 마침내 전화를 받았다. 상대방이 앨런이라는 것을 확인하고 난 후 나는 내 소개를 하고, 최근 그가 테라노스를 떠났으며 회사의 운영 방식에 몇 가지 우려를 품고 있다는 얘기를 들었다고 말했다.

나는 앨런이 매우 긴장했다는 걸 느낄 수 있었지만, 그와 동시에 속마음을 털어놓고 싶어 한다는 것도 알 수 있었다. 앨런은 자신의 신원을 비밀로 유지하기로 약속해 주면 이야기하겠다고 말했다. 테라노스의 변호인이 그를 괴롭히고 있었고, 기자와 대화하고 있다는 사실이 밝혀지면 회사가 그를 고소할 것이라고 확신하고 있었다. 나는 그에게 익명 보장을 약속했다. 그리 어려운 결정은 아니었다. 앨런이 없다면 내가 가진 정보는 모두 간접적인 정보이고 누군가에게 들은 추측에 불과하기 때문이었다. 그가 아무 정보도 주지 않는다면 진행될 수 없는 취재였다.

대화의 기본 원칙을 세우고 나자 앨런이 경계를 풀어 우리는 한 시간 이상 대화를 나누었다. 그가 내게 첫 번째로 한 얘기 중 하나는 이언이 아내인 로셸에게 한 말이 사실이라는 것이었다. 테라노스의 장치는 제대로 작동되지 않았다. 앨런은 이 기기가 에디슨이라고 불리는데, 오류가 심각하게 자주 발생하고 품질 관리 검사에 끊임없이 실패한다고 했다. 게다가 테라노스는 아주 소수의 검사에만 에디슨을 사용하며, 대부분은 혈액 샘플을 희석한 후 시중에서 판매되는 분석기로 검사한다고 설명했다.

나는 희석에 대한 내용을 이해하는 데 어느 정도 시간이 걸렸다. "테라노스는 도대체 왜 혈액 샘플을 희석하는 거죠? 또 희석하는 게 왜 나쁜가요?" 내가 물었다. 앨런은 에디슨이 오직 면역 측정법이라고 알려진 방식의 검사만을 수행할 수 있기 때문에 나머지 다른 검사를 위해 양을 보충하려는 거라고 설명했다. 테라노스는 자사의 기술이 제한적이라는 사실을 사람들이 알기를 원치 않았기 때문에, 이미 출시된 기계들로 손가락에서 채혈된 소량의 혈액 샘플을 검사하는 방법을 고안해 냈다는 것이다. 그러기 위해서는 손가락에서 채혈된 소량의 혈액 샘플을 희석해서 용량을 늘려야 했다. 하지만 문제는 그렇게 혈액 샘플을 희석하면 혈중 피분석물의 농도가 기존의 기계로 정확하게 측정할 수 없는 수준까지 떨어지게 된다는 것이다.

앨런은 테라노스가 월그린 매장에서 혈액 검사를 시작하는 날짜를 늦추려고 대단히 노력했고, 홈즈에게 나트륨과 칼륨 검사 결과를 신뢰할 수 없는 상태라고 경고했다고 했다. 테라노스의 검사 결과 완전히 건강한 환자의 혈중 칼륨 수치가 말도 안 되게 나오기도 했다고 그는 말했다. 앨런은 테라노스의 검사 결과를 설명하며 "말도 안 된다"는 표현을 썼다. 나는 앨런의 폭로를 간신히 이해하고 있었는데, 그때 앨런이 평가 시험에 관해 이야기를 꺼냈다. 그는 테라노스가 연방 평가 시험 규정을 위반하고 있다고 단호하게 말했다. 심지어 '42 CFR 493번'이라는 미국연방규정집의 관련 규정 번호를 언급하기까지 했다. 나는 수첩에 규정 번호를 받아 적고 나중에 찾아봐야겠다고 속으로 생각했다.

또한 앨런은 홈즈가 혈액 검사 업계에서 혁명을 일으키겠다는 생각을 전파하려고 열심이지만, 과학 및 의학에 대한 그녀의 기본 지식은 정말이지 형편없다고 말하며 나의 직감이 사실이었음을 알려 주었다.

그런 한편 앨런은 테라노스를 매일 운영하는 것이 홈즈가 아니라 서니 발와니라는 남자라고 말했다. 또한 발와니가 정직하지 못하고 약자를 괴롭히는 사람이며, 직원들을 협박으로 통제한다고 단도직입적으로 얘기했다. 그리고 나서 앨런은 홈즈와 발와니가 연인 관계라며 폭탄선언을 했다. 나는 「더 뉴요커」와 「포춘」지의 기사, 그리고 테라노스의 홈페이지를 보아 발와니가 테라노스의 사장 겸 최고 운영 책임자인 것을 알고 있었다. 만일 앨런의 말이 사실이라면 이 이야기는 새로운 국면을 맞게 되는 것이다. 실리콘밸리의 첫 여성 억만장자 겸 기술 스타트업의 창업자가 그녀보다 거의 20세나 더 많은 회사의 2인자와 연인 사이였다고?

확실히 엉성한 기업 지배 구조였지만, 사실 테라노스는 사기업이고, 실리콘밸리의 비상장 스타트업 업계에 사내 연애를 금하는 규칙은 없었다. 하지만 내가 더 흥미를 느꼈던 것은 홈즈가 발와니와의 관계를 테라노스의 이사진들에게 비밀로 했다는 점이었다. 그렇지 않고서야 「더 뉴요커」의 기사가 그녀를 싱글로 표현하고, 헨리 키신저와 그의 부인이 홈즈에게 좋은 인연을 소개시켜 주려고 한다고 잡지 인터뷰에서 말했을 리가 없지 않은가? 만일 홈즈가 이사회에 발와니와의 관계에 대해 솔직히 털어놓지 않았다면, 그들에게 또 어떤 것을 비밀로 했을지 궁금해졌다.

앨런은 홈즈와 발와니에게 평가 시험과 테라노스 검사 결과의 신뢰도에 대해 여러 차례 직접 혹은 이메일로 문제를 제기했다고 말했다. 하지만 발와니는 항상 그들이 주고받는 이메일에 테라노스의 변호사를 수신인으로 넣어 "변호인과 의뢰인 사이의 비밀로 지켜 달라"고 적으며 그의 요청을 매번 묵살하거나 무시했다.

테라노스 연구소의 CLIA 인증서에 이름이 기재된 실험실 책임자로서 앨런은 훗날 정부의 조사가 진행되면 본인이 개인적으로 책임을 져야 할까 봐 걱정하게 됐다. 그래서 자신을 보호하기 위해 앨런은 발와니와 주고받은 이메일을 개인 이메일 계정으로 보냈다고 내게 말했다. 하지만 테라노스가 이를 알아내어 기밀 유지 협약서를 위반한 혐의로 그를 고소하겠다고 위협했다고 했다.

하지만 앨런이 개인적 책임보다 더 걱정했던 건 환자들이 잠재적 위험에 노출돼 있다는 점이었다. 앨런은 잘못된 혈액 검사 결과가 초래할 수 있는 두 가지 악몽 같은 상황을 설명했다. 만일 결과가 거짓 양성으로 나오면 환자는 불필요한 의학적 절차를 밟아야 할 수 있다. 거짓 음성 결과라면 더욱 위험하다. 심각한 상태의 환자가 제대로 된 진단을 받지 못해 결국 죽음에 이를 수도 있는 것이다.

나는 전화를 끊으며 엄청난 특종을 잡을 때마다 느끼는 희열을 느꼈다. 그래서 이건 기나긴 과정의 첫 걸음일 뿐이라고 내 자신에게 상기시켜야 했다. 아직 이해해야 할 문제가 많았으며, 무엇보다 확증이 필요했다. 아무리 정보의 출처가 탄탄하다 할지라도 신문사에서 익명 제보자 단 한 사람의 말만 듣고 기사를 발표할 수는 없으니 말이다.

앨런과 다시 통화했을 때 나는 브루클린의 프로스펙트 공원에서 친구들과 장난치며 놀고 있는 9살과 11살이 된 내 아이들을 돌보면서 추위에 덜덜 떨고 있었다. 그날은 뉴욕시에 81년 만에 강추위가 덮친 2월의 마지막 토요일이었다.[6]

나는 첫 통화 이후 앨런에게 그의 말을 뒷받침할 수 있는 전직 동료들을 알려 줄 수 있냐고 문자 메시지를 보냈었다. 앨런은 내게 일곱 명의 이름을 보내 왔고, 그들 중 두 명이 나와 연락이 닿았다. 두 사람 모두 극도로 긴장했고, 출처를 밝히지 않겠다는 조건하에 내게 정보를 주기로 동의했다. 그중 전직 테라노스의 임상 실험 기술자였던 한 사람은 많은 이야기를 하지 않았지만, 그녀가 내게 해 준 말은 내가 올바른 방향으로 나아가고 있다는 확신을 갖게 해 주었다. 그녀는 회사에서 일어나는 일들에 대해 고민이 많았으며, 환자의 안전이 몹시 염려됐다고 털어놓았다. 또한 자신의 이름이 검사 결과에 계속 기재되는 것이 불편하여 결국 퇴사했다고 말했다. 테라노스에서 기술 감독을 맡았던 다른 사람은 테라노스가 비밀과 공포의 문화로 운영되었다고 말했다.

나는 앨런에게 기사에 진전이 있는 것 같다고 말했고, 그는 소식을 듣고 기뻐하는 듯했다. 나는 앨런에게 그가 개인 이메일 계정으로 전달한 이메일을 아직 보관하고 있냐고 물었다. 하지만 그의 변호사가 회사에서 요청한 선서 진술서에 따라 이메일을 삭제하도록 조언했다는 대답이 돌아와 내 가슴은 철렁 내려앉았다. 이런 유형의 이야기에서 증거 서류는 최소한의 기준이 된다. 증거 서류가 없다면 내가 하려는 일이 훨씬 어려워질 것이다. 나는 실망감을 내비치지 않으려고 노력했다.

우리의 대화는 평가 시험으로 흘러갔다. 앨런은 테라노스가 도박을 하고 있다고 말하며, 대부분의 혈액 검사에 어떤 상업용 분석기가 사용되는지 알려 주었다. 상업용 분석기 두 대 모두 지멘스사에서 제조한 분석기였으며, 그것이 필리스 가드너의 남편 앤드루 펄먼이 비행기에서 지멘스의 영업 담당자에게 들은 이야기가 사실임을 확인시켜 주었다. 또 우리의 첫 번째 통화에서 나오지 않았던 새로운 정보도 알려 주었다. 바로 테라노스의 실험실이 두 부분으로 나뉘어 있다는 것이었다. 한 곳엔 상업용 분석기가 놓여 있고, 다른 실험실에는 에디슨 기계가 있다는 이야기였다. 주 검사관이 실험실을 점검하러 방문했을 때 그녀에게 상업용 분석기가 있는 실험실만 보여 주었다는 이야기도 했다. 앨런은 검사관이 테라노스에 속았다고 느꼈다.

또한 앨런은 테라노스가 에디슨을 대체하고 더욱 광범위한 혈액 검사를 수행하기 위해 차세대 장비인 코드 네임 4S를 개발하고 있었으나 전혀 작동하지 않았고, 실험실에 배치된 적도 없다고 설명했다. 손가락 채혈 샘플을 희석하여 지멘스사의 분석기로 검사하는 것은 단지 임시방편이었을 뿐이었지만, 4S 개발의 대실패로 인해 그 방식이 그대로 굳어져서 영구적인 검사 방식이 되었다고 말했다.

이제 모든 것이 이해되기 시작했다. 홈즈와 테라노스는 가능하지 않은 것을 미리 약속하고서, 약속을 지킬 수 없게 되자 절차와 원칙을 무시하려 한 것이다. 소프트웨어나 스마트폰 어플을 개발할 때 그런 전략을 사용하는 건 그렇다 쳐도, 사람들이 건강에 대해 중요한 결정을 내릴 때 의지하는 의료 제품을 개발할 때 같은 짓을 한다는 건 그야말로 부도덕한 행동이었다. 앨런과의 두 번째 통화가 끝날 무렵, 앨런은 흥미로운 사실을 또 한 가지 언급했다. 현 테라노스의 이사회 멤버이자 전직 국무장관을 지낸 조지 슐츠의 손자인 타일러 슐츠가 테라노스에서 근무했다는 것이었다. 앨런은 타일러가 왜 퇴사했는지는 알지 못하지만, 좋은 일로 떠나진 않은 것 같다고 말했다. 나는 아이폰의 메모 어플에 대화 내용을 적다가 잠재적 증인 목록에 타일러의 이름을 추가했다.

그 후 몇 주 동안은 취재에 좀 더 진전이 있었지만, 몇 가지 문제에 맞닥뜨리게 됐다. 나는 앨런이 내게 말해 준 정보에 대한 확증을 얻기 위해 20명이 넘는 테라노스의 전·현직 직원들에게 연락을 취했다. 많은 이들이 나의 전화와 이메일에 회신하지 않았다. 전화 통화를 할 수 있었던 소수의 직원들도 반박할 수 없는 기밀 유지 서약서에 이미 서명을 했고, 계약 위반으로 고소 당하고 싶지 않다고 말했다.

테라노스의 전직 고위층 실험실 직원은 결국 내게 정보를 주기로 동의했지만, 기록에 남기를 바라지 않았다. 여기에는 중요한 차이가 있었다. 앨런과 다른 전 직원들은 내게 출처를 밝히지 않고 정보를 주기로 약속했는데, 그것은 신분만 비밀로 유지하면 그들의 정보를 기사에 쓸 수 있다는 뜻이었다. 하지만 기록에 남기기를 거부한다는 것은 그에게 얻은 정보를 기사에 전혀 쓸 수 없다는 것을 의미했다. 그럼에도 그가 앨런이 내게 말해 준 많은 이야기를 확증해 주었기 때문에 계속해서 나아갈 수 있다는 확신을 얻게 되었다. 그는 회사에서 벌어지고 있는 일을 다음과 같이 비유했다. "테라노스가 운영되는 방식은 버스를 운전하면서 동시에 버스를 만들고 있는 것과 같아요. 도중에 누군가는 죽고 말 거예요."

며칠 후, 앨런이 다시 좋은 소식을 들고 왔다. 나는 앨런이 예전에 연락을 취했던 워싱턴 D.C. 소재의 내부 고발자 전문 법률 사무소에 그때 보낸 발와니와의 이메일을 받을 수 있는지 문의해 보라고 요청했었다. 그리고 법률 사무소에서 이제야 앨런의 요청에 응답한 것이었다. 앨런은 내게 이메일을 전달했다. 서니 발와니와 대니얼 영, 마크 판도리, 그리고 앨런이 평가 시험에 관해 주고받은 내용이 담긴 총 18개의 이메일이었다. 이메일에는 발와니가 에디슨이 평가 시험에 "실패"했다는 사실을 마지못해 인정하며, 앨런과 판도리가 에디슨으로 평가 시험 샘플을 검사했다는 이유로 그들을 매우 호되게 질책하는 내용이 담겨 있었다. 그리고 엘리자베스 홈즈도 이 사건에 대해 알고 있다는 것에는 의심의 여지가 없었다. 홈즈도 이메일 수신인에 포함되어 있었기 때문이다.

이 새로운 정보로 우리는 한 걸음 전진할 수 있었지만, 곧 한 걸음 물러서게 되는 일도 발생했다. 3월 말, 앨런이 갑자기 겁을 먹고 발을 빼려 했다. 그동안 내게 털어놓은 모든 이야기를 취소하는 것은 아니지만, 더 이상 기사화 작업에 연루되고 싶지 않다고 말했다. 더 이상 위험을 감당할 수 없다는 이유에서였다. 나와 이야기하는 것 자체로도 심장이 뛰고 새 직업에 집중할 수 없다는 것이 앨런의 이야기였다. 나는 그의 마음을 바꾸기 위해 노력했지만 워낙 결심이 확고해서, 약간의 시간을 주고 그가 돌아오기를 기다려 보기로 했다.

기사 진행에 큰 차질이 생겼긴 했지만, 한편으론 다른 방면에서 조금씩 진척을 보이고 있었다. 테라노스가 평가 시험에서 했던 것처럼 혈액 샘플을 희석하는 것에 대하여 실험실 전문가의 중립적인 의견을 듣고자 나는 샌프란시스코의 캘리포니아대학교 진단검사의학과의 부학과장인 티머시 해밀에게 연락을 취했다. 티머시는 두 가지 방식 모두가 매우 의심스럽다는 것을 확인해 주었다. 또한 손가락을 찔러 혈액을 채취했을 때의 위험도 설명해 주었다. 팔의 정맥에서 채혈하는 방식과 다르게, 모세혈관의 혈액이 검사를 방해하는 조직과 세포에서 나온 유체로 인해 오염되어 정확성을 떨어뜨리기 때문이라고 했다. 그는 이렇게 덧붙였다. "그들이 실제로 그 일을 해냈다는 것보다 27세기에서 타임머신을 타고 왔다고 하는 편이 덜 놀랍겠어요."

앨런은 마음이 바뀌기 전에 애리조나의 카르멘 워싱턴Carmen Washington 이라는 간호사의 이름을 언급한 적이 있었다. 앨런은 카르멘이 월그린이 소유한 진료소에서 근무하며 테라노스의 혈액 검사에 대해 불만을 제기한 적이 있다고 했다. 나는 그녀와 연락을 하기 위해 몇 주 동안이나 추적한 끝에 마침내 그녀와 통화를 할 수 있었다. 카르멘은 그녀의 환자 중 3명이나 테라노스에서 의심스러운 혈액 검사 결과를 받았다고 했다. 그중 한 명은 16세 소녀였는데, 심장 발작의 위험이 있다는 것을 의미할 만큼 하늘을 찌를 듯 높은 칼륨 수치가 나왔다. 소녀가 아직 십대이고 건강했기 때문에 카르멘은 검사 결과가 말이 되지 않는다고 생각했다. 다른 두 명의 환자들은 비정상적으로 높은 갑상선 자극 호르몬 수치가 나왔다. 카르멘은 그들을 진료소로 불러 다시 채혈을 했다. 그런데 두 번째에는 검사 결과가 비정상적으로 낮게 나왔다. 그때부터 카르멘은 테라노스의 손가락 채혈 검사를 전혀 신뢰하지 않게 됐다. 이 사건들은 앨런의 주장을 뒷받침했다. 갑상선 자극 호르몬 검사는 면역 분석 검사로, 테라노스가 계속 테스트에서 실패했던 에디슨으로 수행한 검사 중 하나였다.

카르멘 워싱턴의 정보는 내게 많은 도움이 되었지만, 나는 곧 테라노스의 내부 고발자라는 더 나은 정보원을 찾게 되었다. 타일러 슐츠가 링크드인에서 내 프로필을 열람했다는 알림을 받은 후 나는 그에게 링크드인 메시지를 보냈다. 그가 전 직원들에게서 내가 테라노스의 진실을 캐내려 하고 있다는 소문을 들은 것이 틀림없다고 생각했다. 그에게 메시지를 보낸 지 한 달이 넘어 희망을 잃어가고 있었을 때, 마침내 전화가 울렸다.

전화는 타일러에게서 온 것이었고, 그는 간절히 이야기하고 싶어 하는 듯했다. 하지만 동시에 테라노스가 그를 공격할까 봐 몹시 우려했다. 그는 추적이 불가능한 선불 휴대전화를 이용해 전화하고 있었다. 대화한 것을 비밀로 유지하기로 약속한 후 타일러는 내게 8개월 동안 회사에 근무하며 일어났던 일들을 전부 들려주었다.

타일러가 내게 이야기를 해 준 동기는 두 가지였다. 첫째로 앨런처럼 타일러 또한 환자들이 부정확한 검사 결과를 얻을 것을 걱정했다. 두 번째는 할아버지의 명성을 우려했기 때문이었다. 타일러는 언젠가는 결국 테라노스의 사기 행각이 탄로 날 것이라고 믿었지만, 그 과정을 조금 앞당겨 할아버지의 오명을 씻을 수 있는 기회를 주고 싶었다. 조지 슐츠는 94세였고, 이 세상에 머물 날이 그리 길지 않을 수도 있기 때문이었다.

"할아버지는 워터게이트 사건과 이란-콘트라 스캔들에서도 살아남은 사람이에요. 분명 테라노스 문제도 결국엔 바로잡을 수 있을 거라고 생각해요." 타일러가 말했다.

타일러는 퇴사하기 전에 홈즈에게 보낸 이메일과 발와니에게서 받은 답변을 인쇄하여 셔츠 안에 넣고는 몰래 빠져나왔다. 게다가 뉴욕

주 보건국과 평가 시험에 관한 내용을 주고받은 이메일도 아직 가지고 있었다. 이것은 아주 반가운 정보였다. 나는 타일러에게 모든 정보를 내게 보내 달라고 요청했고, 타일러는 지체하지 않고 전부 보내 주었다.

이제 팰로앨토로 향할 때가 되었다. 하지만 가기 전에 먼저 방문하고 싶은 곳이 있었다.

먼저 나는 테라노스에서 부정확한 혈액 검사 결과를 산출하고 있다는 사실을 입증해야 했다. 그러기 위한 유일한 방법은 의심스러운 검사 결과를 받아, 환자가 다른 곳에서 재검사를 받도록 보낸 적 있는 의사를 찾는 것이었다. 그들을 찾기에 가장 좋은 곳은 테라노스가 웰니스 센터를 40개 매장까지 확장한 피닉스였다. 원래는 카르멘 워싱턴을 찾아갈 계획이었지만, 그녀는 이미 오즈번가와 센트럴 애비뉴가 만나는 곳에 있는 월그린 진료소를 떠나 다른 곳으로 이직했고, 그때 말해 준 세 환자의 이름이 기억나지 않는다고 말했다.

나는 테라노스에서 안 좋은 경험을 했다는 불만 사항을 올린 사람은 없는지 옐프* 웹사이트를 샅샅이 찾아 본 결과 또 다른 단서를 찾을 수 있었다. 아니나 다를까 '나탈리 M'이라는 아이디를 사용하는 한 의사가 불만 사항을 제기했던 것이다. 옐프에는 후기를 남긴 사람에게 메시지를 보내는 기능이 있어서 나는 그녀에게 연락을 취하고 내 연락처를 남겼다. 그녀는 다음날 내게 전화를 했다. '나탈리 M'의 본

---

* Yelp, 비즈니스, 서비스, 명소에 대한 추천과 리뷰를 공유할 수 있는 지역 기반 소셜 네트워크.

명은 니콜 선딘이었다. 그녀는 피닉스 교외의 파운틴 힐즈에 위치한 병원의 가정의학과 의사였으며, 테라노스에 대해 매우 불만을 품고 있었다. 지난가을, 선딘 박사는 깜짝 놀랄 만한 혈액 검사 결과를 받고 환자를 급히 응급실로 보냈는데, 알고 보니 허위 경보였던 경험이 있다고 했다. 나는 선딘 박사와 환자를 만나기 위해 피닉스로 날아갔다. 그곳에 머무는 동안 나는 테라노스에 혈액 검사를 의뢰하는 다른 병원에 예고 없이 방문할 계획이었다. 업계의 정보원에게서 테라노스의 혈액 검사를 이용하는 여러 병원의 이름을 미리 얻어 두었다.

나는 선딘 박사의 환자였던 모린 글런츠Maureen Glunz와 그녀의 집 근처 스타벅스에서 만나기로 했다. 50대 중반이며 체구가 아담한 글런츠는 앨런이 우려하던 두 가지 시나리오 중 하나에 딱 들어맞는 증거 제1호였다. 모린이 테라노스에게서 받은 검사 결과에는 칼슘, 단백질, 포도당, 그리고 세 가지 간 효소의 수치가 비정상적으로 치솟아 있는 것으로 나왔다. 글런츠가 귀에서 이명이 들려 불편해 하는 걸 알았기 때문에, 선딘 박사는 글런츠가 뇌졸중의 징후를 보이는 것일 수 있다고 염려하여 곧바로 병원으로 보냈다. 글런츠는 추수감사절 전날 응급실에서 CT 스캔을 포함하여 의사들에게 다양한 검사를 받으며 4시간을 보내야 했다. 그리고 병원의 실험실에서 재실시한 혈액 검사 결과가 정상으로 나와 퇴원할 수 있었다. 하지만 그게 끝이 아니었다. 혹시 모를 상황에 대비해 그녀는 그 다음 주에 MRI 촬영을 두 번이나 더 받아야 했다. MRI의 결과도 정상으로 나오자 글런츠는 마침내 안심할 수 있었다.

글런츠의 경우에 주목하지 않을 수 없는 이유는 그녀가 부정확한 결과로 인해 건강상의 위협에 대한 정서적·재정적 손실을 입었기 때문이었다. 자영업을 하는 부동산 중개인으로서 글런츠는 자가 보험에 가입돼 있었고, 의료 보험료로 내야 하는 자기 부담금의 액수가 매우 높았다. 응급실 이용과 MRI 촬영으로 3천 달러라는 금액이 청구되었는데, 모두 그녀가 개인적으로 전액 지불해야 했다.

그녀의 사무실에서 선딘 박사와 만났을 때 나는 수상한 혈액 검사 결과를 받은 환자가 글런츠뿐만이 아니라는 사실을 알게 되었다. 선딘은 12명이 넘는 환자들이 칼륨과 칼슘 검사에서 믿기 힘들 만큼 높은 수치가 나와 그 결과의 정확성에 대해서도 의구심을 품고 있었다. 선딘은 테라노스에 이러한 불만 사항을 적은 편지를 보냈지만, 테라노스는 인정조차 하지 않았다.[7]

선딘 박사의 도움을 받아 나는 약간의 실험을 하기로 했다. 다음날 나는, 그녀가 적어 준 처방전을 들고 호텔에서 가장 가까운 월그린 매장으로 갔다. 선딘 박사는 내게 정확한 검사 결과를 위해 꼭 금식하라고 당부했다. 월그린 매장 내의 테라노스 웰니스 센터는 벽장보다 그리 크지 않은 작은 방 안에 의자와 물병이 몇 개 놓여 있는 정도였다. 세이프웨이와는 달리 월그린은 매장을 고급 클리닉으로 보이도록 리모델링 하기 위해 거금을 투자하지 않았다. 나는 자리에 앉아 채혈 전문의가 처방전을 컴퓨터에 입력하고 누군가와 전화 통화를 하는 동안 기다렸다. 그녀는 전화를 끊은 뒤 내 셔츠의 소매를 걷어 올리고 지혈대를 팔에 감았다. "왜 손가락을 찔러 채혈하지 않는 건가요?" 내가 물었다. 그녀는 내가 받을 검사 중 일부는 정맥에서 채혈해야 하기 때문이라고 대답했다. 나는 조금도 놀라지 않았다. 앨런 빔이 이미 내게 테라노스가 제공하는 240가지 검사 중 겨우 80개의 검사만 손가락 채혈 방식을 택한다고 알려 주었기 때문이다. 심지어 그중에서도 약 12개의 검사만 에디슨을 이용하고, 나머지 60개에서 70개의 검사는 해킹한 지멘스사의 분석기로 검사한다고 말했다. 즉 나머지 검사들은 홈즈가 언론 인터뷰에서 중세의 고문에 비유할 만큼 두렵다고 강조한 피하 주사로 채혈한다는 것이다. 나는 이제 그의 말에 대한 확증을 얻을 수 있었다. 나는 월그린 매장에서 나와 렌터카를 몰고 근처 랩코프를 방문해 다시 한번 피 검사를 받았다. 선딘 박사는 내게 두 가지 혈액 검사 결과를 보내 주겠다고 약속했다. 그리고 비교 샘플을 늘리기 위해 그녀 자신도 두 곳에서 혈액 검사를 받아야겠다고 말했다.

나는 다음 며칠 동안 다른 병원의 문을 두드리고 다녔다. 스코츠데일의 한 병원에서 나는 에이드리엔 스튜어트Adrienne Stewart, 로런 비어즐리Lauren Beardsley, 그리고 서먼 르제이Saman Rejaie 박사와 이야기를 나누었다. 스튜어트 박사는 테라노스 혈액 검사 후 주로 다리에 혈전이 발생하는 심부 정맥 혈전증일지 모른다는 결과를 받아서 오래 전부터 계획해 온 아일랜드 여행을 미뤄야 했던 환자에 대해 설명했다. 심부 정맥 혈전증 환자는 혈전이 혈관을 타고 올라가 폐의 혈관을 막아 폐 색전증을 유발할 수도 있기 때문에 가급적 비행기를 타지 못하게 하고 있다. 스튜어트 박사는 환자의 다리에 초음파 검사를 했고, 다른 실험실에 의뢰한 혈액 검사 결과가 정상으로 돌아오자 테라노스를 완전히 신뢰하지 않게 되었다.

그 후 테라노스가 다른 환자의 검사 결과 보고서에 비정상적으로 높은 갑상선 자극 호르몬 수치를 적어 보내자 그녀는 다시 한번 미심

적게 생각하게 되었다. 그 환자는 이미 갑상선 약을 복용하고 있었는데, 이런 검사 결과는 갑상선 약의 복용량을 늘려야 한다는 것을 의미했기 때문이다. 하지만 스튜어트 박사는 처방전을 변경하기 전에 환자를 퀘스트와 배너 헬스 병원 시스템의 합작 투자 회사인 소노라 퀘스트에 보내 재검사를 받게 했다. 소노라 퀘스트에서 받은 호르몬 수치는 정상이었다. 스튜어트 박사는 만일 테라노스의 검사 결과만 믿고 복용량을 늘렸다면 대참사가 일어났을 거라고 말했다. 게다가 환자는 임신 중이었다. 복용량을 늘리면 갑상선 호르몬 수치가 지나치게 높아져 임산부인 그녀에게 악영향을 끼쳤을 거라는 게 스튜어트 박사의 설명이었다.

나는 또한 가정의학과 의사인 게리 베츠Gary Betz 박사와도 만났다. 베츠 박사 역시 지난여름 테라노스 혈액 검사로 안 좋은 경험을 한 후 더 이상 테라노스에 환자를 보내지 않게 되었다고 말했다. 그 환자 또한 여성이었는데, 당시 혈압을 낮추는 약을 복용하고 있었다. 이 약의 잠재적 부작용 중 하나는 체내 칼륨 농도의 상승이었기 때문에 베츠 박사는 정기적으로 그녀의 혈액을 검사했다. 하지만 어느 날 검사 결과에 칼륨 수치가 치명적으로 높게 나왔고, 베츠 박사 병원의 간호사는 결과를 재확인하기 위해 다시 환자를 테라노스로 보내 재검사를 받게 했다. 그리고 환자가 다시 방문했을 때 채혈 전문의가 환자의 피를 뽑으려고 세 번이나 시도했다가 실패했고, 결국 그냥 집으로 돌려보냈다. 다음날 이 상황을 알게 된 베츠 박사는 분노했다. 만일 처음 나왔던 결과가 정확했다면 최대한 빨리 확인을 받아 치료 방법을 바꿔야만 했기 때문이다. 그래서 베츠 박사는 환자를 소노라 퀘스트에 보내 재검사를 받게 했다. 알고 보니 다시 한번 거짓 결과였다. 소노라 퀘스트에서 받은 검사 결과 보고서에서는 칼륨의 수치가 테라노스에서 받은 수치보다 훨씬 낮았으며, 정상 범위 내에 있었다. 베츠 박사는 이 사건으로 인해 테라노스에 대한 신뢰가 완전히 무너졌다고 말했다.

나는 취재 여행을 마무리하고 있던 중 매슈 트라우브Matthew Traub라는 사람에게 이메일을 받았다.[8] 그는 DKC라는 홍보 회사에 근무 중이고, 테라노스를 대변하고 있다고 소개했다. 그는 내가 테라노스에 관한 기사를 작성하고 있다는 사실을 알고 있으며, 내게 도움을 줄 수 있는지 알려 달라고 말했다. 비밀이 새어나간 것이었지만, 오히려 나쁘지 않았다. 뉴욕으로 돌아가자마자 테라노스에 연락을 취할 계획이었기 때문이었다. 「월스트리트저널」에는 "아무도 놀라게 하지 않는다"는 원칙이 있었다. 우리는 기사의 당사자에게 우리가 수집한 모든 정보를 미리 알려 주고, 반박할 수 있는 시간과 기회를 충분히 주기 전까지는 절대로 먼저 기사를 싣지 않는다.

나는 트라우브에게 현재 기사를 작성 중이라고 확인시켜 주었다.[9] 그러고는 홈즈와의 인터뷰 및 테라노스 본사와 실험실 방문을 주선해 줄 수 있는지 물었다. 또 샌프란시스코 베이 지역에 약 2주 후인 5월 초에 방문할 계획이라고 밝히며, 그때 홈즈와 만났으면 좋겠다고 얘기했다. 트라우브는 홈즈의 스케줄을 확인하고 다시 답변하겠다고 말했다.[10]

며칠 후 나는 「월스트리트저널」 빌딩의 내 자리에 앉아 있었는데, 우편물실 직원이 내게 두꺼운 봉투를 건넸다. 선딘 박사에게서 온 우편물이었다. 그 안에는 테라노스와 랩코프에서 받은 혈액 검사 결과 보고서가 들어 있었다. 보고서를 훑어보니 몇 가지 차이점이 보였다.[11] 테라노스의 보고서에 따르면 세 가지 수치가 비정상적으로 높고, 한 가지 수치가 비정상적으로 낮았다. 하지만 랩코프의 보고서에서는 네 가지 수치 모두 정상으로 나왔다. 그런 반면, 랩코프의 보고서에는 총 콜레스테롤과, 나쁜 콜레스테롤로 알려져 있는 LDL 콜레스테롤의 수치가 높다고 나와 있었다. 하지만 테라노스의 보고서에는 총 콜레스테롤 수치가 "바람직하다"라고 적혀 있었고, LDL 콜레스테롤의 수치가 "최적에 가깝다"라고 적혀 있었다.

내가 받은 검사 결과의 차이점은 선딘 박사가 받은 검사 결과에 비하면 약과였다.[12] 테라노스 보고서에 따르면 선딘 박사의 혈중 코티솔 수치는 데시리터당 1마이크로그램 미만이었다. 이만큼이나 낮은 코티솔 수치는 보통 애디슨병Addison's disease을 의미한다. 애디슨병은 극심한 피로와 저혈압이 특징으로, 치료를 받지 않으면 사망에 이를 수 있는 무서운 병이다. 하지만 랩코프에서 받은 보고서에 따르면 코티솔 수치는 데시리터당 18.8마이크로그램이었고, 이는 건강한 환자의 정상 범위 내 수치였다. 두 보고서 중 어느 쪽이 정확한지는 의심의 여지가 없었다.

트라우브가 내게 다시 연락했을 때 그는 홈즈의 스케줄이 너무 꽉 차서 이렇게 갑자기 인터뷰를 잡아 줄 수는 없다고 말했다. 나는 그것과 상관없이 샌프란시스코로 날아가 타일러 슐츠와 로셸 기번스를 직접 만나 보기로 했다. 그 외에 비밀을 보장한다면 나와 이야기하겠다는 전 테라노스 직원도 한 명 있었다.

나는 오클랜드의 칼리지 애비뉴에 위치한 트라피스트 프로비전이라는 맥줏집에서 새로운 정보원과 만났다. 그녀는 젊은 여성이었는데, 이름은 에리카 청이었다. 내가 이야기를 나눈 다른 모든 전직 직원들과 마찬가지로 에리카도 처음에는 매우 긴장했다. 하지만 내가 이미 모은 정보를 그녀에게 들려주자 에리카는 눈에 띄게 안심하며 내게 그녀가 알고 있는 것을 말하기 시작했다.

테라노스의 실험실에서 근무했던 사람으로서 에리카는 2013년 12월 실험실 감사를 직접 목격했다. 앨런처럼 에리카도 주 검사관이 테라노스의 거짓말에 속았다고 생각했다. 또한 감사가 진행되는 동안 노르망디 실험실에 절대 출입하지 말라는 명백한 지시를 받았으며, 노르망디로 내려가는 계단 앞 문이 굳게 잠겨 있었다고 증언했다. 또한 에리카는 타일러와 친하다는 이야기를 하며, 타일러가 퇴사한 날 저녁 조지 슐츠의 집에서 함께 저녁 식사를 했다고 말했다. 타일러처럼 에리카도 에디슨의 분석 검사가 엄격하게 검증되지 않았다고 생각해 충격을 받았다. 에리카는 테라노스가 애초에 서비스를 시중에 출시해 실제 환자의 혈액을 검사하지 말았어야 한다고 말했다. 또한 테라노스가 일상적으로 품질 관리 절차와 검사 오류를 무시했고, 환자의 건강에 대해서는 완전히 무시로 일관했다고 했다. 결국 에리카는 본인이 가담하게 된 상황에 구역질이 나 퇴사하게 되었다. 에리카의 말은 강렬한 울림을 갖고 있었고, 그녀가 얼마나 혼란스러웠는지 느낄 수 있었다.

다음날 나는 구글의 본사가 있는 마운틴 뷰로 갔고, 스타인즈라는 맥줏집에서 타일러와 만났다. 때는 이른 저녁이었고 그곳에선 실리콘 밸리의 젊은 전문 인력들이 특별 할인 시간대를 즐기고 있었다. 우리는 앉을 자리가 없어서 바깥 테라스에 있는 나무로 된 맥주 통을 테이블로 사용했다. 차가운 에일 맥주를 한 잔 마시며 타일러는 테라노스에서 겪은 일들에 대해 더 자세히 설명했고, 퇴사하던 날 어머니가 놀란 목소리로 홈즈가 했던 협박을 전화로 알려 주었던 것과 그날 저녁 그와 에리카가 조지 슐츠를 설득하려고 대화했던 것 등의 이야기들을 모두 들려주었다. 그는 부모님의 조언을 따라 모두 과거 일로 치부하고 잊으려고 했지만 도저히 그럴 수 없는 자신을 발견했다.

나는 타일러에게 조지 슐츠가 아직 홈즈를 지지하냐고 물었다. 그는 조금의 의심의 여지도 없이 그렇다고 대답했다. 왜 그런지 묻자 타일러는 새로운 일화를 들려주었다. 추수감사절을 조지 슐츠의 집에서 보내는 것은 슐츠 가족의 오랜 전통이었다. 추수감사절 당일에 타일러와 그의 동생, 그리고 부모님이 할아버지 조지 슐츠의 집에 도착했을 때 그들은 엘리자베스 홈즈와 그녀의 부모, 크리스천과 노엘 홈즈를 대면했다. 조지가 그들도 초대한 것이다. 타일러가 테라노스를 퇴사한 지 고작 7개월이 지났을 뿐이었고 아직 상처가 아물지 않았는데, 마치 아무 일도 없었던 것처럼 행동하길 강요당했다. 어색한 저녁 식사의 대화는 캘리포니아의 가뭄에서 테라노스 본사에 새로 설치한 방탄유리 창문으로 흘러갔다.[13] 타일러에게 가장 견딜 수 없었던 순간은 홈즈가 일어나 슐츠 가족의 모든 구성원을 사랑하며 감사하다고 축배사를 했을 때였다. 그때 타일러는 간신히 자제심을 잃지 않을 수 있었다고 했다.

타일러와 에리카는 둘 다 매우 젊었고 테라노스의 하급 직원이었지만, 그들의 말 중 상당 부분이 앨런 빔의 이야기를 확증해 주었기 때문에, 나는 두 사람을 믿을 만한 출처라고 생각했다. 또 두 사람의 윤리 의식에 깊은 감명을 받았다. 그들은 본인이 목격한 것이 잘못된 일이라고 생각하여 그 잘못을 바로잡기 위해 위험을 감수하면서까지 내게 이야기를 해 준 것이다.

그 다음으로 나는 필리스 가드너와 만났다. 필리스는 12년 전 홈즈가 학교를 자퇴하면서 팔에 붙이는 패치 아이디어에 대해 상담했던 스탠퍼드 의과대학의 교수다. 필리스는 내게 스탠퍼드 캠퍼스와 그 주변을 보여 주었다. 그녀와 차로 이곳저곳을 다니며 나는 팰로앨토가 얼마나 배타적이고 작은 곳인지 새삼 놀라고 말았다. 필리스의 집은 조지 슐츠의 대저택에서 언덕을 내려오면 바로 있었고, 두 곳 모두 스탠퍼드 소유의 땅이었다. 필리스는 강아지를 산책시킬 때면 때로 채닝 로버트슨과 마주치기도 했다. 조지 슐츠와 다른 테라노스 이사진들의 사무실이 있는 후버 연구소 건물은 캠퍼스 중심에 있었다. 페이지밀가에 새로 자리 잡은 테라노스의 새 본사 건물은 스탠퍼드 소유의 땅에서 3.2킬로미터도 채 떨어지지 않은 곳에 있었다. 기묘하게도 필리스는 그 건물이 원래 「월스트리트저널」의 인쇄 공장이 있던 땅이라고 설명해 주었다.

여행의 마지막 날, 나는 로셸 기번스와 랑군 루비라는 팰로앨토의 버마 음식 식당에서 점심을 함께 먹었다. 이미 이언이 떠난 지 2년이 지났지만 로셸은 여전히 슬퍼했고 쏟아지려는 눈물을 참으려 애쓰고 있었다. 로셸은 테라노스가 이언의 죽음에 책임이 있다고 생각했고,

애초에 이언이 테라노스에 다니지 않았으면 좋았을 거라고 말했다. 그녀는 테라노스의 변호사가 이언에게 퓨즈의 사건에서 진술하는 것을 피하기 위해 의사에게 편지를 받아 오라며 주었던 서류의 사본을 보여 주었다. 변호사가 이메일을 보낸 시간을 보니 이언이 스스로 목숨을 끊기 겨우 몇 시간 전이었다.[14] 로셸은 남편이 소유하던 백만 달러 상당의 스톡옵션을 물려받았음에도 불구하고 내게 한 말을 모두 기록에 남기기로 했다. 로셸은 돈에 전혀 관심이 없다고 했으며, 게다가 그 주식에는 아무런 가치도 없다고 믿었다.

나는 다음날 뉴욕으로 돌아왔고, 기사를 작성하는 데 필요한 정보를 많이 모았으니 머지않아 보도할 수 있을 거라고 생각했다. 하지만 그건 내가 상대편을 너무 과소평가한 것이었다.

| 제20장 |

매복

타일러 슐츠는 로스 앨토스 힐스에서 다섯 명의 룸메이트와 함께 살았다. 그 집이 로스 가토스에 사는 부모님 집에서 차로 25분 거리에 있었기 때문에 타일러는 2주에 한 번은 부모님과 저녁 식사를 하려고 노력했다. 2015년 5월 27일 이른 저녁, 타일러는 소형 토요타 프리우스 C를 부모님의 차고에 넣고 부엌을 통해 집으로 들어갔다. 하지만 아버지의 얼굴을 본 순간 곧바로 뭔가 잘못되었음을 느꼈다. 아버지의 얼굴은 걱정과 공포로 가득했다.

"너, 테라노스에 관해 조사하고 있는 기자에게 뭔가 말했니?" 아버지가 비난하듯 물었다.

"예." 타일러가 대답했다.

"진심이니? 왜 그런 바보 같은 짓을! 그들은 이미 다 알고 있어."

아버지는 타일러가 「월스트리트저널」의 기자와 접촉했다는 사실을 테라노스가 이미 알고 있다며, 조금 전 할아버지 조지 슐츠가 연락해 왔다고 말했다. 조지는 타일러가 "큰 곤경"에서 벗어나고 싶다면 다음 날 테라노스의 변호사와 만나 어떤 서류에 서명해야 한다고 말했다.

타일러는 할아버지에게 전화를 걸어 그날 밤 변호사 없이 잠시 만날 수 있는지 물었다. 조지는 할머니 샬럿과 함께 외식을 하러 나갔지만 늦어도 밤 9시까지는 귀가할 예정이니 그때 집에 들르라고 말했다. 타일러는 부모님과 함께 앉아 재빨리 식사를 끝마치고, 집으로 돌아가 할아버지와 어떻게 대화를 풀어 나갈 것인지 고민했다. 타일러의 어머니와 아버지는 그가 문 밖에 나설 때 포옹을 해 주었다.

집에 도착한 타일러는 내게 전화를 걸었다. 그의 목소리는 극도로 긴장한 것처럼 들렸다. 그는 내게 우리 둘 사이의 대화를 테라노스에 공개했는지 물었다. 나는 절대로 아니라고, 정보원과의 비밀 유지 약속을 대단히 중요하게 생각한다고 대답했다. 우리는 무슨 일이 일어난 건지 알아내려고 애썼다.

타일러와 내가 마운틴 뷰 지역의 노천 맥줏집에서 만난 지 3주가 지났다. 나는 뉴욕으로 돌아와 홈즈와 인터뷰를 하게 해 달라고 계속해서 요청했지만, 매슈 트라우브가 계속 미루면서 그 대신 인터뷰 질문지를 미리 보내 달라고 요구해 왔다. 나는 이언 기번스의 문제부터 평가 시험에 이르기까지 테라노스와 논의하고 싶은 7가지 주요 영역에 대한 질문을 추려 그에게 이메일로 보냈다.[1]

나는 그 이메일을 타일러에게 전달했고 우리가 통화를 하는 동안 타일러는 이메일을 훑어보았다. 분석 검증에 관한 부분에서 나는 에디슨 혈액 검사에 대한 변동 계수를 포함시켰는데, 그것은 알고 보니 타일러가 계산한 수치였다. 그 부분 외에 이메일에는 타일러를 가리킬 만한 다른 내용이 없었기 때문에 타일러는 아마 그 부분 때문에 테라노스가 자신을 의심하는 것 같다고 말했다. 그는 조금 안심한 듯했다. 이 수치는 쉽게 설명할 수 있고, 회사의 다른 직원들도 충분히 알 수 있는 정보라고 말했다.

타일러는 자신의 할아버지를 만나러 간다고 말하지 않고 그저 다음 날 테라노스의 변호사들과 만나기 위해 사무실에 갈 예정이라고만 말했다. 나는 그에게 가지 말라고 조언했다. 타일러가 더 이상 그 회사에서 근무하지 않으니 그들의 요청에 따를 의무가 없다고 말했다. 만일 가게 되면 그들은 타일러의 비밀을 들춰내려 할 거라고 미리 주의를 주기도 했다. 타일러는 생각해 보겠다고 말했다. 그리고 우리는 다음 날 다시 연락하자고 약속했다.

그날 오후 8시 45분, 타일러는 할아버지 조지 슐츠의 집에 도착했다.[2] 조지와 샬럿이 아직 집에 도착하지 않았기 때문에 타일러는 그들이 돌아올 때까지 집 바깥에서 기다렸다. 그리고 조지와 샬럿이 도착하고 몇 분 후 집안으로 들어갔다. 두 사람은 거실에 앉아 있었다.

"테라노스에 대해 기자와 이야기한 적 있니?" 할아버지 조지가 물었다.

"아뇨, 그들이 왜 그렇게 생각하는지 도저히 모르겠어요." 타일러는 거짓말을 했다.

"엘리자베스는 네가 「월스트리트저널」의 기자와 내통하고 있다는 사실을 알고 있다. 네가 메일에 쓴 표현을 기자가 똑같이 썼다더구나."

"표현이 아니라 어떤 숫자라고 했던 것 같아요." 샬럿이 남편의 말을 정정했다.

"평가 시험 수치와 관련된 숫자였나요? 많은 직원들이 그 데이터를 봤어요. 그 기자가 다른 전 직원에게서 얻었을 수도 있잖아요." 타일러가 물었다.

"엘리자베스는 너만 알 수 있는 정보였다고 하던데." 조지가 단호히 말했다.

타일러는 자신의 주장을 꺾지 않았다. 그는 기자가 그 정보를 어떻게 얻었는지 전혀 모른다고 우겼다.

"우린 널 위해서 이러는 거야. 이 기사가 보도되면 엘리자베스가 너의 커리어를 망가뜨리겠다는구나." 조지가 말했다.

타일러는 아무것도 인정하지 않으면서 다시 한번 테라노스가 조지를 속이고 있다고 설득하려 했다. 그는 회사가 에디슨 장치로 혈액 검사의 일부만을 수행했다는 사실을 포함하여 1년 전에 조지에게 이야기했던 모든 것을 다시 설명했다. 하지만 여전히 조지를 설득하기엔 역부족이었다. 조지는 타일러에게 기밀 유지의 의무를 준수할 것이라는 내용의 한 쪽짜리 문서를 테라노스가 보내 왔고, 타일러의 서명을 받으려 한다고 말했다. 또 「월스트리트저널」은 테라노스의 기업 비밀을 보도할 예정이고, 회사가 이에 대해 조치를 취하지 않는다면 기업 비밀이 공개될 거라고 했다. 타일러는 자신이 왜 그렇게 해야 하는지 이해하지 못했지만 그 문서에 서명하는 것으로 회사가 그를 그만 괴롭힌다면 고려해 보겠다고 말했다.

"좋다. 그럼 위층에 있는 테라노스 변호사 두 명을 데리고 내려와도 되겠지?" 조지가 물었다.

타일러는 배신당하고 기습 공격을 당한 기분이었다. 할아버지에게 분명 변호사 없이 만나자고 특별히 부탁했었기 때문이다. 하지만 만일 그가 지금 물러난다면 마치 숨길 것이 있는 사람처럼 보여 모두의 의심을 받게 된다. 그래서 자신도 모르게 "물론이죠"라고 말했다.

조지가 위층으로 올라간 동안, 샬럿은 타일러에게 테라노스의 "박스 장치"가 '진짜'이며 믿을 만한지 의심가기 시작한다고 말했다. "헨리 키신저도 같은 생각이란다. 그도 그만 손 떼고 싶다더구나."

샬럿이 무언가를 더 말하기 전에 한 남녀가 나타나 타일러에게 공격적인 태도로 성큼성큼 걸어왔다. 그들의 이름은 마이크 브릴Mike Brille과 메레디스 디어본Meredith Dearborn이었다. 그들은 보이즈 실러 플렉스너 로펌의 파트너 변호사들이었다. 브릴은 「월스트리트저널」의 기자에게 정보를 준 사람을 찾는 임무를 맡았는데, 일을 맡은 지 약 5분 만에 타일러를 골라냈다고 밝혔다. 그는 접근 금지 가처분 명령장과 이틀 후 법원에 출두하라는 통보서, 그리고 타일러가 기밀 유지의 의무를 위반했다고 믿을 만한 이유가 있으며 테라노스는 소송을 제기할 준비가 되었음을 알리는 편지를 타일러에게 전했다.

타일러는 다시 한번 기자와 이야기했다는 사실을 부인했다.

브릴은 타일러가 거짓말을 하고 있다는 사실을 알고 있다며 인정하라고 압박했지만 타일러는 확고했다. 변호사는 타일러를 가만히 놔두지 않았다. 그는 마치 전투견 같았다. 브릴은 끝없이 타일러를 구석으로 몰아넣었다. 어느 순간, 타일러는 할머니를 바라보며 그녀도 자신처럼 불편함을 느끼는지 물었다. 샬럿은 언짢은 표정을 짓고, 한 대 치고 싶은 듯한 얼굴로 브릴을 바라보았다.

"이 대화는 여기서 그만하죠." 타일러가 마침내 말했다.

조지가 그의 손자를 도왔다. "내가 이 애를 잘 압니다. 이 아이는 거짓말을 하지 않아요. 기자와 이야기하지 않았다고 말하면 정말 안 한 거요!" 조지가 외쳤다. 전 국무장관 조지는 변호사 둘을 집 밖으로 안내했다. 그들이 떠나자 조지는 홈즈에게 전화를 걸어 합의한 바와 다르지 않냐며 항의했다. 홈즈는 교양 있게 서로 대화로 문제를 해결할 사람이 아니라 마치 전투적으로 타일러를 기소할 검사를 보낸 듯했다. 조지는 타일러가 다음날이라도 바로 법정에 출두할 준비가 되어 있다며 엘리자베스에게 경고했다. 샬럿이 조지 손에서 전화기를 빼앗아 "엘리자베스, 타일러가 말한 게 아니에요!"라고 말하는 것을 보자 타일러의 심장 박동이 마구 빨라졌고 손은 덜덜 떨렸다.

조지는 다시 전화를 받아 들어 홈즈와 타협안에 도달했다. 테라노스는 타일러가 기밀 유지 의무를 이행할 거라고 서명하려 했던 한 쪽 분량의 문서를 가지고, 다음날 아침 다시 조지의 집에서 만나기로 약속했다. 전화를 끊기 전에 조지는 다음에는 다른 변호사를 보내 달라고 홈즈에게 부탁했다.

다음날 아침, 타일러는 할아버지 집에 일찍 도착하여 식탁에 앉아 기다렸다. 그리고 마이크 브릴 변호사가 다시 나타났을 때 타일러는 전혀 놀라지 않았다. 홈즈는 조지를 농락하고 있었다.

변호사는 처음 보는 문서 더미를 가져왔다. 타일러가 테라노스에 관해 제3자에게 여태 단 한 번도 말한 적 없으며, 「월스트리트저널」의 기자에게 정보를 넘긴 전·현직 직원의 이름을 모두 밝히겠다고 약속하는 진술서도 있었다. 브릴은 타일러에게 진술서에 서명하라고 요구했다. 타일러는 거절했다.

"타일러는 밀고자가 아니오. 「월스트리트저널」에 누가 얘기했는지 알아내는 것은 테라노스의 문제지 타일러의 문제가 아니잖소." 조지가 말했다.

브릴은 조지를 무시하고는 타일러에게 문서에 서명하고 정보원을 밝히라고 계속 압박했다. "내가 처한 상황을 좀 이해해 줘요. 내 일을 하려면 그 정보가 꼭 필요해요." 브릴이 호소했다. 하지만 타일러는 한 치도 양보하지 않았다.

오랜 시간의 불편한 대치 상태가 이어진 후, 조지는 브릴을 방으로 데려갔다가 타일러와 단둘이 이야기하기 위해 다시 주방으로 나왔다. "어떻게 하면 그 문서에 서명하겠니?" 조지가 손자에게 물었다. 타일러는 테라노스가 그를 고소하지 않겠다고 약속하는 문구를 추가해야 한다고 대답했다.

조지는 진술서에 연필로 테라노스가 앞으로 2년 동안 타일러 슐츠를 고소하지 않겠다고 맹세한다는 문구를 덧붙였다. 타일러는 할아버지가 자신을 바보라고 생각하는 건가 잠시 의아해졌다.

"그 정도로는 안 돼요. 절대 고소하지 않겠다고 약속해야 해요." 타일러가 말했다.

"테라노스가 동의할 만한 조건을 생각해 내려는 거란다." 조지가 주장했다.

하지만 조지도 그 제안이 불합리하다는 사실을 깨달은 듯했다. 그는 "2년 동안"이라는 부분을 지우고 "절대"라는 단어를 적어 넣었다. 그러고는 주방에서 나와 브릴과 이야기를 나누고자 다시 방으로 들어갔다. 몇 분 후 두 사람은 모두 조건에 동의한 듯이 방에서 함께 나왔다.

잠시 동안 타일러는 충분히 심사숙고하여 어떤 문서에도 서명하지 않겠다고 결심했다. 그날 아침 브릴은 타일러가 원래 테라노스에 다닐 때 서명했던 기밀 유지 서약서도 함께 가져왔다. 타일러는 그 서약서를 읽는 것처럼 행동하며 진술서에 서명하지 않겠다고 말할 가장 좋은 방법에 대해 고민했다. 길고 어색한 침묵 끝에 타일러는 어떻게 거절할지 결심이 섰다.

"테라노스의 변호사가 테라노스의 최선의 이익을 염두에 두고 이 문서를 작성했으니 나도 내 최선의 이익을 염두에 두고 이 문서를 검토해 줄 변호사가 필요해요."

할아버지와 브릴 모두 격분했다. 조지는 자신의 재산 관리 변호사인 밥 앤더스Bob Anders가 문서를 검토한 후 서명해도 괜찮다고 조언한다면 서명하겠느냐고 타일러에게 물었고, 타일러는 그러겠다고 대답했다. 그래서 조지는 수정된 진술서를 앤더스 변호사에게 팩스로 보내기 위해 위층으로 올라갔다. 할아버지가 계단을 올라가 팩스 기기를 작동하는 데 시간이 좀 걸리겠다고 생각하며 타일러는 주방으로 가서 할아버지의 전화번호부에서 재산 관리 변호사의 번호를 찾기 시작했다. 할아버지보다 먼저 변호사에게 연락하려는 생각이었다. 전화번호부를 넘기는데 샬럿이 그에게 변호사의 전화번호가 적힌 종이 한 장을 건네주었다. "전화해 봐라." 샬럿이 말했다.

타일러는 뒤뜰로 나와 전화를 걸었다. 그는 신속하게 앤더스에게 상황을 설명했다. 모든 정보를 소화하던 중 변호사는 테라노스의 변호인이 누군지 물었다. 타일러는 브릴이 전날 밤 그에게 건넨 자신을 고소하겠다고 협박한 편지를 갖고 있었다. 그는 유명한 데이비드 보이즈 변호사의 이름을 잘못 발음하여 "데이비드 보이지"라는 이름의 변호사가 편지에 서명했다고 말했다.

"이런, 젠장! 그게 누구인지 아십니까?"

보이즈는 미국에서 가장 강력하고 저명한 변호사이며, 이는 굉장히 심각한 상황이라고 앤더스가 설명했다. 그리고 오후에 샌프란시스코에 있는 자신의 사무실로 오라고 제안했다.

타일러는 권유를 따라 그의 사무실로 갔다. 타일러는 한때 샌프란시스코에서 가장 높은 건물이었던 금융 지구에 있는 고딕 복고풍의 러스 건물 17층에서 앤더스와 그의 파트너 변호사 한 명과 만났다. 두 변호사와 상의한 후 타일러는 문서에 서명하지 않기로 결정했다. 그들은 타일러를 대신해 테라노스에 그의 결정을 전달하기로 동의했으나, 이해 상충을 피하기 위해 다른 변호사를 추천해 주겠다고 말했다. 그들의 로펌인 '파렐라 브라운+마르텔'이 홈즈의 재산을 관리하고 있기 때문이었다.

앤더스는 스티븐 테일러라는 변호사에게 타일러를 소개했다. 스티븐 테일러는 샌프란시스코에서 복잡한 비즈니스 분쟁을 다루는 한 부티크 로펌*을 운영했다. 다음 한 주 동안 브릴과 테일러 변호사는 진

---

* Boutique Lawfirm, 기업 인수·합병, 세금 및 IT기업 자문 등과 같이 특정 법률 분야를 특화해 취급하는 중소형 법률 회사.

술서의 4가지 다른 초안을 교환했다.

타일러는 새로 수정된 진술서에서 기자와 대화한 것을 인정하며 합의를 도출하기 위해 노력을 기울였다. 테라노스는 그에게 자신이 어리고 순진했으며, 기자가 그를 속였다고 말할 수 있는 선택권을 주었지만 타일러는 거절했다. 그는 자신이 하는 일을 정확히 알고 행동했고, 나이는 그 일과 아무 상관이 없었다. 그는 40대 또는 50대가 되어도 자신이 똑같이 행동하기를 바랐다. 테라노스를 달래기 위해 타일러는 평가 시험, 분석 검증 및 실험실 작업 분야에서 그가 맡은 일이 기본적인 일뿐이라 자세히 알지 못했다고 말하기로 동의했다.

하지만 협상은 두 가지 문제로 인해 어려움을 겪었다. 테라노스는 계속 타일러가 기자에게 정보를 넘긴 다른 정보원들의 이름을 밝히길 바랐지만 타일러는 이를 거부했다. 또한 테라노스는 타일러를 고소하지 않겠다는 약속에 그의 부모와 법적 상속인도 포함해 달라는 요청을 거절했다. 교착 상태가 계속되는 동안, 보이즈 실러는 악명 높은 맹렬한 전술을 사용했다. 타일러가 진술서에 서명하고 「월스트리트저널」 기자에게 정보를 넘긴 정보원들의 이름을 넘기지 않으면 고소하여 가족 전체를 파산시킬 거라고 통보한 것이다. 타일러는 또한 사설 탐정이 그를 조사하고 있다는 경고를 받았다. 타일러의 변호사는 이를 가볍게 생각했다.

"큰 문제는 아니에요. 그냥 가지 말아야 할 곳에 가지 않으면 되죠. 출근하면서 집 밖 덤불에 숨어 있는 남자에게 웃으며 손 흔들어 주는 것 잊지 말고요." 변호사가 말했다.

어느 날 저녁, 타일러의 부모는 조지 슐츠에게서 전화를 받았다. 조지는 「월스트리트저널」의 기자가 알고 있는 정보의 대부분은 타일러에게 책임이 있으며, 전혀 말도 안 되는 얘기라고 엘리자베스 홈즈가 말했다고 했다. 타일러의 부모는 부엌에 그를 앉히고 제발 테라노스가 요구하는 문서에 서명해 달라고 부탁했다. 그렇지 않으면 소송 비용을 지불하기 위해 집을 팔아야 하기 때문이었다. "그렇게 간단한 문제가 아니에요." 타일러가 대답했다. 하지만 그 이상은 설명할 수가 없었다. 무슨 일이 일어나고 있는지 부모에게 더 자세히 설명하고 싶었지만, 테라노스와의 협상 내용을 누구와도 얘기해선 안 된다고 변호사가 조언했기 때문이었다.

타일러가 부모에게 상황이 어떻게 돌아가고 있는지 알려 줄 수 있도록 테일러 변호사는 변호인을 고용하는 자리를 마련했다. 그렇게 하면 그들이 변호사를 통해 대화할 수 있고, 모든 대화 내용은 변호사와 의뢰인의 비밀 유지 의무에 의해 보호될 것이기 때문이다. 하지만 이로 인해 타일러와 부모 모두가 난처해진 사건이 있었다. 타일러의 부모가 새 변호사와 처음 만난 날, 불과 몇 시간 후에 공교롭게도 차가 고장 났고 변호사와의 회의 중 적은 노트가 담긴 서류 가방을 도난당했다. 물론 우연한 도난 사건일 수도 있지만 타일러는 테라노스가 그 일과 관련이 있다는 의심을 떨칠 수 없었다.

나는 이런 일이 일어나고 있는지 전혀 알지 못했다. 타일러가 부모의 집에서 저녁 식사를 한 날 불안해하며 통화한 이후로 처음 나는 그에게 다시 연락했다. 안전을 위해 사용하기로 한 콜린 라미레즈라는 가명의 계정으로 이메일을 보내고, 선불 휴대전화로도 연락했다. 하지만 이메일에는 답이 없었고, 휴대폰은 꺼져 있어 음성 메시지조차 남길 수 없었다. 나는 그 후 몇 주 동안 이메일과 전화를 시도했지만 타일러와 연락이 닿지 않았다. 그렇게 타일러는 깊은 어둠 속으로 사라졌다.

나는 테라노스가 그에게 압박을 가하고 있다고 의심했지만 그는 나의 비밀 정보원이었기 때문에 테라노스와 직접 대면할 수 없었다. 그저 타일러가 테라노스의 압력에 굴복하지 않기를 바랐다. 그리고 그가 홈즈에게 테라노스의 운영 방침에 대해 질문한 이메일과 뉴욕주에 불만을 제기한 이메일을 이미 전부 내게 보냈다는 사실로 위안을 삼았다. 여기에 앨런 빔에게서 받은 평가 시험 관련 이메일 스레드를 추가하면 꽤 귀중한 자료들이 모인 셈이었다.

나는 뉴욕주 보건국에 타일러가 익명으로 제기한 항의가 어떻게 됐는지 물어보는 등 취재를 계속해서 진행했다. 보건국은 이 건이 조사를 위해 이미 연방 메디케어 메디케이드 서비스 센터로 전달됐다는 답을 해 왔다. 하지만 센터에 전화를 걸어 보니 그곳에서는 이 항의 건에 대해 아는 사람이 단 한 명도 없었다. 왠지 모르게 중간에서 사라진 모양이었다. 하지만 이제 그 항의 건의 존재를 알게 됐으니 실험실 감독 부서의 운영진이 진지하게 알아보고 추진하겠다는 답변이 돌아왔다. 그들은 나에게 이메일을 다시 전달해 달라고 요청했고, 이번에는 간과하지 않을 것이라고 확약했다.

그 사이 매슈 트라우브는 계속해서 나를 피하고 있었다. 미국에서 홈즈가 인터뷰를 허락하지 않는 기자는 마치 나뿐인 것 같았다. 그녀는 최근 CBS의 아침 뉴스 프로그램과 파리드 자카리아Fareed Zakaria의

CNN 쇼, 그리고 짐 크래머Jim Cramer가 진행하는 CNBC 방송의 〈매드 머니(Mad Money)〉 쇼에 출연했다.[3] 화룡점정은 6월 초 어느 날 저녁 컴퓨터로 작업을 하다 보도국 내의 TV를 올려다보았을 때 홈즈가 검은색 터틀넥을 입고 찰리 로즈Charlie Rose의 TV쇼에 출연한 방송을 목격했을 때였다. 다음날 브루클린 내 집 앞 현관을 왔다 갔다 하면서 트라우브와 열띤 통화를 하던 중 나는 테라노스가 나와의 인터뷰를 무기한 연기할 수는 없을 거라고 말했다. 홈즈가 아니라면 회사의 다른 누구라도 내 질문에 답변하기 위해 나와 만나야 하고, 그것도 최대한 빨리 만나야 할 거라고 그에게 소리 질렀다.

며칠 후 트라우브는 내게 맨해튼의 보이즈 실러 로펌 사무실에서 테라노스의 대변인과 만나자고 제안했다. 나는 처음엔 동의했지만 곧 더 나은 제안이 생각났다. 그곳에 가는 것은 마치 호랑이 굴로 곧장 돌진하는 것과 같았다. 나는 다시 전화를 걸어 테라노스 대변인과 함께 동행할 변호사 군단이 내 사무실로 와야 한다고 통보했다. 결국 우리는 6월 23일 화요일 오후 1시, 1211 애비뉴 오브 아메리카, 즉 「월스트리트저널」의 본부에서 만나기로 했다.

| 제21장 |

기업 비밀

「월스트리트저널」 사무실을 방문한 테라노스 대표단은 대부분 변호사들로 구성되어 있었고, 데이비드 보이즈 변호사가 대표단을 이끌었다. 그 뒤로는 마이크 브릴, 메레디스 디어본, 그리고 헤더 킹Heather King이 들어왔는데, 헤더 킹은 보이즈 실러 로펌에서 과거에 변호사로 근무했고 힐러리 클린턴을 보좌하다가 약 2개월 전에 테라노스의 법률고문을 맡은 사람이었다. 곧이어 매슈 트라우브가 들어왔고, 「월스트리트저널」 기자 출신이자 워싱턴 D.C.의 경쟁 연구 조사 기관의 공동 창립자인 피터 프릿츠Peter Fritsch가 그를 뒤따랐다.[1] 테라노스의 경영진으로서 회의에 참석한 것은 대니얼 영이 유일했다.

격한 논쟁을 예상하여, 탐사보도팀을 이끌고 있는 마이크 시코놀피Mike Siconolfi 편집장과 민감한 저널리즘 문제에 관해 보도국과 긴밀히 협력하고 있는 「월스트리트저널」 모회사의 부회장인 제이 콘티Jay Conti 역시 회의에 참석했다. 이 두 사람에게는 미리 기사와 정보원에 대한 모든 것을 전부 밝혀 두었다.

우리는 「월스트리트저널」 보도국 5층 회의실에 자리를 잡았다. 킹과 디어본이 작은 녹음기를 꺼내 회의 책상 양쪽 끝에 틀어 놓았기 때문에 회의의 분위기가 어떨지 시작부터 가닥이 잡혔다.[2] 그들의 의도는 분명했다. 이번 회의를 미래에 있을 법적 소송 절차에서 진술 기록으로 쓰려는 속셈이었다.

트라우브의 요청으로 2주 전에 미리 회의의 기본적인 논의 내용이 될 80개의 질문을 보냈었다.[3] 킹은 그 질문 뒤에 깔려 있는 '거짓된 전제 사항'에 대해 반박하겠다고 말하며 말문을 열었다. 그러고는 첫 번째 미사일을 쏘아 올렸다.

"당신의 중요한 정보원 중에 타일러 슐츠라는 청년이 있다는 건 확실하네요." 킹은 나를 똑바로 쳐다보며 말했다. 아마도 나를 당황하게 만들기 위해 연습을 많이 한 것 같았다. 나는 포커페이스를 유지하며 아무 대답도 하지 않았다. 그들이 아무리 타일러를 의심한다 해도 나는 그들의 낚시에 걸려들어 소중한 정보원을 폭로하지 않을 것이다. 킹은 타일러를 미숙하고 자격이 없다고 폄하한 후 다른 정보원들 또한 똑같이 회사에 불만을 품고 퇴사한 직원들이며 신뢰할 수 없다고 주장했다. 시코놀피 편집장이 킹의 비난 섞인 말을 중간에 끊었다. 시코놀피는 비밀 정보원이 누구인지 밝히지 않을 예정이고, 테라노스 또한 그들의 정체를 알고 있다고 가정해서는 안 될 것이라며 정중하면서도 단호히 말했다.

보이즈가 처음으로 대화에 끼어들며 좋은 사람인 척 말했다. "우리는 단지 여러분의 주장이 사실이 아니라는 것을 이해할 수 있도록 서

로 차근차근 이야기를 나눴으면 합니다." 일흔네 살의 노련한 변호사
가 부드럽게 말했다. 그의 덥수룩한 눈썹과 가느다란 흰머리는 마치
하찮은 일로 다투는 아이들을 화해시키려는 할아버지를 연상케 했다.

나는 사전에 보낸 질문에 대한 답변부터 들었으면 좋겠다고 제안했
지만, 첫 번째 질문을 채 읽기도 전에 킹의 태도가 다시 공격적으로
바뀌어 "우리는 기업 비밀을 누설하려는 「월스트리트저널」의 기사 발
표에 동의하지 않습니다"라고 날카롭게 경고했다.

회의를 시작한 지 몇 분도 채 되지 않아 킹의 주요 전략이 협박이라
는 것을 분명히 알게 되었다. 그래서 협박은 아무 소용이 없을 것이라
는 사실을 확실히 전해야겠다고 생각했다.

"우리는 언론의 자유를 포기하는 것에 동의하지 않습니다." 내가 맞
받아쳤다.

내 대답은 기대했던 효과를 얻은 것처럼 보였다. 킹은 전보다 훨씬
중재적인 태도로 바뀌었고, 테라노스의 경영진 중 유일하게 회의에
참석한 대니얼 영이 대답할 수 있도록 내가 하나씩 질문하기 시작했
다. 그러나 곧 다시 한번 막다른 길에 다다랐다.

대니얼 영은 테라노스가 상업용 혈액 분석기를 보유하고 있다고 인
정하기는 했지만, 환자의 혈액 검사 결과를 자사의 검사 결과와 비교
하는 목적으로만 사용하고 있다고 주장했다. 그 기계 중 하나가 지멘
스사의 ADVIA 제품인지 묻자 영은 기업 비밀이라는 사실을 언급하
면서 답변을 거부했다. 나는 테라노스가 지멘스사의 ADVIA 장치로
소량의 채혈 샘플을 특별한 희석 과정을 거쳐 검사했는지 재차 물었
다. 영은 다시 한번 질문에 답을 피하며 기업 비밀이라 주장했지만, 실

험실 업계에서는 혈액 샘플을 희석하는 것이 일반적이라고 덧붙였다.

그때부터 회의는 계속 제자리를 맴돌았다. 나는 사전에 공유한 이 질문들이 내가 쓰려는 기사의 핵심 내용이라고 말했다. 만약 그들이 이에 대답할 준비가 되지 않았다면 오늘 회의의 요점은 도대체 무엇이냐고 물었다. 보이즈는 우리에게 도움을 주기 위해 최선의 노력을 다하고 있지만, 기밀 유지 협약서에 서명하지 않으면 테라노스의 운영 방식을 공개하지 않을 것이라고 답했다. 테라노스의 운영 방식이야말로 경쟁사 퀘스트와 랩코프가 산업 스파이를 고용해서라도 필사적으로 알아내려는 정보라고 주장했다.

내가 계속해서 더 실질적인 답변을 요구하자 보이즈가 화를 냈다. 그는 더 이상 상냥한 할아버지의 모습이 아니었다. 보이즈는 으르렁거리며 늙은 회색 곰처럼 이빨을 보였다. 이 얼굴이 바로 법정에서 적들에게 두려움을 불러일으키는 데이비드 보이즈의 모습이리라, 나는 속으로 생각했다. 그는 내가 몇몇 의사들에게 테라노스에 피해를 입히는 질문을 했다고 말하며 내 조사 방식을 공격했다. 그로 인해 양측 간에 긴장감이 일었다. 우리는 책상을 가로질러 서로를 노려보았다.

제이 콘티가 상황을 중재하려 뛰어 들었지만, 그 역시 곧 킹, 브릴과 함께 말다툼하기 시작했다. 그들의 주장은 갈수록 말 같지도 않은 방향으로 흘러갔다.

"이건 마치 콜라에 비소가 함유되지 않다는 사실을 증명하려고 콜라 제조법을 공개하라는 말 같네요." 킹이 말했다.

"콜라 제조법을 물어본 게 아니잖아요!" 제이 콘티가 짜증내며 대답했다.

기업 비밀의 적법한 의미가 무엇인지에 대한 논쟁이 계속되었다. "제3자가 제조한 상업용 분석기와 관련된 정보가 어떻게 테라노스의 기업 비밀이 될 수 있습니까?" 내가 물었다. 브릴은 그 구분이 내가 말하는 것처럼 그리 단순하지 않다며 별로 설득력 없게 대답했다.

우리는 에디슨에 관해 질문했다. "테라노스는 에디슨으로 얼마나 많은 혈액 검사를 수행하고 있죠?" 하지만 그들은 그것마저 기업 비밀이라고 말했다. 마치 어처구니없는 공연을 보고 있는 것 같았다.

"테라노스에 실제로 새로운 기술이 존재하기나 합니까?" 내가 도발적으로 물었다.

보이즈가 다시 버럭 화를 냈다. 손가락을 찔러 채혈한 샘플을 검사하는 방식은 그동안 실험실 업계에서 아무도 할 수 없었던 것이라며, "그러니 마술이 아니라면 테라노스가 하는 것은 새로운 기술이죠!" 라고 답하곤 화가 나서 씩씩거렸다.

제이 콘티는 "마치 『오즈의 마법사』처럼 들리네요"라고 비아냥거리며 말했다.

우리는 테라노스가 상업용 분석기와 에디슨에서 각각 몇 번의 검사를 실행했는지에 관한 대답을 결국 얻지 못하고 같은 자리만 빙빙 맴돌았다. 이런 상황에 좌절감이 들었지만 옳은 방향으로 가고 있다는 표시이기도 했다. 만약 그들에게 숨길 것이 없었다면 이다지도 비협조적이지는 않았을 테니 말이다.

회의는 이런 식으로 4시간 더 계속됐다. 내가 보낸 질문 목록을 계속 살펴보다가 대니얼 영은 기업 비밀이라며 대답을 거부하기도 하고, 일부의 질문에 대답해 주기도 했다. 그는 테라노스의 칼륨 검사에 문제가 있음을 인정했지만, 신속하게 해결되었고 문제가 발견된 결과는 환자에게 제공되지 않았다고 주장했다. 앨런 빔이 내게 정반대의 이야기를 들려주었기 때문에 나는 대니얼 영이 거짓말을 하고 있다고 생각했다. 또한 대니얼 영은 평가 시험이 대부분의 실험실과 다르게 실시됐다는 사실을 인정했지만, 이 기술이 다른 실험 장비와 달리 독창적인 기술이기 때문에 정당화할 수 있다고 주장했다. 게다가 CLIA 검사관이 검사 과정에서 테라노스의 노르망디 실험실을 점검하지는 않았지만, 그에게 실험실의 존재에 대해서는 알렸다고 주장했다.

그의 대답 중 하나가 이상하게 들렸다. 내가 「혈액학 보고서」라는 온라인 저널에서 홈즈가 공동 집필한 연구를 언급하자 대니얼 영은 즉시 그건 예전 데이터라며 일축해 버렸다. 그 연구는 테라노스의 아주 예전 기술로 도출한 연구 데이터이며, 무려 2008년으로 거슬러 올라간다고 말했다. 그렇다면 왜 홈즈는 그 연구 이야기를 「더 뉴요커」와 인터뷰할 때 인용했을까? 의아한 일이었다. 테라노스는 이제 그 연구 발표와 거리를 두려는 것처럼 보였다. 아마도 그 연구가 설득력이 없다는 사실을 인지했기 때문인 것 같았다.

나는 이언 기번스에 대해서도 물었다. 대니얼 영은 이언이 회사 초기에 많은 공헌을 했지만 죽음에 이르러 행동이 변덕스러워졌으며, 그때 이언이 더 이상 회사의 사정을 잘 모르는 상태였다고 암시했다. 그때 갑자기 킹이 끼어들어 이언 기번스는 알코올 중독자라며 이야기를 일축해 버렸다. 한편 보이즈는 퓨즈 재판 중 로셸 기번스가 진술서를 제출하지 못해 판사가 그녀의 증언을 금지했다는 사실을 언급하며 로셸의 신빙성 또한 깎아내렸다.

나는 로셸이 퓨즈 재판에서 진술서를 제출했는지 여부는 이 기사와 전혀 관련이 없다고 말했다. 그녀는 정보원으로 믿을 만한 사람이고 그녀의 증언은 전부 기록되었다고 말했다.

"로셸은 진실만을 말하겠다고 선서했어요." 내가 말했다.

결국 우리는 내가 조사 중에 찾아낸 테라노스의 의심스러운 혈액 검사 결과로 화제를 돌렸다. 킹은 환자 개개인이 자신의 정보 보호권을 포기하겠다는 증서에 서명해야만 혈액 검사에 대한 내 질문에 답할 수 있다고 주장했다. 그러고는 환자들의 개인 정보 보호권 포기 증서를 모을 수 있도록 도와 달라고 부탁했다. 나는 그녀를 돕기로 동의했다.

회의가 끝날 무렵 시간은 거의 오후 6시가 다 되어 가고 있었고, 킹은 내 가슴에 단검을 꽂고 싶은 사람처럼 보였다.

3일 후, 에리카 청은 새 직장인 앤티보디 솔루션Antibody Solutions이라는 생명공학 회사의 실험실에서 일하고 있었는데, 동료가 다가오더니 한 남자가 그녀를 찾아왔다고 전했다. 그 남자는 주차장에 차를 주차해 놓고 그녀를 오랫동안 기다리고 있었다.

에리카는 즉시 경계했다. 테라노스의 인사부 책임자인 모나 라마머시가 그날 오전 그녀의 휴대전화에 긴급히 의논할 사안이 있다며 음성 메시지 여러 개를 남겼기 때문이었다. 에리카는 모나에게 답신하지 않았고, 지금은 수상한 남자가 그녀를 보러 찾아와 기다리고 있다는 이야기를 들은 것이다. 에리카는 그 두 사람이 동일한 일로 본인을 찾는 것이 분명하다고 생각했다.

시간은 금요일 오후 6시였고, 서니베일에 위치한 회사 건물에 남아 있는 사람은 그리 많지 않았다. 에리카는 만일을 대비해 동료에게 차까지 같이 가 달라고 부탁했다. 그들이 건물을 나왔을 때 한 사내가 SUV에서 나와 손에 서류 봉투를 들고 그들에게 재빨리 다가왔다. 그는 서류를 에리카에게 건네고 다시 돌아서 떠났다.

봉투에 적힌 주소를 보았을 때 에리카는 심장이 거의 멈추는 것 같았다.

본인 직접 전달
에리카 청 귀하
926 무턴가
이스트 팰로앨토, 캘리포니아 94303

에리카가 그 주소에 살고 있다는 사실을 아는 유일한 사람은 동료인 줄리아뿐이었다. 2주 전 에리카는 오클랜드에 있는 아파트의 임차 계약이 만료되어, 가을에 중국으로 이사를 가기 전 줄리아의 집에 임시로 머물고 있었다. 게다가 그 집에서는 주중에만 묵고 주말에는 캠핑이나 여행을 다녔다. 에리카의 어머니조차 그 주소를 알지 못했다. 유일하게 알 수 있는 방법은 에리카를 미행하는 것뿐이었다.

봉투 안의 편지에는 보이즈 실러 로펌의 이름이 적혀 있었다. 편지를 읽어 내려가며 에리카의 불안은 더욱 극심해졌다.[4]

에리카 청 귀하,

당사는 테라노스 (하기 "테라노스" 또는 "회사")를 대표하는 법률 회사입니다. 최근 귀하께서 허가 없이 회사의 기업 기밀 및 기타 정보의 일부를 공개한 정황이 발견되었습니다. 또한 회사를 해할 목적으로 거짓되고 명예 훼손적인 진술을 했다고 믿을 만한 근거가 있습니다. 즉시 이러한 행동을 중단하길 바랍니다. 이 문제가 2015년 7월 3일 금요일 태평양 연안 표준시 오후 5시까지 이 서한에 명시된 조건에 따라 해결되지 않는 한 테라노스는 귀하를 상대로 소송을 제기하는 것을 포함하여 모든 적절한 조치를 취할 것입니다.

또한 편지에는 에리카가 소송을 피하고 싶다면 보이즈 실러 로펌의 변호사와의 인터뷰를 통해 테라노스와 관련된 정보를 누구에게, 또 어떤 내용을 공개했는지 밝혀야 한다고 적혀 있었다. 편지의 끝에는 데이비드 보이즈의 서명이 있었다. 에리카는 줄리아의 집으로 차를 몰고 가서 주말 내내 블라인드를 치고 집안에 머물렀다.

미국의 반대편 해안에서 나는 상황이 점점 더 고조되고 있음을 느끼기 시작했다. 같은 금요일 저녁, 나는 앨런 빔의 문자 메시지를 받았다. 거의 2개월 만에 듣는 소식이었다.

"테라노스가 다시 저를 위협하고 있습니다." 앨런 빔이 문자 메시지로 보냈다. "테라노스 변호사들이 제가 진술서를 위반했다고 의심하고 있어요."

나는 앨런 빔과 통화했고, 그에게 며칠 전 「월스트리트저널」에서 테라노스 대표단과 오랫동안 회의를 했다는 사실을 알렸다. 앨런은 내가 걱정했던 것처럼 두려워하지 않았고 오히려 상황이 발전한 것에 기뻐했다. 그는 노인 의료 보험 제도 사기를 색출하는 기동 타격대에 가담한 적 있는 전 연방 검사를 새 변호사로 고용했으며, 그가 테라노스의 협박 전술에 덜 영향을 받는다고 생각하고 있었다. 심지어 마음을 바꿔 다시 취재를 위해 정보를 주고 싶어 하는 것 같았다.

그날 밤, 메러디스 디어본에게서 이메일을 받았다. 이메일에는 데이비드 보이즈 변호사가 제이 콘티에게 보내는 공식 편지가 첨부되어 있었다.[5] 편지에서 그들은 캘리포니아 법령 몇 개를 인용하며, 「월스트리트저널」이 소유하고 있는 테라노스의 기업 비밀 및 정보를 모두 "폐기 또는 반환"할 것을 엄격히 요구했다. 우리가 그렇게 할 가능성이 전혀 없다는 것을 알고 있으면서도 주의하라는 의미로 경고를 보낸 것이었다.

나는 테라노스가 본격적인 반격 태세에 나섰는지 확신하지 못했지만 의구심은 그 다음 월요일 아침 모두 사라졌다. 나는 차 안에 앉아 청소차가 지나가기를 기다리면서 라디오를 듣고 있었는데 휴대전화가 울렸다. 나는 라디오의 볼륨을 낮추고 전화를 받았다.

전화를 건 사람은 에리카였고, 그녀는 크게 동요하고 있었다. 그녀는 SUV를 타고 온 남자, 서류 봉투에 적힌 주소, 그리고 보이즈의 최후통첩에 대해 설명했다. 나는 그녀를 진정시키려고 애썼다. 그리고 그녀가 감시하에 있을 확률이 높긴 하다고 인정했다. 하지만 감시는 굉장히 최근에 시작됐을 것이며, 테라노스는 그녀가 나의 정보원이라는 증거를 갖고 있지 않다고 확신시켜 주었다. 이것은 단지 비밀을 들추어내려는 작전이 분명했다. 허세를 부리고 있는 게 틀림없었다. 나는 에리카에게 편지를 무시하고 평상시처럼 지내라고 격려했다. 그녀의 머뭇거리는 목소리에서 아직도 겁에 질려 있다는 사실을 알 수 있었지만 그녀는 나의 조언을 따르기로 동의했다.

다음날 피닉스의 선딘 박사에게서 이메일을 받았다.[6] 테라노스의 영업 담당자가 그녀의 병원에 찾아와 테라노스의 대표인 서니 발와니가 동네에 와 있으며 그녀와 만나고 싶다고 전했다고 했다. 그녀가 제안을 거절하자 그는 갑자기 적대적으로 변해 거절하면 부정적인 결과를 초래할 거라고 협박했다고 했다. 내가 들은 내용을 믿을 수가 없었다. 내 비밀 정보원을 뒤쫓는 것은 그렇다 쳐도, 내게 협조한 의사를 위협하는 것은 도리를 벗어난 행동이었다. 나는 헤더 킹에게 선딘 박사의 병원에 테라노스 영업 담당자가 방문한 사실을 알고 있으며 한 번만 더 이런 상황이 발생하면 보도 가치가 있다고 판단하여 기사에 언급할 거라고 이메일을 보냈다.[7] 킹은 영업 담당자가 잘못한 일이 단 하나도 없다며 부정했다.

테라노스는 전혀 물러서지 않고 오히려 협박의 강도를 한 단계 더 높였다. 며칠 후 보이즈는 「월스트리트저널」에 두 번째 편지를 보냈다.[8] 2쪽 정도의 길이였던 첫 번째 편지와 달리 두 번째 편지는 약 23쪽이었으며, 테라노스의 명예를 훼손하거나 기업 비밀을 공개할 경우 고소하겠다고 분명히 밝히고 있었다. 편지의 상당 부분에는 기자로서의 내 진실성에 대해 맹렬히 공격하는 내용이 적혀 있었다. 보이즈는 내가 보도 과정에서 공정하거나 객관적이며 엄정하게 행동하는 대신 "미리 정해 놓은 거짓된 이야기를 만들어 낼" 작정을 하고 있다고 적었다.

그 주장을 뒷받침하는 주된 증거는 내가 만나 이야기를 나눈 의사들 중 두 명이 자신이 말한 내용과 다른 사실을 말하고 있다는 것과, 내가 그들의 발언이 기사로 발표될 거라는 사실을 밝히지 않았다고 작성한 성명서였다.[9] 그 두 의사는 스코츠데일에서 내가 방문한 로런 비어즐리와 서먼 르제이 박사였다.

사실은 비어즐리 박사와 르제이 박사가 알려 준 환자 정보를 기사에 사용하지 않을 작정이었다. 제3자에게 들은 간접적인 이야기이기 때문이었다. 그 환자들은 다른 의사에게 치료를 받고 있었으며, 그 의사들이 내게 정보를 주길 거절하고 있었다. 성명서 이야기는 내게 별로 문제가 되지 않았지만, 그들이 테라노스의 압력에 굴복했다는 사실이 염려됐다.

또한 에이드리엔 스튜어트 박사의 성명서가 없다는 사실도 깨달았다. 그녀는 내가 동일한 병원에서 인터뷰한 세 번째 의사였다. 그녀와 논의한 환자들 이야기는 기사에 사용하려고 계획하고 있었기 때문에 내게는 좋은 소식이었다. 내가 그녀에게 전화로 질문을 하자 그녀는 테라노스 영업 담당자가 방문했을 때 인디애나주에 사는 가족을 방문 중이어서 자리에 없었다고 설명했다. 나는 그녀의 동료 의사들이 서명한 진술서에 대해 말하며, 휴가에서 돌아오면 아마도 테라노스가 그녀에게도 비슷하게 공격적인 전술을 시도할 것이라고 미리 알려 주었다.

며칠 후 스튜어트 박사는 애리조나주로 돌아가자마자 실제로 서니 발와니와 다른 두 남성이 이야기하자고 찾아왔다며 내게 이메일을 보냈다.[10] 접수원은 박사가 환자들 때문에 바쁘다고 말했지만 그들은 떠나지 않았고, 마침내 그녀가 나와서 그들과 악수할 때까지 몇 시간 동안이나 대기실에 머물렀다고 했다. 그들은 이틀 후인 금요일 아침에 따로 만나기로 약속했다. 그 만남에 대해 불안한 마음이 들었지만 내가 달리 할 수 있는 일이 없었다. 스튜어트 박사는 어떠한 압력에도 굴복하지 않겠다고 약속했다. 그녀는 환자와 실험실 혈액 검사의 진실성을 위해 나서는 것이 중요하다고 생각했다.

금요일 아침이 되어 나는 스튜어트 박사와 여러 번 연락을 시도했지만 연락이 닿지 않았다. 그녀는 이른 저녁, 내가 아내와 세 아이들과 함께 주말을 보내고자 롱아일랜드주 동쪽을 향해 운전하고 있을 때 답신을 주었다. 난처한 목소리였다. 그녀는 발와니가 동료 의사들에게 서명하게 만든 것과 비슷한 성명서에 서명하라고 요구했으나 정중히 거부했다고 말했다. 발와니는 분노하여 「월스트리트저널」에서 테라노스에 대해 발표한 어떤 기사에라도 그녀가 언급된다면 그녀의 명성을 완전히 떨어뜨리고 말겠다고 협박했다. 그녀는 떨리는 목소리로 더이상 자신의 이름을 사용하지 말라고 부탁했다. 나는 그저 공허한 협박이라며 안심시키려고 노력했지만, 내 기사가 사라지게 만들기 위해 그들이 무슨 짓이라도 할 거라는 사실을 깨달았다.

| 제22장 |

라 마탄자

2015년 7월 초, 테라노스에게 두 가지 좋은 소식이 들려왔다. 첫 번째는 테라노스가 FDA에 제출한 헤르페스 바이러스 HSV-1의 손가락 채혈 검사가 승인받았다는 것이었다.[1] 두 번째는 애리조나주에서 주민들이 의사의 처방전 없이 혈액 검사를 받을 수 있도록 허용하는 법이 통과되어 곧 실시될 예정이라는 소식이었다.[2] 이 법안은 실제로 테라노스가 강력하게 로비했던 사안으로, 테라노스가 만든 법안이라고 해도 과언이 아니었다.

테라노스는 페이지밀가의 새 본사에서 7월 4일에 독립 기념일 파티를 열어 이러한 성과들을 기념했다. 축하 행사는 사내 식당에서 홈즈와 발와니의 연설과 함께 시작됐다. 그 후 직원들은 건물 밖으로 이동했고 음료와 음식, 그리고 테크노 음악과 함께 본사 뒤뜰에서 축하연이 이어졌다.

테라노스는 헤르페스 검사를 인증 받았다는 사실을 앞세워 자사 기술의 효능을 증명하려 했지만 나는 여전히 회의적이었다. 실험실 진단 분야에서 헤르페스 바이러스 검사는 정성(定性) 검사에 속했다. 정성 검사란 환자의 혈액에서 특정 질병 성질이 검출되는지 여부를 검사하여 단순히 예 또는 아니요의 결과를 내는 검사였다. 이는 혈액에서 피분석물의 정확한 양을 측정하는 정량(定量) 검사보다 기술적으로 훨씬 쉬운 편에 속했다. 통상적인 혈액 검사는 대부분 정량 검사였다.

나는 FDA의 의료 기기 부서에서 꽤 높은 자리를 맡고 있는 정보원에게 연락했다. 이에 대해 그도 동의했다. 그는 헤르페스 검사 인증이 일회성이며, 절대로 테라노스의 기술 자체를 전면 보증하는 증거가 될 수 없다고 설명했다. 실제로는 테라노스가 FDA에 제출한 다른 여러 채혈 검사의 임상 데이터가 전부 형편없어서 검열을 통과하지 못했다고 덧붙였다. 그리고 내가 테라노스가 채혈한 샘플을 희석해서 시중에 나와 있는 혈액 분석기로 검사하고, 평가 시험에서 부정행위를 저지르고 있으며, 여러 의사와 환자들이 의심스러운 진단 결과를 받았다는 이야기 등 조사하는 과정에서 알게 된 것들에 대해 설명하니 그는 몹시 불쾌해 했다.

문제는 은퇴한 데이비드 슈메이커 중령과 충돌한 지 3년이 지났지만 테라노스가 규제받지 않는 중간 지대에서 계속 운영되고 있다는 점이었다. 테라노스의 장치를 자체 실험실 벽 안에서만 사용하고 상업화하지 않았기 때문에 FDA의 면밀한 조사를 지속해서 피할 수 있었다. 그와 동시에 자발적으로 헤르페스 바이러스 검사와 기타 몇 가지 검사를 인증받음으로써 표면적으로는 실험실에서 개발한 검사를 규제하는 FDA와 공개적으로 협력하는 듯 보였다.

내 정보원은 FDA의 규정을 제일 따르고 지지하는 것처럼 보이는 회사를 상대로 불리한 조치를 취하는 건 어려운 일이라고 말했다. 특히 테라노스처럼 정치적으로 깊이 연관된 회사는 더욱 그랬다. 처음에는 그가 이사진들 이야기를 하는 줄 알았는데, 이사회의 문제가 아니었다. 그는 홈즈가 오바마 행정부와 굉장히 가깝게 지낸다고 지적했다. 그해 초 그는 오바마 대통령의 정밀 의료 계획 론칭 행사에서 홈즈를 보았다고 말했다. 그리고 최근 몇 달 동안 홈즈는 여러 차례 백악관에 얼굴을 더 비추었다. 최근에는 일본 총리를 위한 공식 만찬에서 꽉 끼는 검정색 드레스를 입고서 동생 크리스천의 팔에 기댄 모습이 사진에 찍혔다.[3] 그럼에도 정보원이 마지막에 "그들이 하는 일에 대해 매우 우려하고 있다"고 말해서 테라노스가 더 이상 FDA를 속이긴 어렵겠다고 생각했다.

「포춘」지의 로저 파를로프는 헤르페스 검사 인증 소식에 나와 전혀 다른 결론을 내렸다.[4] 그는 「포춘」지 홈페이지에 실린 기사에 "FDA가 테라노스 기술의 완전성을 강력하게 보증했다"고 썼다.

이 두 번째 기사를 위해 홈즈와 진행한 전화 인터뷰에서 파를로프는 테라노스가 제공하는 에볼라 바이러스 검사에 대해 문의했다. 조지 슐츠가 수개월 전 컨퍼런스에서 이에 대해 언급한 적이 있었다. 조지 슐츠는 서아프리카에서 1년이 넘는 기간 동안 에볼라 전염병이 걷잡을 수 없이 거세게 퍼지고 있다는 사실을 감안할 때 치명적인 에볼라 바이러스를 진단하기 위해 신속한 채혈 검사가 공중 보건 당국에 큰 도움이 될 수 있으며 그것에 대해 기사를 쓰고 싶다고 말했다.

홈즈는 비상사태를 위한 인증을 조만간 받을 것으로 기대하고 있으며, 보이즈 실러 로펌의 맨해튼 지사에서 열릴 제품 시범에 파를로프를 초대했다.

며칠 후, 파를로프가 로펌에 도착하니 크리스천 홈즈의 듀크대학교 동창생 댄 에들린이 마중 나와 있었다. 에들린은 테라노스의 검은색 진단 기기 두 개가 나란히 설치되어 있는 회의실로 그를 안내했다. 기계는 에디슨이 아니라 미니랩이었다. 홈즈는 기술 시연에 칼륨 검사도 포함하기를 원했는데, 파를로프로선 홈즈가 왜 칼륨 검사를 고집하는지에 대한 정확한 이유를 알 수 없었다. 아마 내가 칼륨 검사에 대해 까다로운 질문들을 했기 때문에 그랬던 것으로 추정된다. 에들린은 파를로프의 손가락 끝에서 혈액 샘플을 두 번 채취했다. 한 기계는 에볼라 검사를 하고, 또 다른 기계로는 칼륨 검사를 할 거라고 설명했다. 파를로프는 왜 한 기계가 하나의 혈액 샘플로 두 가지 검사를 동시에 수행할 수 없는지 이상하게 생각했지만 문제 삼지 않았다.

검사 결과를 기다리며 파를로프와 에들린은 한담을 나눴다. 약 25분이 지난 후에도 검사 결과는 나오지 않았다. 에들린은 장치가 조금 전 설치되어서 예열해야 하기 때문에 늦어지는 것뿐이라고 설명했다. 검사의 진행 상황은 아이폰에서 어플을 다운로드하는 것과 같이 기기의 디지털 화면에서 원의 가장자리가 어둡게 변하는 것으로 표시됐다. 원 안에 나타나는 퍼센트는 사용자에게 검사의 진행 정도를 알려주었다. 원의 가장자리가 너무도 천천히 채워져서 파를로프는 몇 시간 정도 더 걸릴 모양이라고 생각했다. 하지만 그는 그렇게 오래 기다릴 수 없었다. 그래서 에들린에게 다시 일하러 돌아가야 한다고 말했다.

파를로프가 떠난 후 스탠퍼드대학교에서 채닝 로버트슨의 이름을 딴 학술상을 수상한 젊은 화학 엔지니어 카일 로건이 회의실에 들어왔다. 그는 그날 아침 기술 지원을 위해 샌프란시스코에서 야간 항공편을 타고 에들린과 함께 그곳에 왔다. 칼륨 검사를 실행하는 미니랩이 70% 완료 상태에서 멈춘 것을 보고 카일은 카트리지를 꺼내어 기계를 재부팅했다. 그는 기계에 무슨 문제가 일어난 것인지 잘 아는 듯했다.

발와니는 테라노스의 소프트웨어 엔지니어 마이클 크레이그Michael Craig에게 검사 오작동을 감출 수 있는 미니랩 소프트웨어 어플리케이션을 제작하도록 지시했다. 기기 내부에 어떠한 문제가 발생하면 어플이 작동해서 디지털 디스플레이에 오류 메시지가 표시되지 않도록 만들었다. 그 대신 화면에 검사의 진행 속도가 기어가는 듯한 속도로 느려지게 만드는 원리였다.

파를로프의 칼륨 검사에서도 바로 그 어플이 작동된 것이다. 다행히 기계가 오작동하기 전에 검사가 충분히 진행된 상태여서 카일이 기계에서 검사 결과를 추출할 수 있었다. 기계가 대조군을 검사하던 중 다시 한번 고장이 났다. 보통은 초기 검사 결과를 대조군과 교차 확인해야 하는 게 원칙이지만 대니얼 영이 카일에게 전화로 이번에는 교차 확인하지 않아도 괜찮다고 허락했다.

홈즈는 실제 유효성 검사 데이터 없이 이번 기술 시연을 이용하여 이사진들과 잠재적 투자자들 및 저널리스트들에게 미니랩이 완성된 제품이라고 홍보했다. 이런 환상을 유지하는 데 이용된 속임수는 마이클 크레이그가 제작한 어플뿐만이 아니었다. 본사에서 시연을 할 때면 테라노스 직원들은 방문한 VIP 고객의 손가락 채혈 샘플을 미니랩에 넣어 놓고 기다리다가 방문객이 방을 나가면 샘플을 도로 꺼내어 실험실 연구원에게 가져다주고는 조작된 상업용 분석기에서 혈액 샘플을 분석하는 등 쇼를 벌였다.

파를로프는 자신이 속았다는 사실을 전혀 눈치채지 못했다. 그날 저녁, 테라노스로부터 암호화된 혈액 검사 결과 파일을 이메일로 받았다. 그는 첨부 파일을 열어 보았을 때 에볼라 검사가 음성이고 칼륨 수치가 정상 범위 이내에 있는 것을 보고 기뻐했다.

캘리포니아에서 홈즈와 발와니는 더 큰 발표를 위한 토대를 마련하고 있었다. 홈즈는 조지프 바이든Joe Biden 부통령에게 임상 실험실과 미니랩 제조 공장이 있는 테라노스의 뉴어크 시설을 방문하도록 초청했다.

이는 2014년 12월에 앨런 빔이 퇴사한 이래 실제로 책임자 없이 실험실을 운영해 온 것을 고려하면 참으로 대담한 행동이었다. 이 사실을 숨기기 위해 발와니는 앨런 빔을 대체하여 실험실의 CLIA 인증서를 소지할 서닐 다완Sunil Dhawan이라는 피부과 전문의를 영입했다. 다완은 병리학 학위나 면허를 취득하지 않았지만 의사였고, 피부과에서 피부 샘플을 분석하는 작은 실험실을 감독한 경험이 있었기 때문에 엄밀히 따지면 주 정부 및 연방 정부의 요건을 충족시켰다. 하지만 실제로는 임상 실험실을 제대로 운영할 자격이 없었다. 물론 이는 별로 중요한 문제가 아니었다. 발와니는 다완을 명목상의 책임자로 세워두었다. 뉴어크 사무실의 일부 실험실 직원들 중 그 건물에서 다완을 한 번도 보지 못한 사람도 있었다.

실험실은 책임자가 없었을 뿐만 아니라 직원들의 사기 또한 바닥이었다. 2개월 전 발와니는 글래스도어Glassdoor라는 사이트에 테라노스에 대한 혹독한 비판이 올라온 것을 알게 됐고 직원들에게 위협을 가했다.[5] 글래스도어는 전·현직 직원들이 익명으로 회사에 대해 평을 남기는 사이트였다. 그 비판의 제목은 "모조리 거짓된 홍보"였다. 그 내용은 이러했다.

초고속의 직원 이직률은 직장이 결코 지루하지 않다는 사실을 의미합니다. 매 근무 시간마다 일손이 부족하기 때문에 당신이 만약 내성적인 성격이라면 더욱 안성맞춤입니다. 특히 오후 근무조나 야간 근무조라면 더욱 그렇습니다. 근본적으로 당신은 회사에 없는 존재나 마찬가지이기 때문입니다.

실험실 가운이나 안전 고글은 무엇하러 착용합니까? 개인 보호구는 전혀 착용할 필요가 없습니다. 직원이 HIV나 매독 같은 질병에 걸리든 누가 신경이나 쓰겠습니까? 확실한 것은 이 회사는 전혀 신경 쓰지 않는다는 것입니다!

상사에게 아첨하면 오래 살아남을 수 있을 것입니다.

테라노스가 돈을 버는 방법:

1. 벤처 자본가들에게 거짓말하기
2. 의사, 환자, FDA, CDC 및 정부에 거짓말하기. 그와 동시에 매우 비윤리적이고 비도덕적인 (그리고 아마도 불법적인) 행위 저지르기

회사에 관한 부정적인 글래스도어 리뷰는 그다지 특이한 일이 아니었다. 발와니는 나쁜 평가가 좋은 평가로 덮여지도록 인사과 직원들에게 허위로 긍정적인 평가를 게시하도록 지시했다. 하지만 이 비판은 특별히 그를 분노하게 했다. 글래스도어에 그 게시글을 삭제하도록 요청한 후 뉴어크에서 마녀 사냥을 시작하여 게시글을 작성한 것으로 의심되는 직원들을 심문했다. 특히 브룩 비벤스Brooke Bivens라는 여직원에게 심하게 못되게 굴어 결국 그녀를 울리고 말았다. 발와니는 범인을 결국 찾아내지 못했다.

최근에 발와니는 미생물학 부서에서 좋은 평가를 받고 존경받고 있던 직원 리나 카스트로Lina Castro를 해고했다. 카스트로가 저지른 죄는 실험실에서 환경 보건 및 안전에 관한 기준을 제정하도록 회사에 요청한 것이었다. 리나를 해고한 이튿날 아침, 발와니는 나머지 팀원들에게 자신이 수십억의 가치가 있다는 것을 자랑하며, 그는 단지 테라노스에서 일하고 싶어서 회사에 출근하는 것이라고 말했다. 또한 다른 이들도 같은 마음이어야 할 것이라며, 카스트로가 너무 부정적이고 테라노스의 목적에 충분히 헌신하지 않았다는 것을 암시했다.

팰로앨토의 옛 페이스북 건물에서와 마찬가지로 뉴어크에서도 실험실이 '쥬라기 공원'과 '노르망디' 실험실로 나뉘었다. 새 쥬라기 공원 실험실은 네온 불빛과 비닐 바닥으로 된 거대한 공간이었다. 실험실 직원들의 책상은 거대한 평면 모니터 아래에 옹기종기 모여 있었는데, 모니터에는 영감을 주는 글귀들과 고객의 긍정적인 리뷰가 끊임없이 비춰졌다. 나머지 공간에는 보통 정맥 혈액 샘플을 진단하는 상업용 분석기가 띄엄띄엄 놓여 있었다. 노르망디 실험실은 다른 방을 차지했는데, 그 안에는 흑백의 에디슨 수십 개를 포함하여 대니얼 영과 신웨이 공이 해킹한 지멘스사의 기계가 놓여 있었다.

홈즈와 발와니는 첨단 기계와 완전 자동화된 실험실이라는 비전으로 부통령에게 깊은 인상을 주고 싶어 했다. 따라서 실제 실험실을 보여 주는 대신, 가짜 실험실을 만들어 냈다. 그들은 미생물학 부서에게 또 다른 작은 사무실을 비우게 해서, 벽을 다시 칠하고 금속 선반 위에 미니랩을 일렬로 올려놓았다. 그 당시 대부분의 미니랩이 아직 팰로앨토에 있었기 때문에 이번 쇼를 위해 실리콘밸리를 거쳐 다시 미니랩을 도로 가져와야 했다. 미생물 부서원들은 처음에 왜 사무실을 비워야 하는지 이해하지 못했지만, 바이든 부통령이 도착하기 며칠 전 정부 첩보부의 사전 조사 팀이 나타났을 때 그 이유를 알아차릴 수 있었다.

부통령 방문 당일 대부분의 실험실 직원들은 출근하지 말라는 지시를 받았고, 이번 방문이 언론에 노출될 수 있도록 몇몇 현지 언론 사진가들과 방송국 기자들이 건물 안으로 초청받았다. 홈즈는 부통령과 동행하여 시설을 견학했고, 그에게 가짜 자동화 실험실을 보여주었다. 그 후 홈즈는 스탠퍼드 병원 사장을 포함한 업계 임원들 6명과 함께 예방 보건 관리에 관해 원탁회의를 주최했다.

원탁회의에서 바이든 부대통령은 테라노스를 "미래의 실험실"이라고 표현했다.[6] 또한 홈즈가 FDA와 적극적으로 협력한다는 사실을 칭찬했다.[7] "최근 FDA가 테라노스의 혁신적인 장치에 긍정적으로 검토를 완료했다고 들었습니다. 자발적으로 모든 검사를 FDA에 제출해 인증받는다는 사실이 바로 기술에 대한 자신감을 보여 줍니다"라고 말했다.

며칠 후인 7월 28일, 나는 「월스트리트저널」의 조간본을 읽다가 마시던 커피를 거의 뱉을 뻔했다.[8] 조간지의 첫 부분을 뒤적이다가 엘리자베스 홈즈가 테라노스의 헤르페스 검사 승인 결과에 대해 우쭐해하며 모든 실험실 검사가 FDA의 인증을 받아야 한다고 쓴 기명 논평 페이지를 우연히 발견한 것이다. 수개월 동안 나의 인터뷰 요청을 거절해 오고, 변호사들이 비협조적으로 일관한 데다 내 정보원들을 위협했으면서 내가 소속한 신문의 논평 페이지에 테라노스가 규제 기관의 가장 친한 친구라는 완전히 거짓된 믿음을 굳히려 하고 있었던 것이다.

「월스트리트저널」의 보도국과 논설위원실 사이의 방화벽 때문에 폴기고와 그의 직원들은 내가 테라노스에 대해 대형 탐사보도 기사를 작성하고 있다는 사실을 알지 못했다. 그래서 그들이 적절하다고 생각한 내용을 실은 것에 대해 비난할 수는 없었다. 하지만 나는 짜증이 났다. 홈즈가 긍정적인 논평 페이지를 게시함으로써 신문사에서 내가 기사를 보도하기 더 어렵게 만들려고 한다고 생각했다.

그 와중에 앨런 빔은 보이즈 변호사의 심복들로부터 다시금 압력을 받고 있었다. 그들은 앨런 빔이 퇴사하기 전에 자신의 개인 계정으로 보낸 이메일이 환자 정보를 포함하고 있다며 미국 의료정보보호법(HIPAA) 위반으로 신고하겠다고 위협했다. 앨런이 고용한 새 변호사는 런던에서 아내와 휴가를 보내던 중에 그들의 공격을 막아 내야 했다. 발와니는 나와 대화를 나눴던 환자들을 괴롭히기 시작했는데, 당장 전화 통화를 하자며 고집을 부리다가 통화를 하게 되자 그들을 협박하여 자백시키려 했다.

나는 일주일 전에 기사의 초안을 제출했는데, 편집장의 사무실로 가서 편집이 얼마나 진행됐는지 알아보기로 했다. 편집장이 작업을 끝내면 신문사의 1면 기사 편집장에게 보내어 아래 직원들이 두 번째로 더 자세히 편집을 진행하게 된다. 그런 다음 윤리와 규범을 총괄하는 표준 편집자(Standards editor)와 변호사가 한 줄씩 읽으며 철저히 확인한다. 이는 종종 몇 주에서 몇 개월이나 걸리는 느린 과정이었다. 하지만 난 조금 더 속도를 내고 싶었다. 우리가 기사를 발표하는 시간이 길어질수록 테라노스가 내가 얻은 정보의 출처를 찾아낼 시간이 더 많아지기 때문이었다.

내가 마이크 시코놀피 편집장의 사무실로 고개를 들이밀었을 때 그는 평상시대로 쾌활한 모습이었다. 그는 내게 앉으라고 손짓했다. 나는 일이 좀 더 빨리 진행됐으면 좋겠다고 말했다. 테라노스와 보이즈가 다음에 어떤 행동을 할지 알 수 없기 때문이었다. 나는 홈즈가 기명 논평 페이지에 실은 글과 며칠 전에 바이든 부통령이 테라노스의 뉴어크 시설에 떠들썩하게 방문한 사실을 지적했다.

마이크는 인내심을 갖고, 신중해야 한다고 주의를 주었다. 이 기사는 폭탄선언이므로 세상에 꺼내 놓기 전에 내용에 아무런 구멍이 없다는 것을 확신해야 한다고 말했다. 마이크는 이탈리아계 미국인이었으며 이탈리아의 비유를 사용하길 좋아했다. 또한 9세기에 아말피 해안을 둘러싼 지역을 지배했던 그의 조상 시코눌프 왕자의 이야기를 내게 열 번은 넘게 들려주었다.

"내가 라 마탄자la mattanza에 대해 말해 준 적 있나?" 마이크가 물었다. 아, 이런! 또 시작이군, 나는 속으로 생각했다.

라 마탄자는 어부들이 곤봉과 창을 들고 지중해 바다에 물이 허리까지 올 정도까지 나아가 물고기가 더 이상 그들의 존재를 느끼지 못할 때까지 몇 시간이고 서 있었던 고대 시칠리아의 의식이었다. 마침내 그들 주위에 물고기가 충분히 모여 들면 누군가가 조용히 신호를 보낸다. 그러면 어부들이 아무 낌새도 못 채는 사냥감을 맹렬히 내려쳐서, 기이할 정도로 조용했던 곳이 순식간에 피투성이의 대학살 장소로 바뀌게 된다. 마이크는 우리가 하는 일이 저널리즘의 라 마탄자라고 설명했다. 보도할 준비가 될 때까지 참을성 있게 기다렸다가 우리가 선택한 시기에 공격에 나서는 것이다. 마이크는 이렇게 말하며 창을 휘두르는 시칠리아 어부를 흉내 냈고, 나도 모르게 웃어 버렸다.

나는 10월에 라구나 해변에서 열릴 「월스트리트저널」의 연례 기술 컨퍼런스에 홈즈가 초청 연설자로 나오기 전까지만 기사가 보도된다면 라 마탄자 접근법을 기꺼이 받아들이겠다고 대답했다. 나는 최근에야 홈즈가 컨퍼런스의 초청 연사 목록에 있다는 사실을 알게 되었고, 기사가 그때까지 보도되지 않는다면 「월스트리트저널」에서 내 기사를 보도하기 어려운 상황에 놓일 것이라고 생각했다. 마이크도 이에 동의했다. 컨퍼런스는 아직 2개월 반이나 남아 있으니 그 정도 시간이면 충분하다고 말했다.

| 제23장 |

데미지 컨트롤

한편, 홈즈는 기사 발표를 어떻게든 막기 위해 비밀리에 여러 가지
시도를 하고 있었다.

내가 테라노스 건을 파고들기 시작하고 한 달쯤 지난 3월경, 테라노
스는 또 한 번의 투자 모금을 마감했다.[1] 그때 나는 알지 못했지만, 투
자자들을 이끌던 사람은 「월스트리트저널」의 모회사 뉴스 코퍼레이
션을 운영하고 있는 호주 출신 언론계 거물 루퍼트 머독Rupert Murdoch
이었다. 테라노스가 이 마지막 모금에서 투자받은 총 4억 3천만 달러
중 1억 2500만 달러가 바로 머독이 투자한 금액이었다.[2] 그로 인해 머
독은 테라노스의 최대 투자자가 되었다.

머독은 2014년 가을 실리콘밸리에서 개최된 브레이크스루상* 축하

---

* Breakthrough Prize, 실리콘밸리에서 기초물리학, 생명과학 그리고 수학 등 3개 분야에서 뛰어
  나 성과를 이룬 개인이나 팀에게 주는 상.

행사에서 홈즈와 처음으로 만났다. 축하 행사는 마운틴 뷰에 위치한 나사의 아메스 연구 센터의 제1격납고에서 개최되었는데, 생명과학, 기초 물리학 및 수학 분야에 크게 기여한 인물에게 경의를 표하는 자리였다. 이 행사는 러시아 출신 기술 투자자 유리 밀너Yuri Milner와 페이스북 창립자 마크 저커버그, 구글 공동 설립자 세르게이 브린Sergey Brin, 그리고 중국 기술계 거물 잭 마Jack Ma가 함께 창안한 행사였다.[3] 저녁 식사 동안 홈즈는 머독의 식탁에 찾아가 자신을 소개하고 함께 이야기를 나누었다. 이때 홈즈는 머독에게 강렬한 첫인상을 남겼는데, 이는 나중에 머독이 밀너에게 홈즈에 대한 그의 생각을 묻자 밀너가 홈즈를 과하게 칭찬하여 더욱 강한 인상으로 남게 되었다.

머독과 홈즈는 몇 주 후 머독의 북부 캘리포니아 목장에서 다시 만났다. 경호원이 단 한 명뿐인 머독은 홈즈를 따라 온 경호원의 규모에 깜짝 놀랐다. 머독이 왜 그렇게까지 경호가 필요한지 묻자, 홈즈는 이사회가 고집했다고 대답했다. 목장 직원이 서빙하는 점심을 먹으며 홈즈는 머독에게 투자를 제안했고, 장기 투자자를 찾고 있다고 강조했다. 하지만 한동안은 분기 보고서를 기대해선 안 되며, 물론 그동안에는 주식 상장도 없을 것이라고 강조했다. 머독의 맨해튼 사무실에 나중에 전달된 투자 서류 문서에도 이 같은 내용이 반복해서 강조되어 있었다. 첫 페이지의 첫 단락에서는 테라노스가 당분간 "장기적"으로 비공개 회사로 남아 있을 계획이라고 밝혔고, 나머지 서류에서도 그 단어를 최소 15번 이상 반복했다.[4]

머독은 실리콘밸리 스타트업 투자에 손을 잘 대기로 알려져 있었다. 그는 우버의 초기 투자자였는데, 15만 달러를 투자해 5천만 달러로 만든 장본인이었다. 하지만 다른 벤처 캐피털 회사들과는 달리 그는 사전 실사를 시행하지 않았다. 84세의 언론계 거물은 자신의 직감을 따르는 편이었고, 이는 그가 세계에서 가장 거대한 미디어 및 엔터테인먼트 제국을 건설하는 데 많은 도움이 되었다. 머독은 테라노스에 투자하기 전 마지막으로 클리블랜드 클리닉의 CEO인 토비 코스그로브Toby Cosgrove에게 전화를 걸었다.[5] 세계적으로 유명한 심장 센터와 테라노스가 동맹을 맺기 직전이라고 홈즈가 머독에게 언급한 적이 있기 때문이었다. 유리 밀너가 그랬듯 코스그로브 역시 머독의 연락을 받고 홈즈에 대해 좋은 이야기만 들려주었다.

테라노스는 머독이 미디어 자산 이외의 분야에서 가장 투자를 많이 한 회사였다. 머독이 움직이는 언론은 20세기 폭스 영화 스튜디오, 폭스 방송 네트워크, 폭스 뉴스 등이 있었다. 머독은 홈즈의 카리스마와 비전뿐만 아니라, 그녀가 제공한 재정 계획에 설득당했다. 홈즈가 보낸 투자 자료에는 2015년에 10억 달러의 매출을 올려 3억 3천만 달러의 이윤을 낼 것이며, 2016년에는 20억 달러의 매출로 5억 5천만 달러의 이윤을 낼 것이라고 기재되어 있었다.[6]

머독은 테라노스에 투자하기 위해 줄을 섰다는 평판 좋은 투자자들의 이야기를 듣고 그로부터 위안을 얻기도 했다. 테라노스의 투자자들은 아틀란타 소재의 가족이 경영하는 복합 기업 콕스 엔터프라이즈의 이사이자 머독과도 친분이 있는 짐 케네디, 그리고 월마트사의 월턴 등이 있었다.[7] 또한, 머독이 잘 알지 못하는 다른 유명 투자자들은 뉴잉글랜드 패트리어츠의 CEO인 밥 크래프트와 멕시코 출신 억만장자 카를로스 슬림, 그리고 피아트 크라이슬러 자동차 회사를 경영하고 있는 이탈리아계 기업가 존 엘칸도 있었다.

7월 말경, 시코놀피 편집장과 내가 시칠리아 어부의 고대 의식에 관해 대화를 나누고 있을 무렵, 홈즈는 머독과 세 번이나 개인적으로 면담했다.[8] 그달 초, 가장 마지막으로 머독과 만났을 때 홈즈는 팰로앨토 본사로 그를 초청하여 미니랩을 보여 주었다. 머독의 방문 도중, 홈즈는 내가 테라노스의 뒷조사를 하고 있는데 그 정보가 모두 허위 정보이며, 만약 그대로 발표되면 테라노스에 큰 피해를 입힐 것이라는 이야기를 꺼냈다. 머독은 「월스트리트저널」 기자들이 문제를 공정하게 처리할 거고 그들을 신뢰한다고 말하며 이의를 제기했다.

9월 말, 내가 한창 기사 발표를 준비하고 있을 무렵, 홈즈는 맨해튼 미드타운의 뉴스 코퍼레이션 빌딩 8층 사무실에서 머독과 네 번째로 만났다. 홈즈가 「월스트리트저널」 보도국에 있는 내 책상 바로 3층 위에 있었지만, 나는 홈즈가 사내에 있다는 사실을 전혀 알지 못했다. 홈즈는 머독과 만나 다시 한번 긴급하게 내가 작성하고 있는 기사 이야기를 꺼내며 머독이 중재해 주기를 바랐지만, 머독은 테라노스에 막대한 투자를 했음에도 불구하고 개입하기를 거절했다.

홈즈가 「월스트리트저널」의 소유자를 동요하는 데 실패하는 동안 테라노스는 나의 정보원을 찾기 위해 계속해서 초토화 작전을 펼쳤다.

보이즈 실러 로펌의 마이크 브릴은 로셸 기번스에게 테라노스와 테라노스 이사진에 대한 "명예 훼손적인 허위 진술"을 그만두지 않는다면 소송을 제기하겠다고 위협하는 편지를 보냈다.[9] 피닉스에서는 두 명의 새로운 환자가 선딘 박사의 진료실에 예약을 하고 나타나 성질을 부리고 갔다. 그리고 선딘 박사는 변호사를 고용해 옐프 웹사이트에 올라온 악의로 가득 찬 병원 후기를 삭제해야 했다. 나는 스튜어트 박사가 발와니의 압박에 굴복하는 것을 막을 수 있었지만, 테라노스는 스튜어트 박사가 근무하는 병원 측에 병원 내 테라노스 혈액 검사 서비스를 시작할 수 있도록 설득하여 테라노스의 검사 결과가 부정확하다는 스튜어트 박사의 주장을 무력화하려고 했다.

하지만 게리 베츠 박사나 카르멘 워싱턴 간호사, 추수 감사절 전날 응급실에서 몇 시간을 보내야 했던 모린 글런츠와 같은 나의 다른 정보원들은 테라노스의 협박 전술에 휘둘리지 않았다. 또한 앨런 빔과 에리카 청 및 다른 몇몇 전직 직원들 역시 기밀 정보원으로서 계속해서 나의 기사 작업에 도움을 주었다.

타일러 슐츠는 계속 연락이 닿지 않았다. 나는 타일러의 어머니와 전화 통화를 하던 중 타일러에게 메시지를 전달해 달라고 부탁했지만 그에게서 답장을 받지는 못했다. 하지만 만일 테라노스가 타일러를 굴복시키는 데 성공했다면 그들이 르제이 박사와 비어즐리 박사에게 그랬던 것처럼 타일러에게서 성명 진술서를 받아 이미 내게 보여 줬을 것이라고 추측했다. 게다가, 그들에게는 타일러가 내게 이미 건네 준 이메일 자료들을 사라지게 할 수 있는 방법이 없었다. 자료는 더 이상의 긴 설명이 필요 없는 확실한 증거였다.

보이즈는 기사 발표를 막기 위한 최후의 방법으로 「월스트리트저널」에 세 번째 장문의 편지를 보냈는데, 매체를 고소하겠다는 협박과 내 기사가 상상력이 풍부한 사람이 꾸며낸 정교한 공상 스토리라는 내용이 반복해서 적혀 있었다.[10]

저는 「월스트리트저널」이 도대체 왜 허위적이고, 오해의 소지가 있으며, 불공정하고, 테라노스가 기업 비밀로 철저히 보호하려는 정보를 폭로하겠다며 기사를 발표하겠다고 하는지 이해하려고 노력해 왔습니다.

문제의 근원은 "사실이라기엔 너무 좋아서 오히려 의심스럽다"는 기자의 원명제일지 모릅니다. 캐리루 씨가 저희에게 설명한 그 명제는 학문, 과학 및 보건 업계가 인정한 테라노스의 모든 업적의 획기적인 공헌들이 모두 잘못되었으며, 「월스트리트저널」을 포함하여 테라노스에 관해 이전에 발표된 모든 기사가 전부 오도된 조작의 결과이고, 테라노스와 설립자가 기존 상업용 장비를 사용하여 검사를 수행하면서 신기술로 한 것처럼 속이고 작동하지 않는 기술로 사기 행각을 벌이고 있다는 주장입니다. 이런 충격적인 폭로가 만일 정말로 사실이었다면 수사에 착수할 만한 강력한 단초가 되었을 겁니다. 하지만 문제는 그 명제가 사실이 아님에도 불구하고 소재로서 극히 자극적이라는 점입니다.

보이즈는 이 편지를 편집국장인 게리 베이커Gerry Baker도 함께 읽어 달라고 요청했다. 공정성을 위해 베이커는 나와 마이크, 제이 콘티, 그리고 「월스트리트저널」의 표준 편집자 닐 립슈츠Neal Lipschutz도 초대하여 함께 읽었다.

10월 8일 목요일 오후 4시, 우리는 「월스트리트저널」의 보도국 6층에 있는 회의실에서 보이즈와 다시 만났다. 이번에는 지난번보다 더 적은 인원인 헤더 킹과 메레디스 디어본만 보이즈와 함께 참석했다. 지난 6월에도 그랬던 것처럼 헤더 킹은 작은 녹음기를 꺼내 회의 책상 가운데에 올려 두었다.

그들은 계속해서 내 기사에 결함이 있으며 내용이 부정확하다고 주장했지만, 이번 두 번째 미팅에서 보이즈와 킹은 두 가지 중요한 사안을 시인하며 내 기사의 정확성을 강화시켜 주었다. 그들은 최초로 테라노스가 모든 혈액 검사를 자사 개발 장치로 수행하지 않는다는 사실을 인정했고, 그렇게 되기까지 어느 정도 시일이 걸릴 것이며, 현재 개발 과정 중에 있다는 사실을 시인했다. 또한 내가 최근 테라노스 홈페이지에서 몇 가지 문구가 변경된 사실을 언급하자 보이즈는 인정했다. 그중에서도 나는 특히 "우리가 수행하는 많은 혈액 검사에는 단 몇 방울의 혈액만 필요합니다"라는 문구가 삭제된 것을 언급했다. 내가 삭제된 이유를 묻자 킹은 무심코 "마케팅의 정확성"을 위해 삭제된 것 같다고 언급했다. (하지만 훗날 킹은 자신이 그런 말을 결코 한 적이 없다고 주장했다.)

회의가 끝날 무렵, 보이즈는 마지막으로 제안을 하나 했다. 만일 우리가 언론에 보도하는 시일을 조금 늦춰 준다면 테라노스의 기술을 직접 시연해 보여 주겠다는 제안이었다. 이미 얼마 전에 「포춘」지에서도 기술 시연을 했으니 우리에게도 못해 줄 이유가 없다는 이야기였다. 시범을 성공적으로 보여 준다면 장치가 제대로 작동하지 않는다는 우리의 주장이 틀렸다는 반박의 여지없는 증거가 될 것이라고 보이즈가 주장했다.

마이크와 나는 언제쯤 기술 시연을 할 수 있는지, 어떤 혈액 검사를 보여 줄 것인지, 그리고 검사 결과가 다른 장치에서 나온 것이 아니며 속임수를 쓰는 것이 아니라고 어떻게 확신할 수 있냐고 물었다. 보이즈가 시범을 준비하는 데 몇 주 정도 걸릴 것이라고 대답하며, 다른 질문에 대해서는 제대로 대답하지 못하자 베이커는 정중히 그의 제안을 거절했다. 베이커 역시 2주 후 홈즈가 「월스트리트저널」 주최 컨퍼런스에서 연설하기 전에 기사를 보도해야 한다는 나와 마이크의 의견에 동의했던 것이다.

베이커는 몇 주를 기다릴 수는 없고, 홈즈에게 마지막으로 해명할 수 있도록 며칠의 말미를 주겠다고 보이즈에게 말했다. 그는 다음 주까지 홈즈가 수화기를 들고 내게 전화를 걸어 해명해야 한다며, 그녀에게 마지막으로 기회를 주었다. 하지만 그녀는 결국 끝까지 내게 연락하지 않았다.

2015년 10월 15일 목요일, 「월스트리트저널」의 첫 페이지에 내 기사가 실렸다.[11] 기사는 "촉망받는 스타트업의 고군분투"라는 절제된 헤드라인으로 발표되었지만, 내용 자체는 엄청난 파괴력을 갖고 있었다. 기사는 테라노스가 극히 일부의 검사를 제외한 모든 혈액 검사를 타사의 분석기로 수행하며, 평가 시험에서 속임수를 썼다는 사실을 밝히고, 또 손가락 채혈 샘플을 희석하여 사용한다는 점과 함께 직접 개발한 진단 장치의 정확성에 대해 심각한 의문을 제기했다. 나는 모린 글런츠의 "사람을 대상으로 하는 시행착오는 잘못된 것이다"라는 말을 인용하며, 이 기사의 핵심 주제인 테라노스가 환자들을 의학적 위험에 노출시키고 있다는 내용으로 기사를 마무리 지었다.

기사는 거센 비난 여론을 촉발했다. NPR은 다음날 아침 〈마켓 플레이스〉라는 방송 프로그램에서 나를 인터뷰했다. 다른 어떤 출판물보다 홈즈를 스타덤에 오르는 데 크게 일조한 「포춘」지의 편집장은 매일 독자들에게 보내는 이메일에 내 기사를 초점으로 삼았다.[12] 그는 "고속 비행하던 유니콘이 오늘 아침 「월스트리트저널」 첫 페이지에서 심도 있게 보도된 기사로 인해 땅으로 추락하고 있습니다"라고 적었다. 홈즈가 명성을 얻도록 일조한 「포브스」지와 「더 뉴요커」지도 다른 뉴스 매체와 마찬가지로 내 기사에 대해 언급하기 시작했다.[13]

실리콘밸리에서 이 이야기는 장안의 화제가 되었다. 일부 벤처 자본가들은 반사적으로 홈즈를 변호하기 시작했다. 그중 한 명은 전 뉴욕 넷스케이프 공동 설립자인 마크 앤드리슨이었는데, 그의 아내가 최근 「뉴욕타임스」의 패션 매거진에서 "세상을 변화시키는 다섯 명의 미래 기술 기업가들"이라는 제목으로 홈즈에 대한 기사를 썼기 때문이었다.[14] 하지만 다른 이들은 오랫동안 홈즈에 대해 의구심을 품어 왔기 때문에 그리 관대하지 않았다. 홈즈는 그동안 왜 그녀가 개발한 기술에 대해 그토록 비밀스러웠을까? 도대체 왜 혈액학에 대해 기본적인 지식조차 없는 사람들로만 이사회를 구성했을까? 왜 의료 전문 벤처 캐피털 회사는 단 한 곳도 테라노스에 투자하지 않았을까? 이러한 의문을 품고 있던 관찰자들에게 내 기사는 의문을 풀어 주는 계기가 되었다.

그 외에 테라노스가 워낙 강하게 부정하는 탓에 무엇을 믿어야 하는지 모르겠다고 말하는 세 번째 부류의 사람들도 존재했다. 테라노스는 공식 홈페이지에 게시한 보도 자료에서 기사를 두고 "사실상 옳지 않고, 과학적으로 오류가 있으며, 경험이 부족하고 불만을 품은 전직 직원 및 업계 관계자들의 근거 없는 주장에 의거한 이야기"라고 표현했다.[15] 또한 당일 저녁 홈즈가 짐 크래머의 〈매드 머니〉라는 TV쇼에 출연해 제기된 혐의에 대해 반박할 것이라고 밝혔다.

우리는 전투가 끝나려면 아직 멀었으며, 다음 며칠 혹은 몇 주 동안 테라노스와 보이즈가 강하게 반격할 것임을 잘 알고 있었다. 내 기사가 그들의 반격에 얼마나 저항할 수 있는지는 규제 기관이 어떤 조치를 취하느냐에 크게 좌우되리라. 전직 테라노스 직원들 사이에 식품의약국(FDA) 감사가 시행됐다는 소문이 파다했지만, 기사를 발표할 때까지 확실한 증거를 찾을 수 없었다. 나는 기관 내의 정보원에게 여러 번 연락을 취했지만 연락이 닿지 않았다.

그리고 그날 점심, 나는 정보원에게 다시 한번 연락해 보았다. 그리고 이번에는 그와 통화할 수 있었다. 출처를 밝히지 않겠다는 약속하에 정보원은 FDA가 최근 테라노스의 뉴어크와 팰로앨토 사무실을 불시에 감사했다는 사실을 확인시켜 주었다. 테라노스에 극심한 타격을 준 FDA는 나노테이너가 불완전한 의료 기기이며, 앞으로 사용을 금지했다고 밝혔다.

그의 말에 따르면 나노테이너는 FDA의 규제 관할에 속하는 의료 기기이고, 테라노스에 규제를 가할 수 있는 가장 견고한 법적 근거를 제공했기 때문에 테라노스의 나노테이너를 표적으로 삼은 것이라고 했다. 하지만 감사의 가장 근본적인 이유는 테라노스가 FDA의 승인을 받기 위해 제출했던 임상 데이터가 너무도 형편없었기 때문이라고 했다. 감사관들이 현장에서 더 나은 자료를 찾지 못하자 FDA는 나노테이너를 금지시킴으로써 손가락 채혈 검사 방식을 중단하게 했다고 말했다. 거기서 끝이 아니었다. 그는 또한 메디케어 메디케이드 서비스 센터에서 자체적으로 테라노스에 대한 감사를 시작했다고 밝혔다.

감사가 아직 진행 중인지 여부는 알 수 없었지만 테라노스에 더 많은 문제가 발생할 것이라고 확신할 수 있었다. 마이크와 나는 이러한 정보원의 이야기를 검토하여 재빨리 다음날 신문에 낼 후속 기사 작업에 돌입했다.

몇 시간 후, 뉴스의 1면 담당 편집장 어깨 너머로 내 기사를 함께 살펴보고 있을 때 근처 TV 화면에서 CNBC 채널에 출연한 홈즈의 얼굴이 나타났다. 우리는 편집을 잠시 멈추고 볼륨을 높였다. 평소와 같은 올블랙 차림으로 긴장된 미소를 지으며 홈즈는 진보를 막으려는 이들의 방해를 받는 실리콘밸리의 혁신가 코스프레를 하고 있었다.[16] "세상을 바꾸려고 하니 이런 일이 벌어지네요." 홈즈가 말했다. "처음에는 모두 세상을 바꾸려는 사람들을 미쳤다고 말해요. 그리고 세상 사람들은 그들과 싸워요. 그러다 그들은 어느 날 갑자기 세상을 바꾸죠." 하지만 진행자인 크래머가 타사 분석기를 사용해 대부분의 검사를 시행했냐는 등 기사의 특정 부분에 대해 질문하자 홈즈는 방어 태세로 돌변하여 회피적이고 허위로 가득 찬 답변을 내놓았다.

그날 오전 나는 헤더 킹에게 이메일을 보내어 내가 후속 기사를 준비하고 있음을 알리고, 그 내용에 대한 테라노스의 반박 코멘트를 요청했다. 킹은 답변하지 않았다. 그 이유에 대해서는 나중에 알게 되었다. 크래머와의 인터뷰가 끝날 무렵 홈즈는 테라노스가 자발적으로 나노테이너를 철수하기로 결정했다고 말했다. 이는 분명 내 특종을 앞지르려는 시도였다.

우리는 재빨리 후속 기사를 온라인에 먼저 발표했다.[17] 기사는 FDA에서 손가락 채혈 검사를 금지하고 나노테이너는 "비승인 의료 기기"

라고 선언했다며 기록을 바로 잡았다. 이 기사는 다음 날 신문 1면에 실렸고, 이미 본격화된 스캔들에 기름을 쏟아 부었다.

홈즈는 기사가 처음 보도되었을 때 팰로앨토에 없었다. 그녀는 당시 하버드 의과대학 이사회 회의에 참석 중이었다. 그래서 CNBC 인터뷰도 그날 저녁 보스턴에서 진행했다. 홈즈는 그 다음날이나 돼서야 캘리포니아로 돌아가 커져 가는 위기에 대처할 수 있었다.

그날 아침 테라노스는 두 번째 보도 자료를 발표했는데, 이는 언론계에서 "부정 아닌 부정"이라 부르는 내용의 보도였다.[18] 보도 자료는 "「월스트리트저널」이 아직까지도 사실 관계를 똑바로 알지 못한다는 사실에 실망했다"고 말하며, FDA의 승인을 받기 위해 "일시적으로" 나노테이너를 자체 철수했다고 밝혔다.

늦은 오후, 테라노스의 모든 직원들은 페이지밀가 건물의 사내 식당에서 전체 회의가 있을 예정이니 잠시 모이라는 이메일을 받았다. 홈즈는 평상시의 모습이 아니었다. 머리카락은 여행에서 막 돌아와 흐트러져 있었고, 콘택트렌즈 대신 안경을 쓰고 있었다. 그녀 옆에는 발와니와 헤더 킹이 서 있었다. 홈즈는 도전적인 말투로 그 자리에 모인 직원들에게 「월스트리트저널」이 발표한 두 개의 기사가 불만을 품은 전직 직원들과 경쟁자들이 뿌린 허위 사실로 가득하다고 말했다. 그리고 테라노스가 실패하는 것을 보고 싶어 하는 강력한 경쟁자들로 가득한 거대한 산업을 혼란에 빠뜨리려고 하면 이런 일들이 일어날 수밖에 없다고 말했다. 홈즈는 「월스트리트저널」을 "타블로이드 신문"이라고 지칭하며, 그에 맞서 끝까지 싸울 것이라고 다짐했다.

홈즈가 질문이 있냐고 묻자 예전에 광고 업계에서 중역을 지냈으며 홈즈의 선구자적 이미지를 만드는데 일조한 패트릭 오닐이 가장 먼저 손을 들었다.

"정말 「월스트리트저널」을 상대로 싸울 건가요?" 패트릭이 믿기지 않는다는 듯 물었다.

"「월스트리트저널」이 아니라 그 저널리스트와 싸우는 겁니다." 홈즈가 대답했다.

홈즈가 몇 가지 질문에 더 답한 후 수석 하드웨어 기술자 중 한 명이 발와니에게 구호를 함께 외치자고 제안했다. 그 기술자가 어떤 구호를 염두에 두고 말하는지 모두가 알고 있었다. 3개월 전, 테라노스가 FDA에서 헤르페스 검사 승인을 받았을 때 발와니가 사내 식당에서 전체 회의 중 직원들에게 "망할 놈들!"이라는 구호를 함께 외치게 한 일이 있었다. 그 당시 구호는 경쟁사 퀘스트와 랩코프를 향해 외친 것이었다.

발와니는 그 기술자의 앙코르 요청을 더없이 기쁘게 수락했다.

"캐리루에게 들려주고 싶은 메시지가 있다." 발와니가 말했다.

발와니의 신호에 맞춰 그 자리에 모인 수백 명의 직원들이 함께 외쳤다. "망할 캐리루! 망할 캐리루!"[19]

홈즈가 「월스트리트저널」에 맞서 싸울 것이라고 말했을 때 그녀는 진심이었다.

많은 이들이 그 다음 주 「월스트리트저널」이 주최하는 기술 컨퍼런스인 D.Live에 그녀가 참석하지 않을 것이라고 생각했다. 하지만 홈즈는 당일 약속된 시간에 라구나 해변의 몽타주 호텔 리조트에 경호원을 이끌고 나타나 「월스트리트저널」의 기술 분야 편집장 조녀선 크림과 무대 위에서 만났다. 100명이 넘는 벤처 자본가, 스타트업 창업자, 각종 홍보 업계 관련자들로 구성된 관객들은 각자 5천 달러의 컨퍼런스 참가비를 내고 기대 속에 기다렸다.

마이크 시코놀피는 내가 홈즈의 인터뷰를 진행하길 바랐지만, 「월스트리트저널」은 이미 수개월동안 진행되어 온 계획을 막판에 변경하는 것을 좋아하지 않았다. 게다가 나도 뉴욕을 떠날 수 없었다. 아내가 브루클린에서 2시간 정도 운전해야 갈 수 있는 롱 아일랜드 이슬립 연방 법원에서 배심원의 의무를 다해야 했기 때문에, 내가 남아 아이들을 돌보아야 했다.

테라노스 이야기가 어떻게 펼쳐지는지에 대해 관심이 폭발했으므로 「월스트리트저널」은 홈즈의 인터뷰를 웹사이트에서 실시간으로 스트리밍하기로 결정했다.[20] 나도 다른 이들과 함께 닐 립슈츠의 사무실에서 함께 스트리밍 영상을 시청했다.

홈즈는 거의 처음부터 풀스윙으로 공격해 왔다. 놀라운 일도 아니었다. 우리는 이미 그녀가 전투적일 것이라고 예상했다. 하지만 공식적인 포럼에서 뻔뻔하게 거짓말을 하리라는 것은 전혀 예상치 못했다. 그것도 한 번이 아니라, 30분 동안 진행된 인터뷰 중 몇 번이고 계속해서 거짓말을 해 댔다. 홈즈는 나노테이너의 철수가 자발적인 결정이었다고 계속 주장할 뿐만 아니라, 내 기사에서 언급된 에디슨이라는 장치는 테라노스가 수년 동안 사용하지 않은 오래된 기기라고 주장했다. 또한 타사의 진단 장비를 사용하여 손가락 채혈 샘플을 검사한 적이 없다고 전면 부인했다. 게다가 테라노스가 평가 시험을 수행한 방식은 완전히 합법적일 뿐만 아니라 규제 기관의 승인을 받았다고 주장했다.

내가 생각했을 때 그녀가 한 가장 큰 거짓말은 타사 진단 기기로 손가락 채혈 샘플을 검사하기 전에 샘플을 희석하지 않았다는 것이었다. "「월스트리트저널」에서 우리가 샘플을 희석하여 타사 진단기로 검사를 수행한다고 묘사한 것은 부정확할 뿐만 아니라 우리가 하는 일과 전혀 다릅니다." 홈즈가 크림에게 설명했다. "실제로 샘플을 희석하여 상업용 분석기에 넣어서 결과를 얻는다는 것은 절대로 불가능한 일입니다. 그 방식에는 그냥 잘못된 부분이 너무 많아요." 내가 치를 떨며 고개를 젓고 있었는데, 휴대전화에 문자가 도착했다는 알림이 떴다. 앨런 빔에게서 온 문자 메시지였다. "방금 홈즈가 말한 걸 믿을 수가 없네요!"

그때부터 홈즈는 나에게 정보를 준 전 직원들을 "사리 분별을 못한다"며, 그들의 익명성을 두고 신용도를 깎아 내렸다. 그녀는 퇴사한 직원들 중 한 명은 테라노스에서 지난 2005년에 고작 두 달간 근무했을 뿐이라고 주장했는데, 이는 새빨간 거짓말이었다. 우리의 기밀 정보원은 모두 테라노스에서 최근에 근무한 사람들이었다. 로셸 기번스에 관한 질문에 홈즈는 「월스트리트저널」을 "타블로이드 신문"에 비유하며, 닷새 전 테라노스 직원들 앞에서 했던 말을 되풀이했다. 또한 나를 "어떤 남자"라고 부르며, 내가 테라노스에 관해 "헛소문"을 퍼뜨린다고 말했다.

하지만 홈즈가 직면한 한 가지 문제는 더 이상 테라노스에 의문을 제기하는 이들이 우리뿐이 아니라는 것이었다. 몇몇 저명한 실리콘밸리 인물들이 공개적으로 테라노스를 비판하기 시작했다. 그중 한 명은 유명한 애플사의 전직 임원 장 루이 가세Jean-Louis Gassée였다. 며칠 전 가세는 자신의 블로그에 그해 여름 테라노스와 스탠퍼드 병원에서 각각 받은 혈액 검사의 결과가 너무도 달랐다는 게시글을 올렸다.[21] 가세는 홈즈에게 이 결과에 대해 문의했지만 답변을 받지 못했다. 크림이 가세 이야기를 언급하자 홈즈는 가세의 이메일을 받은 적이 없다고 주장했다. 하지만 이제 알았으니 테라노스가 그에게 연락을 취해 무슨 상황인지 최대한 알아보려고 노력하겠다고 말했다.

첫 번째 기사에서 내가 언급한 부정확한 검사 결과들에 대해서 홈즈는 몇 개의 드문 사례일 뿐이며, 그로부터 보편적인 결론을 내릴 수 없고, 또 내려서는 안 된다고 주장했다.

인터뷰가 끝난 직후 테라노스는 공식 홈페이지에 내 기사의 내용을 하나하나 반박하는 장문의 글을 게시했다.[22] 내가 시코놀피 편집장과 표준 편집자, 변호사와 함께 그 글을 검토해 본 결과 우리가 발표한 기사의 정확성이 훼손될 내용은 없다고 결론지을 수 있었다. 이는 또 하나의 연막작전이었다. 「월스트리트저널」은 내 기사의 내용을 지지한다는 성명을 발표했다.

홈즈가 「월스트리트저널」의 컨퍼런스에 나와 연설한 후 테라노스는 내 기사가 처음 발표된 이래로 계속해서 풍자되던 이사회에 인사이동이 있을 것이라고 발표했다.[23] 조지 슐츠, 헨리 키신저, 샘 넌 및 고령의 전직 정치인들은 모두 이사회를 나와 고문 위원회에 새로이 임명됐다. 그들을 대신해 이사회에 임명된 사람은 데이비드 보이즈였는데,

그로 인해 적대감이 확대되었다.

아니나 다를까 며칠이 지나지 않아 「월스트리트저널」은 헤더 킹에게서 두 기사의 주요 내용이 "명예 훼손적"이라며 철회할 것을 요구하는 편지를 받았다.[24] 그 뒤로 받은 세 번째 편지에는 "이메일, 메신저글, 기사 초안, 비형식적 파일, 수기 메모, 팩스, 전자 메모, 스케줄 표, 음성 메시지, 출력물이나 전자 양식에 저장된 기록, 개인 휴대전화와 그 외 기기를 포함하여 테라노스와 관련된 모든 유형의 서류를 반환하라"고 요구하는 내용이 담겨 있었다.[25]

「와이어드」지와의 인터뷰에서 보이즈는 명예 훼손으로 고소할 가능성이 크다고 밝혔다.[26] 또한, "많은 정보들이 기록되었기 때문에 이제 사람들은 사실이 무엇인지 알아야 합니다"라고 말했다. 킹과 보이즈의 그 말을 그대로 받아들인 「월스트리트저널」의 법률 부서는 소송에 대비해 기술자를 파견하여 나의 노트북과 휴대전화의 내용물을 복사하게 했다.

하지만 만일 테라노스가 협박으로 우리를 무너뜨릴 수 있을 것이라고 생각했다면 큰 착각이었다. 그로부터 3주 동안 우리는 기사를 네 편 더 보도했다. 월그린이 전국적으로 테라노스 웰니스 센터를 확장하려던 계획을 중단하였으며,[27] 첫 기사가 발표되기 직전에 테라노스가 주식을 높은 감정가에 대량 판매하려고 했다는 사실과[28] 테라노스의 실험실이 실제로 책임자 없이 운영되고 있다는 점,[29] 그리고 세이프웨이가 테라노스의 검사의 정확성이 염려되어 두 회사 간의 알려지지 않은 파트너십 계약을 철회했다는 내용이 기사로 보도됐다.[30] 새로운 기사가 발표될 때마다 헤더 킹은 기사를 철회하라고 새로이 요구

했다.[31]

팰로앨토 페이지밀가 건물 안, 창문이 없는 전략 회의실에서 홈즈와 그녀의 커뮤니케이션 컨설턴트는 내 기사에 어떻게 반박할지에 대한 전략을 논의했다. 홈즈가 선호한 방법은 나를 여성 혐오자로 몰아가는 것이었다. 동정심을 불러일으키기 위해 홈즈는 스탠퍼드대학 재학 당시 남성에게 성폭행을 당했다는 사실을 밝히겠다고 제안했다. 고문들이 모두 그 전략에 반대했지만 홈즈는 끝내 그 전략을 완전히 포기하지 않았다. 「블룸버그 비즈니스위크」와의 인터뷰에서 홈즈는 자신이 성차별의 피해자라고 주장했다.[32]

홈즈는 잡지 인터뷰에서 이렇게 말했다. "지난 4주 동안 이러한 일이 터지기 전까지 저는 이 분야에서 여성으로 산다는 것이 무엇을 의미하는지 완벽히 이해하지 못했습니다. 모든 기사가 '한 젊은 여성이……'라고 시작하잖아요? 며칠 전 누군가가 제게 다가와서 '마크 저커버그에 관한 기사는 '젊은 남성이……'라고 시작하지 않는다'고 말해 주었어요."

같은 기사 내에서 홈즈의 스탠퍼드대학교 은사인 채닝 로버트슨은 테라노스 혈액 검사의 정확성에 대한 의구심을 일축시키며, 사람의 생명이 달린 제품을 판매하는데 엉터리 제품을 내놓는다는 것은 "정신이 나가지 않고서야" 할 수 없는 일이라고 말했다. 또한 로버트슨은 홈즈를 한 세대에 한 명 나올 천재라고 묘사하며, 그녀를 뉴턴과 아인슈타인, 모차르트 및 레오나르도 다빈치에 비유했다.

홈즈 역시 계속해서 자신을 떠받드는 분위기를 받아들였다. 카네기홀에서 「글래머」지의 올해의 여성상을 받으며 수상 소감을 말하던 중 홈즈는 자신이 젊은 여성의 롤 모델이라고 표현했다.[33] "과학, 수학, 공학 분야에서 최고가 될 수 있도록 최선을 다하세요." 홈즈가 젊은 여성들에게 촉구했다. "어린 소녀들은 자라면서 어떤 사람이 되고 싶은지 스스로 알게 될 것입니다."

　오직 임상 실험실의 주요 규제 기관인 메디케어 메디케이드 서비스 센터(CMS)가 강력한 조치를 취해야만 이러한 사기 행각이 막을 내리게 될 것 같았다. 나는 두 번째 규제 감사가 어떻게 결론지어졌는지 알아내야만 했다.

| 제24장 |

벌거벗은 여왕님

「월스트리트저널」이 내 첫 기사를 발표하기 약 3주 전인 9월 말의 어느 토요일 저녁, 2012년에 옛 페이스북 건물에 예고 없이 찾아가 서니 발와니에게 설교를 늘어놨던 베테랑 CMS 현장 검사관 게리 야마모토는 이메일을 한 통 받았다. 이메일의 제목은 "CMS 고발: 테라노스"였고, 내용은 다음과 같았다.[1]

친애하는 게리,

저는 이 편지를 쓰고 보내기까지 굉장히 힘든 시간을 보냈습니다. 테라노스의 기밀 유지가 극단적인 수준이라 저는 어떤 말도 꺼내기가 두려웠습니다…… 하지만 이제는 더 일찍 고발하지 않은 것에 대해 부끄럽게 생각합니다.

이메일은 에리카 청에게서 온 것이었고, 그 안에는 과학적 부정 행위에서부터 엉성한 실험에 이르기까지 여러 혐의를 제기하는 내용이 적혀 있었다. 또한 테라노스가 개발한 장치는 신뢰할 수 없고, 테라노스가 평가 시험에서 속임수를 썼으며, 2013년 말에 조사를 실시한 주 검사관을 속였다고 적혀 있었다. 에리카는 "허위로 가득한 거짓 검사 결과를 고객에게 제공함으로써 잠재적으로 누군가의 삶을 망칠 수 있다"는 사실을 알고 도저히 가만히 있을 수 없어서 회사에서 사직했다고 밝히며 이메일을 마쳤다.

CMS의 야마모토와 그의 상사들은 에리카의 고발 내용을 심각하게 받아들여 3일 이내로 테라노스 실험실에 불시에 방문해 점검을 실시했다. 9월 22일 화요일, 야마모토와 CMS의 샌프란시스코 지역 사무소 소속 세라 베넷Sarah Bennett 지역 검사관이 테라노스 뉴어크 건물에 실험실을 조사하기 위해 방문했다고 그들에게 설명했다. 귀에 이어피스를 끼고 검은 정장을 입은 남성들이 그들의 출입을 거부하고, 작은 응접실에서 기다리라고 말했다.

잠시 후 서니 발와니, 대니얼 영, 헤더 킹, 그리고 보이즈 실러의 메레디스 디어본이 도착했다. 그들은 CMS 검사관 두 명을 회의실로 데리고 가서 파워포인트 프레젠테이션을 하겠다고 주장했다. 주위를 딴데로 돌리게 하려는 전략처럼 느껴졌지만, 야마모토와 베넷은 정중하게 앉아 그들의 발표를 들었다. 그리고 발표가 끝나자마자 실험실 견학을 요청했다.

그들이 회의실에서 나가자, 손가락으로 귀를 누르고 있는 검은 양복의 남자들이 더 많이 나타났다. 킹과 디어본은 그들의 뒤를 따라가면서 노트북을 들고 메모를 적었다. 실험실에 도착했을 때, 그들은 문에 지문 스캐너가 장착되어 있고, 출입할 때 윙윙거리는 소리가 나는 것을 발견했다. 야마모토는 문에서 나는 소리가 마치 주류 판매점의 출입문 버저와 같다고 생각했다.

야마모토와 베넷은 애초에 이틀간 검사를 하기로 계획했으나, 너무나 많은 문제를 발견했으며 지극히 기본적인 실험실 문서들이 누락되어 있어서 추후 다시 돌아와야겠다고 결정했다. 발와니는 2개월이라는 유예 기간을 요청했다. 그는 회사의 새 회계 연도가 곧 시작되고, 최근 새로운 자금을 조달 중이라고 설명했다. 그래서 야마모토와 베넷은 11월 중순에 다시 방문하기로 동의했다.

야마모토와 베넷이 다시 그곳으로 돌아갔을 때는 이미 「월스트리트 저널」이 조사한 기사가 발표되어 기관에 조치를 취하라는 압력이 커지고 있을 때였다. 다시 방문한 야마모토는 테라노스의 보안이 조금 가벼워지고, 홈즈가 그들을 직접 맞으러 나왔다는 사실을 알아차렸다. 발와니와 킹, 그리고 외부 변호사들과 실험실 컨설턴트 몇 명도 함께 그들을 맞았다. 검사관들은 서로 나뉘어 점검하기로 했다. 야마모토는 실험실을 돌아다니며 실험실 직원들에게 질문을 퍼부었다. 그리고 그가 어디를 가든 발와니가 따라다녔다. 베넷은 회의실에 자리를 잡았는데, 킹과 다른 변호사들이 그녀를 엄중히 감시했다.

이번에 그들은 나흘간 체류했다. 베넷은 노르망디 실험실에서 근무하여 에디슨을 직접 다룬 경험이 있는 실험실 직원 한 명과의 비밀 인터뷰를 요청했다. 베넷은 창문 없는 방에서 오랜 시간 대기했고, 마침내 젊은 여성 한 명이 방 안으로 들어왔다. 그녀는 자리에 앉자마자 변호사를 선임하겠다고 주장했다. 직원은 두려움에 떨고 있었으며, 마치 그렇게 말하라고 위에서 지시를 받은 것처럼 보였다.

나는 6월 하순에 주차장에서 일어난 사건 이후에도 에리카 청과 이따금씩 연락을 주고받았지만, 그녀가 용기를 내 연방 규제 기관에 연락을 취했는지는 알지 못했다. CMS가 감사를 진행했다는 이야기를 들었을 때도 에리카가 방아쇠를 당겼다는 사실은 전혀 몰랐다.

2015년 가을에서 2016년 겨울로 접어드는 내내, 나는 감사 중 밝혀진 사실을 알아내려고 애썼다. 11월에 야마모토와 베넷이 두 번째 방문을 마친 후, 퇴사한 전 직원들은 재직 중인 직원들에게 야마모토와 베넷의 감사가 원만히 진행되지 않았다는 정보를 들을 수 있었으나 자세한 세부 내용을 알아내기가 어려웠다. 1월 말경, 우리는 마침내 내부 상황을 잘 아는 정보원의 말을 인용하며 CMS 조사관이 뉴어크 실험실에서 심각한 결함을 발견했다는 기사를 보도할 수 있었다.[2] 며칠 후 CMS가 테라노스에 보낸 편지를 공개했을 때 그들이 찾은 결함이 얼마나 심각했는지 알 수 있었다.[3] 그 편지에는 테라노스가 "환자의 건강과 안전에 즉각적인 위험을 초래"할 정도라고 적혀 있었다. 또 10일 내로 신뢰할 수 있는 정정 계획을 제시해야만 할 것이며, 신속하게 규정을 준수하지 않으면 국가 보증 증명서를 잃을 수도 있다고 경고했다.

이는 중대한 사안이었다. 미국의 임상 실험실을 감독하는 기관이 테라노스의 혈액 검사에 심각한 문제가 있다는 것을 확증했을 뿐만 아니라, 그 문제가 환자를 즉각적인 위험에 빠뜨릴 만큼 심각하다고 밝힌 것이다. 우리가 기사를 발표할 때마다 어김없이 도착하던 헤더 킹

의 철회 요구서가 갑자기 중단되었다.[4]

하지만 테라노스는 계속해서 상황의 심각성을 축소하려 했다.[5] 그들은 공식 성명서를 통해 이미 많은 결함을 수정했으며, 뉴어크 시설의 개정된 부분이 점검에 반영되지 않았다고 주장했다. 또한 문제는 실험실의 운영 방식에 국한될 뿐이고, 테라노스 독점 기술의 안정성에는 아무런 관련이 없다고 밝혔다. 감사 보고서 없이는 이러한 주장에 반론하는 것이 불가능했다. CMS는 대개 이러한 문서를 문제의 실험실로 보내고 몇 주 후 대중에 공개했지만, 테라노스가 기업 비밀이라는 이유를 들며 비공개를 요구했다. 그 보고서를 손에 넣는 것이 극히 중요해졌다.

나는 연방 정부에서 일하고 있어 그 보고서에 접근할 수 있는 내 오랜 정보원에게 연락을 취했다. 그가 해 줄 수 있는 것은 전화로 보고서의 일부분을 읽어 주는 것까지였다. 그리고 그 내용은 점검을 통해 밝혀진 가장 심각한 결함이라고 우리가 생각했던 부분을 기사로 쓰는 데 충분했다. 그것은 바로 테라노스가 품질 검사를 통과하지 못했음에도 불구하고 계속해서 몇 달 동안이나 혈액 응고 테스트를 반복했다는 것이었다.[6] "프로트롬빈 시간"이라고 알려진 이 시험은 의사가 뇌졸중의 위험이 있는 환자에게 처방할 혈액 희석 약물의 복용량을 결정하기 위해 의존하는 테스트이기 때문에 검사 결과가 부정확하면 지극히 위험해지는 시험이었다. 혈액 희석제를 과다 처방하면 환자가 과다 출혈을 할 수 있고, 너무 적게 처방하면 치명적인 혈전에 노출될 수 있기 때문이었다. 테라노스는 우리의 기사에 반박할 수 없었지만, 자사의 기술에 문제가 있는 것은 아니라고 다시 한번 주장했다.[7] 그리고 그 이유를 프로트롬빈 시간 테스트는 상업용 장비를 사용하여 정맥 채혈 방식을 사용했기 때문이라고 설명했다. 궁지에 몰린 테라노스는 만일 자사의 기술이 정상 작동한다는 환상을 유지하는 데 도움이 될 수만 있다면 타사의 상업용 분석기를 사용한다는 사실마저 기꺼이 인정하려 했다.

강제로라도 CMS가 감사 보고서를 공개하도록 나는 뉴어크 실험실과 관련된 모든 문서에 대해 정보의 자유법 청원서를 제출하고, 신속하게 일을 진행해 달라고 요청했다. 하지만 헤더 킹은 귀중한 기업 비밀을 노출하지 않기 위해 보고서를 광범위하게 편집하기 전에는 대중에 공개해선 안 된다고 강력히 호소했다.[8] 제재 조치의 위협을 받고 있는 실험실 소유주가 감사 보고서에 수정을 요구한 것이 이번이 처음이라 CMS는 어떻게 대응해야 할지 갈피를 잡지 못했다. 날이 지나갈수록 나는 온전한 감사 결과가 결국 공개되지 않을까 봐 우려하게 됐다.

감사 보고서를 두고 헤더 킹과 줄다리기가 계속되는 와중에 홈즈가 팰로앨토 테라노스의 본사에서 힐러리 클린턴의 대통령 선거 운동을 위한 기금 모금 행사를 개최할 거라는 뉴스가 보도됐다.[9] 홈즈는 클린턴 재단 행사에 참석하고 그들의 딸과 우정을 맺으며 오랫동안 클린턴 가족과의 관계를 발전시켜 왔다. 모금 행사는 결국 샌프란시스코에 사는 기술 기업가의 집에서 열리게 되었지만, 행사 당일의 사진을 보니 홈즈가 마이크를 들고 첼시 클린턴 곁에서 손님들과 담소를 나누고 있었다.[10] 선거는 겨우 8개월만을 남겨두고 있었고 힐러리 클린턴이 유력 후보로 알려져 있었기 때문에, 이는 홈즈가 얼마나 정치적으로 긴밀하게 연관되어 있는지를 일깨워 주는 사건이었다. 심지어 홈즈의 규제 문제마저 없어지게 할 수 있을 정도로 무엇이든 가능해 보였다.

나는 다시 정보원에게 연락하여 이번에는 전체 감사 보고서를 제공해 달라고 설득했다. 121쪽 분량에 달하는 보고서의 내용은 예상한 만큼이나 혹평으로 가득했다. 우선 첫째로 보고서는 지난 가을에 홈즈가 「월스트리트저널」 기술 컨퍼런스에서 거짓말을 했다는 사실을 확증했다. 테라노스가 자체 실험실에서 사용한 장비는 실제로 "에디슨"이라 불렸으며, 250가지 검사 중 고작 12가지의 검사만을 에디슨으로 수행한다고 적혀 있었다. 다른 모든 검사는 상업용 분석기로 실행되었다.

게다가 조사 보고서가 실험실 자체 데이터를 인용한 내용 중 가장 중요한 것은 에디슨이 극도로 불규칙한 결과를 산출한다는 것이었다. 한 달이라는 기간 동안 테라노스는 품질 관리 점검의 3분의 1을 실패했다. 에디슨으로 실행된 혈액 검사 중 테스토스테론 수치에 영향을 미치는 호르몬 측정 검사에서는 믿기 어렵게도 품질 관리 점검을 87%나 실패했다고 적혀 있었다. 전립선암을 진단하는 데 도움이 되는 또 다른 검사는 22%나 실패했다. 동일한 혈액 샘플을 사용하여 상업용 분석기와 에디슨을 비교한 실험에서 두 기계의 결과가 146%나 차이 난다는 결과도 도출되었다. 게다가 타일러 슐츠가 주장한 것처럼, 에디슨이 동일한 결과를 두 번 재현해 낼 수 없다는 사실도 증명됐다. 에디슨으로 수행된 비타민 B12 검사의 변동 계수의 범위는 대부분의 실험실에서 측정되는 2~3%를 훨씬 초과한 34~48%로 측정되었다.

실험실 자체도 엉망으로 운영됐다. 테라노스는 자격이 없는 직원에게 환자 샘플 처리를 맡겼고, 혈액을 잘못된 온도에 보관했으며, 사용 기한이 만료된 시약을 그대로 사용했고, 다른 무엇보다 검사 결과에 결함이 있다는 사실을 환자에게 알리지 않았다.

헤더 킹은 보고서의 유출을 막으려고 했지만 때는 이미 늦었다.[11] 우리는 「월스트리트저널」의 홈페이지에 보고서를 게시하고, 동반하는 기사에 실험실 전문가가 '감사 보고서에 따르면 에디슨의 혈액 검사 결과는 어림짐작 수준에도 미치지 않는다'고 한 말을 인용했다.[12]

며칠 후, CMS가 테라노스로 보낸 새 편지를 우리가 손에 얻은 것이 결정적인 한 방이 되었다.[13] 그 편지에는 감사관이 제시한 45가지의 결함 중 테라노스가 43가지를 시정하지 못했으니 향후 2년간 혈액 검사 업계에서 홈즈를 추방하겠다고 경고하는 내용이 적혀 있었다. 감사 보고서와 마찬가지로 테라노스는 편지가 공개되지 않도록 필사적으로 노력했지만 새로운 정보원이 갑자기 내게 연락을 취해 편지를 제공해 주었다.

우리가 이 편지의 내용을 보도하자, 홈즈는 상황의 심각성을 받아들이지 않을 수 없었다.[14] 그녀는 공개적으로 어떠한 반응이라도 해야 했기 때문에, NBC 〈투데이쇼〉에서 진행한 마리아 슈라이버와의 인터뷰에서 "망연자실하다"고 고백했다.[15] 하지만 그녀가 위험에 빠뜨린 환자들에게 용서를 구할 만큼 망연자실하지는 않은 모양이었다. 그러한 모습을 보니 나는 그녀가 회개하는 모습이 마치 연기 같다는 인상을 받았다. 여전히 그녀의 모습에서는 진심 어린 후회나 공감을 느낄 수 없었다.

결국 테라노스의 직원들, 투자자 및 유통 파트너인 월그린 모두가 「월스트리트저널」을 읽고야 비로소 감사 결과와 추방 소식을 알게 된 것이다. 만일 홈즈가 진심으로 상황을 바로잡으려고 했다면, 도대체 왜 보고서가 공개되는 것을 막기 위해 그토록 애썼겠는가?

2016년 5월, 나는 타일러 슐츠에게 도대체 무슨 일이 일어났는지 알아내고자 샌프란시스코 베이 지역으로 돌아왔다. 때는 슐츠와 내가 마운틴 뷰의 맥줏집에서 만난 지 정확히 1년이 된 날이었다. 타일러가 현재 스탠퍼드대학교의 나노 기술학 교수를 도와 연구 프로젝트를 진행하고 있다는 소식을 에리카에게 전해 들은 나는, 렌터카를 타고 팰로앨토로 가서 스탠퍼드 공과대학에서 타일러를 찾았다. 여기저기 묻고 다니다가, 나는 마침내 재료 과학 건물 내의 한 방에서 그를 발견할 수 있었다.

타일러는 나를 보고 놀라지 않았다. 에리카가 그의 진짜 이메일 주소를 알려 주어서, 내가 이미 그에게 방문하겠다고 이메일을 보냈던 것이다. 타일러는 잠깐 만나자는 나의 이메일에 확실히 대답하지 않았다. 하지만 내가 진짜로 찾아가자 그는 마침내 만남에 동의했다. 우리는 학교 식당에 들어가 점심을 먹으며 가벼운 농담을 주고받았다.

타일러는 기분이 좋아 보였다. 그는 스탠퍼드대학교에서 소규모의 연구원들과 함께 캐나다 기업과 협력하여 수백만 달러 규모의 '퀄컴

트라이코더 엑스프라이즈 대회'*에 참여하고 있다고 말했다. 타일러는 그들과 함께 사람의 혈액, 타액 및 생체 신호로 약 12가지의 질병을 진단할 수 있는 휴대용 장치를 제작하고 있다고 설명했다.

대화의 주제가 테라노스로 바뀌자 그는 이마를 찌푸리며 극도로 긴장했다. 그는 다른 사람들이 쉽게 엿들을 수 있는 바깥 장소에서는 이 주제에 대해 논의하고 싶지 않다고 말했다. 그러고는 재료 과학 건물로 돌아가자고 제안했다. 우리는 빈 교실을 찾아가 자리에 앉았다. 식당에서의 편안한 태도는 온데간데없이 사라지고, 타일러는 눈에 띄게 불안해 보였다.

"내가 고용한 변호사들이 당신과 이야기하지 말라고 시켰어요. 하지만 더 이상은 묻어 둘 수가 없어요." 타일러가 말했다.

나는 그가 내게 해 주는 말을 기록에 남기지 않고, 훗날 그가 내게 허락해 주면 그때 기록으로 남기겠다고 약속했다.

그 후 45분 동안 나는 타일러가 할아버지 댁에서 당한 매복 사건과 몇 달간 견뎌 온 법적 협박 이야기를 듣고 경악을 금치 못했다. 그럼에도 불구하고 타일러는 결코 굴복하지 않았던 것이다. 그는 보이즈 실러 로펌에서 보낸 어떠한 서류에도 서명하기를 단호히 거부했다. 만일 그의 용기와 그의 부모님이 변호사를 고용하는 데 쓴 40만 달러가 없었다면 나는 첫 번째 기사를 결코 발표할 수 없었을 것이다. 나는 그가 겪은 고난에 죄책감을 느꼈다.

---

* 퀄컴사 주최로, 출전 팀 중 영화 〈스타트렉〉에 나오는 휴대용 의료기기 '트라이코더'를 최대한 실제처럼 구현하는 팀에게 상금을 수여하는 대회.

그중에서도 가장 마음이 아팠던 것은 타일러와 그의 할아버지와의 관계가 소원해진 것이었다. 조지 슐츠는 내가 기사를 통해 밝힌 내용들을 읽고 나서도 계속해서 홈즈의 편을 들고 있었다. 그와 타일러는 1년 동안 거의 본 적이 없었고, 변호사를 통해서만 의사소통을 했다. 지난 12월, 슐츠 가족은 조지 슐츠의 95번째 생일을 기념하기 위해 샌프란시스코에 그가 소유한 펜트하우스에서 파티를 열었다. 그곳에 홈즈는 참석했지만 타일러는 참석하지 않았다.

타일러는 부모님을 통해 할아버지가 계속해서 테라노스의 약속을 믿는다는 이야기를 들었다. 수년간 극도의 비밀 유지를 주장하다가 갑자기 180도 태도를 바꾸어 홈즈는 2016년 8월 1일 미국 임상 화학자 협회의 연례 회의에서 테라노스 기술의 작동 방식을 밝히겠다고 제안했다.[16] 조지는 그녀의 발표가 불신하는 사람들의 의심을 종식시킬 것이라고 믿었다. 타일러는 도대체 왜 할아버지가 홈즈의 거짓말을 꿰뚫어 보지 못하는지 이해하지 못했다. 대체 어떻게 해야 진실을 받아들일 수 있을까?

헤어질 때 타일러는 내게 끈질기게 기사화를 추진해 주어서 고맙다고 말했다. 대학교 3학년이 끝나고 테라노스에서 여름 인턴십을 할 때부터 지금까지 지난 4년간 테라노스가 그의 인생을 소진했다는 말도 덧붙였다. 나는 반대로 내가 기사를 발표할 수 있도록 도와주고 엄청난 압력을 견뎌 준 것에 감사를 표했다.

그 후로 얼마 지나지 않아 테라노스가 타일러의 변호사에게 우리의 만남에 대해 알고 있다고 말했다. 우리 중 누구도 그날의 만남에 대해 다른 이에게 말한 적이 없었으므로, 우리는 홈즈가 둘 중 하나 혹은 두 사람 모두를 미행하고 있다고 추론했다. 다행히도 타일러는 지나치게 걱정하지 않는 듯했다. "다음번에는 만났을 때 둘이 셀카를 찍어서 홈즈에게 보낼까 봐요. 사설탐정을 고용하는 수고를 덜어 주게요." 타일러가 내게 보낸 이메일에서 농담조로 말했다.

그때 나는 테라노스가 우리 둘 모두를 1년 동안 계속 감시하고 있었다고 의심하기 시작했다. 그리고 에리카 청과 앨런 빔도 마찬가지일 것이라고 생각했다.

홈즈는 〈투데이쇼〉에 출연해 마리아 슈라이버에게 뉴어크 시설이 실패한 것이 자신의 책임이라고 밝혔지만, 그 대가는 발와니가 치러야 했다. 홈즈는 책임을 스스로 뒤집어쓰는 대신 남자 친구를 희생시키는 것을 택했다. 그녀는 발와니와 헤어지고 그를 테라노스에서 해고했다.[17] 그리고 테라노스는 발와니가 퇴사한 것이 자발적인 은퇴라고 거짓 발표했다.

일주일 후, 우리는 테라노스가 2년 동안 에디슨으로 수행한 검사를 포함해 수만 건의 혈액 검사를 무효화하는 것으로 CMS의 추방을 피하려 한다고 보도했다.[18] 즉, 테라노스는 자체 장비로 실행한 혈액 검사 중 단 한 건도 신뢰할 수 없다는 사실을 인정한 셈이었다. 이번에도 역시 홈즈는 무효화된 검사를 비밀로 유지하기를 바랐지만, CMS가 홈즈를 실험실 업계에서 추방하겠다고 경고한 편지를 내게 제공한 새 정보원이 다시 내게 정보를 주었다. 시카고에서는 월그린의 임원들이 무효화된 혈액 검사의 규모를 알고 혀를 내둘렀다. 월그린은 몇 달 동안 테라노스가 환자들에게 미친 영향에 대해 답변을 얻으려고 노력해 왔다. 2016년 6월 12일, 월그린은 테라노스와의 제휴 관계를 종료하고 매장 내 입주한 모든 웰니스 센터를 폐쇄했다.[19]

7월 초, CMS는 실험실 업계에서 홈즈와 테라노스를 추방하겠다는 경고를 실현하여 테라노스에게 또 한 번의 강력한 타격을 주었다.[20] 더욱이 테라노스는 이제 샌프란시스코 연방 지방 검찰청의 범죄 수사 대상 및 증권거래위원회(SEC)의 민사 소송 대상이 되었다.[21] 상황이 이만큼 악화되었는데도 불구하고 홈즈는 여전히 여론의 마음을 돌릴 한 가지 패가 남았다고 생각했다. 그것은 바로 자신의 기술로 세상을 놀라게 하는 것이었다.

8월 초순의 후덥지근한 한 여름 날, 필라델피아 펜실베이니아 컨벤션 센터의 그랜드볼룸에 2,500명이 넘는 사람들이 몰려들었다. 그들은 대부분 미국 임상 화학자 협회의 연례 회의에서 홈즈의 연설을 들었던 실험실 과학자들이었다. 롤링스톤스의 〈악마에게 연민을(Sympathy for the Devil)〉이라는 곡이 스피커를 통해 흘러나오고 있었는데, 그저 우연히 틀은 곡은 아닌 듯했다.

협회가 홈즈를 초대한 것은 회원들 사이에서 논란이었다. 일부 회원들은 최근 몇 달간의 상황을 감안할 때 초대를 취소해야 한다고 강력하게 주장했다. 하지만 협회의 운영자는 평소 고리타분한 이미지인 과학 컨퍼런스가 언론의 주목을 끌고 화제를 일으킬 수 있는 기회라고 보았다. 그리고 그가 옳았다. 그 광경을 구경하기 위해 수십 명의 저널리스트가 필라델피아를 방문했다.

협회의 회장 퍼트리샤 존스의 소개사가 끝난 후 홈즈가 강연대로 나섰다. 그녀는 어두운 재킷 아래에 흰 블라우스를 입고 나왔다. 지난 가을부터 조롱의 대상이 된 검은 터틀넥은 더 이상 볼 수 없었다.

뒤따른 것은 과학적 설명이 아닌 신제품 발표였다. 다음 1시간 동안 홈즈는 거의 3년 전 혈액 진단 서비스를 출시했을 때 제대로 작동하지 않았던 미니랩을 공개하기 시작했다.[22] 테라노스의 기술자와 화학자들이 초창기 단계의 모델 이후로 장치를 개선했지만, 아직 손가락 끝을 찔러 채취한 혈액 샘플을 사용하여 광범위한 분석을 통해 온전히 작동한다는 것을 증명하는 임상 실험은 수행하지 않았다. 홈즈의 프레젠테이션에는 일부 데이터가 포함되어 있었지만, 대부분의 데이터는 팔의 정맥에서 채혈한 혈액 샘플로 검사한 결과였다.[23] 프레젠테이션에 포함되어 있었던 소량의 손가락 채혈 검사 데이터는 오직 11가지의 혈액 검사만을 다루었으며, 독립적으로 검증되거나 동료 과학자들의 심사를 받지 않은 데이터였다. 최근 홈즈는 CMS로부터 임상 실험실 운영을 금지당했지만 아랑곳하지 않았다. 그녀는 미니랩이 테라노스 본사 서버에 무선으로 연결되어 있으며, 중앙 연구소에서 원격으로 환자의 집이나 병원에 배치하여 운영할 수 있다고 설명했다.

실제로 홈즈는 와이파이나 통신망을 통해 휴대용 혈액 진단기를 원격으로 운영하겠다는 그녀의 원래 비전으로 급선회하고 있었다. 물론, 이렇게 된 마당에 FDA의 허가 없이 그러한 시스템을 상업화한다는 것은 의심할 여지없이 논외의 일이었다. 게다가 FDA가 원하는 수준의 철저한 연구를 종합하려면 몇 년이 걸릴 터였다. 그랬기에 애초에 FDA를 우회하려고 했던 것이었다.

이제 홈즈가 범죄 수사를 받는 와중에 FDA의 규제를 피해갈 수 있는 확률은 극히 적었지만, 그녀가 자신 있는 태도로 관객 앞에서 매끄러운 프레젠테이션을 선보이는 것을 보았을 때 나는 그녀가 지금까지 어떻게 그 자리에 도달할 수 있는지 다시금 깨닫게 되었다. 홈즈는 엄청난 세일즈우먼이었다. 그녀는 단 한 번도 말문이 막히거나, 맥락을 벗어난 적이 없었다. 또한 공학 및 임상 실험 용어를 자연스럽게 사용했으며, 신생아 집중 치료실에서 신생아들이 수혈을 받지 않게 하고 싶다는 이야기를 하며 진심 어린 감정도 표현할 줄 알았다. 그녀의 우상인 스티브 잡스와 마찬가지로 홈즈는 현실 왜곡의 장을 일으켜 사람들로 하여금 일시적으로 그녀를 다시 믿게 만들었다.

하지만 질의응답 시간에 홈즈에게 질문하기 위해 무대로 올라온 3명의 패널 중 한 명인 뉴욕 웨일 코넬 의료 센터의 병리학 부교수 스티븐 매스터가 미니랩의 성능이 그녀의 원래의 주장에 훨씬 못 미친다고 지적하면서 그녀의 마법이 깨어졌다. 그의 발언은 청중에게 큰 박수를 받았다. 홈즈는 〈투데이쇼〉에서 보였던 회개하는 모습으로 돌아가 테라노스가 아직 실험실 공동체에 "참여"하기 위해 아직 할 일이 많이 남아 있음을 인정했다. 하지만 역시 사과하거나 잘못을 인정하지는 않았다.

그 후 중국 홍콩 대학의 병리학 교수인 네니스 로사 미니랩과 테라노스가 기존에 환자 혈액을 검사하기 위해 사용하는 기술 사이의 차이점을 묻자 홈즈는 질문을 회피했다. 이는 피하기에는 거대한 쟁점이었지만, 그 자리에 모인 수백 명의 병리학자들은 그녀의 이런 무책임한 태도에도 불구하고 예의 바르고 공손하게 행동했다. 아무도 그녀를 향해 야유하지 않았다. 홈즈가 질의응답 시간이 끝나고 무대를 내려오려고 뒤돌았을 때 점잖은 분위기가 잠시 깨졌을 뿐이었다. 흩어지는 관객 사이에서 어떤 이가 "당신은 사람을 해치고 있다"고 소리질렀다.

만일 홈즈가 미니랩을 발표함으로써 자신의 이미지를 회복하고 언론의 분위기 쇄신을 바랐다면 그 희망은 협회 회의가 끝난 후 잇따라 발표된 비판적인 기사로 깨져 버렸다. 「와이어드」지의 헤드라인이 이러한 대중의 반응을 가장 잘 표현했다. "테라노스가 오명을 씻을 기회를 걷어차고 그 대신 빠져나가려고 하다."[24]

「파이낸셜 타임즈」와의 인터뷰에서 워싱턴 대학교의 병리학 교수인 제프리 베어드Geoffrey Baird는 홈즈의 프레젠테이션에 "우스꽝스러울 정도로 소량의 데이터가 포함되어 있었다"고 말하며, "학기말 리포트를 제출하기 전날 밤 급조한 것 같은 느낌이었다"고 밝혔다.[25] 다른 임상실험 전문가들은 미니랩의 여러 구성 요소 중 그 어느 것도 새로운 것이 아니라고 재빨리 지적했다. 테라노스가 한 것이라고는 소형화하여 하나의 상자 안에 모두 집어넣은 것일 뿐이라는 설명이었다.

홈즈가 컨퍼런스에서 소개한 미니랩 검사 중 하나는 전 세계 신생아 수천 명의 뇌를 손상시킨, 모기를 통해 전염되는 지카 바이러스 검사였다. 테라노스는 손가락 채혈 검사로는 최초라며 FDA에 비상용허가를 신청하였다. 하지만 또 하나의 당혹스러운 문제가 발생했는데, FDA의 검사관이 테라노스가 그 연구에 기본적인 환자의 안전장치를 포함하지 않아서 신청서를 철회하도록 요구했던 것이다.[26]

홈즈가 임상 화학자 협회의 회의에서 해결책을 내놓을 수도 있다는 가능성 때문에 테라노스의 불안해하는 투자자들이 반란을 일으키지 못하도록 막을 수 있었다. 하지만 프레젠테이션 이후 홈즈가 혹평을 당하고 지카 바이러스 검사가 실패로 돌아갔다는 소식이 헤드라인을 장식하자, 투자자 중 파트너 펀드가 참을 만큼 참았다며 들고 일어섰다. 2014년 초 테라노스에 1억 달러 가까이 투자한 샌프란시스코의 헤지펀드 기업 파트너 펀드는 델라웨어주 형평법 법원에서 홈즈와 발와니와 테라노스가 "일련의 거짓말, 물적 허위 발언 및 누락"으로 속여 왔다고 주장하며 그들을 고소했다.[27] 은퇴한 은행원 로버트 콜먼 Robert Colman이 이끄는 또 다른 투자자들이 샌프란시스코 연방 법원에서 별도의 소송을 제기했다.[28] 그들도 증권 사기 혐의를 제기하며, 집단 소송 진행을 요구했다.

다른 투자자들은 대부분 소송에 참여하지 않았는데, 지분을 더 할당받는 대신 소송을 제기하지 않기로 약속했기 때문이었다.[29] 한 가지 주목할 만한 예외는 루퍼트 머독이었다. 언론계 거물인 머독은 자신이 가지고 있던 테라노스의 주식을 모두 1달러에 처분하여 손실로 신고하고, 다른 투자로 얻은 수익에 관해 세금을 대폭 감면받을 수 있었다.[30] 120억 달러의 자산을 가진 머독은 잘못된 투자의 대가로 1억 달러를 잃을 여유가 있었던 것이다.

데이비드 보이즈와 그의 법률 회사인 보이즈 실러 플렉스너 또한 연방 수사에 어떻게 대응해야 할지에 대해 홈즈와 언쟁한 후 테라노스의 법률 업무를 중단했다.[31] 또 다른 대형 로펌인 윌머 헤일Wilmer-Hale이 그 자리를 대신했다. 홈즈가 임상 화학자 협회 회의에 참석하고 한 달 후 헤더 킹은 보이즈 실러 팰로앨토 사무실의 파트너 변호사로 복

직했다.[32] 보이즈는 몇 달 후 테라노스 이사회를 떠났다.[33]

테라노스에 총 1억 4천만 달러를 투자한 월그린도 "가장 기본적인 품질 기준 및 법적 요구 사항"을 충족시키지 못했다고 테라노스를 비난하며 자체적으로 소송을 제기했다.[34] 월그린은 고소장에 "인간의 건강과 관련된 모든 사업이 그렇듯, 월그린과 테라노스 간 계약의 근본적인 전제는 사람을 돕고 그들에게 해를 끼치지 않는 것"이라고 밝혔다.

처음에는 CMS의 추방 결정에 항의하려던 홈즈는 이를 받아들이고 캘리포니아의 실험실과 상업용 분석기를 주로 사용한 애리조나주의 두 번째 실험실도 폐쇄했다.[35] 애리조나 시설이 폐쇄되기 전에 그곳을 감사했던 CMS는 그곳에서도 수많은 문제를 발견했다.[36]

애리조나주 검찰총장과의 합의에서 테라노스는 차후에 465만 달러를 애리조나주에 지불하고 주에서 테라노스의 혈액 검사를 이용한 76,217명의 고객에게 환급해 주는 데 동의했다.[37]

테라노스가 캘리포니아주와 애리조나주에서 결국 무효화하거나 수정한 검사 결과의 수는 거의 1백만 건에 이르렀다.[38] 이 모든 검사로 인해 환자가 받은 피해는 파악하기 어렵다. 그중 10명의 환자가 소비자 사기 및 의료법 위반으로 테라노스를 상대로 소송을 제기했다. 환자 중 한 명은 테라노스의 혈액 검사가 그의 심장병을 미리 감지하지 못하여 충분히 예방 가능했던 심장마비로 고통받았다고 주장했다. 여러 소송들이 애리조나주 연방 법원에서 하나의 집단 소송으로 통합되었다. 법원에서 원고가 위법 행위를 입증할 수 있을지 여부는 아직 밝혀지지 않았다.

하지만 한 가지는 확실하다. 만일 병리학 블러그의 애덤 클래퍼가 내게 연락을 취했을 때 테라노스가 일부 매장에서만 실시하고 있던 혈액 검사를 미국 전역의 월그린 점포 8,134곳으로까지 확대했다면, 제때 치료를 받지 못하거나 잘못된 치료로 사망한 환자의 수가 기하급수적으로 증가했으리라는 것이다.

「월스트리트저널」에 첫 기사가 발표된 다음날 홈즈는 내 기사에 반박하기 위해 혈액 진단기에서 추출한 임상 데이터를 발표하겠다고 단언했다. 2015년 10월 26일, 클리블랜드 클리닉이 주최한 컨퍼런스에서 홈즈는 "데이터야말로 자명한 증거다"라고 말했다. 그리고 그로부터 2년 3개월이 지난 후에야 마침내 그 약속을 이행했다. 2018년 1월, 테라노스는 상호 심사 과학 학술지 「생명공학 및 중개 의학(Bioengineering and Translational Medicine)」에서 미니랩에 관한 논문을 발표했다. 논문은 혈액 진단기의 구성 요소와 내부 동작에 대해 설명하고, FDA의 인증을 받은 다른 장비들과 차별되는 자체 기술을 보유하고 있음을 나타내는 일부 데이터에 대해 설명했다. 하지만 한 가지 숨은 문제가 있었다. 테라노스가 연구에 사용한 혈액은 팔에 바늘을 꽂아 기존의 채혈 방식으로 채취한 혈액이었다. 홈즈가 애초에 내걸었던, 손가락 끝을 찔러 한두 방울의 혈액을 채취하여 신속하고 정확하게 진단 결과를 낼 수 있다는 전제는 이 논문에서 다뤄지지 않았다.

자세히 읽어 보니 또 다른 중요한 결점이 드러났다. 첫 번째로, 이 논문은 단지 몇 차례의 혈액 검사를 실시하여 얻은 소량의 데이터에 기반했다. 그중 HDL 콜레스테롤과 LDL 콜레스테롤 검사의 결과는

FDA의 인증을 받은 기계의 결과와 비교했을 때 "권장 한도를 초과했다"고 테라노스 역시 직접 인정할 정도로 오차 범위가 있었다. 또한 기존에 홈즈가 테라노스의 기술이 소량의 혈액으로 몇 십 가지의 검사를 동시에 실시할 수 있다고 주장한 것과 달리 한 번에 하나의 검사만 분석한 결과라고 인정했다. 마지막으로, 테라노스는 아직 모든 구성 요소를 하나의 장치 안에 끼워 넣는 방법을 찾지 못했기 때문에 검사마다 미니랩의 구조를 다르게 구성해야 했다. 이 모든 것은 2013년 가을, 홈즈가 월그린 매장에서 테라노스 혈액 진단 서비스를 시작할 때 선전했던 혁명적인 돌파구와는 거리가 멀었다.

논문의 공동 저자 중 홈즈의 이름은 열거되었지만 발와니의 이름은 기재되지 않았다. 2016년 봄에 발와니는 홈즈와 헤어지고 회사에서 떠난 후 마치 지구에서 사라진 듯했다. 홈즈는 2013년에 발와니가 유한 책임 회사를 통해 900만 달러를 지불하고 구매한 610평방미터 규모의 애서턴 주택에서 나왔는데, 발와니가 계속 그곳에 사는지는 확실하지 않았다. 한동안 테라노스 직원들 사이에 그가 연방 수사를 피하기 위해 해외로 도주했다는 추측이 파다했다.

2017년 3월 6일 아침, 그 소문은 타일러 슐츠가 샌프란시스코 미션 스트리트에 있는 깁슨 던 크러처Gibson, Dunn&Crutcher 로펌의 회의실에 들어섰을 때 마침내 사그라졌다. 파트너 펀드 소송에서 타일러의 진술에 참석한 변호사 여섯 명 가운데에 테라노스 직원들에게 언제나 성을 내고 위협적인 모습으로 친숙했던 자그마한 체구의 남자가 서 있었다. 서니 발와니는 해당 소송의 피고인이었으므로 그 자리에 참석한 것이 의외였으나, 오로지 증인을 위협하기 위해 참석한 듯했다.

만약 그것이 발와니의 실제 목적이었다면, 그는 목적을 달성할 수 없었다. 그 후 8시간 반이라는 시간 동안 타일러는 질문에 정직하게 대답하는 데 초점을 맞추었고, 회의 책상 다른 쪽 끝에 앉아 있는 성질급한 전 상사의 존재를 철저히 무시했다. 7주 후, 테라노스는 발와니의 진술 전날 파트너 펀드에 4,300만 달러를 지불하기로 합의했다. 그리고 얼마 후 월그린과의 소송에서도 2,500만 달러가 넘는 배상금에 합의했다.

2017년 말까지 테라노스는 투자자로부터 조달한 9억 달러의 대부분을 법정 소송 비용으로 소모하며 자금을 모조리 바닥냈다. 몇 차례의 정리 해고로 인해 직원의 규모는 2015년 기준 800명에서 130명 미만으로 줄어들었다. 게다가 사무실 임대료를 절약하기 위해 남은 직원들을 모두 샌프란시스코 베이의 뉴어크 시설로 옮겼다. 조만간 파산할 것이라는 공포가 사내에 떠돌았다. 하지만 크리스마스 며칠 전, 홈즈는 사모 투자 펀드사로부터 1억 달러의 대출을 확보했다고 발표했다. 하지만 재정적 생명줄에는 엄격한 조건이 붙었다. 대출은 테라노스의 특허 포트폴리오를 담보로 제공되며, 특정 개발과 운영 목표를 충족시켜야 했다.

그 후 3개월도 채 안 되어 다시 벽이 조여들어 오기 시작했다. 2018년 3월 14일, 미국 증권거래위원회(SEC)는 테라노스와 홈즈, 발와니를 "장기간의 정교한 사기 행각"을 저지른 혐의로 고소했다. 증권거래위원회의 민사 소송을 취하하기 위해 홈즈는 회사의 투표권을 포기하고, 주식의 상당 비중을 돌려주고 50만 달러의 벌금을 물어야 했다. 또한 차후 10년 동안 상장 회사의 임원 또는 이사로 재직할 수 없다는 데에 동의했다. 증권거래위원회는 발와니와 도저히 합의에 도달할 수 없어서 결국 그를 캘리포니아 연방 법원에 제소했다. 그 사이 형사 수사는 계속해서 속도가 붙었다. 이 글을 쓰는 시점에도 투자자들과 연방 공무원에게 사기를 친 혐의로 홈즈와 발와니의 형사 기소는 여전히 진행형일 것으로 보인다.

"베이퍼웨어vaporware"는 1980년대 초반에 생긴 용어로, 컴퓨터 소프트웨어나 하드웨어 분야에서 새로운 제품이 미리 발표되어 엄청난 주목을 받지만 실제로 출시되기까지는 여러 해가 걸리거나, 결국 출시되지 못하는 현상을 일컫는다. 이는 컴퓨터 업계의 빠르고 느슨한 마케팅 경향을 반영한 용어다. 마이크로소프트, 애플, 오라클은 모두 한때 이 관행에 가담해 비난을 받았다. 이러한 과장된 마케팅은 실리콘밸리를 정의하는 특징이 되었다. 하지만 이로 인해 소비자들이 받는 피해가 좌절감과 실망감이라고 본다면 상대적으로 사소한 것일 뿐이다.

홈즈는 실리콘밸리의 중심에 있는 기술 회사들과 테라노스를 동일시하여 실제로 제품이 개발될 때까지 허위로 마케팅을 하며 사기 행각을 지속했고, 속임수를 숨기기 위해 극단적인 방법까지 동원했다. 실리콘밸리의 많은 회사들이 직원에게 기밀 유지 서약서에 서명하라고 요청하지만, 기밀 유지에 대한 테라노스의 집착은 그들과 차원이 달랐다. 테라노스는 직원들이 비즈니스 전문 소셜 네트워크 서비스인 링크드인 프로필 직장 부분에 "테라노스"라는 회사명을 기재하는 것조차 금지했다. 그 대신 직원들은 "생명공학 사기업"에 근무하고 있다고 적어야 했다. 퇴사한 일부 직원들은 회사에 대해 인터넷에 지나치게 상세한 게시글을 올렸다는 이유로 테라노스가 고용한 변호인에게 정지명령장*을 받았다. 발와니는 주기적으로 직원들의 이메일과 인터넷 검색 기록을 감시했다. 또한 구글이 크롬 브라우저를 통해 테라노스의 R&D를 감시할 수도 있다는 논리로 직원들의 크롬 사용을 금지했다. 또한, 뉴어크의 사무실 단지에서 일하는 직원들이 단지 내의 체육관을 이용하는 것을 금지했는데, 이유는 직원들이 타 회사 직원들과 어울리지 못하게 하기 위해서였다.

테라노스 사내의 "노르망디"라고 불리는 임상 실험실에서는 에디슨 장비 주변에 칸막이가 설치되어 있었다. 이는 지멘스사에서 구매한 기계를 점검하러 지멘스 기술자가 방문했을 때 그들이 에디슨을 보지 못하도록 막는 용도였다. 칸막이는 방을 미로처럼 만들고 출구도 막았다. 창문에는 색을 입혀 외부에서 볼 수 없게 만들었고, 그에 덧대어 안쪽 창문에는 불투명한 플라스틱 시트도 부착했다. 실험실로 이어지는 복도와 실험실 문에는 지문 스캐너가 장착됐다. 게다가 동시에 두 명 이상이 출입하면 센서가 경보음을 울리고 카메라가 사진을 찍어 보안실로 보냈다. 감시 카메라는 사방팔방에 설치되어 있었다. 감시 카메라는 검푸른 돔 형태의 카메라였다. 이 돔 커버 때문에 카메라 렌즈가 어느 방향을 찍는지 전혀 짐작할 수 없었다. 표면상의 이유는 기업 비밀을 보호하는 것이었지만, 테라노스의 현 기술 상태의 진실을 은폐하려는 홈즈의 수단이었음이 분명하다.

---

* Cease and desist, 미국에서 주로 쓰이는 법률 개념으로 중단하지 않을 경우 법적 조치에 들어갈 것을 알리는 내용이 담겨 있다.

실제 개발 상황을 은폐하면서 자금을 확보하기 위해 제품을 과대 선전하며, 결국 개발이 현실을 따라 잡기를 바라는 전략은 기술 업계에서 계속 용인되고 있다. 하지만 테라노스는 전통적인 의미의 기술 회사가 아니라는 점을 명심해야 한다. 다른 무엇보다도 테라노스는 의료 기업이었다. 그리고 테라노스의 제품은 소프트웨어가 아니라 사람들의 혈액을 분석하는 의료 기기였다. 홈즈의 명성이 가장 높았던 때, 그녀가 미디어와 진행한 인터뷰와 공개 석상에서 직접 지적했듯이 의사들은 환자 치료의 70%를 실험실 혈액 검사 결과에 기반해 진행한다. 그들은 당연히 의료 기기가 광고된 대로 작동하기를 기대한다. 그렇지 않으면 환자의 건강이 위협받게 되기 때문이다.

그런데 홈즈는 어떻게 사람들의 목숨을 두고 도박을 벌인 일을 합리화할 수 있었을까? 한 가지 생각해 볼 수 있는 것은 그녀가 발와니의 사악한 영향에 사로잡혔을 수도 있다는 것이다. 이 논리라면 발와니가 홈즈의 스벵갈리, 즉 조련사였고, 자신은 너무 나이가 많고 인도 출신의 남성이라 할 수 없는 일이라 생각하여 순진하고 무고하며 큰 꿈을 지닌 홈즈를 실리콘밸리가 원하는 조숙하고 젊은 여성 창업자로 만든 것이었을 수도 있다. 물론 발와니가 악영향을 미친 것에는 의심의 여지가 없다. 하지만 모든 책임을 발와니에게 지우는 것은 부적절할 뿐만 아니라 부정확하다. 두 사람을 가까이에서 본 직원들은 홈즈가 발와니보다 20세 가까이 어리기는 해도 둘 사이의 최종 결정권자는 홈즈였다고 묘사했다. 더욱이 발와니는 2009년 말이 되어서야 테라노스에 입사했다. 그때 홈즈는 이미 여러 해 동안 기술 개발 진행도에 대해 제약 회사들에 허위 광고를 하고 있었다. 게다가 최고재무책임자를 협박하고 전직 직원들을 고소하는 등의 행동으로 홈즈는 이미 나이든 남성에게 조종당한 선의의 젊은 여성이라고는 보기 힘든 무자비한 태도를 여러 차례 보였다.

홈즈는 자신의 행동을 정확히 이해하고 있었으며 철저히 통제하고 있었다. 2011년 여름, 한 전직 직원이 테라노스에서 입사 면접을 본 후 홈즈에게 회사 이사진의 역할에 대해 물었다. 그녀는 그 질문에 불쾌감을 드러냈다. 그때 홈즈는 "이사진들은 단순히 자리를 차지하고 있을 뿐이다. 이곳에서의 결정은 전부 내가 내린다"라고 대답했다고 한다. 홈즈의 심기가 불편하다는 사실이 너무나도 명백해 그는 면접을 망쳤다고 생각했다. 2년 후, 홈즈는 이사회가 자리를 차지하는 것 외에 아무것도 할 수 없게 만들었다. 2013년 12월, 홈즈는 자신이 소유한 모든 주식에 한 주당 100표를 부여하는 결의안을 강제로 통과시켰고, 그 결과 사내 투표권의 99.7퍼센트를 부여 받았다. 그 시점부터 테라노스의 이사회는 홈즈 없이는 정족수를 채울 수조차 없었다. 훗날 조지 슐츠는 "테라노스에서 이사회는 어떠한 투표도 하지 않았다. 투표는 무의미했다. 모든 결정은 엘리자베스가 내렸다"라고 진술했다. 이는 이사회가 왜 법률 회사를 고용해 회사에 대해 독자적인 조사를 수행하지 않았는지에 대한 이유를 설명하기에 충분했다. 주식 공개 회사의 경우, 언론에서 폭로 기사가 보도되면 보통 며칠에서 몇 주 이내로 그런 수사가 진행된다. 하지만 테라노스에서는 홈즈의 동의 없이는 아무것도 결정하거나 수행할 수 없었다.

오히려 이 모든 일의 배후는 홈즈였다. 그녀는 계속해서 사람들을 손 안에 쥐고 자신을 따르도록 설득했다. 최초로 그녀의 주술에 매혹된 것은 스탠퍼드 공과대학의 채닝 로버트슨 교수였다. 로버트슨의 명성은 홈즈가 고작 십대 소녀였을 때 그녀의 신뢰도를 높이는 데 도움이 되었다. 그 다음은 노령의 벤처 투자가 도널드 L. 루커스였다. 그의 후원과 인맥 덕분에 홈즈는 투자금을 모을 수 있었다. 월그린의 닥터 J와 웨이드 미클롱, 그리고 세이프웨이의 CEO인 스티브 버드도 있었고, 그 뒤로는 제임스 매티스, 조지 슐츠, 그리고 헨리 키신저로 이어졌다. (테라노스와 연관되었다는 사실은 매티스가 도널드 트럼프 행정부의 국방부 장관으로 임명받는 데 전혀 장애가 되지 않았다.) 이 목록은 데이비드 보이즈와 루퍼트 머독으로 완성된다. 이 외에도 홈즈의 매력과 지성, 카리스마에 현혹된 사람은 수두룩하다.

소시오패스는 양심이 거의 없거나 전무한 사람으로 묘사된다. 홈즈가 소시오패스라는 임상 프로필에 딱 들어맞는지는 심리학자들이 판단하도록 맡기겠다. 하지만 그녀의 도덕적 나침반이 심각하게 비뚤어졌다는 데는 의심의 여지가 없다. 홈즈가 15년 전 처음 스탠퍼드에서 자퇴했을 때부터 투자자들을 속이고 환자들에게 해를 끼칠 의도를 갖고 있던 건 아닐 것이라고 생각한다. 무엇보다 그녀에겐 진정으로 믿고 실현하고자 했던 비전이 있었고, 그 비전을 실현하기 위해 온몸을 바쳤다. 그러나 "유니콘" 붐의 골드러시 가운데 두 번째 스티브 잡스가 되기 위해 노력을 다한 그녀는 선의의 조언을 듣지 않고, 절차나 원칙을 무시하기 시작했다. 홈즈의 야망은 탐욕스러웠고 간섭을 용납하지 않았다. 부와 명예를 얻는 길에 부수적인 피해가 생기는 것은 어쩔 수 없는 일이라고 생각했던 것이다.

테라노스 스캔들을 조사해 쓴 「월스트리트저널」의 제 기사에서 시작된 이 책은 2015년과 2016년을 걸쳐 개인적으로 큰 위험을 안고 도움을 주신 정보원들의 도움 없이는 탄생하지 못했을 것입니다. 그중 몇 명은 타일러 슐츠와 같이 그 이후 공식적으로 의견을 표명하고 신원을 밝힌 분들도 있습니다. 다른 이들은 가명이거나 무명 출처로만 언급되었습니다. 정보원들은 모두 테라노스의 잘못된 혈액 검사로 인해 피해를 입은 환자를 보호하는 것을 가장 걱정했습니다. 그들의 정직성과 용기에 영원히 감사드립니다. 그들이 바로 이 이야기의 진정한 영웅입니다.

또한 이 책은 초반의 두려움을 이겨내고 저를 도와 회사의 15년 역사를 재구성하는 데 도움을 주신 전직 테라노스 직원 수십 명 없이는 불가능했을 것입니다. 저라는 한 사람에게 그들은 관대하게도 시간을 내어 주었고, 이 책이 탄생할 수 있도록 전폭적으로 지지해 주었습니다. 또한 혈액 진단에 관한 불가사의하고도 매혹적인 과학을 가르쳐 주신 실험 전문가들에게도 빚이 있습니다. 특히 뉴욕 웨일 코넬 의료 센터의 스티븐 매스터는 출간 전에 친절히도 원고를 검토해 제가 오류를 범하지 않도록 도와주었습니다.

이 책은 2015년 초에 얻은 한 정보에서 시작됐습니다. 제가 이 정보를 따라갈 수 있도록 굳건한 지지와 자유를 주신 「월스트리트저널」의 편집장 마이크 시코놀피에게 감사를 드립니다. 마이크는 저뿐만 아니라 여러 세대의 기자들의 멘토이며, 「월스트리트저널」이라는 위대한 언론 기관의 지도자입니다. 이 사건을 조명하기 위해 제게 협력해 주신 분은 마이크뿐만이 아닙니다. 현재 다우 존스 앤 컴퍼니Dow Jones & Co.의 법률 고문인 제이슨 콘티와 그의 보좌관 제이컵 골드스타인Jacob Goldstein은 기사를 위해 조사하고 테라노스가 고용한 변호사들의 법적 위협을 막는 데 무수한 시간을 보냈습니다. 또한 1년 넘는 시간 동안 규제 관련 질문에 도움을 주고 또 책을 쓰기 위해 잠시 일을 쉬는 동안 대신 제 일을 맡아 준 조사팀 동료 크리스토퍼 위버Christopher Weaver에게도 깊은 감사의 말씀을 전합니다.

「월스트리트저널」에서 일하면서 얻은 것 중 하나는 지난 몇 년 동안 동료들과 쌓아 온 우정입니다. 그중 크리스토퍼 스튜어트Christopher Stewart는 여러 논픽션 서적을 집필했기에 관대하게도 출판 업계 전문 지식과 모든 인맥을 알려 주었습니다. 크리스토퍼를 통해 플레처 앤 컴퍼니Fletcher & Company의 에릭 루퍼Eric Lupfer씨를 만날 수 있었습니다. 그는 이 책의 잠재력을 즉시 알아보고, 여러 방해에도 불구하고 계속해서 이 길을 나아갈 수 있도록 격려해 주었습니다. 에릭의 지속적인 긍정적 사고는 전염이 되어 스스로 의심에 빠질 때면 완벽한 해독제가 되어 주었습니다.

이 책이 크노프Knopf와 앤드루 밀러Andrew Miller의 능숙한 손에 맡겨진 것은 제게 엄청난 행운이었습니다. 앤드루의 열정과 저에 대한 확고한 믿음은 이 책이 결실을 맺는 데 필요한 확신을 주었습니다. 또한 앤드

루의 상사인 크노프 더블데이 출판 그룹Knopf Doubleday Publishing Group의 회장 소니 메타Sonny Mehta의 지원을 받게 되어 영광이었습니다. 제가 랜덤하우스 타워에 들어선 순간부터 앤드루와 소니와 여러 동료들은 저를 환영해 주었고, 마치 집에 온 것처럼 편안하게 만들어 주셨습니다. 부디 이 책이 그들의 기대에 부응했기를 바랍니다.

이 책을 위해 지난 3년 반이라는 시간을 바쳤습니다. 이 모든 것을 통해 저는 친구들과 가족의 충고와 지원, 따뜻함에 의지할 수 있어 매우 다행이었습니다. 이앤스 두건Ianthe Dugan, 파울로 프라다Paulo Prada, 필립 시시킨Philip Shishkin, 매슈 카민스키Matthew Kaminski와 다른 여러 분들이 저를 격려해 주시고 제게 꼭 필요했던 기분 전환을 시켜 주셨습니다. 저의 부모님 제인Jane과 제라드Gérard와 여동생 알렉산드라Alexandra는 제가 결승점에 도달할 때까지 응원해 주었습니다. 그러나 저의 가장 위대한 힘과 영감의 원천은 인생을 함께하는 네 명, 즉 아내 몰리Molly와 우리의 세 자녀, 서배스천Sebastian, 잭Jack, 프란체스카Francesca이었습니다. 이 책을 그들에게 바칩니다.

프롤로그

1. Email with the subject line "Message from Elizabeth" sent by Tim Kemp to his team at 10:46 a.m. PST on November 17, 2006.
2. Simon Firth, "The Not-So-Retiring Retirement of Channing Robertson," Stanford School of Engineering website, February 28, 2012.
3. VC Experts report on Theranos Inc. created on December 28, 2015.
4. PowerPoint titled "Theranos: A Presentation for Investors" dated June 1, 2006.

제1장 목적 있는 삶

1. Ken Auletta, "Blood, Simpler," New Yorker, December 15, 2014.
2. P. Christiaan Klieger, *The Fleischmann Yeast Family* (Charleston: Arcadia Publishing, 2004), 9.
3. Ibid., 49.
4. Sally Smith Hughes, interview of Donald L. Lucas for an oral history titled "Early Bay Area Venture Capitalists: Shaping the Economic and Business Landscape," Bancroft Library, University of California, Berkeley, 2010.
5. Obituary of George Arlington Daoust Jr., *Washington Post*, October 8, 2004.
6. Auletta, "Blood, Simpler."
7. Ibid.
8. Roger Parloff, "This CEO Is Out for Blood," *Fortune*, June 12, 2014.
9. Rachel Crane, "She's America's Youngest Female Billionaire—and a Dropout," CNNMoney website, October 16, 2014.
10. Parloff, "This CEO Is Out for Blood."
11. Ibid.
12. *Theranos, Inc. and Elizabeth Holmes v. Fuisz Pharma LLC, Richard C. Fuisz and Joseph M. Fuisz*, No. 5:11-cv-05236-PSG, U.S. District Court in San Jose, trial tran-

script, March 13, 2014, 122-23.

13. Sheelah Kolhatkar and Caroline Chen, "Can Elizabeth Holmes Save Her Unicorn?" *Bloomberg Businessweek*, December 10, 2015.

14. Danielle Sacks, "Can VCs Be Bred? Meet the New Generation in Silicon Valley's Draper Dynasty," *Fast Company*, June 14, 2012.

15. Theranos Inc. confidential summary dated December 2004.

16. John Carreyrou, "At Theranos, Many Strategies and Snags," *Wall Street Journal*, December 27, 2015.

17. VC Experts report on Theranos Inc.

18. "Theranos: A Presentation for Investors," June 1, 2006.

19. "Stopping Bad Reactions," *Red Herring*, December 26, 2005.

20. The email ended with: Email with the subject line "Happy Happy Holidays" sent by Elizabeth Holmes to Theranos employees at 9:57 a.m. PST on December 25, 2005.

제2장 접착제 로봇 '에디슨'

1. VC Experts report on Theranos Inc., created on December 28, 2015.

2. Rachel Barron, "Drug Diva," *Red Herring*, December 15, 2006.

3. "Theranos: A Presentation for Investors," June 1, 2006.

4. Mike Wilson, *The Difference Between God and Larry Ellison* (New York: William Morrow, 1997), 94-103.

5. Email with the subject line "Congratulations" sent by Elizabeth Holmes to Theranos employees at 11:35 a.m. PST on August 8, 2007.

6. *Theranos Inc. v. Avidnostics Inc.*, No.1-07-cv-093-047, California Superior Court in Santa Clara, complaint filed on August 27, 2007, 12-14.

7. Anthony K. Campbell, "Rainbow Makers," *Chemistry World*, June 1, 2003.

제3장 스티브 잡스의 그늘 아래

1. John Markoff, "Apple Introduces Innovative Cellphone," *New York Times*, January 9, 2007.

2. Ana used to be a man named George. She transitioned from male to female after she worked at Theranos.

3. Email with the subject line "IT" sent by Justin Maxwell to Ana Arriola in the early morning hours of September 20, 2007.

4. Walter Isaacson, *Steve Jobs* (New York: Simon & Schuster, 2011), 259, 300, 308.

5. Email was sent by Ana Arriola to Elizabeth Holmes and Tara Lencioni at 2:57 p.m. PST on November 15, 2007.

6. Email sent by Elizabeth Holmes to Ana Arriola at 3:27 p.m. PST on November 15, 2007.

7. Email with the subject line "RE: Waiver & Resignation Letter" sent by Michael Esquivel to Avie Tevanian at 12:41 a.m. PST on December 23, 2007.

8. Email with the subject line "RE: Waiver & Resignation Letter" sent by Michael Esquivel to Avie Tevanian at 11:17 p.m. PST on December 24, 2007.

9. Letters from Avie Tevanian to Don Lucas dated December 27, 2007.

제4장 이스트 팰로앨토와 작별하다

1. Confidential "Theranos Angiogenesis Study Report."

2. John Carreyrou, "At Theranos, Many Strategies and Snags," *Wall Street Journal*, December 27, 2015.

3. Email with the subject line "Reading Material" sent by Justin Maxwell to Elizabeth Holmes at 7:54 p.m. PST on May 7, 2008.

4. Email with the subject line "official resignation" sent by Justin Maxwell to Elizabeth Holmes at 5:19 p.m. PST on May 9, 2008.

제5장 어린 시절의 이웃

1. *Theranos, Inc. et al. v. Fuisz Pharma LLC et al.*, deposition of Lorraine Fuisz taken on June 11, 2013, in Los Angeles, 18-19.

2. Ibid., 19-20.

3. Ibid., 54.

4. P. Christiaan Klieger, *Moku o Lo'e: A History of Coconut Island* (Honolulu: Bishop Museum Press, 2007), 54-121.

5. Deposition of Lorraine Fuisz, 52.

6. Ibid., 22.

7. Ibid., 35.

8. Ibid., 23–24.

9. Ibid., 55–56, 100–101.

10. *Theranos, Inc. et al. v. Fuisz Pharma LLC et al.,* deposition of Richard Fuisz taken on June 9, 2013, in Los Angeles, 92–93.

11. *Theranos, Inc. et al. v. Fuisz Pharma LLC et al.,* deposition of Christian R. Holmes IV taken in Washington, D.C., on April 7, 2013, 30.

12. Deposition of Lorraine Fuisz, 34.

13. Ibid., 65–68.

14. Ibid.

15. Email without a subject line sent by Richard Fuisz to me at 10:57 a.m. EST on February 2, 2017.

16. Thomas M. Burton, "On the Defensive: Baxter Fails to Quell Questions on Its Role in the Israelli Boycott," *Wall Street Journal,* April 25, 1991.

17. Sue Shellenbarger, "Off the Blacklist: Did Hospital Supplier Dump Its Israel Plant to Win Arabs' Favor?" *Wall Street Journal,* May 1, 1990.

18. Ibid.

19. Ibid.

20. Burton, "On the Defensive."

21. Thomas M. Burton, "Caught in the Act: How Baxter Got off the Arab Blacklist, and How It Got Nailed," *Wall Street Journal,* March 26, 1993.

22. Thomas M. Burton, "Premier to Reduce Business with Baxter to Protest Hospital Supplier's 'Ethics,'" *Wall Street Journal,* May 26, 1993.

23. "At Yale, Honors for an Acting Chief," *New York Times,* May 25, 1993.

24. Thomas J. Lueck, "A Yale Trustee Who Was Criticized Resigns," *New York Times,* August 28, 1993.

25. "Biovail to Buy Fuisz Technologies for $154 Million," Dow Jones, July 27, 1999.

26. Interview of Elizabeth Holmes by Moira Gunn on "BioTech Nation," May 3, 2005.

27. Deposition of Richard Fuisz, 302.

28. Email with the subject line "Blood Analysis — deviation from norm (individualized)" sent by Richard Fuisz to Alan Schiavelli at 7:30 p.m. EST on September 23, 2005.

29. Email with no subject line sent by Richard Fuisz to Alan Schiavelli at 11:23 p.m. EST on January 11, 2006.

30. Letter dated April 24, 2006, emailed by Alan Schiavelli to Richard Fuisz advising him that the patent application had been filed, enclosing a copy of the application

and a bill for services rendered.

31. Patent application no. 60794117 titled "Bodily fluid analyzer, and system including same and method for programming same," filed on April 24, 2006, and published on January 3, 2008.

32. Deposition of Lorraine Fuisz, 32.

33. Ibid., 33.

34. Jasmine D. Adkins, "The Young and the Restless," Inc., July 2006.

35. Deposition of Richard Fuisz, 298.

36. Deposition of Lorraine Fuisz, 33.

37. Ibid., 33-34.

38. Ibid., 45-46.

39. Ibid., 42.

40. Ibid., 40-41.

41. Ibid., 108-10.

42. Email with the subject line "Is this something new?" sent by Gary Frenzel to Elizabeth Holmes, Ian Gibbons, and Tony Nugent at 11:53 p.m. PST on May 14, 2008.

43. *Theranos, Inc. et al. v. Fuisz Pharma LLC et al.*, declaration of Charles R. Work executed in Stevensville, Maryland, on July 22, 2013.

44. Ibid.

45. Ibid.

제6장 서니

1. Ken Auletta, "Blood, Simpler," New Yorker, December 15, 2014.

2. *Theranos, Inc. et al. v. Fuisz Pharma LLC et al.*, deposition of Lorraine Fuisz, 85-86.

3. LinkedIn profile of Sunny Balwani; Theranos website.

4. Steve Hamm, "Online Extra: From Hot to Scorched at Commerce One," *Bloomberg Businessweek*, February 3, 2003.

5. Ibid.

6. "Commerce One Buys commerceBid for Stock and Cash," *New York Times*, November 6, 1999.

7. "Commerce One to Buy CommerceBid," CNET website, November 6, 1999.

8. Eric Lai, "Commerce One Rises from Dot-Ashes," *San Francisco Business Times*, March 3, 2005.

9. Deed for a property at the corner of Marina Boulevard and Scott Street in San Francisco, dated March 2, 2001, listing Sunny Balwani and Keiko Fujimoto as husband and wife.

10. Deed for 325 Channing Avenue #118, Palo Alto, California 94301, dated October 29, 2004.

11. The TLO records-search service lists Elizabeth Holmes as residing at 325 Channing Avenue #118 in Palo Alto beginning in July 2005. In her voter registration form dated October 10, 2006, she also listed that address as her residence.

12. LinkedIn profile of Sunny Balwani; Theranos website.

13. *Ramesh Balwani v. BDO Seidman, L.L.P. and François Hechinger*, No. CGC-04-433732, California Superior Court in San Francisco, complaint filed on August 11, 2004, 10.

14. *Ramesh Balwani v. BDO Seidman et al.*, 4, 6-7.

15. confidential "Theranos Angiogenesis Study Report."

제7장 닥터 J

1. Alexei Oreskovic, "Elevation Partners Buys $120 million in Facebook Shares," Reuters, June 28, 2010.

2. Susanne Craig and Andrew Ross Sorkin, "Goldman Offering Clients a Chance to Invest in Facebook," *New York Times*, January 2, 2011.

3. Michael Arrington, "Twitter Closing New Venture Round at $1 Billion Valuation," TechCrunch website, September 16, 2009.

4. Christine Lagorio-Chafkin, "How Uber Is Going to Hire 1,000 People This Year," *Inc.*, January 15, 2014.

5. LinkedIn profile of Jay Rosan; Jessica Wohl, "Walgreen to Buy Clinic Operator Take Care Health," Reuters, May 16, 2007.

6. *Walgreen Co. v. Theranos, Inc.*, No. 1:16-cv-01040-SLR, U.S. District Court in Wilmington, complaint filed on November 8, 2016, 4-5.

7. Ibid., 5-6.

8. Minutes of August 24, 2010, meeting between Walgreens and Theranos.

9. Ibid.

10. Schedule F of Theranos Master Purchase Agreement dated July 30, 2010, filed as Exhibit C in *Walgreen Co. v. Theranos, Inc.* complaint.

11. Schedule B, F, and H1 of July 2010 Theranos Master Purchase Agreement.

12. Document with a Theranos logo titled "Theranos Base Assay Library."

13. Confidential memo titled "WAG / Theranos site visit thoughts and Recommendations" addressed by Kevin Hunter to Walgreens executives on August 26, 2010.

14. PowerPoint title "Project Beta—Disrupting the Lab Industry—Kickoff Review" dated September 28, 2010.

15. Hunter's August 26, 2010, memo to Walgreens executives.

16. Minutes of video conference between Theranos and Walgreens held between 1:00 p.m. and 2:00 p.m. CDT on October 6, 2010.

17. Minutes of video conference between Theranos and Walgreens held between 1:00 p.m. and 2:00 p.m. CDT on November 10, 2010.

18. Schedule B of July 2010 Theranos Master Purchase Agreement.

19. "Project Beta—Disrupting the Lab Industry—Kickoff Review," 5.

20. Letter marked confidential on Johns Hopkins Medicine letterhead titled "Summary of Hopkins/Walgreens/Theranos" meeting.

21. Richard S. Dunham and Keith Epstein, "One CEO's Health-Care Crusade," *Bloomberg Businessweek*, July 3, 2007.

22. Jaime Fuller, "Barack Obama and Safeway: A Love Story," *Washington Post*, February 18, 2014.

23. Dunham and Epstein, "One CEO's Health-Care Crusade."

24. Melissa Harris and Brian Cox, "2nd DUI Arrest for Walgreen Co. CFO Wade Miquelon," *Chicago Tribune*, October 18, 2010.

제8장 '미니랩'

1. Jerry Gallwas, "Arnold Orville Beckman (1900-2004)," *Analytical Chemistry*, August 1, 2004, 264A-65A.

2. M. L. Verso, "The Evolution of Blood-Counting Techniques," *Medical History* 8, no. 2 (April 1964): 149-58.

3. Abaxis brochure for the "Piccolo Xpress chemistry analyzer" available on the Abaxis website.

제9장 웰니스 센터

1. Safeway, "Safeway Inc. Announces Fourth Quarter 2011 Results," press release, February 23, 2012.

2. Conference call on Safeway's fourth-quarter 2011 earnings held at 11:00 a.m. EST on February 23, 2012, available on Earningscast.com.

3. Ibid.

4. CMS Form 2567 indicating an inspection of Theranos's laboratory at 3200 Hillview Avenue in Palo Alto was completed on January 9, 2012, with no deficiencies found.

5. California Bureau of State Audits, "Department of Public Health: Laboratory Field Services' Lack of Clinical Laboratory Oversight Places the Public at Risk," September 2008.

6. Letter dated June 25, 2012, sent by attorney Jacob Sider to Elizabeth Holmes on behalf of Diana Dupuy.

7. Ibid.

8. Email with the subject line "Events" sent by Diana Dupuy to Sunny Balwani, copying Elizabeth Holmes, at 11:13 a.m. PST on May 27, 2012.

9. Email with the subject line "RE: Observations" sent by Sunny Balwani to Diana Dupuy, copying Elizabeth Holmes, at 2:16 p.m. PST on May 27, 2012.

10. Emails with the subject lines "Important notice from Theranos" and "RE: Important notice from Theranos" sent by David Doyle to Diana Dupuy on May 29, May 30, and June 1, 2012.

11. Sider's June 25, 2012, letter to Holmes.

12. Conference call on Safeway's first-quarter 2012 earnings held at 11:00 a.m. EST on April 26, 2012, available on Earningscast.com.

13. Conference call on Safeway's second-quarter 2012 earnings held at 11:00 a.m. EST on July 19, 2012, available on Earningscast.com.

14. Safeway, "Safeway Announces Retirement of Chairman and CEO Steve Burd," press release, January 2, 2013.

15. Ibid.

16. "Letter from Steve Burd, Founder and CEO" at Burdhealth.com.

제10장 슈메이커 중령

1. Carolyn Y. Johnson, "Trump's Pick for Defense Secretary Went to the Mat for the

Troubled Blood-Testing Company Theranos," *Washington Post*, December 1, 2016.

2. Email with the subject line "Seeking regulatory advice regarding Theranos (UNCLASSI-FIED)" sent by David Shoemaker to Sally Hojvat at 10:16 a.m. EST on June 14, 2012.

3. Email with the subject line "FW: Seeking regulatory advice regarding Theranos (UN-CLASSIFIED)" sent by Sally Hojvat to Elizabeth Mansfield, Katherine Serrano, Courtney Lias, Alberto Gutierrez, Don St. Pierre, and David Shoemaker at 11:43 a.m. EST on June 15, 2012.

4. Office of Public Health Strategy and Analysis, Office of the Commissioner, Food and Drug Administration, "The Public Health Evidence for FDA Oversight of Laboratory Developed Tests: 20 Case Studies," November 16, 2015.

5. Ibid.

6. Email with the subject line "FW: Seeking regulatory advice regarding Theranos (UN-CLASSIFIED)" sent by Alberto Gutierrez to Judith Yost, Penny Keller, and Elizabeth Mansfield at 4:36 p.m. EST on July 15, 2012.

7. Email with the subject line "RE: Seeking regulatory advice regarding Theranos (UN-CLASSIFIED)" sent by Judith Yost to Penny Keller and Sarah Bennett at 11: 46 a.m. EST on June 18, 2012.

8. Email with the subject line "FW: Seeking regulatory advice regarding Theranos (UN-CLASSIFIED)" sent by Penny Keller to Gary Yamamoto at 5:48 p.m. EST on June 18, 2012.

9. Email with the subject line "RE: Theranos update?" sent by Gary Yamamoto to Penny Keller and Karen Fuller at 2:03 p.m. EST on August 15, 2012.

10. Email with the subject line "RE: Theranos (UNCLASSIFIED)" sent by Penny Keller to David Shoemaker, copying Erin Edgar, at 1:36 p.m. EST on August 16, 2012.

11. Email with the subject line "RE: Follow up" sent by Elizabeth Holmes to James Mattis, copying Jorn Pung and Karl Horst, at 3:14 p.m. EST on August 9, 2012.

12. Email with the subject line "FW: Follow up" sent by James Mattis to Erin Edgar, copying Karl Horst, Carl Mundy, and Jorn Pung, at 10:52 p.m. EST on August 9, 2012.

13. Email with the subject line "Fw: Follow up" sent by Erin Edgar to David Shoemaker at 1:35 p.m. EST on August 14, 2012.

14. Thomas E. Ricks, *Fiasco* (New York: The Penguin Press, 2006), 313.

15. Email with the subject line "Theranos (UNCLASSIFIED)" sent by David Shoemaker to Penny Keller and Judith Yost, copying Erin Edgar and Robert Miller, at 3:34 p.m.

EST on August 15, 2012.

16. Email with the subject line "RE: Theranos (UNCLASSIFIED)" sent by Penny Keller to David Shoemaker, copying Erin Edgar, at 1:36 p.m. EST on August 16, 2012.

17. Email with the subject line "RE: Theranos (UNCLASSIFIED)" sent by Erin Edgar to David Shoemaker at 7:23 p.m. EST on August 16, 2012.

18. Email with the subject line "RE: Theranos followup (UNCLASSIFIED)" sent by David Shoemaker to Alberto Gutierrez at 10:58 a.m. EST on August 20, 2012.

제11장 퓨즈에 불을 붙이다

1. Affidavit of service of summons notarized on October 31, 2011.

2. *Theranos, Inc. et al. v. Fuisz Pharma LLC et al.*, deposition of Lorraine Fuisz, June 11, 2013, 111; Realtor.com.

3. "Biovail to Buy Fuisz Technologies for $154 Million," Dow Jones, July 27, 1999.

4. "Biovail to Merge with Valeant," *New York Times*, June 21, 2010.

5. *Theranos, Inc. et al. v. Fuisz Pharma LLC et al.*, complaint filed on October 26, 2011, 7-10.

6. Email with the subject line "http://www.freshpatents.com/Medical-device-for-analyte-monitoring-and-drug-delivery-dt20060323ptan20060062852.php" sent by Richard Fuisz to John Fuisz, copying Joe Fuisz, at 8:31 a.m. EST on July 3, 2006.

7. Email with the subject line "Re: http://www.freshpatents.com/Medical-device-for-analyte-monitoring-and-drug-delivery-dt20060323ptan20060062852.php" sent by John Fuisz to Richard Fuisz, copying Joe Fuisz, at 9:34 a.m. EST on July 3, 2006.

8. *Theranos, Inc. et al. v. Fuisz Pharma LLC et al.*, deposition of Lorraine Fuisz, 80-81, 83.

9. *Theranos, Inc. et al. v. Fuisz Pharma LLC et al.*, deposition of John Fuisz taken on May 29, 2013, in Washington, D.C., 38.

10. Email with the subject line "Gen Dis" sent by Richard Fuisz to info@theranos.com at 7:29 a.m. PST on November 8, 2010.

11. David Margolick, "The Man Who Ate Microsoft," *Vanity Fair*, March 1, 2000.

12. John R. Wilke, "Boies Will Be Boies, as Another Legal Saga in Florida Shows," *Wall Street Journal*, December 6, 2000.

13. Ibid.

14. *Theranos, Inc. et al. v. Fuisz Pharma LLC et al.*, declaration of Brian B. McCauley

executed in Washington, D.C., on January 12, 2012.

15. Letter dated January 17, 2012, sent by David Boies to Elliot Peters.

16. Letter dated June 7, 2012, sent by Richard Fuisz to Donald L. Lucas, Channing Robertson, T. Peter Thomas, Robert Shapiro, and George Shultz.

17. Letter dated July 5, 2012, sent by David Boies to Jennifer Ishimoto.

18. *Terex Corporation et al. v. Richard Fuisz et al.*, No 1:1992-cv-0941, U.S. District Court for the District of Columbia, deposition of John Fuisz taken on February 17, 1993, in Washington, D.C., 118-54.

19. "Manufacturer Sues Seymour Hersh over Scud Launcher Report," Associated Press, April 17, 1992.

20. *Terex Corporation et al. v. Richard Fuisz et al.*, stipulation filed on December 2, 1996, by Judge Royce C. Lamberth dismissing case with prejudice.

21. *Theranos, Inc. et al. v. Fuisz Pharma LLC et al.*, order filed on June 6, 2012, granting defendant John R. Fuisz's motion to dismiss and granting in part and denying in part Fuisz Pharma LLC, Richard C. Fuisz, and Joseph M. Fuisz's motion to dismiss.

22. *Theranos, Inc. et al. v. McDermott, Will & Emery LLP*, No. 2012-CA-009617-M, Superior Court of the District of Columbia, complaint filed on December 29, 2012.

23. *Theranos, Inc. et al. v. McDermott, Will & Emery LLP*, order filed on August 2, 2013, granting defendant McDermott's motion to dismiss with prejudice.

24. *Theranos, Inc. et al. v. Fuisz Pharma LLC et al.*, deposition of John Fuisz, 238.

25. Vanessa O'Connell, "Big Law's $1,000-Plus an Hour Club," *Wall Street Journal*, February 23, 2011; David A. Kaplan, "David Boies: Corporate America's No.1 Hired Gun," *Fortune*, October 20, 2010.

26. *Theranos, Inc. et al. v. Fuisz Pharma LLC et al.*, transcript of pretrial conference and hearing on motions, March 5, 2014, 42.

제12장 이언 기번스

1. U.S. Patent no. 4,946,795 issued August 7, 1990.

2. *Theranos, Inc. et al. v. Fuisz Pharma LLC et al.*, transcript of pretrial conference and hearing on motions, March 5, 2014, 47-48.

3. *Theranos, Inc. et al. v. Fuisz Pharma LLC et al.*, defendants' notice of deposition for Ian Gibbons, filed on May 6, 2013.

4. Email with the subject line "Deposition — Confidential A/C Privileged" sent by Da-

vid Doyle to Ian Gibbons, copying Mona Ramamurthy, at 7:32 p.m. PST on May 15, 2013.

5. Email with the subject line "Fwd: Deposition — Confidential A/C Privileged" sent by Ian Gibbons to Rochelle Gibbons at 7:49 p.m. PST on May 15, 2013.

제13장 Chiat\Day

1. Walter Isaacson, Steve Jobs (New York: Simon & Schuster, 2011), 162, 327.

2. April Holloway, "What Ancient Secrets Lie Within the Flower of Life?" *Ancient Origins*, December 1, 2013.

3. Email with the subject line "Legal" sent by Mike Peditto to Kate Wolff at 4:27 p.m. PST on January 4, 2013.

4. Agency agreement between TBWA\CHIAT\DAY, Los Angeles and Theranos Inc. dated October 12, 2012.

5. Email with the subject line "Fwd: Contract" sent by Mike Peditto to Joseph Sena at 6:23 p.m. PST on March 19, 2013.

6. Email with the subject line "RE: Contract" sent by Joseph Sena to Mike Peditto at 6:51 p.m. PST on March 20, 2013.

7. Many of the last-minute changes to the Theranos website are captured in a Microsoft Word document marked "Theranos Confidential" that Jeff Blickman emailed to Kate Wolff and Mike Peditto moments before the conference call.

제14장 제품 출시

1. Walter Isaacson, *Steve Jobs* (New York: Simon & Schuster, 2011).

2. LinkedIn profile of Chinmay Pangarkar.

3. LinkedIn profile of Suraj Saksena.

4. See the definition of "blade server" in the *PC Magazine Encyclopedia* available at PCMag.com.

5. Amended and restated Theranos Master Services Agreement dated June 5, 2012, filed as Exhibit A in *Walgreen Co. v. Theranos, Inc.*, complaint.

6. See the Technical Specifications tab on the page devoted to the ADVIA 1800 Chemistry System on the U.S. website of Siemens Healthineers.

7. Marlies Oostendorp, Wouter W. van Solinge, and Hans Kemperman, "Potassium but Not Lactate Dehydrogenase Elevation Due to In Vitro Hemolysis Is Higher in Capil-

lary Than in Venous Blood Samples," *Archives of Pathology & Laboratory Medicine* 136 (October 2012): 1262-65.

제15장 유니콘

1. Joseph Rago, "Elizabeth Holmes: The Breakthrough of Instant Diagnosis," *Wall Street Journal*, September 7, 2013.

2. Theranos, "Theranos Selects Walgreens as a Long-Term Partner Through Which to Offer Its New Clinical Laboratory Service," press release, September 9, 2013, Theranos website.

3. *Theranos, Inc. et al. v. Fuisz Pharma LLC et al.*, trial transcript, March 13, 2014, 92.

4. "WSJ's Rago Wins Pulitzer Prize," *Wall Street Journal*, April 19, 2011.

5. Email with the subject line "Theranos-time sensitive" sent by Donald A. Lucas to Mike Barsanti and other Lucas Venture Group clients at 2:47 p.m. PST on September 9, 2013.

6. *Robert Colman and Hilary Taubman-Dye, Individually and on Behalf of All Others Similarly Situated, v. Theranos, Inc., Elizabeth Holmes, and Ramesh Balwani*, No. 5:16-cv-06822, U.S. District Court in San Francisco, complaint filed on November 28, 2016, 4.

7. Aileen Lee, "Welcome to the Unicorn Club: Learning from Billion-Dollar Startups," TechCrunch website, November 2, 2013.

8. Tomio Geron, "Uber Confirms $258 Million from Google Ventures, TPG, Looks to On-Demand Future," Forbes.com, August 23, 2013.

9. John D. Stoll, Evelyn Rusli, and Sven Grundberg, "Spotify Hits a High Note: Valuation Tops $4 Billion," *Wall Street Journal*, November 21, 2013.

10. Cliffwater LLC, "Hedge Fund Investment Due Diligence Report: Partner Fund Management LP," December 2011, 2.

11. *Partner Fund, L.P. v. Theranos, Inc., Elizabeth Holmes, Ramesh Balwani and Does 1-10*, No. 12816-VCL, Delaware Chancery Court, complaint filed on October 10, 2016, 10.

12. Ibid., 11.

13. Ibid., 15-16.

14. *Partner Investments, L.P. et al. v. Theranos, Inc. et. al.*, deposition of Pranav Patel taken on March 9, 2017, in Palo Alto, California, 95-97.

15. *Partner Investments, L.P. et al. v. Theranos, Inc. et al.* complaint, 16-17.

16. Ibid., 12-13.

17. *Partner Investments, L.P. et al. v. Theranos, Inc. et al.,* deposition of Danise Yam taken on March 16, 2017, in Palo Alto, California, 154-58.

18. Ibid., 140-58.

19. Christopher Weaver, "Theranos Had $200 Million in Cash Left at Year-End," *Wall Street Journal*, February 16, 2017.

20. *Partner Investments, L.P. et al. v. Theranos, Inc. et al.* complaint, 17-18.

제16장 손자

1. *Partner Investments, L.P., PFM Healthcare Master Fund, L.P., PFM Healthcare Principals Fund, L.P. v. Theranos, Inc., Elizabeth Holmes, Ramesh Balwani and Does 1-10*, No. 12816-VCL, Delaware Chancery Court, deposition of Tyler Shultz taken on March 6, 2017, in San Francisco, California, 138.

2. Email with the subject line "RE: Follow up to previous discussion" sent by Tyler Shultz to Elizabeth Holmes at 3:38 p.m. PST on April 11, 2014.

3. *Partner Investments, L.P. et al. v. Theranos, Inc. et al.,* deposition of Erika Cheung taken on March 7, 2017, in Los Angeles, California, 45-47.

4. CMS Form 2567 indicating that relatively minor deficiencies were found during an inspection of Theranos's laboratory on December 3, 2013.

5. Tyler Shultz's April 11, 2014, email to Elizabeth Holmes.

6. Joseph Rago, "Elizabeth Holmes: The Breakthrough of Instant Diagnosis," *Wall Street Journal*, September 7, 2013.

7. Title 42 of the Code of Federal Regulations, Part 493, Subpart H, Section 801.

8. Email with the subject line "RE: Proficiency Testing Question" sent by Stephanie Shulman to Colin Ramirez, aka Tyler Shultz, at 12:16 p.m. EST on March 31, 2014.

9. Email with the subject line "RE: Proficiency Testing Question" sent by Stephanie Shulman to Colin Ramirez, aka Tyler Shultz, at 4:46 p.m. EST on April 2, 2014.

10. Tyler Shultz's April 11, 2014, email to Elizabeth Holmes.

11. Email sent by Sunny Balwani to Tyler Shultz on April 15, 2014.

12. Resignation letter written by Erika Cheung dated April 16, 2014.

제17장 명성

1. *Theranos, Inc. et al. v. Fuisz Pharma LLC et al.,* transcript of pretrial conference and hearing on motions, March 5, 2014, 48.

2. *Theranos, Inc. et al. v. Fuisz Pharma LLC et al.,* trial transcript, March 14, 2014, 118-21.

3. *Theranos, Inc. et al. v. Fuisz Pharma LLC et al.,* trial transcript, March 13, 2014, 54.

4. *Theranos, Inc. et al. v. Fuisz Pharma LLC et al.,* deposition of John Fuisz, 165-66.

5. Handwritten note dated March 17, 2014, on Fairmont Hotels and Resorts stationery.

6. Email with the subject line "Theranos" sent by John Fuisz to Julia Love at 7:15 a.m. EST on March 17, 2014.

7. Email with the subject line "Fwd: Theranos" sent by John Fuisz to Richard Fuisz, Joe Fuisz, Michael Underhill, and Rhonda Anderson at 7:17 a.m. EST on March 17, 2014.

8. Email with the subject line "RE: Theranos" sent by Michael Underhill to John Fuisz, copying David Boies, Richard Fuisz, Joe Fuisz, and Rhonda Anderson, at 3:59 p.m. EST on March 17, 2014.

9. Email with the subject line "Re: Theranos" sent by David Boies to John Fuisz, copying Julia Love, Michael Underhill, Richard Fuisz, and Joe Fuisz, at 4:16 p.m. EST on March 17, 2014.

10. Julia Love, "Family Gives Up Disputed Patent, Ending Trial with Boies' Client," *Litigation Daily*, March 17, 2014.

11. Roger Parloff, "This CEO Is Out for Blood," *Fortune*, June 12, 2014.

12. *Theranos, Inc. et al. v. Fuisz Pharma LLC et al.,* trial transcript, March 14, 2014, 202.

13. Matthew Herper, "Bloody Amazing," Forbes.com, July 2, 2014.

14. "The Forbes 400," *Forbes*, October 20, 2014.

15. Press release from the Horatio Alger Association on PRNewswire, March 9, 2015.

16. *Time*, "The 100 Most Influential Pepole," April 16, 2015.

17. Theranos, "Elizabeth Holmes on Joining the Presidential Ambassadors for Global Entrepreneurship (PAGE) Initiative," press release, May 11, 2015, Theranos website.

18. Ken Auletta, "Blood, Simpler," *New Yorker*, December 15, 2014.

19. Holmes's TEDMED speech can be viewed on YouTube; https://www.youtube.com/watch?v=kZTfgXYjj-A.

제18장 히포크라테스 선서

1. Email with the subject line "Re: The Employement Law Group: Consultation Information" sent to DeWayne Scott at 9:18 p.m. EST on October 29, 2014.

2. Phyllis Garder is listed as a scientific and strategic adviser in the confidential Theranos Inc. summary dated December 2004 that Holmes used to pitch investors during the company's Series A funding round.

3. Ken Auletta, "Blood, Simpler," *New Yorker*, December 15, 2014.

4. Steven M. Chan, John Chadwick, Daniel L. Young, Elizabeth Holmes, and Jason Gotlib, "Intenvise Serial Biomarker Profiling for the Prediction of Neutropenic Fever in Patients with Hematologic Malignancies Undergoing Chemotherapy: A Pilot Study," *Hematology Reports* 6 (2014): 5466.

5. Clapper's blog post can be viewed by entering "Pathology Blawg.com" into the Wayback Machine.

제19장 기밀 정보

1. John Carreyrou and Janet Adamy, "How Medicare 'Self-Referral' Thrives on Loophole," *Wall Street Journal*, October 22, 2014.

2. Ken Auletta, "Blood, Simpler," *New Yorker*, December 15, 2014.

3. Jose Antonio Vargas, "The Face of Facebook," *New Yorker*, September 20, 2010.

4. "Averagae Age for Nobel Laureates in Physiology or Medicine," Nobelprize.org.

5. Joseph Rago, "Elizabeth Holmes: The Breakthrough of Instant Diagnosis," *Wall Street Journal*, September 7, 2013.

6. N. R. Kleinfield, "with White-Knuckle Grip, February's Cold Clings to New York," *New York Times*, February 27, 2015.

7. Letter written by Dr. Sundene dated January 20, 2015, and addressed to "Theranos Quality Control."

8. Email with the subject line "Theranos" sent by Matthew Traub to John Carreyrou at 1:11 p.m. EST on April 21, 2015.

9. email with the subject line "Re: Theranos" sent by John Carreyrou to Matthew Traub at 7:08 p.m. EST on April 21, 2015.

10. Email with the subject line "Re: Theranos" sent by Matthew Traub to John Carreyrou at 12:02 a.m. EST on April 22, 2015.

11. My test results from Theranos and LabCorp were faxed to Dr. Sundene on April 24, 2015. I got my blood drawn at a Theranos wellness center in Phoenix on April 23, 2015, forty-four minutes before getting my blood drawn a second time at a Lab-

Corp site.

12. Dr. Sundene received her test results from LabCorp on April 28, 2015, and her results from Theranos on April 30, 2015. She got her blood drawn at a LabCorp site on April 24, 2015, fifty-three minutes before getting her blood drawn a second time at a Theranos wellness center.

13. John Carreyrou, "Theranos Whistleblower shook the Company — and His Family," *Wall Street Journal*, November 18, 2016.

14. Email with the subject line "Deposition Confidential A/C Privileged" sent by David Doyle to Ian Gibbons, copying Mona Ramamurthy, at 7:32 p.m. PST on May 15, 2013.

제20장 매복

1. Email with the subject line "list of questions for Theranos" sent by John Carreyrou to Matthew Traub at 6:33 p.m. EST on June 9, 2015.

2. An abridged account of Tyler Shultz's ordeal was published in John Carreyrou, "Theranos Whisleblower Shook the Company — and His Family," *Wall Street Journal*, November 18, 2016.

3. Holmes's interviews on CBS This Morning (April 16, 2015), CNBC's *Mad Money* (April 27, 2015), CNN's *Fareed Zakaria GPS* (May 18, 2015), and PBS's *Charlie Rose* (June 3, 2015) can all be viewed on YouTube.

제21장 기업 비밀

1. Gritsch's firm, Fusion GPS, would later gain notoriety for commissioning the infamous dossier on President Donald Trump for a former British spy alleging that Trump was vulnerable to Russian blackmail.

2. I also recorded the meeting. The quotes are transcribed verbatim from that recording.

3. Email with the subject line "list of questions for Theranos" sent by John Carreyrou to Matthew Traub at 6:33 p.m. EST on June 9, 2015.

4. Letter from David Boies to Erika Cheung dated June 26, 2015.

5. Letter from David Boies to Jason P. Conti, copying John Carreyrou and Mike Siconolfi, dated June 26, 2015.

6. Email with the subject line "Re: Theranos HIPAA waiver" sent by Nicole Sundene to

John Carreyrou at 7:04 p.m. EST on June 30, 2015.

7. Email with the subject line "Eric Nelson" sent by John Carreyrou to Heather King at 1:07 p.m. EST on July 1, 2015.

8. Letter from David Boies to Jason P. Conti, copying Mark H. Jackson, John Carreyrou, and Mike Siconolfi, dated July 3, 2015.

9. The signed statements by Drs. Rezaie and Beardsley are dated July 1, 2015.

10. Email with the subject line "Theranos" sent by Dr. Stewart to John Carreyrou at 8:26 p.m. EST on July 8, 2015.

제22장 라 마탄자

1. Theranos, "Theranos Receives FDA Clearance and Review and Validation of Revolutionary Finger Stick Technology, Test, and Associated System," press release, July 2, 2015, Theranos website.

2. Ken Alltucker, "Do-It-Yourself Lab Testing Without Doc's Orders Begins," *Arizona Republic*, July 7, 2015.

3. Helena Andrews-Dyer and Emily Heil, "Japan State Dinner: The Toasts; Michelle Obama's Dress; Russell Wilson and Ciara Make a Public Appearance," *Washington Post*, April 28, 2015.

4. Roger Parloff, "Disruptive Diagnostics Firm Theranos Gets Boost from FDA," Fortune.com, July 2, 2015.

5. Anonymous review of Theranos posted on Glassdoor.com on May 11, 2015.

6. Theranos, "Theranos Hosts Vice President Biden for Summit on a New Era of Preventive Health Care," press release, July 23, 2015, Theranos website.

7. Ibid.

8. Elizabeth Holmes, "How to Usher in a New Era of Preventive Health Care," *Wall Street Journal*, July 28, 2015.

제23장 데미지 컨트롤

1. VC Experts report on Theranos Inc.

2. Christopher Weaver and John Carreyrou, "Theranos Offers Shares for Promise Not to Sue," *Wall Street Journal*, March 23, 2017.

3. Breakthrough Prize website; https://breakthroughprize.org.

4. Letter written by Elizabeth Holmes to Rupert Murdoch on Theranos letterhead dated December 4, 2014.

5. Theranos announced an alliance with the Cleveland Clinic on March 9, 2017, in a press release titled "Theranos and Cleveland Clinic Announce Strategic Alliance to Improve Patient Care Through Innovation in Laboratory Testing." Theranos website.

6. The projections were in a five-pate document summarizing Theranos's financial situation, including information about its capitalization, cash flow, and balance sheet. They were first disclosed in Christopher Weaver and John Carreyrou, "Theranos Foresaw Huge Growth in Revenue and Profits," Wall Street Journal, December 5, 2016.

7. Ibid.

8. Altogether, Holes had six meetings with Murdoch. They took place on November 26, 2014; April 22, 2015; July 3, 2015; September 29, 2015; January 30, 2016; and June 8, 2016. Two were in California and four in New York.

9. Letter from Michael A. Brille to Mary L. Symons, Rochelle Gibbons's estate lawyer, dated August 5, 2015.

10. Letter from David Boies to Gerard Baker, copying Jason Conti, dated September 8, 2015.

11. John Carreyrou, "A Prized Startup's Struggles," Wall Street Journal, October 15, 2015.

12. Fortune CEO Daily newsletter sent by Alan Murray to readers at 7:18 a.m. EST on October 15, 2015.

13. Matthew Herper, "Theranos' Elizabeth Holmes Needs to Stop Complaining and Answer Questions," Forbes.com, October 15, 2015; Eric Lach, "The Secrets of a Billionaire's Blood-Testing Startup," NewYorker.com, October 16, 2015.

14. Laura Arrillaga-Andreessen, "Five Visionary Tech Entrepreneurs Who Are Changing the World," New York Times T Magazine, October 12, 2015.

15. Theranos, "Statement from Theranos," press release, October 15, 2015, Theranos website.

16. Holmes's October 15, 2015, interview with Jim Cramer on CNBC's Mad Money program can be viewed on YouTube; https://www.youtube.com/watch?v=rGfaJZAdfNE.

17. John Carreyrou, "Hot Startup Theranos Dials Back Lab Tests at FDA's Behest," Wall

Street Journal, October 16, 2015.

18. Theranos, "Statement from Theranos," press release, October 16, 2015, Theranos website.

19. Nick Bilton, "How Elizabeth Holmes's House of Cards Came Tumbling Down," *Vanity Fair*, September 6, 2016.

20. Jonathan Krim's October 21, 2016, interview of Holmes at the WSJ D.Live conference can be viewed on WSJ.com.

21. A First Person Account," *Monday Note*, October 18, 2015.

22. Theranos, "Theranos Facts," press release, October 21, 2015, Theranos website.

23. Andrew Pollack, "Theranos, Facing Criticism, Says It Has Changed Board Structure," *New York Times*, October 28, 2015.

24. Letters from Heather King to William Lewis, CEO of *Wall Street Journal* parent company Dow Jones, copying Mark Jackson, Jason Conti, Gerard Baker, John Carreyrou, and Mike Siconolfi, dated November 4 and 5, 2015.

25. Letter from Heather King to Jason Conti dated November 11, 2015.

26. Nick Stockton, "The Theranos Scandal Could Become a Legal Nightmare," *Wired*, October 29, 2015.

27. Michael Siconolfi, John Carreyrou, and Christopher Weaver, "Walgreens Scrutinizes Theranos Testing," *Wall Street Journal*, October 23, 2015.

28. Rolfe Winkler and John Carreyrou, "Theranos Authorizes New Shares That Could Raise Valuation," *Wall Street Journal*, October 28, 2015.

29. John Carreyrou, "Theranos Searches for Director to Oversee Laboratory," *Wall Street Journal*, November 5, 2015.

30. John Carreyrou, "Safeway, Theranos Split After $350 Million Deal Fizzles," *Wall Street Journal*, November 10, 2015.

31. Letter from Heather King to William Lewis dated November 11, 2015.

32. Sheelah Kolhatkar and Caroline Chen, "Can Elizabeth Holmes Save Her Unicorn?" *Bloomberg Businessweek*, December 10, 2015.

33. Anne Cohen, "Reese Witherspoon Asks 'What Do We Do Now?' at *Glamour's* Women of the Year Awards," *Variety*, November 9, 2015.

제24장 벌거벗은 여왕님

1. Email with the subject line "CMS Complaint: Theranos Inc." sent by Erika Cheung to

Gary Yamamoto at 6:13 p.m. PST on September 19, 2015.

2. John Carreyrou, Christopher Weaver, and Mike Siconolfi, "Deficiencies Found at Theranos Lab," *Wall Street Journal*, January 24, 2016.

3. January 25, 2016, letter from Centers for Medicare and Medicaid Services official Karen Fuller to Theranos laboratory director Sunil Dhawan.

4. The last letter demanding retractions the Wall Street Journal received from Theranos is dated January 11, 2016.

5. Email with the subject line "Statement by Theranos on CMS Audit Results" sent by Theranos spokeswoman Brooke Buchanan to journalists at 1:49 p.m. EST on January 27, 2016.

6. John Carreyrou and Christopher Weaver, "Theranos Ran Tests Despite Quality Problems," *Wall Street Journal*, March 8, 2016.

7. Email with the subject line "statements from Theranos" sent by Brooke Buchanan to John Carreyrou and Mike Siconolfi at 3:35 p.m. EEST March 7, 2016.

8. King sent CMS several letters in March and early April 2016 demanding that the agency make redactions before releasing the inspection report to the press.

9. Noah Kulwin, "Theranos CEO Elizabeth Holmes Is Holding a Hillary Fundraiser with Chelsea Clinton," *Recode*, March 14, 2016.

10. Ed Silverman, "Avoiding 'Teapot Tempest,' Clinton Campaign Distances Itself from Theranos," *STAT*, March 21, 2016.

11. Letter from Heather King to Jason Conti, copying John Carreyrou, Mike Siconolfi, and Gerard Baker, dated March 30, 2016.

12. John Carreyrou and Christopher Weaver, "Theranos Devices Often Failed Accuracy Requirements," *Wall Street Journal*, March 31, 2016.

13. Letter from CMS's Karen Fuller to Sunil Dhawan, Elizabeth Holmes, and Ramesh Balwani dated March 18, 2016.

14. John Carreyrou and Christopher Weaver, "Regulators Propose Banning Theranos Founder Elizabeth Holmes for at Least Two Years," *Wall Street Journal*, April 13, 2016.

15. Holmes's interview with Maria Shriver aired on April 18, 2016, and can be viewed on YouTube.

16. The AACC put out a press release on April 18, 2016, saying Holmes would present her technology at its sixty-eighth annual meeting.

17. John Carreyrou, "Theranos Executive Sunny Balwani to Depart Amid Regulatory

Probes," *Wall Street Journal*, May 12, 2016.

18. John Carreyrou, "Theranos Voids Two Years of Edison Blood-Test Results," *Wall Street Journal*, May 18, 2016.

19. Michael Siconolfi, Christopher Weaver, and John Carreyrou, "Walgreen Terminates Partnership with Blood-Testing Firm Theranos," *Wall Street Journal*, June 13, 2016.

20. John Carreyrou, Michael Siconolfi, and Christopher Weaver, "Theranos Dealt Sharp Blow as Elizabeth Holmes Is Banned from Operating Labs," *Wall Street Journal*, July 8, 2016.

21. Christopher Weaver, John Carreyrou, and Michael Siconolfi, "Theranos Is Subject of Criminal Probe by U.S.," *Wall Street Journal*, April 18, 2016.

22. Holmes's AACC presentation can be viewed on the association's website, AACC. org.

23. The slides from Holmes's AACC presentation are available on AACC.org.

24. Nick Stockton, "Theranos Had a Chance to Clear Its Name. Instead, It Tried to Pivot," Wired.com, August 2, 2016.

25. David Crow, "Theranos Founder's Conference Invitation Sparks Row Among Scientists," *Financial Times*, August 4, 2016.

26. John Carreyrou and Christopher Weaver, "Theranos Halts New Zika Test After FDA Inspection," *Wall Street Journal*, August 30, 2016.

27. Christopher Weaver, "Major Investor Sues Theranos," *Wall Street Journal*, October 10, 2016.

28. Christopher Weaver, "Theranos Sued for Alleged Fraud by Robertson Stephens Co-Founder Colman," *Wall Street Journal*, November 28, 2016.

29. Christopher Weaver and John Carreyrou, "Theranos Offers Shares for Promise Not to Sue," *Wall Street Journal*, March 23, 2017.

30. Ibid.

31. John Carreyrou, "Theranos and David Boies Cut Legal Ties," *Wall Street Journal*, November 20, 2016.

32. Carreyrou and Weaver, "Theranos Halts New Zika Test After FDA Inspection.

33. Weaver and Carreyrou, "Theranos Offers Shares for Promise Not to Sue."

34. Christopher Weaver, John Carreyrou, and Michael Siconolfi, "Walgreens Sues Theranos, Seeks $140 Million in Damages," *Wall Street Journal*, November 8, 2016.

35. John Carreyrou and Christopher Weaver, "Theranos Retreats from Blood Tests," *Wall Street Journal*, October 6, 2016.

36. Christopher Weaver and John Carreyrou, "Second Theranos Lab Failed U.S. Inspection," *Wall Street Journal*, January 17, 2017.
37. Christopher Weaver, "Arizona Attorney General Reaches Settlement with Theranos," *Wall Street Journal*, April 18, 2017.
38. Ibid.

ㅌ

A~Z

옮긴이 | 박아린

미국으로 이민, 일리노이주 시카고에서 15년 거주했다. 일리노이대학교(어배너-섐페인)에서
화학을 전공했다. 일리노이주의 한 법률사무소와 서울의 한 생명과학 계열 무역회사에서 근
무했다. 이후 바른번역 글밥아카데미 영어 출판번역 과정을 수료 후 바른번역 소속 번역가로
활동 중이다. 옮긴 책으로는『고기를 끊지 못하는 사람들』등이 있다.

배드 블러드

초판 1쇄 발행 2019년 4월 1일 | 초판 3쇄 발행 2019년 4월 19일

지은이 존 캐리루
옮긴이 박아린
펴낸이 김영진

사업총괄 나경수 | 본부장 박현미 | 사업실장 백주현
개발팀장 차재호 | 책임편집 강세미
디자인팀장 박남희 | 디자인 당승근
마케팅팀장 이용복 | 마케팅우광일, 김선영, 정유, 박세화
해외콘텐츠전략팀장 김무현 | 해외콘텐츠전략 강선아, 이아람
출판지원팀장 이주연 | 출판지원 이형배, 양동욱, 강보라, 전효정, 이우성

펴낸곳 (주)미래엔 | 등록 1950년 11월 1일(제16-67호)
주소 06532 서울시 서초구 신반포로 321
미래엔 고객센터 1800-8890
팩스 (02)541-8249 | 이메일 bookfolio@mirae-n.com
홈페이지 www.mirae-n.com

ISBN 979-11-6413-069-6 03320

와이즈베리는 참신한 시각, 독창적인 아이디어를 환영합니다.
기획 취지와 개요, 연락처를 bookfolio@mirae-n.com으로 보내주십시오.
와이즈베리와 함께 새로운 문화를 창조할 여러분의 많은 투고를 기다립니다.

「이 도서의 국립중앙도서관 출판시도서목록(CIP)은 서지정보유통지원시스템 홈페이지(http://seoji.nl.go.kr)와
국가자료공동목록시스템(http://www.nl.go.kr/kolisnet)에서 이용하실 수 있습니다.
(CIP제어번호: CIP2019009581)」